Dietz Berlin

Rolf Hecker

Springpunkte

Beiträge zur Marx-Forschung
und »Kapital«-Diskussion

Dietz Berlin

Bibliografische Informationen der Deutschen Nationalbibliothek
Die Deutsche Nationalbibliothek verzeichnet diese Publikation in der Deutschen Nationalbibliografie; detaillierte bibliografische Daten sind im Internet über http://dnb.dnb.de abrufbar.

Gefördert von der Rosa-Luxemburg-Stiftung

1. Auflage 2018

Franz-Mehring-Platz 1, 10243 Berlin

Gestaltung: Andreas Homann
Druck und Bindung: CPI, Leck
Printed in Germany
ISBN 978-3-320-02349-2

Inhalt

III Zur »Kapital«-Rezeption im 19. Jahrhundert

Anhang

Vorwort

Es war kurz vor dem Mauerfall, als ich Rolf Hecker bei einer kleinen Marx-Konferenz in Frankfurt am Main kennenlernte. Wir beschäftigten uns damals beide seit Jahren mit ganz ähnlichen Themen, der Entwicklung der marxschen Wert- und Kapitaltheorie in den Vorarbeiten und den verschiedenen Auflagen des »Kapitals«, wir lebten beide in Berlin – und doch trennten uns Welten: Ich arbeitete am Fachbereich Politikwissenschaft der Freien Universität in Westberlin, Rolf in der Marx-Engels-Abteilung des Instituts für Marxismus-Leninismus in Ostberlin, wo er an der Edition der (zweiten) Marx-Engels-Gesamtausgabe (MEGA) beteiligt war. Ein auch nur einigermaßen normaler wissenschaftlicher Austausch zwischen den beiden Stadthälften existierte nicht. Das lag nicht nur an den eingeschränkten Reisemöglichkeiten der ostdeutschen Kolleginnen und Kollegen, es gab generell keine »normalen« wissenschaftlichen Kontakte zwischen den Institutionen. Insofern war es ein außergewöhnlicher Schritt, dass mich Rolf, noch vor dem Fall der Mauer, ins Institut für Marxismus-Leninismus eingeladen hatte. Gerade in der Marx-Forschung herrschte ein mehr oder weniger herablassender Umgang mit der jeweils anderen Seite vor. »Bürgerliche Marxologie« und »dogmatischer Marxismus-Leninismus« waren die wechselseitigen Etikettierungen. Für die 1950er- und frühen 1960er-Jahre hatten diese Etiketten für den Mainstream in West und Ost eine gewisse Berechtigung (auch wenn es auf beiden Seiten wichtige Ausnahmen gab), aber in den späten 1960er- und den 1970er-Jahren gab es wichtige neue Entwicklungen. Die westliche Geschichte ist weitgehend bekannt. Hier entwickelte sich aus den studentischen Bewegung und den Protesten gegen den Krieg der USA in Vietnam eine »neue Linke«, die verschiedene Neulektüren und Rekonstruktionsversuche der marxschen Theorie unternahm. Weit weniger bekannt sind die Entwicklungen im Osten. Auch dort entstanden neue Lektüren der marxschen Theorie, in der DDR und in der Sowjetunion standen sie vor allem mit der Vorbereitung und der Herausgabe der zweiten MEGA in Zusammenhang.

Im Westen wurde diese zweite MEGA vielfach als ein von den Staatsparteien der Sowjetunion und der DDR gestiftetes, überdimensionales Denkmal für Marx und Engels angesehen. Dass nach dem Ende der ersten MEGA in den 1930er-Jahren der Neubeginn eines solchen Projektes vor allem in der Sowjetunion gar nicht gern gesehen wurde, dass die neue MEGA erst gegen erhebliche Widerstände eines konservativen Parteiestablishments durchgesetzt werden musste, war jedoch nicht bekannt.

Die erste MEGA war in den 1920er-Jahren von David Rjazanov am Moskauer Marx-Engels-Institut begonnen worden, die ersten Bände erschienen im eigens dafür gegründeten Marx-Engels-Verlag in Berlin. Nach dem Beginn der Nazi-Herrschaft war eine Weiterarbeit in Deutschland nicht mehr möglich, aber auch in der vom Stalinismus beherrschten Sowjetunion hatte die MEGA keine große Zukunft: Rjazanov wurde als Leiter des Marx-Engels-Instituts abgesetzt und 1938 hingerichtet. Formell wurde die erste MEGA zwar niemals eingestellt, sie wurde aber nicht mehr fortgesetzt. Die Anfänge und das Ende der ersten MEGA wurden in den zwischen 1997 und 2001 erschienenen Sonderbänden 1 bis 3 der »Beiträge zur Marx-Engels Forschung. Neue Folge« gründlich untersucht. Herausgegeben wird die »Neue Folge« der »Beiträge« von Rolf Hecker, gemeinsam mit Richard Sperl und Carl-Erich Vollgraf. Durch die Einsichtnahme in die Moskauer Archivmaterialien konnte Rolf Hecker erstmals konkret und detailliert die Zusammenarbeit zwischen dem Frankfurter Institut für Sozialforschung und dem Moskauer Marx-Engels-Institut schildern. Weitere Texte, die Rolf zu dieser Untersuchung der Geschichte der ersten MEGA beigesteuert hat, sind – auszugsweise – auch in der vorliegenden Sammlung abgedruckt. Sie betreffen die Veröffentlichungsgeschichte der »Grundrisse«, der »Theorien über den Mehrwert« und der »Resultate des unmittelbaren Produktionsprozesses«.

Nach 1956 fand in der Sowjetunion und der DDR zwar eine »Entstalinisierung« statt, doch über die Opfer des Stalinismus sollte trotzdem nicht geredet werden. Das Schicksal von Rjazanov und die Geschichte der ersten MEGA waren mehr oder weniger tabu. Deshalb wurde auch die Frage, ob eine neue MEGA in Angriff genommen werden sollte, lange Zeit weggeschoben, denn mit einem solchen Projekt würde zwangsläufig auch wieder die alte MEGA thematisiert werden. Die zum Teil skurrilen Widerstände, die überwunden werden mussten, bevor die zweite MEGA in Angriff genommen werden konnte, hat Rolf Dlubek 1994 in einem Aufsatz für die »MEGA-Studien« beschrieben.[1]

Zwar gab es in der DDR auch schon vor dem Beginn der zweiten MEGA Beispiele für philologisch wie entwicklungsgeschichtlich präzise Forschungen zu den marxschen Texten – ich erinnere nur an die Arbeit des früh verstorbenen Walter Tuchscheerer[2] – einen auf breiterer Basis stehenden Aufschwung der Marx-Forschung brachte aber erst die Arbeit an der zweiten MEGA. Die Ergebnisse dieses Aufschwungs findet man sowohl in den Kommentierungen innerhalb der einzelnen MEGA-Bände als auch in den die MEGA-Arbeit begleitenden Periodika. Wenn man aus dem Westen kam, musste man sich allerdings erst einmal an die quasi-barocken Anfänge der entsprechenden Texte gewöhnen. Wie in vielen Schriften des Barockzeitalters zunächst dem Landesfürsten für seine Güte, mit der er die Wissenschaft förderte, untertänigst gedankt wurde, war jetzt eine Verbeugung vor der herrschenden Partei notwendig. Nicht selten mussten zunächst Lenin und der Erfolg der »Großen Sozialistischen Oktoberrevolution« bis hin zu den Beschlüssen des soundsovielten Parteitags der

1 Vgl. Rolf Dlubek: Die Entstehung der zweiten Marx-Engels-Gesamtausgabe im Spannungsfeld von legitimatorischem Auftrag und editorischer Sorgfalt, in: MEGA-Studien 1/1994, S. 60–106.

2 Vgl. Walter Tuchscheerer: Bevor „Das Kapital" entstand. Die Herausbildung und Entwicklung der ökonomischen Theorie von Karl Marx in der Zeit von 1843 bis 1858, Berlin 1968.

KPdSU bzw. der SED gewürdigt werden, bevor der eigentliche Text beginnen konnte. Was dann aber folgte, waren mitunter (und mit der Zeit immer häufiger) Artikel, die weit jenseits des bloßen Lehrbuchmarxismus Probleme der Entstehung und Entwicklung der marxschen Theorie untersuchten. Bereits ab 1976 erschienen an der Martin-Luther-Universität Halle-Wittenberg die »Arbeitsblätter zur Marx-Engels-Forschung« (bis 1988 insgesamt 23 Ausgaben), die am Institut für Marxismus-Leninismus herausgegebenen »Beiträge zur Marx-Engels-Forschung« folgten ab 1977 und ab 1981 die »Marx-Engels-Forschungsberichte« an der Karl-Marx-Universität Leipzig. Während diese auf einfachste Weise hergestellten Reihen nur in kleiner Auflage erschienen – lediglich die »Arbeitsblätter« hatte ich Mitte der 1980er-Jahre in einer der FU-Bibliotheken in Westberlin gefunden – erschien ab 1978 das »Marx-Engels-Jahrbuch« als offizielle und auch von der Ausstattung her repräsentative Begleitpublikation zur MEGA. In all diesen Publikationen konnte man nicht in allen, aber in vielen Artikeln einen neuen Umgang mit den marxschen Texten und Theorien wahrnehmen. Auch wenn in den »Einleitungen« der MEGA-Bände und zuweilen auch in den Anfangsabsätzen der Zeitschriftenartikel die von Marx und Engels hinterlassene »abgeschlossene Weltanschauung« beschworen wurde, ging es in einem guten Teil der Aufsätze (und nicht selten auch in den MEGA-Bänden in den Abschnitten »Entstehung und Überlieferung«), um das Unabgeschlossene der marxschen Auffassungen, um die keineswegs geradlinigen und an vielen Stellen unfertigen Entwicklungsprozesse der Theorie. In Halle, wo unter der Leitung von Wolfgang Jahn und Ehrenfried Galander die »Londoner Hefte« ediert wurden, beschränkte man sich keineswegs auf die durchaus anspruchsvolle Editionsarbeit. Es wurde nicht nur ausführlich das theoriegeschichtliche Umfeld der »Londoner Hefte«, die von Marx benutzten Quellen, in den Blick genommen; es wurde auch der Versuch unternommen, den ursprünglichen Sechs-Bücher-Plan von Marx im Detail zu rekonstruieren. Dabei entstanden eine ganze Reihe wichtiger Dissertationen, deren Ergebnisse dann in den »Arbeitsblättern« publiziert wurden. Von den von Manfred Neuhaus herausgegebenen »Marx-Engels Forschungsberichten« konnten zwischen 1981 und 1987 nur fünf Ausgaben erscheinen, die »Beiträge zur Marx-Engels-Forschung« brachten es zwischen 1977 und 1990 auf 29 Nummern.

In den 1980er-Jahren gehörte Rolf zu den Bearbeitern der MEGA-Bände II/6 und II/8, die den Text der zweiten deutschen Auflage des ersten Bandes des »Kapitals« sowie denjenigen der von Engels herausgegebenen dritten Auflage enthielten. Beiden Bänden war ein weiterer wichtiger Text beigegeben: In MEGA II/6 wurde Marx Überarbeitungsmanuskript zur ersten Auflage des ersten »Kapital«-Bandes unter dem redaktionellen Titel »Ergänzungen und Veränderungen zum ersten Band des ›Kapitals‹ (Dezember 1871–Januar 1872)« abgedruckt und im Band II/8 die zweite Auflage von Johann Mosts Broschüre »Kapital und Arbeit« (Chemnitz 1876), die von Marx erheblich überarbeitet worden war, wobei er aber nicht wollte, dass sein Name auf dem Titelblatt erscheinen sollte. Für das Studium der Entwicklung der marxschen Werttheorie waren die in diesen MEGA-Bänden enthaltenen Texte zentral. Die aus dieser Beschäftigung resultierenden Forschungsergebnisse von Rolf sind in den werttheoretischen Beiträgen des vorliegenden Bandes nachzulesen. Unter anderem hob er in seinem Beitrag zur Entwicklung der marxschen Werttheorie hervor, dass Marx im »Kapital« von Anfang an die kapitalistisch produzierte Ware analysierte, dass es sich bei den ersten drei Kapiteln also nicht um die Darstellung einer vorkapitalistischen »einfachen Warenproduktion« handelte, wie lange Zeit behauptet wurde. Diese Auffassung lag auch dem von Rolf für das »Historisch-kritische Wörterbuch des Marxismus« verfasste Stichwort »einfache Warenproduktion« zugrunde. Der Beitrag wurde ohne sein Wissen verändert und in veränderter Form veröffentlicht. In diesem Band ist die Originalfassung seines Textes enthalten.

Auch nach der Auflösung des Ostberliner Instituts für Marxismus-Leninismus arbeitete Rolf an der MEGA weiter.

Zusammen mit einer Gruppe japanischer Wissenschaftler bearbeitete er die 2005 und 2008 erschienenen Bände II/12 und II/13, die Engels' Redaktionsmanuskript zum zweiten Band sowie die Druckfassung dieses Bandes beinhalten. Aus dieser Arbeit sind im vorliegenden Band Aufsätze über das Marx-Engels-Problem bei der Edition des zweiten Bandes und über dessen Rezeptionsgeschichte enthalten. Im Jahr 2017 erschien schließlich der Band IV/14 mit Marx' Heften zur Wirtschaftskrise 1857/58, den Rolf wieder gemeinsam mit japanischen Kollegen bearbeitet hat.

Im dritten Teil des vorliegenden Bandes sind schließlich einige von Rolfs Studien zur Rezeptionsgeschichte des ersten und zweiten Bandes des »Kapitals« enthalten, die in den letzten Jahren entstanden sind. Sie reichen von einer Untersuchung der »Kapital«-Lektüre des Marx-Freundes Sigismund Borkheim bis zu Engels' Kritik am »Rodbertus-Mythos«, der Behauptung Marx habe Thesen von Karl Rodbertus plagiiert.

Mit den MEGA-Editionsarbeiten und den damit zusammenhängenden Forschungen war Rolf aber noch längst nicht ausgelastet; er überarbeitete auch die Neuauflagen verschiedener MEW-Bände und edierte den in diesem Jahr erstmals erschienenen Band MEW 44, der die in MEW 43 begonnene Publikation des Ökonomischen Manuskripts von 1861–1863 fortsetzt. 2005 veröffentlichte er zusammen mit Izumi Omura, Valerij Fomičev und Shun-ichi Kubo die Foto- und Fragebogenalben der Marx-Töchter Laura und Jenny.[3] 2014 gab er zusammen mit Angelika Limmroth die Briefe von Jenny Marx heraus.[4]

Begleitet waren alle diese Editionsarbeiten stets von wissenschaftlichen Vorträgen und Veröffentlichungen. Von Rolfs Forschungen zur ersten MEGA und deren Ende war schon die Rede. Hier möchte ich nur noch ein weiteres wichtiges Ergebnis hervorheben. Lange umstritten war in der Marx-

3 Izumi Omura/Valerij Fomičev/Rolf Hecker/Shun-ichi Kubo: Familie Marx privat. Die Foto- und Fragebogen-Alben von Marx' Töchtern Laura und Jenny. Mit einem Essay von Iring Fetscher, Berlin 2005.

4 Rolf Hecker/Angelika Limmroth (Hrsg.). Jenny Marx. Die Briefe, Berlin 2014.

Forschung die Frage, ob Karl Marx tatsächlich der Vater von Frederick Demuth ist oder nicht. In der Sowjetunion und der DDR wurde Marx' Vaterschaft vehement bestritten, auf die Person Marx sollte nicht der leiseste Schatten fallen. Anfang der 1990er-Jahre konnte Rolf in Moskauer Archiven eine Briefsammlung mit Briefen von Eleanor Marx, Frederick Demuth und Clara Zetkin einsehen, aus denen hervorgeht, dass alle drei der festen Überzeugung waren, dass Frederick der Sohn von Karl Marx ist. Eleanor und Frederick konnten nur deshalb so überzeugt sein, weil sie diese Information von Personen erhalten haben, die ihnen als absolut vertrauenswürdig galten, also entweder von Helene Demuth oder von Friedrich Engels. Mit der Veröffentlichung dieser Briefe (gemeinsam mit Heinrich Gemkow) im Jahre 1994 wurde zwar kein biologischer Vaterschaftsnachweis erbracht, aber mit an Sicherheit grenzender Wahrscheinlichkeit bestätigt, dass Karl Marx der Vater von Frederick Demuth ist.[5]

Nur wenige Monate nachdem ich Rolf in Frankfurt am Main kennengelernt hatte, veränderte sich die politische Situation grundlegend, was für uns unter anderem bedeutete, dass wir beide plötzlich in derselben Stadt lebten. Wir wurden recht schnell Freunde, diskutierten viel miteinander, gaben uns wechselseitig Ratschläge und besuchten gemeinsam eine Reihe von Tagungen – und das seit nunmehr fast 30 Jahren.

Betrachtet man die Vielzahl von Rolfs Aktivitäten (und die Aufzählung in diesem Vorwort ist alles andere als vollständig), kann einem schon etwas schwindlig werden. Schon mehrfach hat Rolf erklärt, dass er nach seinem 65. Geburtstag, den er in diesem Jahr feiert, »etwas kürzer« treten wolle. Ich kann nur hoffen, dass die Betonung auf »etwas« liegt.

Michael Heinrich
im Juni 2018

5 Heinrich Gemkow/Rolf Hecker: Unbekannte Dokumente über Marx' Sohn Frederick Demuth, in: Beiträge zur Geschichte der Arbeiterbewegung 4/1994, S. 43–59.

I Zur Geschichte des »Kapitals«

Die Entstehungs-, Überlieferungs- und Editionsgeschichte der ökonomischen Manuskripte und des »Kapitals«

Marx' Arbeit am »Kapital«

Der erste Band des »Kapitals« erschien 1867. Seiner Veröffentlichung durch Karl Marx ging ein langer Studien- und Ausarbeitungsprozess voraus. Als erste »ökonomische« Arbeit werden allgemein die »Ökonomisch-philosophischen Manuskripte von 1844« ($MEGA^2$ I/2) angesehen. In seiner Auseinandersetzung mit Pierre-Joseph Proudhon in »Misère de la philosophie« (1847) näherte sich Marx in seinen werttheoretischen Auffassungen David Ricardo an. Die Artikelserie »Lohnarbeit und Kapital«, veröffentlicht in der *Neuen Rheinischen Zeitung* im April 1849, gibt eine politische Erklärung der ökonomischen Verhältnisse des Kapitalismus, wie sie zuvor gemeinsam mit Friedrich Engels im »Manifest der Kommunistischen Partei« (1848) formuliert worden war.

Nach seiner erzwungenen Emigration aus Deutschland nach London begann Marx erneut mit intensiven ökonomischen Studien. Er exzerpierte in der British Library unter anderem die wichtigsten Schriften von John Stuart Mill, John Fullarton, Thomas Tooke, Robert Torrens, James Taylor, David Ricardo, Adam Smith und Thomas Robert Malthus. Bereits im Februar 1851 fertigte er eine kurze Zusammenfassung der studierten Literatur unter dem Titel »Bullion. Das vollendete Geldsystem« ($MEGA^2$ IV/8) an. Die 24 Londoner Hefte ($MEGA^2$ IV/7–11) aus den Jahren 1850 bis 1853 dokumentieren, wie Marx sich umfassend und kritisch durch »das ungeheure Material für Geschichte der politischen Oekonomie« durcharbeitete, wie er rückblickend im Vorwort zu seiner Schrift »Zur Kritik der politischen Ökonomie« feststellte.[1] In der abschließenden (bisher unveröffentlichten) Zusammenstellung

1 Karl Marx/Friedrich Engels: Gesamtausgabe [$MEGA^2$], Berlin 1975 ff., Bd. II/2: Zur Kritik der politischen Ökonomie, S. 102.

»Geldwesen, Kredit, Krisen« kommt er den Funktionsmechanismen des sich entwickelnden kapitalistischen Geldmarktes auf die Spur.

Als 1857 die erste Weltwirtschaftskrise des Kapitalismus ausbrach, arbeitete Marx daran, das Ganze seiner Ökonomie zu Papier zu bringen, bevor nach seinen Erwartungen, die auf einer Analyse der bürgerlichen Revolutionen von 1848/49 in Deutschland und Frankreich gründeten, die proletarische Revolution ausbräche. So entstand das Manuskript von 1857/58, ein erster Entwurf des »Kapitals«, der bei seiner Erstveröffentlichung (1939/41) redaktionell als »Grundrisse der Kritik der politischen Ökonomie« bezeichnet wurde. Neben einer »Einleitung«, in der wichtige Grundsätze der »Methode der politischen Ökonomie« und des Verhältnisses von Produktion, Konsumtion, Distribution und Zirkulation erörtert werden, gliedert sich das Manuskript in das »Kapitel vom Geld« und das »Kapitel vom Kapital« (MEW 13 und 42; MEGA² II/1). Gleichzeitig legte sich Marx drei Hefte an, in denen er thematisch geordnet die Börsendaten aus dem Verlauf der Krise in den einzelnen Ländern auswertete (MEGA² IV/14). Die für die *New York Daily Tribune* parallel verfassten Artikel über die wirtschaftliche Entwicklung und die Finanzpolitik widerspiegeln eine neue Literaturgattung: die Konjunkturdatenanalyse (MEW 12). Der Geldmarkt und die Krisen beschäftigten Marx erneut Ende der 1860er-Jahre.

Mitte 1857 skizzierte Marx in seiner »Einleitung« (zu den »Grundrissen der Kritik der politischen Ökonomie«) die Struktur seines geplanten Werkes,[2] die er am 22. Februar 1858 zu einem Sechs-Bücher-Plan erweiterte: Kapital, Grundeigentum, Lohnarbeit, Staat, Auswärtiger Handel, Weltmarkt.[3] Der erste Band sollte nach den »short outlines«[4] die Abschnitte über das Kapital im Allgemeinen, die Konkurrenz, den Kredit und das Aktienkapital beinhalten. Zugleich entstand die

2 Vgl. MEGA², Bd. II/1.1, S. 43.

3 Marx an Ferdinand Lassalle, 22.2.1858, in: Karl Marx/Friedrich Engels: Werke [MEW], Berlin 1956 ff., Bd. 29, S. 551.

4 Marx an Engels, 2.4.1858, in: MEW, Bd. 29, S. 312.

Idee, das erste Kapitel »Das Kapital im Allgemeinen« als Folge zwanglos erscheinender Hefte herauszugeben. 1859 erschien das erste Heft »Zur Kritik der politischen Ökonomie« (MEW 13, MEGA^2 II/2) mit den Kapiteln »Die Ware« und »Das Geld oder die einfache Zirkulation«. Die Arbeit an diesem Werk, aber auch die historische Situation trugen dazu bei, dass sich Marx langsam von den Vorstellungen eines engen Zusammenhangs zwischen kapitalistischer Krise und proletarischer Revolution löste.

In seinen weiteren Studien orientierte sich Marx an folgendem Plan, den er im »Index zu den 7 Heften« (Juni 1858) entworfen hatte. Danach enthielt der Abschnitt über das »Kapital im Allgemeinen« das Kapitel »Übergang des Geldes in Kapital« und das Kapitel »Der Produktionsprozess des Kapitals« mit folgenden Punkten: Austausch des Kapitals mit Arbeitsvermögen, der absolute Mehrwert, der relative Mehrwert, die ursprüngliche Akkumulation, Umschlag des Gesetzes der Appropriation. Dann sollte das Kapitel über den Zirkulationsprozess des Kapitals folgen. 1861 setzte Marx die Arbeit am Manuskript fort und es entstanden in zwei Jahren 23 Hefte. Allerdings unterbrach er die Darstellung nach seinem Planentwurf und arbeitete als historisch-kritischen Teil eine Analyse der bürgerlichen Theorien über Mehrwert, Profit, Rente und Zins aus. Erst während der weiteren Arbeit entstand die Idee, die historischen Exkurse zusammenzufassen, durch weitere Darlegungen zu ergänzen und als in sich Geschlossenes als vierten Band des »Kapitals« herauszugeben. Nach Marx' Tod nahm sich Karl Kautsky dieser Aufgabe an und veröffentlichte den Teil des Manuskripts als »Theorien über den Mehrwert«. Das Manuskript von 1861 bis 1863 schließt mit einem dritten Kapitel »Capital und Profit«. In der Forschungsliteratur wird dieses Manuskript häufig als zweiter Entwurf des »Kapitals« bezeichnet.[5]

Folgerichtig entwarf Marx im Januar 1863 einen neuen Plan für sein Werk, wobei er sich von seinem ursprünglichen

5 Erstveröffentlichung in der MEGA^2 1976–82 in sechs Teilbänden: MEGA^2, Bd. II/3.1–6; vgl. MEW, Bd. 43 und 44.

Sechs-Bücher-Plan trennte. Nunmehr sollte das Werk in drei Abschnitte (Produktionsprozess des Kapitals, Zirkulationsprozess des Kapitals, Kapital und Profit), die einzelnen Büchern entsprachen, gegliedert werden.[6] In der Zeit bis 1865 arbeitete er praktisch am dritten Entwurf des »Kapitals«, wobei vor allem erste systematische Entwürfe für das zweite und dritte Buch entstanden.[7] Vom ersten Buch ist das sechste Kapitel: »Resultate des unmittelbaren Produktionsprozesses« überliefert.[8]

Am 20. und 27. Juni 1865 stellte Marx seine ökonomische Theorie, insbesondere den Zusammenhang zwischen Lohn, Preis und Profit, in einem Vortrag vor dem Generalrat der Internationalen Arbeiterassoziation (IAA) vor. Er ging damit auf die dort gestellten dringenden Fragen des Generalratsmitglieds John Weston ein, der Forderungen der Gewerkschaften nach Lohnerhöhungen abgelehnt hatte. Nach Marx beeinflusst eine Lohnerhöhung nicht den Wert der Ware, denn der Arbeiter verkauft nicht seine Arbeit, sondern seine Arbeitskraft. Eine Lohnerhöhung bedeutet deshalb eine Veränderung in der Relation zwischen dem vom Arbeiter neu geschaffenen Wert in Lohn und dem vom Kapitalisten angeeigneten Profit, also der unbezahlten Mehrarbeit des Arbeiters.

1867 konnte Marx endlich den ersten Band des »Kapitals« veröffentlichen. Dafür wurde der Hamburger Verleger Otto Meissner gewonnen. Bereits bei der Drucklegung tauchten Schwierigkeiten auf, als Freund Engels bei der Durchsicht der Korrekturbogen darum bat, den Teil über die Wertform im ersten Kapitel »Ware und Geld« etwas leserfreundlicher (»populärer«) darzustellen. Marx kam dem nach und verfasste einen Anhang über die »Wertform« (MEGA^2 II/5). Als 1872 eine zweite Auflage notwendig wurde, war er gezwungen, die Darstellung zu überarbeiten. So entstand eine gänzlich neue Fassung des ersten Kapitels »Die Waare« (MEGA^2 II/6).

6 Vgl. MEGA^2, Bd. II/3.5, S. 1861 f., MEW, Bd. 26.1, S. 389 f.

7 Diese Manuskripte erschienen erstmalig 1988 und 1992 (MEGA^2, Bd. II/4.1 und II/4.2).

8 Erstveröffentlichung 1933; vgl. MEGA^2, Bd. II/4.1; Karl Marx: Kapital 1.1. Die Zusammenfassung des ersten Bandes des »Kapitals«, verfasst vom Autor, mit einem Vorwort von Rolf Hecker, Berlin 2009.

Ein in diesem MEGA^2-Band erstmals veröffentlichtes Manuskript »Ergänzungen und Veränderungen« gibt Einblick in die marxsche Arbeitsmethode bei der Abfassung dieses Kapitels. Außerdem nahm er eine detaillierte Gliederung des Werkes vor. Kurz darauf erarbeitete er zusammen mit dem Übersetzer Joseph Roy die französische Ausgabe »Le Capital«, in der wiederum Umarbeitungen, vor allem im Abschnitt »Der Akkumulationsprozess des Kapitals« erfolgten (MEGA^2 II/7).

Immer wieder beschäftigte sich Marx mit den Problemen des zweiten Bandes des »Kapitals«. Es sind sieben weitere nach 1864/65 entstandene Manuskriptentwürfe überliefert (MEGA^2 II/11). Marx war es nicht vergönnt, diesen Band fertigzustellen, sodass Engels bei dessen Herausgabe das Manuskript II von 1868/70 zur Grundlage wählte. Auch die Problematik des dritten Bandes ließ Marx nicht los. Er wollte eine stichhaltige mathematische Begründung für die Beziehung zwischen der Profit- und der Mehrwertrate ausarbeiten; es entstand das Manuskript »Mehrwerthsrate und Profitrate mathematisch behandelt« von 1875 (MEGA^2 II/14).

Der erste Band des »Kapitals« fand recht schnell Verbreitung in der deutschen Arbeiterbewegung. Um seine Ideen noch besser zu propagieren, entstanden verschiedene Kurzfassungen. Obwohl Marx die Autoren in ihren Bemühungen unterstützte, griff er nur in einem Fall in den »populären Auszug« aus dem »Kapital« des deutschen Sozialdemokraten Johann Most ein und arbeitete den Teil über »Waare und Geld« für eine zweite Auflage (1876) weitgehend neu aus (MEGA^2 II/8, Anhang).

Mitte der 1870er-Jahre setzte Marx seine ökonomischen Studien fort, die er aber mit umfangreichen Exzerpten aus zeitgenössischen naturwissenschaftlichen, historischen und philosophischen Werken ergänzte. Unter anderem beschäftigte er sich mit Geologie, Mineralogie, Bodenkunde, Agronomie, Ethnologie, Grundeigentum, Weltgeschichte, Trigonometrie und Differenzialrechnung, organischer und anorganischer Chemie. Einige dieser Exzerpte sind bereits veröffentlicht (MEGA^2 IV/26 und IV/31).

In die Debatten der deutschen Sozialdemokratie über ein neues Parteiprogramm griff Marx mit »Randglossen« in einem Brief an Wilhelm Bracke ein.[9] Darin setzte er sich vor allem mit Ferdinand Lassalles Ansichten über den »unverkürzten Arbeitsertrag« und das »eherne Lohngesetz« auseinander. In Bezug auf eine künftige kommunistische Gesellschaft formulierte Marx hier den Verteilungsgrundsatz: »Jeder nach seinen Fähigkeiten, jedem nach seinen Bedürfnissen!«[10]

Marx unterstützte 1877 Engels' Ausarbeitung einer Streitschrift gegen den Berliner Universitätsprofessor Eugen Dühring in vielfältiger Weise, unter anderem fertigte er für das Kapitel »Aus der ›Kritischen Geschichte‹« des »Anti-Dühring« eine Zuarbeit an. In seinen Randnoten setzte er sich nicht nur mit dem »Tableau économique« von François Quesnay, sondern erneut mit Adam Smith, Karl Rodbertus und anderen auseinander (MEGA² I/27).

Einen Schwerpunkt in Marx' Studien 1878 bildeten die Auffassungen russischer Ökonomen (I. I. Kaufman, B. N. Čičerin) über Bankgeschäfte und Grundeigentum. Ebenso studierte er italienische Autoren (Pietro Rota, Luigi Cossa u. a.) zur Finanzgeschichte. Das Exzerptheft »Oekonomisches en général« (Januar 1881 bis März 1883) enthält unter anderem die »Randglossen zu Adolph Wagners Lehrbuch der Politischen Ökonomie«, die als letzte ökonomische Arbeit von Marx gelten (MEW 19).

Ende der 1870er-/Anfang der 1880er-Jahre verschlechterte sich Marx' Gesundheitszustand immer mehr. Der Tod seiner Frau (1881) trug ebenso wie der seiner Tochter Jenny (1883) dazu bei, dass er nicht mehr die Kraft fand, die beiden ausstehenden Bände des »Kapitals« druckfertig zu machen.

Über Engels' Herausgeberschaft des »Kapitals«

Als Engels nach Marx' Tod (14. März 1883) damit konfrontiert war, möglichst schnell den zweiten und dritten Band des »Kapitals« zu veröffentlichen, ging er nicht voraussetzungs-

9 Marx an Wilhelm Bracke, 5.5.1875, erstveröffentlicht in: Neue Zeit 18/1890–91, S. 561–575.

10 MEW, Bd. 19, S. 21; MEGA², Bd. I/25, S. 15.

los an diese Aufgabe heran. Er hatte sich über viele Jahre als selbstständiger Autor auf dem Gebiet der ökonomischen Wissenschaft und als praktischer Firmenmanager ausgewiesen. Marx selbst kam durch Engels' »Umrisse einer Nationalökonomie« (1844), die in den »Deutsch-französischen Jahrbüchern« veröffentlicht wurden, dazu, sich der Philosophie der Ökonomie zuzuwenden. Gemeinsam arbeiteten sie an den Manuskripten zur »Deutschen Ideologie« (1845, MEGA^2 I/5) und verfassten das »Manifest der Kommunistischen Partei« (1848). In diesen Werken arbeiteten sie gemeinsam die materialistische Geschichtsauffassung aus.

Nach der Teilnahme an der gescheiterten bürgerlich-demokratischen Revolution 1848/49 in Deutschland übernahm Engels eine Tätigkeit in der väterlichen Firma in Manchester. Aus dieser Position heraus konnte er Marx' wissenschaftliche Studien über viele Jahre hinweg materiell unterstützen. Er drängte ihn mehrfach, sein Werk zu vollenden. Nach der Veröffentlichung von »Zur Kritik der politischen Ökonomie« (1859) und des »Kapitals« (1867) verfasste Engels Rezensionen für bürgerliche Zeitungen.

Erst nachdem er sich von der Firma lösen konnte und nach London übersiedelte (1870), ging Engels selbstständigen Studien vor allem zur deutschen Geschichte und zum Militärwesen nach. Er interessierte sich ebenso für die neuen naturwissenschaftlichen Erkenntnisse und fertigte eine Fülle von Notizen, Studien zu Detailproblemen und konzeptionelle Entwürfe für eine »Dialektik der Natur« an, die erst 1925 veröffentlicht wurden (MEW 20; MEGA^2 I/26).

1877 übernahm Engels auf Drängen von Marx die Auseinandersetzung mit Eugen Dühring. Dessen Schriften fanden in der Arbeiterbewegung großen Anklang, sodass Engels ihn »in die Schranken« weisen sollte. Da er das gesamte »System« Dührings einer Kritik unterziehen musste, schuf er eine Gesamtdarstellung des wissenschaftlichen Sozialismus (MEW 20; MEGA^2 I/27).

Bevor Engels sich nach Marx' Ableben der Ordnung der nachgelassenen Manuskripte seines Freundes widmen konnte, musste unter den Bedingungen des »Sozialistengesetzes« in Deutschland (1878–90) möglichst schnell eine neue Auflage des ersten Bandes des »Kapitals« herausgebracht werden. Sie erschien noch 1883. Bei deren Vorbereitung berücksichtigte Engels einige der wichtigsten Änderungen aus der französischen Ausgabe, vor allem im siebten Abschnitt. Er konnte sich dabei auch auf Verzeichnisse stützen, die Marx selbst noch 1877 angefertigt hatte (MEGA² II/8).

1884 veröffentlichte Engels unter Ausnutzung eines ausführlichen Konspekts von Marx (1880) eine Kritik an Lewis H. Morgan in der Schrift »Der Ursprung der Familie, des Privateigentums und des Staates« (MEGA² I/29). Darin analysierte Engels die Gesellschaftsformation der Urgesellschaft und den Übergang zur Klassengesellschaft. Er erklärte Geschichte, Wesen und Funktion des Staates – eine Problematik, die in der Arbeiterbewegung jener Zeit breit debattiert wurde.

Dann begann Engels, die marxschen Manuskripte zu ordnen und zu entziffern. 1885 konnte er bereits den zweiten Band des »Kapitals« veröffentlichen (MEW 24; MEGA² II/12 und II/13). Es folgte die englische Übersetzung des ersten Bandes (1887), die er gemeinsam mit seinem Freund Samuel Moore und Marx' Schwiegersohn Edward Aveling vorbereitete (MEGA² II/9).

1890 erschien die vierte, von Engels nochmals redigierte Fassung des ersten Bandes des »Kapitals«. Er sah seine Aufgabe darin, eine »endgültige Feststellung des Textes [und] der Anmerkungen« zu geben.[11] Er ergänzte einige Fußnoten, die den veränderten »geschichtlichen Umständen« Rechnung tragen sollten.

Völlig uneigennützig stürzte sich Engels 1891 in einen Streit über Marx' Authentizität in der Zitierweise im ersten Band des »Kapitals«. Bereits im Vorwort zur vierten Auflage hatte er sich mit der Behauptung auseinandergesetzt, Marx habe einen »Satz formell und materiell [einer Budgetrede des britischen Premierministers W. E. Gladstones] hinzugelogen«.[12] Nachdem der Streit darüber bereits in den 1860er-Jahren erledigt schien, veröffentlichte Lujo Brentano

11 MEGA², Bd. II/10, S. 22.

12 Ebd., S. 23.

einige Monate nach Marx' Tod erneut diesen Vorwurf, um dessen wissenschaftliche Arbeit zu diskreditieren. Nachdem erst Eleanor Marx darauf geantwortet hatte (1884), ging Engels nun nochmals der ganzen Angelegenheit detailliert in einer speziellen Schrift »In Sachen Brentano contra Marx wegen angeblicher Zitatfälschung« (MEW 22) nach.

Weitaus schwieriger gestaltete sich die Edition des dritten Bandes. Für seine Herausgabe benötigte Engels neun Jahre. Er nahm das marxsche Manuskript von 1864/65 zur Grundlage, das er stark redigierte. Seine Bearbeitung schloss ein: Eingriffe in die Textanordnung, das heißt Modifikationen der Titel- und Überschriftengestaltung und Textumstellungen; Aufwertung von Textteilen, etwa durch Auflösen von Einschüben und Fußnoten; Texterweiterungen, die Einschübe zur Historisierung und Aktualisierung betreffen; Textweglassungen, Straffungen und Glättungen sowie Korrekturen. Obwohl Engels durch seine Texteingriffe die marxschen Gedanken in eine nachvollziehbare und lesbare Form gebracht hat, ist er in einigen Fällen seinen eigenen editorischen Grundsätzen aus dem Vorwort nicht gerecht geworden. Er hatte dort erklärt, dass er die Redaktion auf das »Notwendigste beschränkt« habe und den »Charakter des ersten Entwurfs [...] möglichst beibehalten« habe.[13] Seine Absicht war es jedoch, dem Leser, also vor allem den deutschen Sozialdemokraten, ein vollendetes Werk zu präsentieren (MEGA^2 II/15).

Aus theoriehistorischer Sicht nehmen die Vorworte zum zweiten und dritten Band des »Kapitals« sowie die Artikel aus der *Neuen Zeit* (1895/96) über das »Wertgesetz und die Profitrate« sowie über die »Börse« einen wichtigen Platz ein, da Engels hier in Diskussionen über Marx' Methode, über den Zusammenhang von erstem und drittem Band eingriff. Unter anderem stellte er sein Verständnis vom Untersuchungsgegenstand im ersten Abschnitt des ersten Bandes dar, den er, anders als Marx, als »einfache Warenproduktion« interpretierte.[14]

13 MEW, Bd. 25, S. 11.

14 Vgl. vorl. Band, S. 193–204.

Zur Überlieferungsgeschichte des Marx-Engels-Nachlasses

Der Nachlass von Marx und Engels umfasst alle überlieferten Handschriften von Marx und Engels. Es handelt sich dabei um eine Vielzahl von Manuskripten, Exzerptheften und Notizbüchern sowie um etwa 4000 Briefe von und circa 10 000 Briefe an die beiden. Außerdem gehören circa 1200 Bücher aus ihren Bibliotheken dazu. Der Nachlass wird heute vor allem in zwei Archiven betreut: im Internationalen Institut für Sozialgeschichte (IISG) in Amsterdam und im Russländischen Staatlichen Archiv für Sozial- und Politikgeschichte (RGASPI) in Moskau (der Nachfolgeeinrichtung des Zentralen Parteiarchivs der KPdSU). Einige wenige Dokumente und Bücher aus den Bibliotheken von Marx und Engels *(ex libris)* befinden sich in der Stiftung der Parteien und Massenorganisationen der ehemaligen DDR (SAPMO – der Nachfolgeeinrichtung des Zentralen Parteiarchivs und der Bibliothek des Instituts für Marxismus-Leninismus beim ZK der SED) in Berlin und im Archiv der Sozialen Demokratie der Friedrich-Ebert-Stiftung in Bonn. Einzelne Dokumente des Nachlasses sind weltweit in Archiven oder Bibliotheken (z. B. in Japan im Ohara-Institut der Hosei Universität Tokio und in der Tohoku Universität Sendai) sowie in Privatbesitz von Autografensammlern zerstreut.

Der Weg des Nachlasses in die unterschiedlichen Besitzverhältnisse ist recht verschlungen. Nach Engels' Tod (5. August 1895) ging ein großer Teil des Nachlasses (Manuskripte und Bücher, teilweise der Briefwechsel) an August Bebel, Paul Singer und Eduard Bernstein als die Nachlassverwalter der SPD; Familienbriefe verblieben im Besitz von Marx' Töchtern. Der handschriftliche Nachlass wurde nur sehr oberflächlich erfasst, einige Manuskripte verblieben bei Karl Kautsky und Eduard Bernstein, die sie zur Veröffentlichung vorbereiten wollten. Die Bücher wurden in den allgemeinen Bestand der SPD-Bibliothek in Berlin eingeordnet. Erst Anfang der 1920er-Jahre, als David Borisovič Rjazanov, der Direktor des 1922 gegründeten Moskauer Marx-Engels-Instituts, mit der

Vorbereitung einer historisch-kritischen Ausgabe des literarischen Nachlasses begann, wurde auf sein Betreiben und mit Zustimmung des SPD-Vorstandes durch den Berliner Korrespondenten des Moskauer Instituts Boris Ivanovič Nikolaevskij mit der systematischen Inventarisierung und Fotokopierung der Handschriften und der Bücher mit Marginalien (Randanstreichungen und -bemerkungen) von Marx und Engels begonnen. So verfügte das Moskauer Institut schon Ende der 1920er-Jahre über Kopien des gesamten Nachlasses. Die Fotokopierung und die Sammlung von Dokumenten, nicht nur von Marx und Engels, sondern der internationalen Arbeiterbewegung des 19. Jahrhunderts, wurde durch das Frankfurter Institut für Sozialforschung unter dem Direktorat von Carl Grünberg in den Jahren von 1924 bis 1928 großzügig unterstützt.

Rjazanov hatte bereits während seiner Emigrationszeit in Westeuropa (vor allem Wien und Berlin) vor 1917 feste Kontakte zu den Familien von Marx' Töchtern Lafargue und Longuet in Frankreich hergestellt. Die Enkel und Urenkel von Marx unterstützten die wissenschaftliche Erschließung des Nachlasses und die Herausgabe der Marx-Engels-Gesamtausgabe und übergaben zu verschiedenen Anlässen, etwa zum zehnten Jahrestag der Oktoberrevolution 1927, dem Moskauer Institut Teile der bei ihnen aufbewahrten Dokumente (Briefe, Notizbücher, Fotoalben).

Mit Errichtung der faschistischen Diktatur in Deutschland 1933 befand sich der Marx-Engels-Nachlass in großer Gefahr. In einer dramatischen Rettungsaktion beherzter Sozialdemokraten wurde er von Berlin nach Kopenhagen verbracht und in einem Banksafe eingelagert. Die SPD-Bibliothek wurde im Juni 1933 von den Nationalsozialisten beschlagnahmt und dem Preußischen Geheimen Staatsarchiv in Berlin-Dahlem überwiesen.

1935 sah sich der im Ausland agierende SPD-Vorstand aus finanziellen Gründen gezwungen, in Verhandlungen über den Verkauf des Marx-Engels-Nachlasses zu treten. Zunächst hatten sich Vertreter des Moskauer Marx-Engels-Lenin-Instituts in Paris darum bemüht, das wertvolle Gut zu erwerben. Im März 1936 reiste eigens Nikolaj Ivanovič Bucharin nach Paris und Kopenhagen (zur Einsichtnahme der Dokumente), um den Deal zu vollenden. Die Verhandlungen verzögerten sich jedoch einmal durch den von der Sozialistischen Internationale geforderten hohen Preis, sie mussten andererseits aber scheitern, als in Moskau im Sommer 1936 der erste stalinsche »Schauprozess« gegen das »Anti-sowjetische vereinigte trotzkistisch-sinowjewistische Zentrum« begann, der jegliche Vertrauensgrundlage für ein positives Verhandlungsergebnis bei den Vertretern der Sozialistischen Internationale (u. a. Otto Wels, Rudolf Hilferding, Jean Longuet, Friedrich Adler) entzog.

So bot der Holländer Nicolaas Wilhelmus Posthumus an, den Nachlass für das von ihm in Amsterdam neu gegründete Internationale Institut für Sozialgeschichte zu erwerben. Der Ankauf erfolgte unter Mitwirkung eines holländischen Bankhauses endgültig im Mai 1938.

Dem Moskauer Institut gelang es, im Herbst 1936 von Michael Kriger, einem polnischen Sozialdemokraten, der vor 1933 kurzzeitig im Archiv der SPD tätig war, die Originale der sieben Hefte mit den sogenannten Grundrissen der Kritik der politischen Ökonomie von 1857/58 und der 23 Hefte des ökonomischen Manuskripts von 1861 bis 1863 sowie einiger anderer ökonomischer Dokumente anzukaufen. Bis heute konnte nicht genau geklärt werden, ob Kriger rechtmäßig in den Besitz der Manuskripte gekommen war.

Der vom IISG erworbene Nachlass wurde von Kopenhagen nach Amsterdam gebracht, jedoch glücklicherweise vor der Besetzung der Niederlande durch Nazideutschland im April 1939 nach England überführt und befand sich in Obhut von G. D. H. Cole an der Universität Oxford. Die beiden Koffer mit dem Marx-Engels-Nachlass kehrten im April 1946 in das IISG zurück. Seither stehen die Dokumente dort wissenschaftlichen Forschungszwecken zur Verfügung.

Das Moskauer Marx-Engels-Lenin-Stalin-Institut bemühte sich 1945/46 im Rahmen einer Requirierungsaktion in Deutschland um Dokumente aus dem Marx-Engels-Nachlass unter anderem bei Nachkommen der Familie Engels und in den ausgelagerten Archiven. Es gelang, entsprechende Polizeiakten über Marx und Engels, einige Briefe Engels' sowie Bücher *ex libris* aus den Beständen der SPD-Bibliothek nach Moskau abzutransportieren.

In den 1950er-Jahren wurde durch das Berliner Institut für Marxismus-Leninismus unter Leitung von Bruno Kaiser eine systematische Suche nach den Büchern *ex libris* Marx-Engels betrieben. Ein großer Teil der in Berlin aufgefundenen circa 700 Exemplare wurde dem Moskauer Institut für Marxismus-Leninismus in den Jahren von 1953 bis 1961 als Geschenk der SED übergeben.

Noch in den 1960/70er-Jahren überließen Marx' Nachfahren persönliche Notizbücher und Briefe dem Parteiinstitut in Moskau, das sie zum Teil viele Jahre bis zu seiner Schließung 1991 im Marx-Engels-Museum ausstellte. Jetzt wird der Teil des Nachlasses in Moskau im Fonds 1 im RGASPI betreut.

Heute tauchen gelegentlich bei Auktionen einzelne Autografen von Marx auf, die meist hohe Preise unter den Sammlern erzielen; ihre wissenschaftliche Erschließung wird von ihnen teilweise unterstützt.

Die Pflege (Aufbewahrung und Restaurierung) und Erschließung (moderne elektronische Bestandserfassung) des Marx-Engels-Nachlasses erfordern auch heute erhebliche finanzielle Mittel. Mittlerweile steht der Marx-Engels-Nachlass im IISG auch elektronisch zur Verfügung.

Zur Editionsgeschichte der Manuskripte und des »Kapitals« nach Engels' Tod

Nach Engels' Tod beschäftigte sich vor allem Karl Kautsky mit dem »ökonomischen« Nachlass von Marx. Er sah zunächst seine Aufgabe darin, den sogenannten vierten Band des »Kapitals«, die »Theoriengeschichte«, zu veröffentlichen. Er bearbeitete die »Theorien über den Mehrwert« aus dem nachgelassenen Manuskript »Zur Kritik der politischen Ökonomie« von 1861–63, die in drei Bändchen 1905–1910 erschienen. Nach Ablauf der urheberlichen Schutzrechte (1913) begann Kautsky mit der Vorbereitung einer »Volksausgabe« des »Kapitals«, wobei er von Rjazanov unterstützt wurde. Beide maßen Erläuterungen und Registern wichtige Bedeutung bei. Rjazanov ging darüber hinaus und plädierte für ein Sachregister, das nach seiner Meinung das »Theoretische und Praktische gleichmäßig behandeln« sollte, sowie für ein Namenregister. Und letztlich forderte Rjazanov von Kautsky die Abfassung einer »Vorrede«, in der dieser »die Bedeutung des ›Kapitals‹ für die Wissenschaft und die Arbeiterbewegung« erörtern sollte.[15]

Karl Kautsky und sein Sohn Benedikt veröffentlichten 1926 und 1929 die Volksausgabe des zweiten und dritten Bandes des »Kapitals«. Nach dem Rechenschaftsbericht über seine Eingriffe in den Text zu urteilen, ging Kautsky dabei behutsam vor, jedoch betonte er, dass »der zweite und dritte Band nicht druckfertig von Marx hinterlassen, sondern aus vorbereitenden Fragmenten von Engels zusammengefügt worden [ist]«. Deshalb sei er auch aufgefordert worden, den »Text an der Hand der marxschen Manuskripte nachzuprüfen und richtigzustellen«. Diese »ungeheure« Arbeit, »die Engels fast ein Jahrzehnt lang beschäftigt [...] [hatte]«, konnte er nicht wiederholen. Auch bei der Herausgabe des dritten Bandes wurde »größte Originaltreue« angestrebt, eigene Bemerkungen wurden ausdrücklich gekennzeichnet. Deshalb gab Kautsky der Hoffnung Ausdruck, dass sämtliche Manuskripte von Marx veröffentlicht werden müssten, um »Vermutungen« zu bestätigen oder zu widerlegen, »Engels habe nicht immer den marxschen Gedankengang voll erfasst und die Manuskripte nicht immer diesem Gedankengang entsprechend angeordnet und redigiert«. Die Lösung könne nur eine historisch-kritische Edition in einer Marx-Engels-Gesamtausgabe (MEGA) bringen.

Die 1932/33 in Moskau herausgekommene deutsche Volksausgabe aller drei Bände des »Kapitals« stellte sich in scharfer

15 David Rjazanov an Karl Kautsky, 20.1.1911, Nachlass Kautsky D XIX 327, zit. nach Götz Langkau: Marx-Gesamtausgabe – dringendes Parteiinteresse oder dekorativer Zweck? Ein Wiener Editionsplan zum 30. Todestag, Briefe und Briefauszüge, in: International Review of Social History 1/1983, S. 104–142, hier S. 136.

Polemik gegen die kautskysche Ausgabe. Vladimir Viktorovič Adoratskij, Nachfolger Rjazanovs, betonte, dass das Erscheinen beschleunigt werden musste, nicht nur weil die Bände vergriffen seien, sondern weil die von Kautsky veranstaltete Ausgabe »einen unzuverlässigen Text bringt und die den Marxismus grob fälschenden Vorworte«. Die Herausgabe von Marx durch Kautsky diene als Vorwand »für den Kampf gegen den Marxismus«.[16] In der Vorbemerkung der Redaktion zum dritten Band wurden die Verdienste von Engels herausgestrichen und keine Zweifel an der von ihm geleisteten redaktionellen Arbeit gehegt, über die er selbst »alles Nötige« in seinen Vorworten gesagt habe. Die redaktionellen Eingriffe des Moskauer Instituts wurden beschränkt auf: a) Korrekturen aufgrund des Zitatvergleichs; b) Verbesserungen aufgrund des marxschen Manuskripts (Druck- und Entzifferungsfehler: »Sowohl der Zitatenvergleich wie der Vergleich mit dem marxschen Manuskript hat übrigens zahlreiche Flüchtigkeiten und Fehler der kautskyschen Ausgabe gezeigt.«); c) redaktionelle Verbesserungen von Schreib- oder Rechenfehlern, die sich auch zum Teil auf das marxsche Manuskript stützen konnten.

Mit dieser Volksausgabe des »Kapitals« wurde für Jahrzehnte im Marxismus-Leninismus (ML) die Unantastbarkeit der engelsschen Edition festgeschrieben. Das galt auch für das ML-Dogma von der »untrennbaren theoretischen Einheit« aller drei Bände, in der dem ersten Band das Primat zukomme. Damit wurde das absolute Wahrheits- und Editionsmonopol an Marx/Engels durch die kommunistischen Parteiinstitute verkündet.

In der ersten Marx-Engels-Gesamtausgabe war vorgesehen, das »Kapital« in einer gesonderten zweiten Abteilung zu edieren. Nach einem Prospekt der Ausgabe von 1933 sollte diese Abteilung 13 Bände mit den ökonomischen Manuskripten und dem »Kapital« umfassen. Für die Redaktionsarbeiten wurde eine »ökonomische Brigade« mit russischen, deut-

16 Karl Marx: Das Kapital, Erster Band, Moskau 1932, Vorrede des Marx-Engels-Lenin-Instituts, S. 7*–26*, hier S. 20*, 19*.

schen und ungarischen Mitarbeitern gebildet (u. a. Horst Fröhlich, Lothar Bolz, Pavel Veller). Die akademische Ausgabe des »Kapitals« sollte alle Varianten der verschiedenen Ausgaben enthalten (umfangreiche Vorarbeiten sind überliefert). Als Erstveröffentlichung erschien 1933 das sechste Kapitel: »Resultate des unmittelbaren Produktionsprozesses« parallel in deutscher und russischer Sprache.[17] Es kam jedoch nicht zu einer historisch-kritischen Veröffentlichung des »Kapitals«, Stalin ließ die bereits geleisteten Vorarbeiten einstellen, ausländische Mitarbeiter wurden bis 1937 entlassen. Unter der Redaktion von Weller gelang es noch, 1939 und 1941 die »Grundrisse der Kritik der politischen Ökonomie« als Sonderband der MEGA in zwei Teilen herauszugeben.

Anfang der 1950er-Jahre wurde in der DDR am Parteiinstitut der SED begonnen, eine Marx-Engels-Werkausgabe vorzubereiten. Von 1953 bis 1968 wurden 39 Bände veröffentlicht. Die Marx-Engels-Werke (MEW) folgen in der Textanordnung und der Kommentierung weitgehend der zweiten russischen Werkausgabe (von 1950 bis 1981 erschienen 50 Bände, die erste russische Werkausgabe aus den 1920/30er-Jahren umfasste 28 Bände). Die Texte wurden in modernisierter deutscher Sprache und in der von Marx und Engels hinterlassenen letzten Fassung ediert. Später folgten Ergänzungsbände und ein Sachregister zu den Bänden 1–39. Letzteres erschien 1989 und sollte »anschaulich das Gesamtsystem des Marxismus« widerspiegeln.[18] So sind in dieses Schlagworte aufgenommen worden, die aus der »marxistisch-leninistischen Theorie« stammen, aber nicht in der Form in den Marx-Engels-Texten auftauchen, wie etwa »Antikommunismus«. Andere Schlagworte fehlen, wie zum Beispiel »Alltag«, »Anfang«, »Ausdruck«, »Herrschaft« oder »Totalität«.

Das »Kapital« umfasst in der MEW-Ausgabe die Bände 23 bis 25. Die Edition folgt jeweils der von Engels herausgegebe-

17 Karl Marx: Erstes Buch. Der Produktionsprozess des Kapitals. Sechstes Kapitel, in: Archiv Marksa i Engel'sa [Marx-Engels-Archiv], Bd. II (VII), bearbeitet von P. Veller, H. Fröhlich und M. Grinbaum mit einem Vorwort von A. Leont'ev, Moskva 1933, S. 3–229.

18 MEW, Sachregister, S. 5.

nen letzten deutschen Auflage (also erster Band 1890, zweiter Band 1893, dritter Band 1894). In den »Kapital«-Bänden wurde auf redaktionelle Einleitungen verzichtet. Außerdem wurde in den Bänden 26.1–3 ein Teil des Manuskripts von 1861–63 als »Theorien über den Mehrwert« mit dem Untertitel »Vierter Band des ›Kapital‹« veröffentlicht. Dieser Untertitel wurde aus einem Brief von Marx an Engels vom 31. Juli 1865 abgeleitet, in dem er von einem vierten Buch als dem »historisch-literarischen« spricht, in dem eine »Repetition [der theoretischen Teile] in historischer Form« gegeben werden sollte.[19] Insofern können die »Theorien« als Vorarbeit für einen solchen Teil angesehen werden. Marx' Schrift »Zur Kritik der politischen Ökonomie« ist chronologisch in MEW-Band 13 eingeordnet.

In den 1980er-Jahren wurde an weiteren Ergänzungsbänden der MEW im Institut für Marxismus-Leninismus beim ZK der SED gearbeitet. 1983 erschienen auf Grundlage des MEGA²-Bandes II/1 die »Grundrisse der Kritik der politischen Ökonomie« (MEW-Band 42). Damit war der fotomechanische Nachdruck (1953) der Originalausgabe von 1939/41 durch eine preisgünstige Studienausgabe ersetzt. Außerdem wurden 1990 die ersten fünf Hefte des Manuskripts von 1861–63 im MEW-Band 43 (auf der Grundlage von MEGA² II/3.1) veröffentlicht; 2018 folgte der Band 44 mit den letzten Heften dieses Manuskripts (Grundlage: MEGA² II/3.6). Die MEW gilt bis heute als Studienausgabe. Sie wurde weltweit zur Grundlage von Übersetzungen gewählt (u. a. ins Englische, Französische, Italienische, Japanische und Chinesische).

Die MEW galt auch in der Bundesrepublik als gängige Studienausgabe. Zudem erschienen andere Marx-Engels-Werkveröffentlichungen. So gab Rudolf Hickel die drei Bände des »Kapitals« mit einer Leseanleitung und weiterer Textauswahl heraus (Ullstein Materialien, seit 1970 mehrere Auflagen). Fred Schrader gab einen Nachdruck der »Urausgabe« mit einem editorischen Vorwort (1867) des ersten Bandes (Gers-

19 MEW, Bd. 31, S. 132.

tenberg, Hildesheim 1980) heraus. Auch eine Separatausgabe des sechsten Kapitels: »Resultate des unmittelbaren Produktionsprozesses« (Neue Kritik, Frankfurt a. M. 1969) wurde häufig genutzt. Unter den redaktionellen Titeln »Exzerpte über Arbeitsteilung, Maschinerie und Industrie« und »Die technologisch-historischen Exzerpte« veröffentlichten Rainer Winkelmann und Hans-Peter Müller Auszüge aus verschiedenen Exzerptheften von Marx (Ullstein Materialien, 1981 u. 1982). Die Edition, die als historisch-kritische Ausgabe bezeichnet wurde, gibt einzelne Seiten aus unterschiedlichen Heften (Exzerpte aus den 1840/50er-Jahren) wieder, die von den Herausgebern umfänglich kommentiert wurden. Dieser Vorgriff auf die MEGA^2-Edition war seinerzeit umstritten.

Zu einigen Forschungs- und Editionsfragen des ersten Bandes des »Kapitals« in der II. Abteilung der MEGA²

Zu einigen Editionsproblemen

Der erste Band des »Kapitals« füllt sechs MEGA²-Bände (II/5 bis II/10), insgesamt 8264 Seiten. Alle Ausgaben, an denen Marx und Engels beteiligt waren, werden veröffentlicht: vier deutsche Auflagen, eine französische und eine englische Ausgabe. Nach dem Erscheinen des MEGA²-Bandes II/10 Anfang des Jahres 1991 als erster Band unter der neuen Herausgeberschaft der Internationalen Marx-Engels-Stiftung (IMES) kann man rückblickend die Frage stellen, von welchen Überlegungen sich die bisherigen Herausgeber leiten ließen, als sie das Projekt »Erster Band des ›Kapitals‹« auf den Weg brachten.

Das »Kapital« ist das Hauptwerk von Marx. Es stellt ohne Zweifel eine Zäsur in der Geschichte der Sozialwissenschaften dar. Diesem Werk wurde eine spezielle Abteilung innerhalb der MEGA² gewidmet:

> »Die Zweite Abteilung soll ein vollständiges Bild vom Verlauf und Charakter der jahrzehntelangen Arbeit von Marx an diesem Werk vermitteln und zugleich die große Leistung dokumentieren, die Engels nach Marx' Tod bei der Bearbeitung und Herausgabe des zweiten und dritten Bandes des ›Kapitals‹ vollbrachte.«[1]

So werden in dieser Abteilung insgesamt 15 Bände in 23 Teilbüchern veröffentlicht (die Abteilung wurde 2012 abgeschlossen).

Der erste Band stellt einen Höhepunkt im marxschen Schaffen dar. Seine Kritik der politischen Ökonomie beruhte auf einer umfassenden Analyse der kapitalistischen Produktionsweise und der Auswertung einer kaum zu überschauenden Literatur. Nach seiner Erstveröffentlichung wurde das

1 Vorwort zur Gesamtausgabe, in: Karl Marx/Friedrich Engels: Gesamtausgabe [MEGA²], Berlin 1975 ff., Bd. I/1, S. 40.

»Kapital« zum Fundament der sozialdemokratisch organisierten Arbeiterbewegung; alle sozialistischen und kommunistischen Bewegungen des 19. und 20. Jahrhunderts berufen sich auf dieses Werk. Seine Rezeptionsgeschichte stellt aber zugleich die Geschichte dogmatisierter politischer Schulung und ideologischer Auseinandersetzungen dar und »dies war oft genug gleichbedeutend mit der Liquidation der Kritik, indem die Analyse als positive Theorie des Kapitalismus grob fehlinterpretiert wurde«.[2]

Ohne Zweifel muss das Hauptwerk von Marx kritisch in die Wissenschaftsgeschichte eingeordnet werden. Aber auch nach dem Zusammenbruch des realen Sozialismus nimmt dieses Werk einen bleibenden Stellenwert ein, es wird ebenso wie die Werke von Smith, Ricardo, Mill, aber auch wie die von Pareto, Keynes, Sraffa, Samuelson von weiteren Generationen von Studenten und Wissenschaftlern gelesen werden.

Der erste Band des »Kapitals« ist kein vollendetes, in allen Fragen der Kapitalismuskritik allgemeingültiges Werk, auch wenn es Marx mit der Darstellung der Mehrwerttheorie gelang, »das ökonomische Bewegungsgesetz der modernen Gesellschaft zu enthüllen«.[3] Er selbst betrachtete das »Kapital« als verbesserungswürdig, und nicht wie etwa das »Kommunistische Manifest« als historisches Dokument. Die Veränderungen, die Marx in den einzelnen Auflagen und Ausgaben vornahm, schienen gewichtig genug, sie detailliert in den einzelnen MEGA²-Bänden auszuweisen.

Die der ersten deutschen Auflage folgenden MEGA²-Bände (II/6, II/8 und II/10) enthalten Variantenverzeichnisse (Gesamtumfang: 245 Seiten), in denen akribisch jede Textveränderung registriert wurde. Im MEGA²-Band II/10 ist darüber hinaus ein »Verzeichnis von Textstellen aus der französischen Ausgabe, die nicht in die dritte oder vierte Auflage aufgenommen wurden«, enthalten (52 Seiten). Die Herausgeber waren der Meinung, dass diese Veränderungen, auch rein technisch,

2 Elmar Altvater: Karl Marx aus der Verformung retten und vor der Verbannung bewahren, in: Frankfurter Rundschau, 27.2.1991.

3 MEGA², Bd. II/5, S. 13 f.

nicht in einem Band dokumentiert werden konnten. Für die beiden fremdsprachigen Ausgaben wurden ebenfalls Verzeichnisse mit Textvergleichen zur deutschen Textgrundlage (Umfang: 202 Seiten) angefertigt. Für den heutigen »Kapital«-Leser ist es damit möglich, den Widerspruch zwischen der Einordnung des ersten Bandes in das Jahr 1867 und der Benutzung der vierten deutschen Auflage von 1890, wie sie im MEW-Band 23 vorliegt, aufzuheben und die einzelnen Ausgaben historisch-kritisch zu beurteilen. Somit kann der marxsche Forschungs- und Darstellungsprozess weiter aufgehellt werden, wurden doch »in der Literatur zu Marx nicht nur seine Quellen, sondern auch sein Forschungsprozess fast völlig ausgeblendet«.[4]

Die Bearbeiter der genannten Bände werteten auch die Erfahrungen der Arbeit an der ersten MEGA aus. Bereits 1935 wurde eine Konzeption für die Edition des ersten Bandes des »Kapitals« in drei Halbbänden erarbeitet. Auch in dieser Konzeption waren Textvergleiche mit allen Ausgaben (einschließlich der fünften deutschen von 1905 und der kautskyschen Ausgabe von 1914) vorgesehen.[5] Leider konnte dieser Plan nicht realisiert werden, jedoch erschien bereits 1934 eine russische Ausgabe des ersten Bandes nach der vierten deutschen Auflage, in der in redaktionellen Fußnoten nahezu 100 wichtige Abweichungen aus der französischen Ausgabe wiedergegeben wurden. Bei der Vorbereitung des bereits erwähnten Verzeichnisses aus MEGA²-Band II/10 wurde diese Ausgabe ebenfalls herangezogen.

Für jede »Kapital«-Ausgabe wurden umfangreiche Untersuchungen zur Rezeptionsgeschichte angestellt, um sie in die konkret-historische Situation einordnen zu können. Dazu wurden weitere, bisher wenig genutzte historische Quellen ausgewertet. Die neuen Forschungsergebnisse flossen in die Textgeschichten ein. Geprüft wurden alle sogenannten

4 Fred E. Schrader: Editorisches Vorwort zum Nachdruck der Erstausgabe des »Kapitals«, Hildesheim 1980, S. 1*.

5 Vgl. Eike Kopf: Die Vorbereitungsarbeiten zur Veröffentlichung des »Kapitals« in der ersten MEGA, in: Beiträge zur Marx-Engels-Forschung 14, 1983, S. 79–97, hier S. 86 und 96.

populären Fassungen des ersten Bandes. Die Broschüre von Johann Most »Kapital und Arbeit« wurde in der zweiten von Marx überarbeiteten Auflage von 1876 in den Band II/8 aufgenommen, kommentiert werden die Ausgaben von Gabriel Deville »Le Capital de Karl Marx resume et accompagne d'un apercu sur le socialisme scientifique« von 1883 (MEGA² II/7, S. 730/731) und Karl Kautsky »Karl Marx' Oekonomische Lehren« von 1887 (MEGA² II/10, S. 708/709). Mit dieser umfassenden historisch-kritischen Edition wird einer dogmatisierenden und kanonisierenden »Kapital«-Interpretation entgegengetreten, wie sie nicht nur in der DDR verbreitet war. Sie ermöglicht eine differenzierte Bewertung der Theorie- und Rezeptionsgeschichte des Hauptwerkes von Marx.

Die Editionsrichtlinien der MEGA² sahen die Veröffentlichung aller autorisierten Fassungen vor. Für die erste, zweite und vierte Auflage sowie die beiden Übersetzungen schien das selbstverständlich; problematisch war zunächst, ob die dritte deutsche Auflage in die MEGA² aufgenommen werden sollte. Überzeugend war das Argument, dass umfassendere Textveränderungen in der dritten Auflage auf der Grundlage der französischen Ausgabe von Engels vorgenommen wurden, der damit weitgehend den Intentionen von Marx folgte.

In den Bänden sind einige Erstveröffentlichungen enthalten: Dazu gehören handschriftliche Materialien von Marx (MEGA² II/6 und II/8), darunter vor allem das bedeutsame Manuskript »Ergänzungen und Veränderungen zum ersten Band des ›Kapitals‹ (Dezember 1871 – Januar 1872)« im MEGA²-Band II/6, dessen Variantenapparat 304 Seiten umfasst, die handschriftliche Fassung von Fußnoten (MEGA² II/6 und II/10), Marginalien in den Handexemplaren der ersten und zweiten deutschen Auflage (MEGA² II/6 und II/8) sowie der französischen Ausgabe (MEGA² II/7).

In den sechs Bänden ist es gelungen, eine exakte Textgrundlage darzubieten, die für Studienausgaben und Übersetzungen genutzt werden kann. Die Korrekturenverzeichnisse geben detailliert über die Autorkorrekturen von Marx in seinen Handexemplaren und über Texteingriffe der Bearbeiter

Auskunft. Zu den editorischen Leistungen zählt ebenso die bedeutende Ausweitung der Quellennachweise in den Erläuterungen im Verhältnis zu MEW-Band 23 und eine umfassende wissenschaftliche Kommentierung. Besondere editorische Lösungen erforderte die Verzeichnung der Textunterschiede zwischen den Auflagen und Ausgaben; die Variantenverzeichnisse bzw. Textvergleiche erfassen sowohl die Textabweichungen zwischen den Druckfassungen des ersten Bandes des »Kapitals« als auch die handschriftlichen Ergänzungen und Veränderungen von Marx (MEGA² II/6 und II/8) und Engels (MEGA² II/8) und die Bemerkungen in den marxschen Handexemplaren. Die Bearbeiter erkennen die Kritik an den Einleitungen an, in denen häufig genug der »imaginäre Raum der Ewigkeit des Ideologischen«[6] aufgespannt wurde, wenngleich sie sich in den Einleitungen zu den MEGA²-Bänden II/6–10 bemühten, die Textentwicklung des »Kapitals« differenziert darzustellen.

Zur Theorieentwicklung in den einzelnen Auflagen

Mit der Edition des ersten Bandes des »Kapitals« in der MEGA² wird die Entwicklungsgeschichte dieses Werkes im Zeitraum von 1867 bis 1890 dargestellt. Dies erforderte die Feststellung, Analyse und Bewertung der Textveränderungen sowie die Aufdeckung der Ursachen für diese Textänderungen. Schließlich war es unbedingt notwendig, den unterschiedlichen Charakter der Texteingriffe zu bestimmen und sie mit einem geeigneten Instrumentarium zu erfassen. Nunmehr ist es auch möglich, den Stellenwert der einzelnen »Kapital«-Ausgaben in der Entwicklungsgeschichte der marxschen ökonomischen Theorie genauer zu bestimmen.

Die vielfältigen Veränderungen, die im Laufe von über 20 Jahren am Text des ersten Bandes des »Kapitals« vorgenommen wurden, aber von Ausnahmen abgesehen kaum erforscht waren, belegen, dass Marx' ökonomische Theorie einen Entwicklungsprozess abbildet und offen ist für die Wei-

6 Wolfgang Fritz Haug: Marx, Karl und Friedrich Engels: Gesamtausgabe (MEGA) [Rezension], in: Das Argument 145, 1984, S. 452–456.

terentwicklung. Davon zeugt nicht zuletzt seine ursprüngliche Absicht, »den Text des ersten Bandes großentheils umzuarbeiten, manche theoretischen Punkte schärfer zu fassen, neue einzufügen, das geschichtliche und statistische Material bis auf die neueste Zeit zu ergänzen«.[7]

Es konnte nachgewiesen werden, welche Faktoren Einfluss auf die Text- und Theorieentwicklung nahmen. An erster Stelle ist Marx' kritische Haltung zu den eigenen Forschungsergebnissen und ihrer Darstellung zu nennen. Die daraus resultierende Überarbeitung einzelner Abschnitte bzw. Kapitel sowie die Verbesserung der Gliederung seines Werkes zielten – neben der oben genannten Absicht – unter anderem darauf ab, die Rezeption der Theorie zu fördern. Schließlich sollte die im Interesse des Proletariats vollzogene Umwälzung in der politischen Ökonomie erkennbar, begreifbar und handhabbar sein. Zudem wahrte Marx die Kontinuität im Forschungsprozess. Er verfolgte die Literatur, studierte Arbeiten, die er in der ersten Auflage noch nicht berücksichtigt hatte, wertete neues empirisches Material aus, untersuchte neue Erscheinungen in der Entwicklung des Kapitalismus und verarbeitete sie im »Kapital«.

Eine Reihe von Textänderungen war durch innertheoretische Ursachen bedingt, etwa die Vervollkommnung der inneren Geschlossenheit der Theorie. Einflüsse auf die Theorieentwicklung sind auch von der Wirkungsgeschichte seines Werkes ausgegangen; wie überhaupt ein enger Zusammenhang zwischen Entwicklungs- und Wirkungsgeschichte existiert. Beide beeinflussen sich wechselseitig.[8] Seit dem Erscheinen der ersten Auflage verfolgte Marx die Rezeption bei Freund und Feind. Registriert und zum Teil berücksichtigt wurden die Hinweise von Freunden und Kampfgefährten. Das betraf zum Beispiel die kritische Beurteilung der doppelten Darstellung der Wertformanalyse in der ersten Auflage (im Text und im Anhang[9]) durch

7 MEGA², Bd. II/8, S. 57.

8 Vgl. Hannes Skambraks: Entstehungsgeschichte und Wirkungsgeschichte des »Kapitals« als wesentliche Bestandteile der Marx-Engels-Forschung, in: Beiträge zur Marx-Engels-Forschung 17, 1984, S. 36–75.

9 Vgl. MEGA², Bd. II/5, S. 27–43 u. S. 629–649.

Louis Kugelmann und Engels.[10] Berücksichtigung fand auch die von Engels und anderen geübte Kritik an der unzureichenden Gliederung der ersten Auflage.[11] Aber auch die Hinweise von Kampfgefährten zum schwierigen Verständnis der Werttheorie und der im »Kapital« angewandten Methode verhallten nicht ungehört. Ihre Umsetzung gestaltete sich allerdings schwierig. Teilweise wurde die verbesserte Lesbarkeit auch mit einem Verlust an »dialektischer Schärfe« erkauft.

Die offene und versteckte Kritik von Vertretern der bürgerlichen politischen Ökonomie und des kleinbürgerlichen Sozialismus nahm Marx durchaus ernst. Sie vermittelte ihm Denkanstöße für die Überarbeitung. Das gilt etwa für die von Eugen Dühring[12] und Friedrich Albert Lange[13] aufgestellte Behauptung einer Identität zwischen der marxschen und der hegelschen dialektischen Methode. Der Bedeutsamkeit wegen hielt es Marx für angebracht, im Nachwort zur zweiten Auflage darauf einzugehen. Ähnlich verhielt es sich mit dem Versuch, Marx' ökonomische Theorie auf die Ricardos zu reduzieren.[14] Auch hier ist Marx' Reaktion im erwähnten Nachwort das Ergebnis. Kritische Bemerkungen zur Werttheorie, die es mehrfach in Rezensionen zum »Kapital« gab, hatten zumindest indirekten Einfluss auf die Überarbeitung des ersten Kapitels. Schließlich interessierte sich Marx dafür, wie die erfolgten Veränderungen im Text aufgenommen wurden. Die auf diese Weise stimulierten Textänderungen zielten letzten Endes darauf ab, die weltanschaulichen, theoretischen und politischen Unterschiede der marxschen zur bürgerlichen politischen Ökonomie deutlicher hervortreten zu lassen.

Die Textänderungen umfassen sowohl die theoretische als auch die empirische Aussageebene. Die Veränderungen

10 MEGA², Bd. II/6, S. 700 und MEW, Bd. 31, S. 303.

11 Vgl. MEGA², Bd. II/6, S. 55.

12 Eugen Dühring: Marx: Das Kapital. Kritik der politischen Ökonomie, Bd. 1, Hamburg 1867, in: Ergänzungsblätter zur Kenntnis der Gegenwart, Bd. 3, Heft 3, Hildburghausen 1867, S. 182–186, hier S. 182.

13 Friedrich Albert Lange: Die Arbeiterfrage. Ihre Bedeutung für Gegenwart und Zukunft, Winterthur 1870, S. 236.

14 Vgl. Dühring: Marx.

wurden von den Bearbeitern mit den Begriffen Weiterentwicklung, Bereicherung, Konkretisierung und Präzisierung zu charakterisieren versucht. Der Begriff Weiterentwicklung, der sich auf die theoretische Aussageebene bezieht, wurde benutzt, um qualitative Fortschritte im Theoriebildungsprozess zu erfassen. Bereicherung zielt vor allem auf quantitative Prozesse im Sinne von Anreicherung und Vermehrung des Vorhandenen. Er wurde auf die empirische und theoretische Aussageebene angewendet. Die Verwendung des Terminus Konkretisierung bot gewisse Schwierigkeiten. Zur Erfassung einer Seite der Theorieentwicklung wurde er verwandt, wo es um die »Anwendung von Theorie und die Veranschaulichung und Explikation theoretischer Aussagen anhand praxisrelevanter Sachverhalte« ging.[15] Mit dem Begriff Präzisierung wurde der Sachverhalt erfasst, dass Aussagen durch ergänzende oder präzisierende Bestimmungen vervollkommnet bzw. ihr Gültigkeitsbereich eingeschränkt oder ausgedehnt wurde. Für die Richtigstellung einer Aussage hingegen wurde der Begriff Korrektur benutzt. Insgesamt erwies sich die Unterscheidung zwischen theorierelevanten Veränderungen und solchen, die auf eine verbesserte Darstellung und damit auf eine erhöhte Wirkung bei den Lesern zielten, als sehr bedeutsam. Sie wirkte vor allem den Versuchen entgegen, in jedem Texteingriff eine Weiterentwicklung der Theorie zu erblicken.[16]

In diesem Zusammenhang ist eine weitere Anmerkung notwendig. Der erste Band des »Kapitals« ist Teil eines von Marx geplanten und in seinen Manuskripten zum Teil vor dem Erscheinen desselben ausgearbeiteten mehrbändigen Werkes. Dennoch betrachtete Marx ihn als relativ geschlossenes Ganzes und insofern kann die Textentwicklung als etwas relativ Eigenständiges betrachtet werden. Damit sollen jedoch

15 Herbert Schwab: Zu einigen Fragen der Entwicklung des Marxismus und seiner begrifflichen Widerspieglung in der MEGA-Arbeit, in: Beiträge zur Marx-Engels-Forschung 17, 1984, S. 192–200, hier S. 199.

16 Vgl. Jürgen Jungnickel: Einige Bemerkungen zur Bewertung der Theorieentwicklung in den Druckfassungen des ersten Bandes des »Kapitals«, in: Beiträge zur Marx-Engels-Forschung 27, 1989, S. 141–148.

die nachweisbaren Einflüsse, die von der Arbeit am zweiten und dritten Band des »Kapitals« ausgegangen sind, keineswegs ignoriert werden. Es wäre allerdings notwendig gewesen, die Untersuchung der Textentwicklung in den Einleitungen zu den $MEGA^2$-Bänden stärker unter dem Gesichtspunkt des Gesamtkonzeptes des Werkes vorzunehmen.

Betrachtet man die Textänderungen unter dem Aspekt der Theorieentwicklung, so lassen sich zwei grundlegende Etappen unterscheiden. In der ersten, der Erarbeitung der zweiten deutschen Auflage, erfolgte die Überarbeitung der Kapitel über Ware und Geld. Die zweite Etappe verkörpert die französische Ausgabe. Den Schwerpunkt bildete die Umarbeitung des Akkumulationsabschnittes.

Die Werttheorie bildet das Fundament der ökonomischen Theorie von Marx. Sie ist der Ausgangspunkt für das Verständnis der marxschen Kritik der politischen Ökonomie. In diesem Bewusstsein, bestärkt durch kritische Äußerungen von Freund und Feind auf das Erscheinen des Werkes, erfolgten hauptsächlich in der zweiten Auflage erhebliche Veränderungen. Sie waren darauf gerichtet, die marxsche Werttheorie von Wertauffassungen der Vulgärökonomie abzugrenzen und das Verständnis dieses schwierigen Teils der ökonomischen Lehre zu erleichtern. Auffassungen, dass seine Werttheorie einen spekulativen Charakter tragen würde, trat Marx durch die Erläuterung des Zusammenhangs von Wertsubstanz und -größe mit der gesellschaftlichen Arbeit und der gesellschaftlichen Gesamtarbeitszeit entgegen. Der komplizierte Prozess der Erarbeitung des Manuskripts »Ergänzungen und Veränderungen zum ersten Band des ›Kapitals‹« ($MEGA^2$ II/6, S. 1–54), wie er in dessen umfangreichen Variantenverzeichnis dokumentiert wurde, zeugt von Marx' intensivem Bemühen um eine adäquate Darstellung der gesellschaftlichen Natur von Wertsubstanz, Wertform und Wertgröße. In der zweiten Auflage des »Kapitals« konnte dann auch der Zusammenhang zwischen der Wertsubstanz und der Bestimmung der Wertgröße durch die gesellschaftlich notwendige Arbeitszeit deutlicher gemacht werden, da die Bestimmung der Wertsubstanz durch die *abstrakte* Arbeit klarer gefasst war.[17]

Bei der Analyse der Textentwicklung in diesem Abschnitt des »Kapitals« konnte die umfangreiche internationale Literatur zur Interpretation der marxschen Werttheorie wichtige Anregungen vermitteln. Der Streit unter Ökonomen und Philosophen bezieht sich dabei im Wesentlichen auf die Darstellung der Wertform. Hier mussten die Bearbeiter der MEGA² deutlich machen, welchen Stellenwert Marx der Wertformanalyse beimaß, die in der DDR-Literatur (mit Ausnahme von Ruben[18]) höchst zurückhaltend behandelt wurde, weil die Vorstellung herrschte, dass die Untersuchung der Form das Wesen, die Substanz des Werts, ausklammere.[19] Dieser Irrtum beruht offensichtlich auf einer Vulgarisierung der marxschen Wertlehre, die bis an den Anfang des 20. Jahrhunderts zurückreicht und mit einer Missachtung des Formbegriffs verbunden war.[20]

Da die Wertformanalyse in der ersten Auflage in zwei Fassungen vorlag, überarbeitete sie Marx für die zweite Auflage mit der Intention, ihr Ziel – die Existenz des Geldes genetisch zu erklären – deutlicher hervortreten zu lassen. Ersteres gelang durch die Aufnahme der Geldform in die Wertformanalyse. Das Resultat wird allerdings mit einem erschwerten Verständnis dafür erkauft, dass das Geld nur als zusammengenommenes Resultat von Wertformanalyse und Austauschprozess dialektisch erklärt werden kann.

17 Vgl. Gerhard Göhler: Die Reduktion der Dialektik durch Marx. Strukturveränderungen der dialektischen Entwicklung der Kritik der politischen Ökonomie, Stuttgart 1980; Barbara Lietz: Die »Ergänzungen und Veränderungen zum ersten Band des ›Kapitals‹ (Dezember 1871 – Januar 1872)« von Karl Marx, in: Internationale Marx-Engels-Forschung: Marxistische Studien. Jahrbuch des IMSF 12, Frankfurt a. M. 1987, S. 214–219.

18 Peter Ruben: Die Wertform als methodologisches Problem, in: Wissenschaftliche Zeitschrift der Humboldt-Universität zu Berlin, Ges.-Sprachw. R. XXVIII, 6, 1979, S. 729–731.

19 Vgl. Alfred Lemmnitz: Zu einigen theoretischen und praktischen Fragen der Warenproduktion und des Geldes im Sozialismus, in: Wirtschaftswissenschaft 12/1981, S. 1423–1436.

20 Hans-Georg Backhaus: Elementare Mängel in der traditionellen Rezeption der Marxschen Formanalyse, in: Internationale Marx-Engels-Forschung: Marxistische Studien. Jahrbuch des IMSF 13, Frankfurt a. M. 1987, S. 402–414.

Die Einschätzungen dieses Teils in den Einleitungen zu den MEGA²-Bänden II/5 und II/6 stellen teilweise einen Kompromiss zwischen den verschiedenen Interpretationen vor allem in zwei Grundfragen dar: Wird im ersten Kapitel der geschichtliche Entwicklungsprozess der einfachen Warenproduktion oder die einfache Zirkulation kapitalistisch produzierter Waren untersucht? Wie stellt sich das Verhältnis von Logischem und Historischem in der Wertformanalyse dar? Die Bearbeiter der »Kapital«-Bände in der MEGA² traten einer historisierenden Darstellung des ersten Kapitels und insbesondere der Wertform, wie sie in DDR-Lehrbüchern zur politischen Ökonomie vorherrschte, von Anfang an entgegen,[21] obwohl Auffassungen einer »kapitallogischen« Deutung des »Kapitals« noch Ende der 1970er-Jahre mit dem Makel einer sich von der Geschichte des Austauschprozesses und damit von den realen kapitalistischen Gesellschaftsverhältnissen entfernenden Interpretation behaftet waren.[22] Das Problem wurde jedoch auch dadurch brisant, dass vor allem in der westdeutschen akademischen Marx-Engels-Beschäftigung in jener Zeit die Auffassung vorherrschte, dass Engels das erste Kapitel missverstanden habe, indem er die marxsche begrifflich-logische Analyse der Ware und des Geldes zur vorkapitalistischen Entwicklungsgeschichte einer einfachen Warenproduktion »historizistisch« interpretierte.[23] Der genannte Kompromiss wurde auf die Formel von »der methodischen Einheit von Logik und Geschichte« in der Entwicklung der Wertform gebracht.[24] Wenn also in der Einleitung zum MEGA²-Band II/6 von einer Weiterentwicklung der Werttheorie gesprochen wird,[25] dann muss gleichzeitig eingeräumt

21 Vgl. Wolfgang Jahn: Die Entwicklung der Ausgangskategorie der politischen Ökonomie des Kapitalismus in den Vorarbeiten zu Marx' »Kapital«, in: ... unsrer Partei einen Sieg erringen. Studien zur Entstehungs- und Wirkungsgeschichte des »Kapitals« von Karl Marx, Berlin 1978, S. 66–79; Rolf Hecker: Einige Probleme der Wertformanalyse in der Erstausgabe des »Kapitals« von Karl Marx, in: Arbeitsblätter zur Marx-Engels-Forschung 8, 1979, S. 76–94.

22 Vgl. Liane Jauch/Ulrich Hedtke: Zur »kapitallogischen« Deutung des »Kapitals«, in: Wissenschaftliche Zeitschrift der Humboldt-Universität zu Berlin, Ges.-Sprachw. R. XXVIII, 6, 1979, S. 741–743.

23 Vgl. Schwarz: Geldform.

24 Vgl. Jahn: Entwicklung, S. 77.

25 Vgl. MEGA², Bd. II/6, S. 26*.

werden, dass Marx' Bemühen, die begrifflich-logische Analyse verständlicher zu machen, mit einem Verlust an Schärfe der Dialektik erkauft wurde.

Die Veränderungen in der Darstellung der Wertform wirkten sich auch auf die Analyse des Warenfetischismus aus. Hatte Marx ihn in der ersten Auflage erstmals als gesonderten Abschnitt im Anhang als »Vierte Eigenthümlichkeit der Aequivalentform« untersucht, erweiterte und ergänzte er diesen Abschnitt für die zweite Auflage und setzte ihn an das Ende des ersten Kapitels.

Wie im Folgenden an einigen Beispielen veranschaulicht, wurde die Mehrwerttheorie im Detail bereichert und präzisiert. Dies betrifft hauptsächlich jene Aspekte, die das qualitativ Neue und die weltanschauliche Relevanz deutlich machen. Das gilt zum Beispiel für die Arbeitskraft, deren Verwandlung in eine Ware und die der Arbeit in Lohnarbeit, als die kapitalistische Epoche charakterisierende Merkmale in der zweiten Auflage nachdrücklich unterstrichen wurden,[26] um auf diese Weise die Schlüsselstellung der Entdeckung der Ware Arbeitskraft für die Aufdeckung der Spezifik des Kapitalismus deutlich zu machen. In diesem Sinne ist auch Marx' Auseinandersetzung mit John Stuart Mills ahistorischer Mehrwertschöpfungsthese in der französischen Ausgabe zu werten.[27] Die Kritik zielte grundsätzlich auf die damals verbreiteten ahistorischen Erklärungsweisen der Mehrwertentstehung etwa bei Dühring und Rodbertus. Marx kam es darauf an, das qualitativ Neue seiner Mehrwerttheorie, die unter anderem die Spezifik kapitalistischer Produktivkraftentwicklung erklärt, herauszustellen.

Von theoretischer Bedeutung für die Mehrwerttheorie und für die materialistische Geschichtsauffassung war die Präzisierung des Arbeitsbegriffs in der zweiten Auflage,[28] die exaktere Differenzierung zwischen Arbeit und Arbeitsprozess, die Bestimmung der Funktion der Arbeit im Stoffwechselpro-

26 Vgl. ebd., S. 186.

27 Vgl. MEGA², Bd. II/7, S. 446–448; von Engels übernommen in die 3. Aufl., vgl. MEGA², Bd. II/8, S. 490–492.

28 Vgl. MEGA², Bd. II/6, S. 192.

zess zwischen Mensch und Natur und ihre Hervorhebung als übergreifendes Moment im Arbeitsprozess. Nicht zuletzt wurde auf diese Weise deutlich, dass die Arbeit weder mit dem Arbeitsprozess noch mit dem Stoffwechselprozess identifiziert werden kann.

Marx war bestrebt, die innere Geschlossenheit der Mehrwerttheorie zu vervollkommnen. In diesem Sinne präzisierte er die Bestimmung der Mehrwertrate in der zweiten Auflage mit dem Hinweis, dass sie »kein Ausdruck für die absolute Größe der Exploitation« ist.[29]

Vervollkommnet wurde das Kategoriensystem. Für die Mehrwerttheorie von Relevanz war zum Beispiel die genauere Differenzierung zwischen »technisch« und »technologisch« bzw. zwischen »Technik« und »Technologie«. Während Marx in der ersten Auflage, von einigen Ausnahmen abgesehen, vorwiegend die Begriffe »Technologie« und »technologisch« benutzte, begrenzte er – beginnend mit der zweiten Auflage – den Begriff Technologie stärker auf den Bereich einer modernen Wissenschaft.[30] Dadurch trat der Unterschied zum Begriff Technik deutlicher hervor. Offensichtlich wurde der Tatsache Rechnung getragen, dass mit dem stärkeren Aufkommen der Maschinerie der Terminus Technik im heute gebräuchlichen Sinne in der zweiten Hälfte des 19. Jahrhunderts zunehmend Verwendung fand.

Charakteristisch für Marx' Arbeit am ersten Band des »Kapitals« ist das Bestreben, den mit der Mehrwerttheorie begründeten historisch-transitorischen Charakter des Kapitalismus detaillierter zu begründen. Davon zeugen ergänzende Aussagen über die Rolle der Maschinerie in der ausbeutungsfreien Gesellschaft,[31] über die Umwälzungsfermente der bürgerlichen Gesellschaft[32] und über die strukturelle Entwicklung des gesellschaftlichen Gesamtarbeiters.[33] Damit reagierte

29 Ebd., S. 227.

30 Vgl. Fumihazu Yoshida: J.H.M. Poppe's »History of Technology« and Karl Marx, in: Hokudai Economic Papers 13, 1983, S. 23–38.

31 Vgl. MEGA², Bd. II/6, S. 382.

32 Vgl. MEGA², Bd. II/7, S. 423–425.

33 Vgl. ebd., S. 441 f.

Marx offensichtlich auf das nach der Pariser Kommune wachsende Bedürfnis in der Arbeiterbewegung nach fundierteren Vorstellungen über die künftige Gesellschaft. Marx bemühte sich auch, mithilfe aktuellen empirischen Materials das Wirken grundlegender Entwicklungsgesetzmäßigkeiten der kapitalistischen Produktion zu untermauern. Das betraf unter anderem das Ersetzen von Arbeitern durch Maschinerie und die Verschärfung der Ausbeutung.

Das über die Mehrwerttheorie Gesagte gilt in noch höherem Maße für die Akkumulationstheorie. In der Tat enthielt ihre Darstellung in der ersten Auflage teilweise Lücken, manches war nur angedeutet worden. Die entscheidenden Veränderungen erfolgten in der französischen Ausgabe. Einige verdanken sich der nationalen Spezifik des Leserkreises, andere wiederum sind dem Bemühen geschuldet, vorhandene Lücken zu schließen bzw. nur angedeutete Punkte weiter auszuführen.

Für die Vervollkommnung der inneren Geschlossenheit der Theorie in diesem Abschnitt sprechen folgende Gesichtspunkte: In der Analyse der einfachen Reproduktion wurde die Erkenntnis der Scheinformen der kapitalistischen Produktion bereichert. Das geschah unter anderem durch den Nachweis, dass jedes Kapital nach Ablauf einer gewissen Frist sich in kapitalisierten Mehrwert verwandelt hat und die Lage des Arbeiters sich in diesem Prozess nicht grundsätzlich ändert. Innerhalb der Behandlung der erweiterten Reproduktion wurde der Nachweis des Umschlags der Gesetze der Warenproduktion in Gesetze der kapitalistischen Aneignung vertieft und der objektive Charakter der ökonomischen Gesetze unterstrichen, etwa der Zwang des Kapitals zu »progressiver Akkumulation«.[34]

Bedeutende theorierelevante Veränderungen enthält die Behandlung des allgemeinen Gesetzes der kapitalistischen Akkumulation, der Kern der Akkumulationstheorie. Hier wurden neue theoretische Aspekte eingefügt und einige

34 Ebd., S. 514.

Punkte schärfer gefasst. Von zentraler Bedeutung ist die exakte Bestimmung der organischen Zusammensetzung des Kapitals, die jene Bestimmung im marxschen Manuskript zum dritten Band des »Kapitals« weiterentwickelt.[35] Engels hielt diesen Sachverhalt für so bedeutsam, dass er die Definition der organischen Zusammensetzung des Kapitals in der französischen Ausgabe nach dem Wortlaut der dritten deutschen Auflage des ersten Bandes des »Kapitals«[36] in den von ihm herausgegebenem dritten Band übernahm.[37] Davon ausgehend wurde die für die kapitalistische Entwicklung charakteristische und in den ersten beiden Auflagen angeführte steigende organische Zusammensetzung des Kapitals als Gesetz bezeichnet; zugleich wurde konstatiert, dass die relative Abnahme des variablen Kapitals seine absolute Zunahme nicht ausschließt.

Um neue Gesichtspunkte bereichert wurde die Analyse des Zusammenhangs zwischen Kapital, Akkumulation und Arbeitslohn, ein Problem, das in der Arbeiterbewegung eine erhebliche Rolle spielte. Marx hob hervor, dass das Verhältnis zwischen diesen Größen nichts anderes ist als das Verhältnis zwischen der unbezahlten, in Kapital verwandelten Arbeit und der zuschüssigen Arbeit, die für das Zusatzkapital notwendig ist.[38] Als für die Theorie und Praxis gleichermaßen bedeutsam erwies sich innerhalb der Analyse der industriellen Reservearmee die detaillierte Untersuchung der möglichen Kombinationen zwischen dem Wachstum des Gesamtkapitals und seines variablen Bestandteils.[39]

Innerhalb der Weiterentwicklung des Kategoriensystems verdient die klare begriffliche Unterscheidung zwischen Konzentration und Zentralisation in der französischen Ausgabe besondere Beachtung. In den Vorarbeiten zum »Kapital« und in der ersten und zweiten Auflage selbst war zwar eine inhalt-

35 Vgl. MEGA², Bd. II/4.2, S. 217 f.

36 Vgl. MEGA², Bd. II/8, S. 575.

37 Vgl. MEGA², Bd. II/15, S. 148; MEW, Bd. 25, S. 155.

38 Vgl. MEGA², Bd. II/7, S. 541.

39 Ze'ev Orzech/Shalom Groll: Stages in the development of a Marxian concept: the composition of capital, in: History of Political Economy 1/1989, S. 57–76.

liche Unterscheidung getroffen worden, aber es wurde fast nur der Begriff Konzentration verwendet. Die theoretische Verarbeitung der neuen Erscheinungen der verstärkt einsetzenden Zentralisation[40] in den 1870er-Jahren führte zur Bereicherung der Erkenntnisse über die Rolle des Kreditwesens und der Aktiengesellschaften. Ihre Funktion im Zentralisationsprozess des Kapitals wurde detaillierter herausgearbeitet.

Theoretisch relevante Entwicklungen weist auch die Analyse der historischen Entstehung und der historischen Tendenz der kapitalistischen Akkumulation auf. Besonders bedeutsam erscheint in der französischen Ausgabe die Weiterentwicklung der Erkenntnisse über die Expropriation der Arbeiter von Grund und Boden (die Beschränkung der historischen Unvermeidlichkeit dieser Bewegung auf Westeuropa),[41] über die Rolle der Staatsmacht bei der Verwandlung der feudalen in die kapitalistische Produktionsweise (hier besonders das Staatsschulden- und Steuersystem), über die Existenzbedingungen und den unterschiedlichen Charakter des Privateigentums und über die Internationalisierungstendenzen des Kapitals.

Die Untersuchung der Entwicklungsgeschichte des »Kapitals« zeigt auch eine Vervollständigung des »der Geschichte der ökonomischen Wissenschaften entlehnten, laufenden Kommentar[s]«.[42] Das betraf sowohl Marx' kritische Auseinandersetzung mit den Auffassungen bürgerlicher Theoretiker als auch die Würdigung ihrer Leistungen. Ersteres ist vor dem Hintergrund zu sehen, Versuche zurückzuweisen, Marx' Theorie auf die der bürgerlichen politischen Ökonomie zu reduzieren. Gleichzeitig versuchte Marx eine Standortbestimmung seiner ökonomischen Theorie vorzunehmen. Mit der Veröffentlichung des ersten Bandes 1867 ergab sich die Möglichkeit und die Notwendigkeit, die Entwicklung der wissenschaftlichen Theorie zu rekonstruieren; speziell das Verhältnis zwischen dem erreichten Stand der ökonomischen Wissen-

40 Vgl. MEGA², Bd. II/7, S. 547.

41 Vgl. ebd., S. 634.

42 Friedrich Engels: Vorwort zur 3. Auflage, in: MEGA², Bd. II/8, S. 61.

schaft und ihren vorangegangenen Etappen zu untersuchen. In diesem Sinne bestimmte Marx die Entwicklungsetappen der bürgerlichen politischen Ökonomie, und zwar in ihrer Beziehung zum Klassenkampf und dem Einfluss der Ideologie auf die Wissenschaft. Im Vergleich zu den vorangegangenen Etappen wurde die Aufmerksamkeit auf den Einfluss außerhalb der Wissenschaft liegender Faktoren auf die Entwicklung der Sozialwissenschaften gerichtet.

In diesem Zusammenhang muss jedoch erwähnt werden, dass die marxsche Unterscheidung zwischen »wissenschaftlicher« und »vulgärer« Ökonomie[43] in der »marxistisch-leninistischen« Literatur häufig oberflächlich interpretiert und zur dogmatischen Darstellung der Geschichte der ökonomischen Lehrmeinungen führte. Marx selbst verhielt sich in seinen Wertungen anderer ökonomischer Auffassungen in den Exzerpten und Manuskripten viel differenzierter, als es in dieser Aussage zum Ausdruck kommt. Deshalb wäre es wünschenswert gewesen, wenn in der Einleitung zum MEGA^2-Band II/6 diese Unterscheidung deutlich in die historische Situation gestellt worden wäre, die von Marx eine Abgrenzung von der Klassik, aber auch von neuen Interpretationen der »deutsch-national-liberalen Professoralliteratur« erforderte.[44]

Aus der Analyse der Textentwicklung des ersten Bandes des »Kapitals« lassen sich zusammenfassend folgende Grundzüge ableiten: Erstens wurde die Gliederung grundlegend verbessert; zweitens die innere Geschlossenheit der Theorie vervollkommnet; drittens erfolgte eine prononciertere Kritik der bürgerlichen politischen Ökonomie und es wurde wissenschaftshistorisches und empirisches Material ergänzt; viertens wurde die Verständlichkeit und die Lesbarkeit des Werkes verbessert, wobei die theoretischen und praktischen Erfahrungen der Arbeiterbewegung berücksichtigt wurden.

43 Vgl. MEGA^2, Bd. II/6, S. 702.

44 Ebd., S. 704.

Das Marx-Engels-Problem bei der Edition des zweiten Bandes

Die Edition des zweiten Bandes des »Kapitals« in der Marx-Engels-Gesamtausgabe (MEGA² II/12 und II/13) wirft (wie beim dritten Band, siehe MEGA² II/14 und II/15) die Frage auf, inwieweit »Textkritik – Kritik an Marx?« ist. Unter anderem geht es um die Frage, wie Engels' Redaktionstätigkeit zur Herausgabe des zweiten Bandes nach Marx' Tod eingeschätzt werden kann. Richard Sperl hat die Arbeit eines Editors mit der des Restaurators verglichen, »der mit Akribie und Einfühlungsvermögen das Kunstwerk in seiner ursprünglichen Gestalt und Schönheit wiedererstehen lässt«.[1] In Bezug auf Engels lässt sich wohl eher feststellen, dass er sich als pragmatischer »Vollstrecker im marxschen Geist« sah.

Einleitend soll daran erinnert werden, dass die Voraussetzungen für die dauerhafte und intensive Zusammenarbeit von Marx und Engels über Jahrzehnte hinweg gelegt worden waren. Drei Aspekte können dazu herausgestellt werden:[2]

— 1. Eine weitgehende Übereinstimmung in philosophischer Weltsicht, in der Einschätzung der bestehenden gesellschaftlichen Zustände, deren Herausbildung und Perspektive sowie der daraus abzuleitenden Aufgaben und Ziele. Dabei gab es zwischen beiden durchaus Nuancen und Unterschiede in einzelnen theoretischen Aspekten, im methodischen Herangehen und in der Darstellungsweise.

1 Richard Sperl: Textkritik – Kritik an Marx? Über historische, theoretische und praktische Aspekte der Textkritik in der Marx-Engels-Edition, in: ders.: Edition auf hohem Niveau. Zu den Grundsätzen der Marx-Engels-Gesamtausgabe (MEGA) (Berliner Verein zur Förderung der MEGA-Edition e. V., Wissenschaftliche Mitteilungen 5, Hamburg 2004, S. 88–103, hier S. 88.

2 Richard Sperl: Die Marx-Engels-Gesamtausgabe: Editorische Konsequenzen literarischer Zusammenarbeit zweier Autoren, in: ders.: Edition, S. 13–33.

— 2. Engels hat in Marx stets den überlegenen Genius anerkannt, wollte neben ihm nur die »zweite Violine«[3] spielen. In seiner Arbeit »Ludwig Feuerbach und der Ausgang der klassischen deutschen Philosophie« betonte er: »Was Marx geleistet, hätte ich nicht fertiggebracht. Marx stand höher, überblickte mehr und rascher als wir anderen alle. Marx war ein Genie, wir anderen höchstens Talente.«[4]
— 3. Als glücklicher Umstand gesellten sich eine starke menschliche Affinität und eine daraus resultierende tiefe persönliche Freundschaft der Partner hinzu.

So war es für Engels selbstverständlich, dass er nach Marx' Tod (1883) einen bedeutenden Teil der ihm verbleibenden Lebenszeit von zwölf Jahren nutzte, um gemeinsam verfasste Schriften bzw. Schriften von Marx neu herauszugeben und den unvollendet gebliebenen zweiten und dritten Band des »Kapitals« zu vollenden.

Trotz des erwähnten Gleichklangs zwischen beiden hatte Engels keine genaue Kenntnis über Marx' konkreten Arbeitsstand an allen drei Bänden des »Kapitals«. Er war heilfroh, als er im Nachlass seines Freundes die Manuskripte für den zweiten und dritten Band dieses Werkes fand, sodass er erleichtert ausrief: »Heute fand Nim [Helena Demuth] unter Mohrs Manuskripten ein großes Paket, das den größten Teil, wenn nicht den ganzen zweiten Band vom ›Kapital‹ enthielt – über 500 Folio-Seiten.«[5]

Die vollständige, historisch-kritische Edition des literarischen Nachlasses von Marx und Engels in der MEGA², insbesondere jener unveröffentlichten Manuskripte in der II. Abteilung »Das Kapital und Vorarbeiten«, die mit den »Grundrissen der Kritik der politischen Ökonomie« von 1857/58 beginnt, bringt uns der von Karl Kautsky bereits 1926 aufgeworfenen Problemstellung näher, die er im Vorwort seiner Volksausgabe des zweiten Bandes wie folgt umriss:

3 Engels an Johann Philpp Becker, 15.10.1884, in: Karl Marx/Friedrich Engels: Werke [MEW], Berlin 1956 ff., Bd. 36, S. 218.

4 Friedrich Engels: Ludwig Feuerbach und der Ausgang der klassischen deutschen Philosophie, in: MEW, Bd. 21, S. 292.

5 Engels an Laura Lafargue, 25.3.1883, in: MEW, Bd. 35, S. 465.

»Es sind nun Vermutungen laut geworden, Engels habe nicht immer den Marx'schen Gedankengang voll erfasst und die Manuskripte nicht immer diesem Gedankengang entsprechend angeordnet und redigiert. [...] Nehmen wir an, es gelänge mir, die ungeheure Arbeit zu wiederholen, die Engels fast ein Jahrzehnt lang beschäftigte, und ich käme dabei in dem einen oder andern Punkte zu einem andern Ergebnis als Engels. Welche Gewähr hätten die Leser, dass gerade meine Auffassung dem Marx'schen Gedankengang näher käme als die Engels'sche? Um allen Bedenken zu genügen, wäre es notwendig, den Kritikern die Möglichkeit zu geben, selbst zu urteilen. Das heißt, man müsste sämtliche Marx'schen Manuskripte, so wie sie sind, veröffentlichen.«[6]

Nachfolgend soll am Beispiel des zweiten Bandes, in dem der *Zirkulationsprozess des Kapitals* behandelt wird, gezeigt werden, wie sich die Edition durch Engels vollzog. Dabei kann vor allem vom MEGA²-Band II/12 ausgegangen werden, der Ende 2005 erschien und von einer japanischen Arbeitsgruppe vorbereitet worden war.[7] In diesem Band ist das überlieferte Redaktionsmanuskript von Engels, das er zwischen Juni 1884 und Februar 1885 anfertigte, erstmals veröffentlicht.

Dieses Redaktionsmanuskript beruht auf sieben von zehn Manuskripten unterschiedlichen Umfangs aus dem Nachlass von Marx: Das erste Manuskript entstand in der ersten Hälfte 1865;[8] nach weiteren zwei Teilausarbeitungen schrieb Marx in der Zeit von Anfang Dezember 1868 bis Mitte 1870 eine zweite vollständige Fassung nieder. Als er Ende März 1877 sich erneut der Problematik des zweiten Buches zuwandte, stellte er zunächst Hinweise auf seine früheren Hefte zusammen, um dann 1877/78 weitere Teilausarbeitungen für die ersten

6 Karl Kautsky: Vorwort zur Volksausgabe, in: Karl Marx: Das Kapital. Kritik der politischen Oekonomie, Volksausgabe, Bd. 2, Buch 2, Berlin 1926, S. XI.

7 Karl Marx: Das Kapital. Kritik der politischen Ökonomie. Zweites Buch. Redaktionsmanuskript von Friedrich Engels, 1884/1885, bearbeitet von Izumi Omura, Keizo Hayasaka, Rolf Hecker, Akira Miyakawa, Sadao Ohno, Shinya Shibata und Ryojiro Yatuyanagi. Unter Mitwirkung von Ljudmila Vasina, Kenji Itihara und Kenji Mori, in: Karl Marx/Friedrich Engels: Gesamtausgabe [MEGA²], Berlin 1975 ff., Bd. II/12.

8 Vgl. MEGA², Bd. II/4.1.

beiden Kapitel vorzunehmen. Ende 1880/Anfang 1881 arbeitete er die Textgrundlage für das dritte Kapitel aus.[9]

Engels beschrieb den Zustand dieser Manuskriptsammlung von Marx im Vorwort der ersten Auflage des zweiten Bandes folgendermaßen:

> »Die Hauptmasse des Materials war, wenn auch größtenteils sachlich, so doch nicht sprachlich fertig ausgearbeitet; abgefaßt in der Sprache, worin Marx seine Auszüge anzufertigen pflegte: nachlässiger Stil, familiäre, oft derb humoristische Ausdrücke und Wendungen, englische und französische technische Bezeichnungen, oft ganze Sätze und selbst Seiten englisch; es ist Niederschrift der Gedanken in der Form, wie sie sich jedesmal im Kopf des Verfassers entwickelten. Neben einzelnen, ausführlich dargestellten Partien andere, gleich wichtige nur angedeutet; das Material illustrierender Tatsachen gesammelt, aber kaum gruppiert, geschweige verarbeitet; am Schluß der Kapitel, unter dem Drang, zum nächsten zu kommen, oft nur ein paar abgerißne Sätze als Marksteine der hier unvollendet gelaßnen Entwicklung; endlich die bekannte, dem Verfasser selbst manchmal unleserliche Handschrift.«[10]

In Engels' Ermessen lag es nun, eine redaktionelle Bearbeitung der Texte vorzunehmen. Das vorliegende Redaktionsmanuskript ermöglicht, die Arbeitsphasen der Auswahl, Zusammenstellung, Redaktion und Korrektur vor der Veröffentlichung des zweiten Bandes im Detail zu rekonstruieren. Es stellt nicht die Druckvorlage selbst dar. Diese ist nicht überliefert. Der Drucktext des 1885 erschienenen zweiten Bandes weist eine ganze Reihe Abweichungen gegenüber dem Redaktionsmanuskript auf. Er wurde darum im MEGA^2-Band II/13 noch einmal vollständig publiziert, wobei dort die Textabweichungen vom Redaktionsmanuskript als auch zur 1893 erfolgten zweiten Auflage nachgewiesen werden.

Engels sah seine Aufgabe darin, aus den von Marx hinterlassenen Manuskripten einen geschlossenen, veröffentli-

9 Alle diese Manuskripte wurden im MEGA^2-Bd. II/11 erstmalig publiziert.

10 Friedrich Engels: Vorwort, in: MEW, Bd. 24, S. 7.

chungsreifen Text zu edieren, und zwar – wie wir heute sagen würden – als eine Lese- und Studienausgabe für einen möglichst großen Nutzerkreis. Eine andere Form – wie etwa eine wissenschaftlich-kritische Edition – lag außerhalb jeder Erwägung. Dafür hätte sich auch kein Verleger gefunden. Engels' Redaktion sollte sich an folgenden »Richtlinien« messen lassen, die er ebenfalls in seinem Vorwort dargelegt hat: Das Werk soll »einerseits als zusammenhängendes und möglichst abgeschloßnes Werk, andrerseits aber auch als das ausschließliche Werk des Verfassers, nicht des Herausgebers« erscheinen. Zu diesem Zweck hielt er es für wichtig, seine Arbeit auf »bloße Auswahl zwischen den verschiednen Redaktionen« zu beschränken. Als Kriterium sollte dabei gelten, dass »die letzte vorhandne Redaktion unter Vergleichung der frühern« benutzt wird. Falls er während seiner Redaktionsarbeit auf inhaltliche, nicht rein technische Schwierigkeiten gestoßen sei, habe er sie – so wörtlich – »ausschließlich im Geist des Verfassers« gelöst.[11] Allerdings ist damit auch ein bestimmter Ermessensspielraum verbunden, der eine Interpretation sowohl nach dem »Geist des Verfassers« als auch eine nach dem »des Herausgebers« einschließt.

Die Lösung dieser Aufgabe erwies sich in der Realität jedoch komplizierter und schwieriger als vorherzusehen war. Die Redaktion erforderte umfangreiche Eingriffe in den Text wie zum Beispiel Änderungen in der Strukturierung, Überarbeitungen und Ergänzungen einzelner Textpassagen oder Anpassungen in der Terminologie. Diese Veränderungen tauchen nicht nur in der ersten Hälfte des ersten Kapitels auf, die Engels selbst abschrieb, sondern ebenso in den später von ihm diktierten bzw. von seinem Sekretär abgeschriebenen Textteilen. Als sein Sekretär fungierte Oscar Eisengarten, ein Schriftsetzer aus Leipzig, der aufgrund des Sozialistengesetzes ausgewiesen und nach London emigriert war.[12] Engels

11 MEGA², Bd. II/13, S. 8.

12 Vgl. Keizo Hayasaka: Oscar Eisengarten – Eine Lebensskizze. Sein Beitrag zur Redaktion von Band II des Kapital, in: Rolf Hecker/Richard Sperl/Carl-Erich Vollgraf (Hrsg.): Neue Texte, neue Fragen. Zur Kapital-Edition in der MEGA (Beiträge zur Marx-Engels-Forschung. Neue Folge, 2001), Hamburg 2002, S. 83–110.

änderte nicht nur während des Diktierens selbst. Der Großteil der handschriftlichen Manuskripte von Marx befand sich in einem solchen Zustand, dass Engels, um auch einen nur halbwegs kohärenten Basistext zu erhalten, jeden Abend die diktierten Teile überarbeitete. Eingriffe und Änderungen dieser Art finden sich über das gesamte Redaktionsmanuskript verteilt. Bei dieser Tätigkeit ging Engels immer vom zuletzt verfassten Manuskript unter Hinzuziehung früherer Manuskripte aus.

Die redaktionelle Arbeit von Engels wird im MEGA²-Band durch drei Verzeichnisse dokumentiert, die zusätzlich zu den allgemein üblichen Bestandteilen des textkritischen Apparats der MEGA² (wie Varianten- und Korrekturenverzeichnis) angefertigt wurden. Die zentrale Aufgabe bei der Edition des Redaktionsmanuskripts bestand darin, die redaktionelle Arbeit von Engels an den Marx-Manuskripten nachvollziehbar zu machen. Dies geschah zum einen in den Darlegungen der Einführung, der Textgeschichte und in spezifischen Erläuterungen, zum anderen wesentlich durch folgende Verzeichnisse.

Die von Engels eingeführte Strukturierung des Textes wird im *Gliederungsvergleich* den Kapiteleinteilungen in den Manuskripten von Marx gegenübergestellt. Auf diese Weise wird ein Überblick über die Gestaltung der Titel und Überschriften der einzelnen Kapitel und Unterkapitel durch Engels gegeben. Aus dem *Provenienzverzeichnis* lässt sich ablesen, welche Textteile aus Marx' Manuskripten Engels an welchen Stellen des Redaktionsmanuskripts konkret zugrunde gelegt hat. Aus dieser Übersicht geht etwa hervor, dass die Struktur bzw. Reihenfolge der Erörterung, wie sie sich in den Originalmanuskripten von Marx findet, verschiedentlich geändert wurde. Des Weiteren wird deutlich, dass Engels Kürzungen vorgenommen hat und dass der Text der einzelnen Abschnitte, Kapitel und Paragrafen eine Synthese aus verschiedenen Manuskripten darstellt. Im *Abweichungsverzeichnis* wird konkret aufgeführt, wie Engels in die Formulierung der einzelnen Passagen eingegriffen hat, das heißt, welche Sätze oder Begriffe er änderte bzw. welche Ergänzungen oder Tilgungen er vornahm. Umgekehrt lässt sich aus dieser Aufstellung auch erkennen, an welchen Stellen das Redaktionsmanuskript direkt einem der Marx-Manuskripte folgt.

Aus diesen drei speziellen Verzeichnissen seien einige Beispiele herausgegriffen. Der *Gliederungsvergleich* belegt, dass die Gliederung bzw. die Zusätze in den Überschriften vor allem im ersten und zweiten Abschnitt mit der Gliederung und den Überschriften in den von Marx nachgelassenen Manuskripten übereinstimmen; im Hinblick auf die Anordnung einzelner Argumentationspunkte gibt es jedoch auch sehr augenfällige Unterschiede. Das zweite Buch des »Kapitals« besteht insgesamt aus drei Kapiteln (Abschnitten). Nach der Gliederung von Marx wird der Kreislaufprozess des Kapitals in Kapitel (Abschnitt) 1, sein Umschlag in Kapitel (Abschnitt) 2 und der Reproduktionsprozess in Kapitel (Abschnitt) 3 diskutiert. An dieser Gliederung hat Marx seit Manuskript I konsequent festgehalten. Die Konzeption bzw. Gliederung der einzelnen Kapitel sowie die theoretischen Ideen und Begriffe, die der Erörterung zugrunde liegen, lassen sich jedoch nicht als »sachlich fertig ausgearbeitet« bezeichnen. Aus dem *Gliederungsverzeichnis* geht hervor, dass die Kapitel (Abschnitte) 1 und 2 von Marx in jedem Manuskript neu gegliedert wurden; auch die Kapitelüberschriften änderte er jeweils. So kam es, dass die Formulierung der Kapitelüberschriften durch Engels mehrfach nicht mit dem behandelten Gegenstand identisch ist.

Bei Kapitel (Abschnitt) 3 hatte sich Marx noch auf keine endgültige Gliederung festgelegt. Hier war Engels weitgehend auf sich gestellt. Das Manuskript VIII, das die Vorlage für den größeren Teil bildet, war von Marx begonnen worden, um Passagen, die in Manuskript II in ihrer Argumentation ungenügend entwickelt waren, zu überarbeiten und fehlende Argumentationspunkte zu ergänzen. Es ist insofern kein systematisch aufgebautes Manuskript. Auch finden sich bei einem Themenwechsel in der Regel keine Überschriften; stattdessen hat Marx einfach einen neuen Absatz gesetzt oder eine Trennlinie gezogen und die Darstellung fortgesetzt. Auch Manuskript II, das Engels zur Ergänzung des dritten Abschnitts heranzog, bot nur begrenzte Anhaltspunkte für die Strukturierung. Zwar folgt es einer festen Kapitelgliederung. Abgesehen jedoch von den Passagen, die sich mit den im dritten Abschnitt erörterten Themen und mit der Theoriegeschichte befassen, wird die Argumentation in der zweiten Hälfte des Manuskripts allmählich immer weniger zusammenhängend und verliert sich ins Nebensächliche, auch hatte Marx kaum Zwischenüberschriften gesetzt. Aus diesem Grund nahm Engels im Redaktionsmanuskript die Gliederung in Kapitel und Paragrafen sowie die Überschriftengestaltung selbstständig vor.

Engels gibt im Anschluss an das Vorwort zur Erstausgabe des zweiten Bandes eine Übersicht über die von ihm in den Abschnitten im Einzelnen verwandten Manuskripte von Marx; im Redaktionsmanuskript informiert er teilweise, welches Manuskript er zugrunde gelegt hat. Seine Redaktionsarbeit bestand gerade darin, die Textpassagen auszuwählen und anzuordnen. Dabei ergaben sich Textumstellungen, Einfügungen von Passagen usw. Dieses Vorgehen wird im *Provenienzverzeichnis* widergespiegelt. Es legt detailliert das Verhältnis zwischen dem Redaktionsmanuskript und dem jeweiligen Originalmanuskript von Marx offen, das der redaktionellen Arbeit von Engels zugrunde lag. Es wird erkennbar, wenn unterschiedliche Textpassagen aufeinanderfolgen, bzw. wenn sie verschiedenen Manuskripten entnommen wurden. Das fertige Redaktionsmanuskript durchbricht die Strukturierung der von Marx übernommenen Textteile an erheblichen Stellen; diese Eingriffe in die ursprüngliche Gedankenführung lassen sich an der doppelten bzw. dreifachen Paginierung, die sich an vielen Stellen findet, ablesen. Es werden sämtliche Textpassagen aufgelistet, die Engels aus Marx' Manuskripten tatsächlich übernommen hat. Dadurch können umgekehrt aber auch die Textpassagen festgelegt werden, die Engels im Redaktionsmanuskript *nicht* berücksichtigt hat. Insofern bietet das *Provenienzverzeichnis* den Benutzern der

MEGA² gleichzeitig einen Ausgangspunkt für eingehendere Forschungen zu den nicht aufgenommenen Textteilen.

Eine wesentliche Arbeitsphase von Engels am Redaktionsmanuskript war davon geprägt, dass er entweder bereits während des Diktats oder während der Durchsicht der Abschrift Marx' Formulierungen veränderte, terminologische Begriffe austauschte bzw. vereinheitlichte und Übersetzungen vornahm, insgesamt handelt es sich dabei um circa 5 000 Textänderungen, die im *Abweichungsverzeichnis* wiedergegeben werden.

Bereits in Bezug auf den dritten Band des »Kapitals« hat sich folgende Klassifizierung dieser Textveränderungen, die von Carl-Erich Vollgraf und Jürgen Jungnickel[13] herausgearbeitet worden ist, in den MEGA²-Bänden durchgesetzt:

— 1 Änderung der Textanordnung durch
  a) Gliederung
  b) Umstellungen
  c) Verwandlung von Fußnoten in Haupttext
  d) Relativierung konzeptioneller Aussagen,
— 2 Texterweiterungen durch
  a) inhaltliche Ergänzungen
  b) Aktualisierungen,
— 3 Verzicht von Textstellen,
— 4 Umgang mit Wiederholungen,
— 5 Textglättungen durch
  a) Absatzbildungen, -tilgungen und Überleitungen
  b) den Verzicht auf Hervorhebungen,
— 6 Korrekturen
  a) inhaltliche Korrekturen
  b) begriffliche Anpassungen
  c) stilistische Änderungen
  d) Überprüfung der Rechnungen
  e) Prüfung, Erweiterung und Übersetzung von Zitaten.

13 Vgl. Carl-Erich Vollgraf/Jürgen Jungnickel: »Marx in Marx' Worten«? Zu Engels' Edition des Hauptmanuskripts zum dritten Buch des Kapital, in: MEGA-Studien 2/1994, S. 3–55.

Die Textänderungen der Gruppen 1, 2 und 3 lassen sich aus dem Provenienzverzeichnis erschließen, die der Gruppen 5 und 6 aus dem Abweichungsverzeichnis. Im Folgenden werden zwei Beispiele angeführt.

Das *erste Beispiel* betrifft die Begrifflichkeit »produktives und industrielles Kapital«. Dazu greife ich eine Passage aus der von Engels redigierten Druckfassung heraus. Dort heißt es im ersten Kapitel:

> »Geldkapital, Waarenkapital, produktives Kapital bezeichnen hier also nicht selbständige Kapitalsorten, deren Funktionen den Inhalt gleichfalls selbständiger und von einander getrennter Geschäftszweige bilden. Sie bezeichnen hier nur besondre Funktionsformen des industriellen Kapitals, das sie alle drei nach einander annimmt.«[14]

Die entsprechende Passage im marxschen Manuskript lautet:

> »Geldkapital u. Waarenkapital sind hier also nicht selbstständige Kapitalsorten, deren Funktionen den Inhalt eben so selbstständiger u. von einander getrennter Geschäftszweige bilden. Sie sind hier nur besondre Funktionsformen des industriellen Kapitals.«[15]

Nun folgt bei Marx noch eine weitere Präzisierung:

> »Andrerseits ist das produktive Kapital keine selbstständige Kapitalsorte, sondern nur die besondre Funktionsform, die das industrielle Kapital in seinem Produktionsstadium annimmt. (bekleidet).«[16]

Während Marx die Begriffe Geldkapital und Warenkapital vom Begriff des produktiven Kapitals getrennt erörtert, diskutiert Engels sie gemeinsam. Marx verweist darauf, dass Geldkapital und Warenkapital »hier« (im zweiten Buch) »nicht selbstständige Kapitalsorten« bezeichnen. Diese Betonung lässt vermuten, dass sie woanders sehr wohl »selbständige Kapitalsorten« bezeichnen können. Und in der Tat erörtert Marx im dritten Buch die »Verwandlung von Waarencapital und Geldcapital in Waarenhandlungscapital und Geldhandlungscapital oder

14 MEGA², Bd. II/13, S. 50.
15 MEGA², Bd. II/11, S. 587.
16 Ebd. [Punkt im Original].

in kaufmännisches Kapital«.[17] Marx hält nun weiter fest, dass eine ähnliche Verselbstständigung des produktiven Kapitals nicht möglich wäre, da es immer nur Funktionsform des industriellen Kapitals sei. Dies zeigt sich zum Beispiel darin, dass das Warenkapital sich als Warenhandlungskapital verselbstständigt, da der industrielle Kapitalist die Ware nicht direkt an den Endkunden oder Verbraucher verkauft. Jedoch muss der industrielle Kapitalist seine Waren realisieren. Deshalb verkauft er sein Produkt gegen Geld an den Warenhandlungskapitalisten, also an den Kaufmann. Mit dem durch diesen Akt erworbenen Geldkapital kann er erneut Arbeitskraft und Produktionsmittel einkaufen und damit seinen Produktionsprozess fortsetzen. Deshalb wird die Verwandlung des Warenkapitals in Warenhandlungskapital bzw. die Entstehung des modernen kaufmännischen Kapitals nicht von der Verwandlung des produktiven Kapitals in eine selbstständige Kapitalsorte begleitet. Der Kreislaufprozess des industriellen Kapitals wird damit nicht verändert. Nach wie vor behält er seine ursprüngliche Form. Indem nun Engels zu allen drei Funktionsformen des industriellen Kapitals gleichermaßen festhält, dass sie »hier« keine selbstständigen Kapitalsorten seien, wird der Unterschied zwischen den dreien nicht deutlich: Das produktive Kapital bezeichnet nicht nur hier, sondern nirgendwo eine selbstständige Kapitalsorte, es ist immer nur Funktionsform des industriellen Kapitals. Da die Kategorie des »Kreislaufs des industriellen Kapitals« im Manuskript V an der hier zitierten Stelle und im Paragraf 4 »Die 3 Formen des Kreislaufprocesses« erstmals ausführlich und konkret von Marx erörtert wurde,[18] wäre eine originalgetreue Textwiedergabe durch Engels wünschenswert gewesen.

Als *zweites Beispiel* wird eine Textergänzung im Redaktionsmanuskript zu Manuskript II aus dem Kapitel »Zur Kritik der Theorie über fixes und crirkulirendes Kapital« (späteres Kapitel 10) vorgestellt: Engels ergänzt eine Bestimmung durch einen Nebensatz: »ist das, was ich *Cirkulationskapital*

17 MEGA², Bd. II/4.2, S. 341.
18 MEGA², Bd. II/11, S. 640.

nennen will«,[19] der im marxschen Manuskript fehlt. Der Terminus Zirkulationskapital ist ein Schlüsselwort des zweiten Abschnitts »Der Umschlag des Kapitals«; er fasst die zwei Kapitalformen zusammen, die das Kapital in der Zirkulationsphase annimmt (Geldkapital, Warenkapital) und bildet somit einen Gegenbegriff zu der Kapitalform, die das Kapital in der Produktionsphase hat (produktives Kapital). Dieser Schlüsselbegriff geht auf Engels zurück; er wird im Redaktionsmanuskript an zehn Stellen verwandt. An keiner dieser Stellen findet er sich in den entsprechenden Marx-Texten. Hier stellt sich die Frage, aus welchem Grund Engels diesen Begriff eingeführt hat. Der Terminus »circulirendes Capital« wird in den Manuskripten von Marx in vier verschiedenen Bedeutungen verwandt. Erstens drückt er den Gesamtzirkulationsprozess aus, das heißt das Kapital, das in der Gesamtheit des eigentlichen Zirkulations- und Produktionsprozesses beständig seine Gestalt verändert, im Unterschied zum »fixen« Kapital. Zweitens findet sich der Begriff im Abschnitt über den Umschlag des Kapitals als Gegenbegriff zum fixen Kapital, das das in Arbeitsmittel verwandelte Kapital bezeichnet; »circulirendes Capital« bedeutet hier also das in Arbeitsmaterialien, Hilfsstoffe bzw. Arbeitskraft verwandelte Kapital. Drittens wird »circulirendes Capital« als ein allgemeiner Begriff für die zwei Kapitalformen, die das Kapital im eigentlichen Zirkulationsprozess annimmt, verwandt. Und viertens schließlich dient der Terminus als Übersetzung des englischen Begriffs *circulating capital*, den die englischen Ökonomen seit Adam Smith benutzten, sowie des französischen Begriffs *avances annuelles*, der von den Physiokraten gebraucht wurde.

Engels hat den Begriff Zirkulationskapital offensichtlich eingeführt, um Missverständnisse zu vermeiden, die sich aus dieser mehrdeutigen Verwendung des Terminus »circulirendes Capital« ergeben. In einer in das Redaktionsmanuskript eingefügten Passage äußert sich Engels dazu in folgender

19 MEGA², Bd. II/12, S. 161.

Weise: Da die beiden Kapitalformen, das Geldkapital und das Warenkapital,

> »die Cirkulationssphäre behausen, hat sich die Oekonomie seit A. Smith [...] verleiten lassen, sie mit dem flüssigen Theil des produktiven Kapitals unter der Kategorie: cirkulirendes Kapital zusammenzuwerfen«.[20]

Marx selbst hat die einzelnen Begriffe in seiner Kritik an der seit Smith gängigen terminologischen Vermischung immer deutlich voneinander getrennt. Da er jedoch in dieser Kritik die Begriffe »das in Arbeitsmaterialien, Hilfsstoffe beziehungsweise Arbeitskraft verwandelte Kapital« und »das in der Zirkulationssphäre behausende Kapital« durch den gleichen Terminus »circulirendes Capital« wiedergegeben hat, ist seiner Argumentation nicht immer leicht zu folgen. Engels hat den Begriff also offenbar deshalb eingeführt, um den zentralen Punkt der Ökonomiekritik von Marx an Smith deutlicher hervortreten zu lassen.

Abschließend einige Schlussfolgerungen. Ohne weiteren Forschungen zur Beurteilung der redaktionellen Eingriffe von Engels vorgreifen zu wollen, wurden in der Einführung zum MEGA²-Band II/12 einige wichtige Aspekte hervorgehoben, die hier resümiert werden sollen:

Erstens kann man aus der Tatsache, dass es zwischen dem Redaktionsmanuskript und den Texten von Marx Abweichungen gibt, nicht einfach die Schlussfolgerung ziehen, Engels habe den von Marx verfassten Text leichtfertig oder gar vorsätzlich verändert. Zahlreiche Abweichungen erklären sich vielmehr lediglich als Verbesserungen von Mängeln in der Vorlage. In diesen Fällen hat Engels eindeutige Fehler des Manuskripts von Marx korrigiert oder verkürzte Passagen ergänzt.

Zweitens ist die Unfertigkeit der marxschen Manuskripte zu berücksichtigen. Die dokumentierten Unterschiede zwischen Redaktionsmanuskript und den Vorlagen von Marx belegen, dass Engels' bereits zitierte Einschätzung, wonach

20 Ebd., S. 136.

»die Hauptmasse des Materials«, die er vorfand, wenn auch nicht »sprachlich«, so doch aber »sachlich« »fertig ausgearbeitet« sei, nur bedingt den Tatsachen entspricht. Vielmehr resultiert ein beträchtlicher Teil der Änderungen, die Engels vorgenommen hat, gerade daraus, dass Marx in seinen Manuskripten in vielen Fragen erst den Versuch unternommen hat, neue Erkenntnisse zu formulieren, ohne bereits zu abschließenden Ergebnissen gelangt zu sein.

Engels hat an anderer Stelle im Vorwort der Erstauflage zum zweiten Buch im Übrigen selbst angedeutet, dass nicht alle Teile sachlich fertig ausgearbeitet waren, wenn er mitteilt: »Wirkliche, d.h. andre als bloß technische Schwierigkeiten boten dabei nur der erste und dritte Abschnitt, diese aber auch nicht geringe.«[21] Konkret wies er darauf hin, dass die erste Hälfte des ersten Abschnitts besonders schwierig zu redigieren war, und dass im dritten Abschnitt die größte Schwierigkeit darin bestand, die Darstellung aus Manuskript II mit den Verbesserungen und Erweiterungen, die Marx in Manuskript VIII vorgenommen hatte, miteinander in Einklang zu bringen.

Laut Engels musste Marx' Manuskript VIII, also Abschnitt 3, »überhaupt so umgearbeitet werden, daß er dem erweiterten Gesichtskreis des Verfassers entsprach«, wie er im Vorwort anmerkte.[22] Denn Engels war der Meinung, dass es Marx bei der Abfassung von Manuskript VIII vor allem darauf angekommen sei, »die gewonnenen neuen Gesichtspunkte gegenüber Manuskript II festzustellen und zu entwickeln«.[23] Aus dem Kontext dieser Zitate sowie aus einem Teil der Manuskripte II und VIII geht eindeutig hervor, dass die Entwicklung, die Engels bei Marx in Manuskript VIII als »erweiterten Gesichtskreis« bzw. »neue Gesichtspunkte« beschrieben hat,[24] sich unter anderem auf die Einarbeitung des Problems der Kompensation des fixen Kapitals und der

21 MEGA², Bd. II/13, S. 8.
22 Ebd.
23 Ebd.
24 Ebd.

Reproduktion der Goldproduktion bezieht sowie auf die Darstellung der Akkumulation und der erweiterten Reproduktion. Wenn man also bedenkt, dass die Problemdarstellungen bereits in Marx' Manuskripten solche gravierenden Änderungen erfahren haben, bleibt die Einschätzung von Engels' Veränderungen abhängig von der Frage, wie man die Entwicklungen einschätzt und bewertet, die bei Marx selbst angelegt sind.

Engels' verantwortungsbewusste, intensive und aufwendige redaktionelle und herausgeberische Arbeit sowohl am zweiten als auch am dritten Band des »Kapitals«, die sich wohltuend von anderen Nachlasseditionen durch Freunde und Verwandte der Autoren abhebt, kann also nur in wirklicher Sachkenntnis ausgewogen und differenziert bewertet werden, wenn heute – nachdem über 120 Jahre allein die engelsschen Fassungen bekannt waren – durch die historisch-kritische Gesamtausgabe nunmehr auch die zugrunde liegenden marxschen Texte in ihrem originalen Wortlaut zugänglich gemacht werden. Diese bedeutsame editorische Leistung eröffnet der wissenschaftlichen Forschung auf diesem Gebiet vielfältige neue Möglichkeiten.

Rjazanovs Editionsprinzipien der ersten MEGA

Fragen hinsichtlich des Umgangs mit dem Erbe von Marx und Engels werden immer wieder aufgeworfen – das trifft auch auf das Editionsprojekt einer Marx-Engels-Gesamtausgabe zu.[1] Welche Defizite können im Werk von Marx und Engels ausgemacht werden? Wo liegen Quellen und Grenzen von Marx' Wissenschaftsverständnis? Welche Legenden ranken sich um Leben und Werk von Marx und Engels? Auch Probleme der Edition werden diskutiert: Wurden bisher alle Werke, Schriften, Manuskripte und Briefe vollständig veröffentlicht? Erfolgten durch die parteigebundenen Herausgeber einzelner Editionen bis hin zur Marx-Engels-Werkausgabe und der MEGA² unzulässige Texteingriffe? Warum wurden und werden Marx und Engels gemeinsam ediert?[2] Viele Fragen sind nicht neu, sie bewegen Marx-Engels-Forscher und Editoren seit Längerem. Einige Sachfragen zur Geschichte der MEGA berühren Themen, die viele Jahre für die Forschung tabu waren, Dokumente darüber wurden geheim gehalten. So konnte dem Schicksal der Mitarbeiter des Moskauer Marx-Engels-Instituts

1 Vgl. Jürgen Rojahn: Und sie bewegt sich doch! Die Fortsetzung der Arbeit an der MEGA unter dem Schirm der IMES, in: MEGA-Studien 1/1994, S. 5–31.

2 Vgl. z. B. folgende Veröffentlichungen aus den 1990er-Jahren: Werner Schmidt: Liegt unter den Trümmern des »realen Sozialismus« auch Karl Marx begraben?, in: Beiträge zur Geschichte der Arbeiterbewegung 2/1992, S. 147–158; AG Marx-Engels-Forschung: Defizite im Marxschen Werk. Materialien der 5. Sitzung der AG Marx-Engels-Forschung beim IMSF, 1991, in: IMSF (Hrsg.): Marx-Engels-Forschung heute 4: Defizite im Marxschen Werk (IMSF Forschung und Diskussion 9, Frankfurt a. M. 1992; Helle Panke (Hrsg.): Marx und Engels neu gelesen. Zugänge, Analysen und Kritiken zu Werk und Wirkung, Berlin 1993; Hans-Georg Backhaus/Helmut Reichelt: Der politisch-ideologische Grundcharakter der Marx-Engels-Gesamtausgabe: eine Kritik der Editionsrichtlinien der IMES, in: MEGA-Studien 2/1994, S. 101–118; Erhard Kiehnbaum: Fifty-fifty oder »brüderlich«? Wie weiter mit der MEGA?, in: Marxistische Blätter 6/1995, S. 70–74; Maximilien Rubel: Nach hundert Jahren: Plädoyer für Friedrich Engels, in: Internationale wissenschaftliche Korrespondenz zur Geschichte der deutschen Arbeiterbewegung (IWK) 4/1995, S. 520–531; Konrad Löw: Der Mythos Marx und seine Macher. Wie aus Geschichten Geschichte wird, München 1996.

in den 1920er- und 1930er-Jahren sowie deren persönlichem Anteil an der Herausgabe der ersten annähernd historisch-kritischen Marx-Engels-Gesamtausgabe nicht nachgegangen werden. Anlässlich der jüngsten Diskussionen um die revidierten Editionsrichtlinien der MEGA² wurde ebenfalls aus unterschiedlicher Sicht auf die Editionsgeschichte geblickt.[3] Auch die Überlieferungsgeschichte des Marx-Engels-Nachlasses kann in vielen Details erst jetzt durch die Einsichtnahme in die Moskauer Archivdokumente ergänzt werden.

Im Folgenden werden die Editionsrichtlinien der Marx-Engels-Ausgaben in den 1920er/30er-Jahren untersucht und der Einfluss David Borisovič Rjazanovs darauf dargestellt.[4]

Zur Herausbildung von Editionsprinzipien

Engels hatte 1895 in einem Brief die Überlegung geäußert, »Marx' und meine kleineren Sachen in einer *Gesamtausgabe* wieder vors Publikum zu bringen«,[5] kam jedoch nicht mehr dazu. In Engels' Aussage kann jedoch eine *outline* für die Gestaltung künftiger Ausgaben gesehen werden: die Edition von Marx und Engels als »Doppelpack«. Nachdem der größte Teil des handschriftlichen Nachlasses und die Bücher von Marx und Engels an August Bebel, Paul Singer und Eduard Bernstein als die testamentarischen Nachlassverwalter seitens der SPD gegangen waren, wurde Franz Mehring mit der Herausgabe von Werken[6] beauftragt, Karl Kautsky bear-

3 Vgl. IMSF (Hrsg.): Editionsrichtlinien der MEGA², Berlin 1993, S. 9–12; Rolf Dlubek: Die Entstehung der zweiten Marx-Engels-Gesamtausgabe im Spannungsfeld von legitimatorischem Auftrag und editorischer Sorgfalt, in: MEGA-Studien 1/1994, S. 60–106.

4 Vgl. insbes.: Maximilien Rubel: Marx Jubiläums Edition (MJE) 1883–1983, in: Etudes de marxologie 1986, S. 15–26. Zur Biografie Rjazanovs vgl.: Jakov Rokitjanskij: Das tragische Schicksal von David Borisovič Rjazanov, in: Rolf Hecker/Richard Sperl/Carl-Erich Vollgraf (Hrsg.): Marx-Engels-Forschung im historischen Spannungsfeld (Beiträge zur Marx-Engels-Forschung. Neue Folge, 1993), Hamburg 1993, S. 3–16; Volker Külow/André Jaroslawski (Hrsg.): David Rjasanow – Marx-Engels-Forscher, Humanist, Dissident, Berlin 1993; Bernd Rabehl: Über den Marxisten und Marxismusforscher Rjazanov, in: David Rjazanov: Marx und Engels nicht nur für Anfänger, Berlin 1973, S. 181–190.

5 Engels an Richard Fischer, 15.4.1895, in: Karl Marx/Friedrich Engels: Werke [MEW], Berlin 1956 ff., Bd. 39, S. 467.

6 Franz Mehring (Hrsg.): Aus dem literarischen Nachlass von Karl Marx, Friedrich Engels und Ferdinand Lassalle, Bd. I–IV, Stuttgart 1902.

beitete die »Theorien über den Mehrwert«[7] und Bebel veröffentlichte mit Bernstein den Briefwechsel zwischen Marx und Engels.[8]

Rjazanov beschäftigte sich während seiner Emigration in Deutschland und Österreich intensiv mit dem Werk von Marx und Engels sowie der Arbeiterbewegung des 19. Jahrhunderts. Dabei war er auf enge Kontakte zu führenden Vertretern der deutschen Sozialdemokratie angewiesen, die den Hauptteil des Marx-Engels-Nachlasses bewahrten und mit seiner Veröffentlichung befasst waren. Er fand hier rasch weitgehende Unterstützung und freundschaftliches Entgegenkommen, da seine intensive, sich an akademischen Anforderungen orientierte Marx-Engels-Forschung in der Partei neue Maßstäbe setzte. Außer an den Materialien des SPD-Archivs betrieb Rjazanov auch ertragreiche Bibliotheksstudien in Berlin, Paris, Brüssel und London. Darüber hinaus trat er in enge Verbindung mit Laura und Paul Lafargue, die er mehrmals in Dravail besuchte und dabei wichtige Dokumente aus den dortigen Teilen des Marx-Nachlasses mitbrachte. Sein engagiertes, sachkundiges Wirken brachte ihn nach und nach in die Stellung eines »Vertrauensmanns« des SPD-Parteivorstands in Sachen Marx-Engels-Nachlass. So schlug Karl Kautsky bereits 1909 Rjazanov als Herausgeber einer Artikelsammlung von Marx/Engels zur orientalischen Frage und zur Vorgeschichte der Internationalen Arbeiterassoziation vor.[9] Das Wirken von Marx und Engels in der IAA trat nun immer stärker in das Zentrum der Forschungsarbeit von Rjazanov. Er bereitete akribisch das »Urkundenbuch der Internationale« vor, eine Sammlung der Protokolle des Generalrats.

7 Karl Marx: Theorien über den Mehrwert. Aus dem nachgelassenen Manuskript »Zur Kritik der politischen Ökonomie«, hrsg. von Karl Kautsky, Bd. I–III, Stuttgart 1905–1910.

8 August Bebel/Eduard Bernstein (Hrsg.): Der Briefwechsel zwischen Friedrich Engels und Karl Marx, Bd. I–IV, Stuttgart 1913.

9 Gesammelte Schriften von Karl Marx und Friedrich Engels 1852–1862, hrsg. von David Rjazanov, Bd. I–II, Stuttgart 1917; vgl. Jürgen Rojahn: Aus der Frühzeit der Marx-Engels-Forschung: Rjazanovs Studien in den Jahren 1907–1917 im Licht seiner Briefwechsel im IISG, in: MEGA-Studien 1/1996, S. 3–65, hier S. 18 f.

Alle Marx-Engels-Ausgaben, die bis 1917 herauskamen, waren von unterschiedlichem editorischen Herangehen gekennzeichnet. In der Briefedition wurden Auslassungen aus gegenseitiger persönlicher Rücksichtnahme vorgenommen, ohne Kriterien dafür öffentlich zu machen – ein Verfahren, das unter veränderten Parteienkonstellationen in den 1920er-Jahren zu Schuldzuweisungen untereinander führte.[10] Immer deutlicher wurde die Notwendigkeit eines einheitlichen Editionsplans, zumal die urheberrechtlichen Schutzfristen am 30. Todestag von Marx 1913 erloschen. So unterschrieben am 1. Januar 1911 Max Adler, Otto Bauer, Adolf Braun, Rudolf Hilferding, Karl Renner und Rjazanov – nach innerparteilichem Gerangel, in dem Rjazanov eine Mittlerrolle zwischen Wiener Marxisten und deutschen Wunschpartnern zukam – Editionsgrundsätze, die als Wiener Editionsplan bekannt wurden und eindeutig die Handschrift Rjazanovs trugen.[11] Danach sollte »eine allen wissenschaftlichen Anforderungen entsprechende, absolut vollkommene, systematisch geordnete, mit den Manuskripten und den verschiedenen Ausgaben der marxschen Schriften verglichene, mit Einleitung und umfangreichen Registern versehene Gesamtausgabe« in Angriff genommen werden. Zugleich wurde ganz im Sinn von Engels erwogen, Marx' und Engels' Schriften »wegen des engen persönlichen, parteigeschichtlichen und wissenschaftlichen Zusammenhangs«[12] gemeinsam herauszugeben. Der Ausbruch des Ersten Weltkrieges und nachfolgende veränderte parteipolitische Bedingungen in Deutschland ließen jedoch dieses Projekt scheitern.

Unmittelbar nach dem Abfassen des Editionsplanes führten Rjazanov und Kautsky einen Meinungsaustausch über Kriterien einer »Volksausgabe« des ersten Bandes des »Kapi-

10 Vgl. Vorwort von Rjazanov zum ersten Briefband der MEGA, in: Karl Marx/Friedrich Engels: Gesamtausgabe [MEGA], Frankfurt a. M./Berlin/Moskau 1927 ff., Bd. III/1, S. XIII ff.

11 Vgl. Götz Langkau: Marx-Gesamtausgabe – dringendes Parteiinteresse oder dekorativer Zweck? Ein Wiener Editionsplan zum 30. Todestag, Briefe und Briefauszüge, in: International Review of Social History 1/1983, S. 104–142.

12 Ebd., S. 128; vgl. Külow/Jaroslawski (Hrsg.): Rjasanow, S. 41 f.

tals«, die Kautsky vorbereitete. Beide maßen Erläuterungen und Registern wichtige Bedeutung bei. Rjazanov schrieb am 20. Januar 1911 an Kautsky:

> »Aber für diese Volksausgabe wäre es notwendig, einige Ergänzungen zu machen – Literaturangaben, wo Marx Bücher zitiert, die den ›gegenwärtigen‹ Stand der technischen Entwicklung zeigen; neue Daten aus der Geschichte der Fabrikgesetzgebung, der Technik, der Großindustrie; [...] sowie die Einleitung, wie man das ›Kapital‹ am besten studiert.«[13]

Weiter plädierte Rjazanov für ein Sachregister, das das »Theoretische und Praktische gleichmäßig behandeln« sollte, sowie für ein Namenregister. Und letztlich forderte Rjazanov von Kautsky die Abfassung einer »Vorrede«, in der dieser »die Bedeutung des ›Kapitals‹ für die Wissenschaft und die Arbeiterbewegung« erörtern sollte.

Die dann im Auftrag des Parteivorstands der SPD von Kautsky herausgegebene »populäre« Ausgabe des ersten Bandes des »Kapitals« entsprach in einigen Punkten nicht den Vorstellungen Rjazanovs. Kautsky fasste sein editorisches Herangehen im Vorwort zusammen. Danach war es ihm als eine »technische« Aufgabe wichtig, die Korrektheit des Textes zu sichern, also vor allem alle Druckfehler vorangegangener Auflagen zu berichtigen.[14] Als Textgrundlage wählte Kautsky die von Marx überarbeitete zweite deutsche Auflage (1873),[15] berücksichtigte die von Engels vorgenommenen Veränderungen in der dritten und vierten deutschen Auflage[16] und verglich sie mit der französischen Ausgabe[17] in Bezug auf ihre Verständlichkeit. Ohne »Pedanterie«, das heißt ohne genaue Kennzeichnung, übernahm Kautsky aus der französischen Ausgabe Zusätze, die

13 Langkau: Marx-Gesamtausgabe, S. 135.

14 Karl Marx: Das Kapital. Erster Band. Volksausgabe [im Folgenden zitiert als: Marx: Kapital. Volksausgabe], hrsg. von Karl Kautsky, Stuttgart 1914, Vorwort des Herausgebers, S. XIII.

15 Vgl. Karl Marx: Das Kapital, Hamburg 1873, in: Karl Marx/Friedrich Engels: Gesamtausgabe [MEGA^2], Berlin 1975 ff., Bd. II/6.

16 Vgl. die MEGA^2-Bände II/8 und II/10.

17 Vgl. Karl Marx: Le Capital, in: MEGA^2, Bd. II/7.

Engels nicht berücksichtigt hatte, die ihm aber von Bedeutung schienen.[18] Außerdem verglich er die Zitate mit den Quellen, bereinigte fremdsprachige Ausdrücke und ersetzte teilweise Fremdworte. Hinsichtlich der Kommentierung kam Kautsky im Unterschied zu Rjazanovs Vorschlägen zu dem Schluss, dass Erläuterungen kein Konversationslexikon ersetzen könnten, dass das marxsche Tatsachenmaterial nicht bis in die jüngste Zeit ergänzt werden könne, denn es seien »mannigfache Änderungen« eingetreten:

> »England hat sein Industriemonopol verloren, es wird immer mehr von Deutschland und den Vereinigten Staaten überflügelt. Die herrschende Rolle der Textilindustrie hat aufgehört, die Technik hat enorme Umwälzungen durchgemacht usw. Diese ganze Entwicklung bildet die glänzendste Bestätigung des ›Kapital‹, sie wird durch dieses erst vollständig verständlich, aber sie ist keine geradlinige, sondern eine dialektische Entwicklung. Die Fortsetzung der Ausführungen des ›Kapital‹ bis in die Gegenwart müsste zeigen nicht nur, dass dieselben Tendenzen heute wie damals herrschen, sondern auch, wo und warum ihre Erscheinungsformen andere geworden sind. Das ließe sich in einzelnen Noten nicht machen.«[19]

Für die Benutzung der Volksausgabe stellten die von Rjazanov erstmals zusammengestellten Namen- und Sachregister eine Erleichterung dar. Kautsky warnte jedoch den Leser davor, sich mit ihrer Hilfe lediglich »die Rosinen aus dem Kuchen« herauszulesen und die »mühevolle Arbeit des Durchstudierens« zu ersparen. Ob er schon damals daran gedacht hat, dass Register Hilfsmittel für »Zitatenhascherei« sein können?

Auch Rjazanovs Wunsch nach einer das »Kapital« umfassend würdigenden Vorrede wurde von Kautsky nicht reali-

18 Der Textvergleich zwischen den Auflagen und Ausgaben des ersten Bandes des »Kapitals« spielte später sowohl für die Editoren der ersten wie auch der zweiten MEGA eine große Rolle. Vgl. Eike Kopf: Die Vorbereitungsarbeiten zur Veröffentlichung des »Kapitals« in der ersten MEGA, in: Beiträge zur Marx-Engels-Forschung 14, 1983, S. 79–97; vgl. vorl. Band, S. 39–43.

19 Marx: Kapital. Volksausgabe, S. XXVII.

siert.[20] Er beschränkte sich lediglich auf einige Tipps für den »Durchschnittsleser«, wie er mit den Schwierigkeiten des Anfangs fertigwerden könne. Denn:

> »Je weiter man im Studium [...] fortschreitet, desto mehr begreift man ihren Ausgangspunkt, die Werttheorie; und je mehr man diese begreift, desto klarer wird uns das gesamte Getriebe, dessen Fortgang durch das Wertgesetz beherrscht wird.«[21]

So waren dieser Meinungsaustausch und die Veröffentlichung der Volksausgabe zugleich die geistige Geburtsstunde eines Editionstyps, an dem auch spätere Ausgaben des »Kapitals« gemessen werden können.

Durch diese vielseitige und erfolgreiche Tätigkeit in dem Jahrzehnt zwischen 1907 und 1917 hatte sich Rjazanov als einer der Begründer und eine unbestrittene Autorität auf dem Gebiet der Marx-Engels-Forschung und -Edition profiliert. Der Ausbruch der Revolution in Russland sollte ihm neue, ungeahnte Möglichkeiten eröffnen, insbesondere hinsichtlich des all die Jahre von ihm verfolgten Projekts einer Gesamtausgabe der Werke von Marx und Engels.

Voraussetzungen für die Edition einer Gesamtausgabe

Im Februar 1921 wurde Rjazanov durch V. I. Lenin mit der Sammlung von Marx-Engels-Dokumenten beauftragt.[22] Das bestehende Marx-Engels-Museum[23] wurde im Juli 1922 in ein wissenschaftliches Institut beim Allrussischen Zentralen Exekutivkomitee umgewandelt und Rjazanov zu dessen Direktor berufen, zweifelsfrei als »der richtige Mann am richtigen Platz«. Der XIII. Parteitag der WKP(B) und der V. Weltkongress der Kommunistischen Internationale fassten 1924 Beschlüsse

20 Vgl. Rojahn: Frühzeit, S. 31 f.

21 Marx: Kapital. Volksausgabe, S. XXXIV.

22 Vgl. Lenin an Rjazanov, 2.2.1921, in: W. I. Lenin: Briefe, Berlin 1967, Bd. VII, S. 65.

23 Vgl. Svetlana Michajlovna Kotova/Lev Nikolaevič Vladimirov: Die Gründung des Marx-Engels-Museums in Moskau durch Rjazanov, in: Rolf Hecker/Richard Sperl/Carl-Erich Vollgraf (Hrsg.): David Borisovic Rjazanov und die erste MEGA (Beiträge zur Marx-Engels-Forschung. Neue Folge, Sonderband 1), Hamburg 1997, S. 28–32.

über eine wissenschaftliche Ausgabe der Werke von Marx und Engels. In der von Rjazanov auf dem Weltkongress der KI vorgeschlagenen und einstimmig angenommenen Resolution hieß es unter anderem, dass nur eine

> »vollständige Ausgabe der Werke und Briefe von Marx und Engels, mit historisch-kritischen Kommentaren [...] als ein würdiges Denkmal der Begründer des wissenschaftlichen Kommunismus gelten und die Grundlage zu einem allseitigen Studium der Geschichte, der Theorie und Praxis des revolutionären Marxismus bilden«

kann. Deshalb wurden alle kommunistischen Parteien ersucht, »bei der Sammlung von auf das Leben und Wirken von Marx und Engels bezüglichen Materialien« behilflich zu sein.[24]

Bei der Vorbereitung zur Herausgabe des Marx-Engels-Nachlasses waren Rjazanovs Verbindungen zur Führung der SPD von nicht unerheblicher Bedeutung. Im November 1924 erteilte der SPD-Parteivorstand die Erlaubnis, den gesamten Nachlass von Marx und Engels zu fotografieren.[25] Vor Beginn dieser Arbeit wurde das Archiv zunächst geordnet. Rjazanov erreichte die Übergabe von in persönlichem Besitz befindlichen Marx-Engels-Dokumenten (insbesondere von Bernstein) an das Archiv.

Zu den Voraussetzungen für eine Gesamtausgabe gehörte die Zusammenstellung eines kompetenten Mitarbeiterstabes. Rjazanov kam dabei die Entscheidung des ZK-Sekretariats entgegen, für die MEGA in- und ausländische Mitarbeiter zu gewinnen, die nicht nur politisch zuverlässig waren, sondern auch über notwendige Kenntnisse auf Spezialgebieten verfügten. Editorische Erfahrungen konnten sich alle Beteiligten erst im Verlauf der wissenschaftlichen und redaktionellen Bearbeitung eines Bandes erwerben. Erschwerend war, dass

24 Resolution über Veröffentlichungen des Marx-Engels-Instituts, in: Thesen und Resolutionen des V. Weltkongresses der Kommunistischen Internationale, Hamburg 1924, S. 189.

25 Vgl. Paul Mayer: Die Geschichte des sozialdemokratischen Parteiarchivs und das Schicksal des Marx-Engels-Nachlasses, in: Archiv für Sozialgeschichte 6–7/1967, S. 5–198, hier S. 71 f.

die Lebensumstände im Moskau jener Jahre nicht einfach waren und es kompliziert war, den ausländischen Mitarbeitern entsprechenden Wohnraum zur Verfügung zu stellen und die Versorgung zu gewährleisten. Offensichtlich ergriff die Mitarbeiter jedoch der Ehrgeiz, eine solche Edition nach Kräften zu unterstützen. Heute ist es umso mehr angemahnt, an die Leistungen und das Schicksal jener Mitarbeiter zu erinnern, die aus unterschiedlichen Gründen in der marxistisch-leninistischen Historiografie wenig Beachtung fanden, ja teilweise verschwiegen wurden. Erst die Akteneinsicht in Moskauer Archive ermöglicht es, den fast in allen Fällen tragisch endenden Lebensweg unter der Diktatur Stalins oder Hitlers nachzuzeichnen.

Das Marx-Engels-Institut führte vor allem in den 1920er-Jahren eine rege internationale Korrespondenz. Wissenschaftler, Bibliothekare, Archivare wurden gebeten, die Herausgabe der MEGA zu unterstützen. Einige erhielten in den Jahren 1924 bis 1937 eine zeitweilige Anstellung als wissenschaftliche Korrespondenten des Moskauer Marx-Engels-Instituts.[26] Von herausragender Bedeutung für die Realisierung des Plans war die Vereinbarung des Instituts mit der Frankfurter Gesellschaft für Sozialforschung und die Gründung des Marx-Engels-Verlags. Vor allem im Ergebnis der Tätigkeit der Korrespondenten und dank der freundlichen Unterstützung durch weitere ausländische Einrichtungen (Bibliotheken und Archive) verfügte das Institut bereits 1931 über 15 000 Originaldokumente und 175 000 Kopien zur Geschichte der internationalen Arbeiterbewegung und des sozialistischen Denkens. Zugleich war unter seiner Leitung die bis dahin umfangreichste Bibliothek zur Geschichte des Sozialismus aufgebaut worden.

26 Vgl. Rolf Hecker: Hans Stein – wissenschaftlicher Mitarbeiter und Korrespondent des Moskauer Marx-Engels-Instituts (1925–1929). Teil I, in: ders./Sperl/Vollgraf (Hrsg.): Spannungsfeld (Beiträge zur Marx-Engels-Forschung. Neue Folge, 1993), Hamburg 1993, S. 17–40; Teil II, in: ders./Richard Sperl/Carl-Erich Vollgraf (Hrsg.): Quellen und Grenzen von Marx' Wissenschaftsverständnis (Beiträge zur Marx-Engels-Forschung. Neue Folge, 1994), Hamburg 1994, S. 150–173.

Diskussion über die Editionsprinzipien der MEGA

Auf der Grundlage der erworbenen Dokumente konnte der von Rjazanov lang gehegte Plan in Angriff genommen werden – die Herausgabe einer historisch-kritischen, akademischen Marx-Engels-Gesamtausgabe (MEGA): »Ein allseitiges wissenschaftliches Studium ihrer theoretischen und praktischen Lebensarbeit wird erst möglich sein, wenn ihre gesamte geistige Hinterlassenschaft in einer kritischen Gesamtausgabe reproduziert und zusammengefasst vorliegen wird«, so wurde das Ziel im Vorwort begründet.[27] Zugrunde gelegt wurden Prinzipien, die jahrelang debattiert worden waren: Texttreue und Textkritik, Darstellung der Textentwicklung, Originalsprachlichkeit, Vollständigkeit (entsprechend dem Überlieferungsstand), textkritische Kommentierung (detaillierter Quellennachweis usw.). In die erste MEGA sollten nicht nur Werke und Artikel aufgenommen werden, sondern sämtliche Manuskripte (Stoffsammlungen, Skizzen, Rohschriften usw.), nicht nur alle Briefe von Marx und Engels, sondern auch Briefe an sie.[28]

Die Umsetzung der gewählten Prinzipien am ersten Band führte zu Kontroversen über den Umfang der Kommentierung. So ist ein Brief an Rjazanov vom 25. Oktober 1926 überliefert, der von den Mitarbeitern Walter und Gertrud Biehahn, Georg Roeber, Walter Rohr, Karl Schmückle, Hans Stein und Karl Schiller unterschrieben wurde. Die Mitarbeiter setzten sich dafür ein, den Band mit entsprechenden redaktionellen Erläuterungen zu veröffentlichen, da

> »die Eigenart des im I. Bande gebotenen Materials ein praktisch gleichzeitiges Erscheinen der Anmerkungen erfordert, da der Inhalt ohne diese Anmerkungen höchstens dem allerengsten Kreise der Fachwissenschaftler etwas bieten kann. Ohne Anmerkungen können besten-

27 MEGA, Bd. I/1, 1. Halbbd., S. IX.

28 Die Dritte Abteilung sollte in zehn Bänden den Briefwechsel enthalten. In den ersten vier Bänden wurde zunächst der Briefwechsel zwischen Marx und Engels 1844–1883 veröffentlicht. Rjazanov hatte angekündigt, dass diese Abteilung »zahlreiche Briefe, die von dritten Personen an sie gerichtet waren«, enthalten solle (MEGA, Bd. III/1, Einleitung, S. IX).

> falls einige rein theoretische Teile Interesse finden, während gerade die in den tagespolitischen Arbeiten niedergelegte historische Leistung Marxens nur äußerst mangelhaft hervortritt«.[29]

Offenbar hatte Rjazanov beschlossen, den ersten Band, der zugleich als erster Halbband anzusehen war, ohne Erläuterungen zu veröffentlichen. Weitere Argumente der Mitarbeiter für Anmerkungen waren die wissenschaftliche Qualität der Ausgabe, die nicht hinter den mehringschen Kommentar zurückgehen dürfe, sowie strenge Anforderungen der Editionswissenschaft. Sie wiesen darauf hin, dass der Text der Anmerkungen »nahezu druckreif« vorläge. Es wurde immer deutlicher, dass die Einbeziehung qualifizierter Mitarbeiter auch zu neuen Vorstellungen über die Edition führte, hatte doch Rjazanov *keine* spezifischen Editionsrichtlinien ausgearbeitet und mit den Mitarbeitern diskutiert, worauf sie jetzt aber bestanden.

Doch Rjazanov ließ sich nicht umstimmen. Der erste Halbband erschien mit einem von ihm im April 1927 unterzeichneten Vorwort *ohne* textkritische Erläuterungen. Rjazanov begründete sein Verfahren:

> »Die Einleitungen zu den einzelnen Bänden werden im Allgemeinen Anlass und Entstehungsgeschichte der einzelnen Schriften beleuchten, über den Stand der Forschung Bericht geben und über das bei der Edition befolgte Verfahren Rechenschaft ablegen. Historische und theoretische Einführungen und Untersuchungen, ausführliche Kommentare fallen aus dem Rahmen dieser Aufgabe: Ihre vornehmste Bestimmung, wie schon betont, besteht ja darin, die erste und wichtigste objektive Grundlage für die Zwecke einer allseitigen Marx- und Engels-Forschung zu schaffen, d. h. das literarische Gesamtwerk der beiden Klassiker in wissenschaftlich einwandfreier Form und Ordnung wiederzugeben. Auch die Anmerkungen und sonstigen Beigaben, mit denen die Bände der ersten Abteilung

29 Mitteilung an Rjazanov, Internationaal Instituut voor Sociale Geschiedenis Amsterdam (IISG), Hans Stein Nachlass, Marx-Engels-Studien, Akte 559/9 (Entwurf).

ausgestattet werden, sollen sich demnach im Großen und Ganzen darauf beschränken, aus dem mit den Texten unmittelbar zusammenhängenden zeitgenössischen Material das Wichtigste – falls nicht mühelos zugänglich – mitzuteilen und durch reichliche Quellen- und Literaturnachweise die Auffindung näherer Angaben über Personen, Zustände und Ereignisse zu erleichtern.«[30]

Für die Textherstellung galten die Grundsätze der exakten Wiedergabe (vor allem nach gründlicher Kontrolle der Entzifferungen), allerdings wurde die Orthografie modernisiert. Offensichtliche Druck- bzw. Schreibfehler wurden stillschweigend korrigiert, wobei in zweifelhaften Fällen in Fußnoten oder Anmerkungen darüber Auskunft gegeben werden sollte.

Die Diskussionen um den ersten Halbband führten auch dazu, dass etliche »Richtlinien« für die Anfertigung von Erläuterungen und der Register formuliert wurden, also praktisch erste editorische Hinweise entstanden. So wurde Anfang 1927 eine »Instruktion für die Anfertigung eines Registers zu dem Briefwechsel zwischen Marx und Engels«[31] ausgearbeitet. Darin wurde festgelegt, dass dieses Register Personennamen, Literatur (Bücher, Zeitschriften, Zeitungen), Vereine, Parteien, gesellschaftliche Organisationen sowie eine *Auswahl* historischer Ereignisse, politisch-geografischer und theoretischer Begriffe enthalten sollte. Dabei waren sich die Bearbeiter durchaus bewusst, dass diese Auswahl »nur eine ziemlich willkürliche« sein könne. Die meisten Stichworte sollten im Voraus bestimmt werden, wobei vorgegeben wurde, die Bereiche historischer Materialismus, Naturwissenschaften, politische Ökonomie, Philosophie und Politik auszuweisen.[32] Weitgehend wurden diese Vorgaben im den Marx-Engels-Briefwechsel abschließenden MEGA-Band III/4 (1931) realisiert.[33]

Für die Realisierung dieser Aufgaben in der Registerherstellung war nicht ganz unwesentlich die Schaffung einer

30 MEGA, Bd. I/1, Vorwort zur Gesamtausgabe, S. XXVI–XXVII.

31 Vgl. RGASPI, f. 374, op. 1, d. 20, Bl. 4–9.

32 Ebd., Bl. 7.

33 Vgl. MEGA, Bd. III/4, S. 592.

»Wissenschaftlichen Auskunfts-Abteilung (WISSA)« innerhalb des Marx-Engels-Instituts, die unter direkter Leitung von Rjazanov und der Kontrolle von Ernst Czóbel stand:

> »Das Hauptziel [...] ist die Sammlung von vorbereitendem bio-bibliografischen Material für die Marx-Engels-Enzyklopädie und zur Unterstützung der laufenden Editionsarbeiten.«[34]

Diese Abteilung baute in kurzer Zeit ein Kartenregister mit bio-bibliografischen Angaben aus wichtigen Quellen für die Geschichte des Sozialismus und der Arbeiterbewegung, ein Zeitschriften- und Zeitungsregister, ein Literaturregister, eine Zeitungsausschnittsammlung auf und gab bis Februar 1931 ein internes Informationsbulletin (insgesamt elf Lieferungen) heraus. Ebenso entstand auf der Grundlage der Tätigkeit von B. I. Nikolaevskij in Berlin erstmals ein Verzeichnis der Bücher aus den Bibliotheken von Marx und Engels mit Angaben über die Marginalien.[35] Ab November 1929 bereitete innerhalb dieser Abteilung Frida Rubiner eine »Chronik des Lebens und des wissenschaftlichen und politischen Wirkens von Marx und Engels im Rahmen der Zeitgeschichte (Tage und Taten)« vor.[36]

Erste praktische Erfahrungen in der Kommentierung wurden mit der Veröffentlichung des zweiten Halbbandes der MEGA (1929) gesammelt. Die darin enthaltenen Anmerkungen zu den Texten des ersten Bandes geben bei Weitem nicht alle von den Bearbeitern ermittelten Fakten zu den Artikeln wieder,[37] konsequent wurde nach den Vorgaben von Rja-

34 Marx-Engels-Institut: Wissenschaftliche Auskunfts-Abteilung, Bulletin 1/1928, S. 1. Die Erfahrungen beim Aufbau einer solchen Zentralkartei und ihre Ergebnisse wurden bei der Einrichtung von »Kabinetten« innerhalb der Marx-Engels-Abteilungen in Moskau und Berlin bei der Herausgabe der MEW und MEGA² genutzt.

35 Vgl. Richard Sperl: Die Marginalien in den Büchern aus den persönlichen Bibliotheken von Marx und Engels: ihr Stellenwert für biographische und wissenschaftsgeschichtliche Forschungen – Möglichkeiten und Grenzen ihrer Edition, in: editio. Internationales Jahrbuch für Editionswissenschaft 9, 1995, S. 141–168.

36 Marx-Engels-Institut: Wissenschaftliche Auskunfts-Abteilung, Bulletin 8/1929, Beilage VI: Marx-Engels-Biochronik. Vgl. Marx-Engels-Lenin-Institut Moskau (Hrsg.): Karl Marx. Chronik seines Lebens in Einzeldaten, Moskau 1934.

37 Vgl. MEGA, Bd. I/1.2, S. 327–334. Die Debatte über die Veröffentlichung des ersten MEGA-Bandes führte zu einer Abkühlung des bis dato guten Verhältnisses zwischen Hans Stein und Rjazanov; vgl. Hecker: Stein (Teil II), S. 160, 172 f.

zanov verfahren, nur Wesentliches in den Erläuterungen zu berücksichtigen.[38]

Auch bei der Bearbeitung des Manuskripts der »Deutschen Ideologie« für den MEGA-Band I/5 wurden einige editorische Lösungen diskutiert. Der Text sollte genau nach dem Manuskript wiedergegeben werden. Besondere Probleme bereitete offenbar die Darstellung von Varianten in Handschriften. Als Grundsätze sollten gelten: Die durchgestrichenen zusammenhängenden Stellen kommen in den Anhang mit genauer Angabe der Stelle, wo sie hingehören. Einzelne durchgestrichene Worte und Satzteile werden in Fußnoten unter dem Text vermerkt.[39] So entstand der für die Forschung recht aufschlussreiche Apparatteil »Textvarianten«.[40]

Zum Schluss der redaktionellen Bearbeitung des ersten Briefbandes (MEGA-Band III/1: Briefwechsel zwischen Marx und Engels 1844–1853) wurden »Richtlinien« zusammengestellt, nach denen der Text hergestellt worden war. Diese wurden in der Einleitung erläutert.[41]

Editorisches Ergebnis – »annähernd« historisch-kritische MEGA

Vor Jahren prägte Götz Langkau den Begriff der »annähernden« historisch-kritischen Gesamtausgabe. Ohne Zweifel ist die erste MEGA nicht an der zweiten oder modernen neugermanistischen Editionen zu messen; gegen Ende der 1920er-Jahre jedoch setzte die MEGA selbst neue Maßstäbe in der Edition, gab es doch bis dato *keine* exakten wissenschaftlichen Prinzipien für die Edition des überlieferten Marx-Engels-Nachlasses. Rezensenten würdigten deshalb vor allem die Erstveröffentli-

38 Ein Blick in den ersten Band der zweiten MEGA² (1975) zeigt, wie bedauerlich es war, dass die von Stein ausgearbeiteten Kommentare, z. B. zu Marx' Artikel »Rechtfertigung des YY-Korrespondenten von der Mosel«, nicht ausgewertet werden konnten, während jedoch die von ihm gesammelten und in Moskau aufbewahrten Kopien der Dokumente als Quellen genutzt wurden, ohne dass in der MEGA² entsprechende Nachweise angeführt wurden; vgl. MEGA², Bd. I/1, S. 1116–1117; Hecker: Stein (Teil I), S. 28.

39 Vgl. Vorläufige Vorschläge zur Herausgabe des V. Bandes der MEGA, RGASPI, f. 374, op. 1, d. 20, Bl. 118.

40 Vgl. MEGA, Bd. I/5, S. 565–640.

41 Vgl. RGASPI, f. 374, op. 1, d. 20, Bl. 146–151 und MEGA, Bd. III/1, S. XLV ff.

chungen und die beabsichtigte vollständige Veröffentlichung aller Materialien, was der Marx-Engels-Forschung »ganz neue Grundlagen« gäbe.[42] In einer Rezension zum ersten Briefband wurde betont, dass sich die neue Ausgabe »streng an das Original« halte. Jedoch »bringt sie auch keine erläuternden Anmerkungen, die das Verständnis der dunklen Stellen, der Anspielungen, theoretischen Ausführungen, historisch-politischen Urteile erleichtern würden, keine Hinweise auf andere Marx-Engels'sche Schriften«. Deshalb werde der Band vor allem »den Bedürfnissen der Spezialisten und Forscher entsprechen«.[43]

Benedikt Kautsky hob in seiner ersten Besprechung 1928 uneingeschränkt die jahrzehntelange Arbeit Rjazanovs hervor, die »schier unüberwindlich scheinenden Hindernisse zu beseitigen, die überall verstreuten, vergessenen, in kaum mehr aufzutreibenden, verschollenen Zeitungen und Zeitschriften untergegangenen Arbeiten zu entdecken«.[44] In seiner zweiten Rezension allerdings kritisierte Benedikt Kautsky Rjazanov in zwei Punkten. Zum einen bemängelte er, dass »Exzerpte aus den Exzerpten keinen Zweck« haben. Er hielt also die von Rjazanov gewählte Methode der Veröffentlichung der Exzerpthefte für »völlig ungeeignet«.[45] Zum anderen verwies er darauf, dass Rjazanov seiner Gesamtausgabe einen schlechten Dienst erweise, »wenn er sie mit tendenziösen Einleitungen versieht«[46], womit dessen Auseinandersetzung mit vorangegangenen Marx-Engels-Editionen gemeint war. Insgesamt waren die Rezensionen jedoch überaus freundlich, sprachen von einem »Musterwerk historisch-philologischer Editionstätigkeit«.[47]

42 Franz Borkenau: Marx-Engels-Gesamtausgabe (1927), in: Archiv für die Geschichte des Sozialismus und der Arbeiterbewegung 14/1929, hrsg. von Carl Grünberg, S. 458–489, hier S. 489.

43 Der Briefwechsel zwischen Marx und Engels 1844–1853, in: Unter dem Banner des Marxismus 1/1930, S. 151.

44 Benedikt Kautsky: Die Werke von Marx und Engels, in: Die Gesellschaft 2/1928, S. 174–180, hier S. 175.

45 Benedikt Kautsky: Die Marx-Engels-Gesamtausgabe, in: Die Gesellschaft 9/1930, S. 260–270, hier S. 261 f.

46 Ebd., S. 268.

47 Vgl. Gustav Mayer: Historisch-kritische Gesamtausgabe. Bd. I.1. Karl Marx Werke und Schriften bis Anfang 1844 nebst Briefen und Dokumenten [Rezension], in: Historische Zeitschrift 2/1929, S. 331–336.

Mit der MEGA vollbrachte Rjazanov eine zu jener Zeit einzigartige editorische Leistung. Anknüpfend an die bisherigen Erfahrungen bei der Veröffentlichung von Marx-Engels-Dokumenten, auf der Grundlage der darüber geführten vielfältigen Diskussionen seit der Jahrhundertwende, widerspiegelten die ersten Bände der MEGA einen neuen editorischen Standard. Sie entsprachen international verbreiteten Editionskriterien, in einigen Text darbietenden und kommentierenden Fragen gingen sie darüber hinaus. Die MEGA knüpfte einerseits an positive Ergebnisse und fruchtbare Erfahrungen auf dem Gebiet der historisch-kritischen Edition neuerer Texte an, andererseits gelang es, sich aus den widerspruchsvollen theoretischen und methodischen Streitereien der Editionswissenschaft, wie sie in den 1920er-Jahren besonders zutage traten – positivistische Ahistorizität und Akzentlosigkeit zum einen, irrationale Vorstellungen von einem unabhängigen geistigen Schaffensprozess des Schriftstellers zum anderen –, weitgehend herauszuhalten. Als erste Ausgabe, die speziell für wissenschaftliche Zwecke konzipiert und eingerichtet war, begründete sie auf dem Gebiet der Marx-Engels-Edition im Besonderen und für die junge Literaturwissenschaft der Sowjetunion im Allgemeinen eine neue Tradition. Nicht unerheblich waren die Widerstände seitens Stalins und anderer Politbürokraten, die den Wert und den Nutzen nicht anerkannten und gegen die sich Rjazanov zum Teil mit Kompromissen in der Edition durchsetzen musste.[48] Hinzu kam die Größe des Unternehmens, das ja neben der redaktionellen Arbeit am Marx-Engels-Institut

48 So fasste beispielsweise das Zentrale Exekutivkomitee der UdSSR am 18.10.1927 einen Beschluss über die Tätigkeit des Marx-Engels-Instituts, in dem Aufgaben zur »Erforschung der Geschichte des Proletariats und aller unterdrückten Klassen« festgelegt wurden (RGASPI, f. 374, op. 1, d. 2, Bl. 10). Zur gleichen Zeit wurde in einem Institutsbericht festgestellt, dass 1927 nur der erste Halbband erscheinen könne, weil fast die Hälfte aller verantwortlichen Mitarbeiter für die MEGA mit anderen Aufgaben betraut worden seien (RGASPI, f. 374, op. 1, d. 17, Bl. 4). Um schneller die gewachsenen Bedürfnisse nach einer Werkausgabe zu befriedigen, setzte das Präsidium des EKKI am 27.2.1929 eine Kommission, der auch Rjazanov angehörte, für die Ausarbeitung eines Plans zur Herausgabe von Marx-Engels-Werken in verschiedenen Ländern ein (RGASPI, f. 374, op. 1, d. 17, Bl. 18). Offenbar stets unter Druck seitens der Regierung und des ZK wegen der langen Herstellungszeit der MEGA verkündete Rjazanov auf einer Institutsversammlung 1930, dass es gelingen müsse, jährlich fünf Bände herauszugeben.

auch die Tätigkeit der Marx-Engels-Archiv Verlagsgesellschaft m.b.H. in Frankfurt am Main, später des Marx-Engels-Verlags G.m.b.H. in Berlin und die drucktechnische Herstellung durch J. B. Hirschfeld in Leipzig einschloss.[49]

Die neuen Maßstäbe der Edition drückten sich also vor allem darin aus, dass die MEGA Authentizität und Vollständigkeit anstrebte, der Textabdruck ebenso belangvolle Varianten aus Handschriften und Drucken verzeichnen sollte, hohe Maßstäbe an Entzifferung und Autorschaftsbestimmung gestellt wurden, erstmals die Kategorie der »Dubiosa« eingeführt wurde, Manuskripte und Exzerpte in die Edition einbezogen wurden und Originalsprachlichkeit mit moderner Orthografie verband.[50]

Es gab jedoch auch Probleme, die, abgesehen davon, dass noch nicht alles Material erforscht und zusammengetragen war und den Bearbeitern handschriftliche Originale in der Mehrzahl *nicht* zur Verfügung standen, sich auf die Edition auswirkten. Dazu gehörten:

— 1. Die MEGA besaß kein festes, verbindliches System für den Aufbau der Bände. So finden sich in den einzelnen Bänden bestimmte Informationen und Kommentare an unterschiedlichen Stellen.
— 2. Die Texte weisen Unterschiede im Grad der Modernisierung und Vereinheitlichung der Orthografie und Interpunktion auf.
— 3. Einige Handschriftenstellen wurden nicht exakt entziffert und einige Autorschaftsbestimmungen nicht sorgfältig genug vorgenommen.
— 4. Uneinheitlich wurde in der Wiedergabe von Varianten in Handschriften und Drucken verfahren, Kriterien für die Auswahl wurden nicht transparent gemacht.

49 Vgl. Golda Fröhlich: Über die Liquidation des Marx-Engels-Verlags (1934), in: Hecker/Sperl/Vollgraf (Hrsg.): Quellen, S. 190–199.

50 Vgl. Rolf Dlubek: Traditionen der Marx/Engels-Forschung der DDR. Die Herausgabe und Verbreitung der Werke von Marx und Engels durch die KPD und die sowjetische Marx/Engels-Forschung in der Weimarer Republik, in: Beiträge zur Geschichte der Marx/Engels-Forschung und -Edition in der Sowjetunion und der DDR, Berlin 1978, S. 46–58.

— 5. Es wurde auf eine strenge chronologische Anordnung verzichtet, zugunsten einer Kombination von Chronologie und Gruppenbildung nach logisch-inhaltlichen Gesichtspunkten.
— 6. Der Erläuterungsapparat wurde auf textkritische und bibliografische Anmerkungen begrenzt, auf Sacherläuterungen wurde fast vollständig verzichtet.[51]

Daran wird deutlich, dass es dringend geboten war, verbindliche Editionskriterien zu formulieren.

Editorische Erfahrungen verwandeln sich in MEGA-»Instruktionen«

Rjazanov konnte an der Verbesserung der Edition selbst nicht mehr mitwirken. Nach seiner Verhaftung und der Durchsuchung des Instituts erfolgte im Februar 1931 eine »Säuberung« des Instituts und Vladimir Viktorovič Adoratskij wurde zum neuen Direktor ernannt. Die MEGA wurde nicht eingestellt, doch erfolgte eine starke Instrumentalisierung des Werkes von Marx und Engels durch die kommunistische Partei. Wortbrüchig wurden Rjazanov persönlich übergebene Dokumente aus dem Marx-Engels-Nachlass veröffentlicht.[52]

Die Leistung Rjazanovs nach dessen Verhaftung und Verbannung wurde einzig im Ausland gewürdigt. So schrieb Benedikt Kautsky am Schluss seiner Rezension zu den MEGA-Bänden III/3 und I/2:

> »Diese Nachricht bedeutet wohl auch das Ende des gigantischen Plans, eine Gesamtausgabe der Werke unserer Meister zu schaffen. Denn außer Rjazanov selbst ist niemand

51 Auf diese Probleme verwies erstmals Richard Sperl in seiner unveröffentlichten Dissertation: Der Variantenapparat der Marx-Engels-Gesamtausgabe (MEGA). Zu einigen theoretischen und methodischen Problemen der Wiedergabe der autorisierten Textentwicklung in den Werken von Marx und Engels, IML b. ZK d. SED, Berlin 1979, S. 26 f.

52 So wurde z. B. ein Brief von Engels an Kautsky vom 23.2.1891 (vgl. MEW, Bd. 38, S. 39–41) veröffentlicht und Rjazanov beschuldigt, diesen der Öffentlichkeit vorenthalten zu haben. Daraufhin reagierte Kautsky mit einer ausführlichen Erklärung (vgl. ders.: Zur Geschichte des Marxschen Programmbriefes von 1875, in: Die Gesellschaft 5/1932, S. 429–444). Andererseits mussten Dokumente über den unehelichen Sohn von Marx, Frederick Demuth, auf persönliche Anweisung Stalins sekretiert werden (vgl. Heinrich Gemkow/Rolf Hecker: Unbekannte Dokumente über Marx' Sohn Frederick Demuth, in: Beiträge zur Geschichte der Arbeiterbewegung 4/1994, S. 43–59).

im kommunistischen Lager imstande, dieses Werk fortzusetzen. Es mag sein, dass seine Nachfolger den einen oder anderen Band noch veröffentlichen, aber sie zehren dann noch von dem Abglanz der ›rußigen Oelfunzel‹, zu der ihm die allzeit feile Sowjetpresse degradierte, nachdem sie ihn vor einigen Monaten in Artikeln zu seinem 60. Geburtstag in den Himmel erhoben hatte. Wir haben ihm oft entgegentreten müssen, weil er die sozialdemokratische Marx-Forschung ungerecht kritisierte, aber wenn auch Rjazanov unser Gegner war, so wussten wir immer, dass er ein großer Gelehrter ist. Seine Absetzung und Verbannung sind nur ein Beweis mehr dafür, wie weit sich vom echten Marxismus die Partei entfernt hat, die sich für die einzige wahre marxistische Partei ausgibt.«[53]

In der Zeit »nach Rjazanov« bemühte man sich um eine Verbesserung der Einheitlichkeit der Ausgabe und um die Festlegung verbindlicher Editionsrichtlinien. Czóbel bilanzierte am 8. März 1931 die Arbeit an der MEGA und die Direktion bestätigte daraufhin einen »Allgemeinen Plan«, der die Herausgabe von insgesamt 46 Bänden der MEGA vorsah. Czóbel schlug zur Beschleunigung der Herausgabe vor, den Apparat zu »vereinfachen«, das heißt, die Literaturverzeichnung in einem Register im Anhang des Bandes zusammenzufassen (d. h. auf redaktionelle Fußnoten mit Quellenverweisen zu verzichten), nur noch wirklich entscheidende Varianten aufzunehmen und die biografischen Angaben im Namenregister zu verkürzen.[54] Damit waren wichtige Fragen aufgeworfen, die in einer speziellen Beratung geklärt werden sollten. Zur gleichen Zeit ergab sich jedoch ein Problem, dessen Lösung die stärkere ideologische Ausrichtung des Instituts in der Öffentlichkeit deutlich machen sollte: Es ging um die Herausgabe einer »Kapital«-Volksausgabe in deutscher Sprache.

53 Benedikt Kautsky: Die Marx-Engels-Gesamtausgabe, in: Die Gesellschaft 5/1931, S. 456–463, hier S. 462 f.

54 Ernst Czóbel: Stand und Perspektiven der Herausgabe der MEGA (März/April 1931), in: Rolf Hecker/Richard Sperl/Carl-Erich Vollgraf (Hrsg.): David Borisovič Rjazanov und die erste MEGA (Beiträge zur Marx-Engels-Forschung. Neue Folge, Sonderband 1), Hamburg 1997, S. 132.

Karl und Benedikt Kautsky hatten 1926 bzw. 1929 in Fortsetzung der 1914 mit Band 1 begonnenen Volksausgabe des »Kapitals« Band 2 und 3 veröffentlicht. Nach dem Rechenschaftsbericht über Texteingriffe zu urteilen, gingen die Kautskys dabei behutsam vor. Karl Kautsky orientierte sich daran, dass »der zweite und dritte Band nicht druckfertig von Marx hinterlassen, sondern aus vorbereitenden Fragmenten von Engels zusammengefügt worden«[55] seien. Deshalb sei er aufgefordert worden, den »Text an der Hand der marxschen Manuskripte nachzuprüfen und richtigzustellen«. Diese »ungeheure« Arbeit, »die Engels fast ein Jahrzehnt lang beschäftigte«, habe er jedoch nicht wiederholen können. Auch bei der Herausgabe des dritten Bandes wurde »größte Originaltreue« angestrebt, eigene Bemerkungen wurden ausdrücklich gekennzeichnet, es galt auch hier das für den zweiten Band Festgestellte. Deshalb gab Karl Kautsky der Hoffnung Ausdruck, dass sämtliche Manuskripte von Marx veröffentlicht werden müssten, um »Vermutungen« zu bestätigen oder zu widerlegen, »Engels habe nicht immer den marxschen Gedankengang voll erfasst und die Manuskripte nicht immer diesem Gedankengang entsprechend angeordnet und redigiert«. Nur eine »wissenschaftliche Institution mit großen Hilfsmitteln und zahlreichen Arbeitskräften könnte diese sicher bedeutungsvolle Aufgabe lösen«[56] und er verwies auf die 13 Bände, die »Das Kapital« in der MEGA umfassen sollte.

Die 1932/33 vom Marx-Engels-Lenin-Institut veranstaltete »Volksausgabe« aller drei Bände des »Kapitals« stellte sich in scharfer Polemik gegen die kautskysche Ausgabe. Adoratskij erklärte einführend, dass deren Erscheinen beschleunigt werden musste, nicht nur weil die meißnersche Originalausgabe vergriffen war, sondern weil die von Kautsky veranstaltete Ausgabe »einen unzuverlässigen Text bringt« und den »Marxismus grob fälschende Vorworte« enthält. Die Herausgabe

55 Karl Marx: Das Kapital, Zweiter Band, Volksausgabe, hrsg. von Karl Kautsky, Stuttgart 1926, S. X–XI.

56 Karl Marx: Das Kapital, Dritter Band, Volksausgabe, hrsg. von Karl und Benedikt Kautsky, Stuttgart 1929, S. XI.

von Marx durch Kautsky diene als Vorwand »für den Kampf *gegen* den Marxismus«.[57] In der Vorbemerkung der Redaktion zum dritten Band werden die Verdienste von Engels herausgestrichen und keine Zweifel an der von ihm geleisteten redaktionellen Arbeit gehegt, über die er selbst »alles Nötige« in seinen Vorworten gesagt habe. Die redaktionellen Eingriffe des Moskauer Instituts wurden beschränkt auf: a) Korrekturen aufgrund des Zitatvergleichs; b) Verbesserungen aufgrund des marxschen Manuskripts (Druck- und Entzifferungsfehler: »Sowohl der Zitatenvergleich wie der Vergleich mit dem marxschen Manuskript hat übrigens zahlreiche Flüchtigkeiten und Fehler der kautskyschen Ausgabe gezeigt.«); c) redaktionelle Verbesserungen von Schreib- oder Rechenfehlern, die sich auch zum Teil auf das marxsche Manuskript stützen konnten.[58] Aus der Volksausgabe erwuchsen zudem wichtige methodologische Ansätze für die Bearbeitung des »Kapitals« innerhalb der II. Abteilung der MEGA.[59]

Mit dieser Volksausgabe wurden eindeutig die Unantastbarkeit der engelsschen Edition aller drei Bände und deren »untrennbare theoretische Einheit«, in der dem erste Band das Primat zukomme, proklamiert. Zugleich wurde im Kampf gegen den »Renegaten«, »Philister« und »Fälscher« Kautsky eine neue Etappe eingeleitet, der in dieser Form von Rjazanov nicht geführt und ihm deshalb auch nachträglich noch angelastet wurde, nun aber der herrschenden Ideologie entsprach. Ebenso wurde das absolute Wahrheits- und Editionsmonopol der kommunistischen Partei an Marx bzw. Engels verkündet.[60]

Ein Jahr nach Rjazanovs Verbannung aus dem Institut fand endlich am 22. Februar 1932 eine Beratung der MEGA-Redak-

57 Karl Marx: Das Kapital, Erster Band, Moskau 1932, Vorrede des Marx-Engels-Lenin-Instituts, S. 7*–26*, hier S. 20*, 19*.

58 Karl Marx: Das Kapital, Dritter Band, Moskau 1933, S. 11*; vgl. Akte Materialien zur Herausgabe des »Kapitals« in deutscher Sprache, Bd. III, Schriftwechsel 1933/34, RGASPI, f. 71, op. 4, d. 85.

59 Vgl. Eike Kopf: Vorbereitungsarbeiten, S. 79–97.

60 Vgl. Carl-Erich Vollgraf: Eine Frage, wie sie nur die MEGA^2 stellen und beantworten kann: Wäre eine neuerliche Edition von Engels' Disposition »Die Börse« in bisheriger Weise haltbar?, in: Hecker/Sperl/ders.: Spannungsfeld, S. 149–165, hier S. 160–162.

teure über die editionstechnische Vorbereitung der MEGA unter Leitung von Adoratskij statt. Im Ergebnis entstanden eine »Instruktion für die Textherstellung«, eine Instruktion »Über Struktur und Apparat der Bände der I. MEGA-Abteilung«, eine spezielle Instruktion für die Drucklegung des »Kapitals« in der II. Abteilung und eine spezielle Instruktion für den MEGA-Band I/7 (*Neue Rheinische Zeitung*).[61] In diesen Instruktionen wurde die bisherige Editionspraxis weitgehend systematisiert und festgeschrieben: Textherstellung, Apparat und Struktur eines MEGA-Bandes wurden vereinheitlicht.

In einigen Punkten gab es Präzisierungen: 1. Obwohl für die Textbearbeitung galt, die Orthografie, Fremdwörter und Interpunktion zu modernisieren, zeigte sich zum Teil ein unterschiedliches Herangehen. Das widerspiegelt sich auch im Protokoll der Beratung der MEGA-Redakteure. Es bahnte sich ein Kompromiss an, der darauf orientierte, orthografische Eigentümlichkeiten der Vorlage, die mit der zeitgenössischen Schreibweise vereinbar waren, beizubehalten, die Textherstellung stärker an die Schreibweise von Marx und Engels anzugleichen. Für den MEGA-Band I/7 wurde erstmals festgelegt, eine Art spezielles Korrekturverzeichnis für den Anhang anzufertigen.[62]

2. Für die Variantendarstellung wurde konkret erläutert, wie in den einzelnen Fällen zu verfahren sei: »Unter *Streichungen* etc. sind zu verstehen alle vom Autor vorgenommenen Änderungen im Manuskript: 1. Verbesserungen, 2. Streichungen und Wiederherstellungen, 3. Einfügungen, 4. Nebeneinanderstellen verschiedner Ausdrücke. Von diesen reproduzieren wir in unsern Bänden nur solche, die eine *Bereicherung des Texts* darstellen, inhaltliche oder wesentlich-stilistische.« Die zweite Gruppe von Varianten bildeten Textausarbeitungen zum gleichen Manuskript, Varianten zwischen Manuskript

61 Alle Dokumente wurden in einer Mappe zusammengebunden und als Arbeitsmaterial durch die MEGA-Redakteure genutzt. »MEGA-Instruktion« im Archiv der MEGA-Arbeitsgruppe am Russischen Unabhängigen Institut für soziale und nationale Forschungen, Moskau (jetzt im RGASPI).

62 Vgl. MEGA, Bd. I/7, S. 694–695.

und gedrucktem Text sowie zwischen verschiedenen Autorausgaben und Übersetzungen des Autors.[63]

3. Allen Diskussionen bezüglich der Aufnahme von Sacherläuterungen wurde eine Abfuhr erteilt: »Erläuternde, kommentierende, deutende Anmerkungen dürfen nicht gebracht werden.« Die Anmerkungen sollten ausschließlich der Quellenverzeichnung der verwandten Literatur bzw. dem bibliografischen Nachweis der erwähnten Reden, Adressen, Fakten usw. dienen.[64]

Diese Instruktionen stellten durchaus einen Fortschritt zur Vereinheitlichung der Editionspraxis dar, lösten jedoch noch nicht alle auftretenden Probleme, wie sich bald in weiteren Diskussionen zeigen sollte. Offenbar wurde häufig die kontinuierliche Arbeit an der MEGA durch zusätzliche Aufträge aus dem ZK-Apparat unterbrochen. Auch die Mitarbeiterfluktuation war seit der Säuberung 1931 anhaltend groß, bereits Anfang 1935 erfolgten Entlassungen zur Verringerung des Personalbestandes *(po sokrašeniju štatov)*, wie das Beispiel Walter Haenisch zeigt.[65]

Neue Schlussfolgerungen für die Edition und das Ende der MEGA

1935/36 wurden erneut Analysen der erschienenen MEGA-Bände angefertigt und die Pläne für die weitere Herausgabe präzisiert und erweitert. Danach sollte die Ausgabe 85 Bände umfassen und in vier Abteilungen erscheinen.[66] Zu den jetzt aufgeworfenen Problemen der Edition gehörte die in den ersten Bänden praktizierte »Beschreibung« der Exzerpte von

63 Vgl. ebd.

64 Vgl. ebd.

65 Vgl. Gabriele Stammberger: »So viel Mißtrauen gegenüber den eigenen Leuten«, Interview, in: Neues Deutschland, 30./31.12.1995.

66 Vgl. Weller, Paul: Zur Edition der Exzerpte in der MEGA (1935), in: Hecker, Rolf/Sperl, Richard/Vollgraf, Carl-Erich (Hrsg.): Quellen und Grenzen von Marx' Wissenschaftsverständnis (Beiträge zur Marx-Engels-Forschung. Neue Folge, 1994), Hamburg, S. 200–207. Übrigens wurden zur gleichen Zeit Verhandlungen des IMEL mit dem Exilparteivorstand der SPD über den Erwerb des Marx-Engels-Nachlasses in Paris geführt (vgl. Rolf Hecker: Die Verhandlungen über den Marx-Engels-Nachlaß 1935/36. Bisher unbekannte Dokumente aus Moskauer Archiven, in: MEGA-Studien 2/1995, S. 3–25).

Marx. Diese wurde uneinheitlich gehandhabt und vermittelte dem Benutzer der MEGA kein wirkliches Bild der marxschen Arbeitsmethode, worauf Benedikt Kautsky bereits 1928 in seiner Rezension aufmerksam gemacht hatte.[67] Die Verfasser eines Berichts (P. Weller, W. Haenisch, W. Naumann) schlugen nunmehr vor, eine neue, IV. Abteilung der MEGA für die vollständige Veröffentlichung der Exzerpte einzurichten, während den Bänden der I. bzw. II. Abteilung ein Verzeichnis der von Marx und Engels exzerpierten Werke beizugeben sei. Aus einem Editionsplan von März 1936 geht hervor, dass diese Abteilung »Exzerpte und Notizen« 25 Bände umfassen sollte. In der Vorlage für die Direktion des IMEL wurde festgestellt:

> »Die Kommission ist der Auffassung, dass die bisherige Methode der Beschreibung der Exzerpte und der Exzerpthefte in der I. Abteilung der MEGA, die noch dazu in den einzelnen Bänden verschieden ist, nicht länger angewandt werden soll. Die bloße formale Aufzählung der Exzerpte, ihre zum größten Teil rein äußerliche Beschreibung unabhängig davon, ob sich die Exzerpte auf den Inhalt eines Bandes beziehen oder nicht, ist nicht zweckmäßig. Sie bietet dem Leser weder ein wirkliches Bild der Exzerpte, noch zeigt sie ihm die Marxsche Arbeitsmethode, oder erleichtert sie ihm das Studium des betreffenden Bandes.«[68]

In einer von Weller persönlich abgezeichneten ausführlichen Analyse heißt es:

> »Die bisherige oberflächliche, fehler- und lückenhafte ›Beschreibung der Exzerpte‹ und ›Beschreibung der Hefte‹ mit willkürlichem Abdruck oder Nichtabdruck des Wortlauts einzelner Exzerpte in der Abteilung I ohne Berücksichtigung und die Möglichkeit einer Berücksichtigung der Abteilung II darf nicht weiter fortgesetzt werden, will

67 Die Bearbeiter des Bandes I/5 wiesen bereits versteckt in der Einleitung auf dieses Problem hin: »Zur Vervollständigung des Bildes über Schaffensperioden Marxens 1844–1847 würde ein lückenloser Abdruck sämtlicher Exzerpte nicht unwesentlich beitragen. Die neue Folge des ›Marx-Engels-Archivs‹ hat den Zweck, solchen Veröffentlichungen zu dienen.« (MEGA, Bd. I/5, S. XIII, N. 1).

68 Weller: Edition, S. 201.

das Institut nicht in die Zwangslage geraten, sich ständig selbst zu dementieren.«[69]

Diese neuen Vorstellungen, die die Ausgabe auf 85 Bände anschwellen ließen, mussten jedoch an Stalins MEGA-Verdikt scheitern.

Mit der 1936 einsetzenden »Säuberungs- und Prozesswelle« wurde der MEGA endgültig der Riegel vorgeschoben. Die noch verbliebenen ausländischen Mitarbeiter wurden als »Spione entlarvt«, verhaftet und verurteilt. Auch das noch bestehende Netz wissenschaftlicher Korrespondenten im Ausland wurde abgebaut. Die Reduzierung des Marxismus-Leninismus auf den Stalinismus als Theorie und Methode erübrigte die weitere Edition einer »objektiven Grundlage für jede Marx-Engels-Forschung«, wie es im von Rjazanov als Programm formulierten Vorwort zur Gesamtausgabe 1927[70] hieß. Rjazanov konnte keine Kenntnis mehr davon haben, dass alle Redaktionsunterlagen der MEGA im Oktober 1938 archiviert wurden, sein Lebenswerk abgebrochen und er für Jahrzehnte in der Sowjetunion als »Unperson« galt. Vor allem Pavel Veller ist es wohl zu danken, dass 1939/41 die Erstveröffentlichung der »Grundrisse der Kritik der politischen Ökonomie« (1857/58) in zwei Teilen der ersten MEGA ein Denkmal setzte.[71]

69 Ebd., S. 206.

70 MEGA, Bd. I/1, Vorwort zur Gesamtausgabe, S. XXII.

71 Vgl. Karl Marx: Grundrisse der Kritik der politischen Ökonomie, Moskau 1939, Anhang, Moskau 1941, erschienen im Verlag für fremdsprachige Literatur.

Das Kabinett für Politische Ökonomie im Moskauer Marx-Engels-Institut (1920er-Jahre)

Die wichtigsten Voraussetzungen für die Herausgabe der Marx-Engels-Werke in der Originalsprache und in russischer Übersetzung durch das Moskauer Marx-Engels-Institut (MEI) waren die Beschaffung von Kopien oder Originalen des Marx-Engels-Nachlasses und die Einstellung von qualifizierten Mitarbeitern. David Rjazanov plante, diese Voraussetzungen gemeinsam mit dem in Frankfurt neu gegründeten Institut für Sozialforschung zu schaffen. Als an dessen Spitze der Wiener Professor Carl Grünberg als Direktor berufen wurde, bei dem Rjazanov Anfang des Jahrhunderts während seiner ersten Emigrationszeit vor der russischen Revolution von 1905 studiert hatte, hatte er einen kompetenten Ansprechpartner.

Zwischen dem Moskauer und dem Frankfurter Institut und seitens des Frankfurter Instituts mit dem Parteivorstand der SPD wurden Verträge abgeschlossen, die die Fotokopierung des gesamten Marx-Engels-Nachlasses ermöglichten. So erfolgte in den Jahren von 1924 bis 1928 eine systematische Ordnung und Fotokopierung aller vorhandenen Dokumente. Als Berliner Korrespondent des Moskauer MEI wirkte der Exilrusse Boris Nikolaevskij.

Des Weiteren richtete Rjazanov ein Netz von internationalen Korrespondenten ein. So sammelten in Köln und Trier, in Paris, Brüssel und London sachkundige Personen Dokumente und Materialien der internationalen Arbeiterbewegung. Ihnen gelang es, in den Archiven und Bibliotheken eine große Anzahl solcher Materialien zu erwerben oder zu fotokopieren. Weiterhin wurden Buch- und Autografenauktionen genutzt, um Material aufzukaufen. Ferner waren während der Inflation Anfang der 1920er-Jahre einige Sammler von Sozialistica gezwungen, ihre Sammlungen gegen Goldrubel zu verkaufen, so auch Grünberg. Alles in allem konnte Rjazanov den Grundstock für eine große und einzigartige Bibliothek in Moskau schaffen.[1]

Für die Arbeitsorganisation innerhalb des Marx-Engels-Instituts bildeten die »Kabinette« als selbstständige wissenschaftliche Institutionen mit einer kleinen Gruppe von Mitarbeitern eine wichtige Stütze.[2] Sie verkörperten Rjazanovs Vorstellungen von normalen Bedingungen für eine qualifizierte wissenschaftlich-editorische Arbeit. Das Marx-Engels-Institut wurde, wie Rjazanov 1927 äußerte, schon 1919 »als ein Sonderkabinett im Kabinettensystem der alten Sozialistischen Akademie« konzipiert. Damals bestand es aus »5 kleinen Zimmern, in denen in Miniatur die meisten Kabinette des Marx-Engels-Instituts vorhanden waren«. Es wurden Materialien zur Philosophie, politischen Ökonomie, Geschichte des Sozialismus, Geschichte Frankreichs und Englands gesammelt.[3]

Neben der Bibliothek richtete Rjazanov 14 Kabinette ein, die gemäß den Aufgaben des Instituts in ideologische Kabinette (für Philosophie, politische Ökonomie, Recht, Politik, Soziologie und den Sozialismus) und historische Kabinette (zur Geschichte des Sozialismus und Anarchismus, für Deutschland, Frankreich und England) sowie in Kabinette der internationalen Beziehungen, für Plechanov und später in ein Kabinett zur Geschichte der südromanischen Länder unterteilt waren. Alle waren untereinander und mit dem Hauptkabinett – dem Marx-Engels-Kabinett – aufs Engste verbunden.[4]

1 Vgl. Rolf Hecker/Richard Sperl/Carl-Erich Vollgraf (Hrsg.): Erfolgreiche Kooperation: Das Frankfurter Institut für Sozialforschung und das Moskauer Marx-Engels-Institut (1924–1928) (Beiträge zur Marx-Engels-Forschung. Neue Folge, Sonderband 2), Hamburg 2000.

2 Vgl. D. Rjazanov: Dejatel'nost' Instituta K. Marksa i F. Engel'sa i ego bližajšije zadači [Die Tätigkeit des Marx-Engels-Instituts und seine nächsten Aufgaben], in: Letopisi Marksizma, Bd. V, Moskva/Leningrad 1928, S. 4.

3 Vgl. Literaturnoje nasledstvo K. Marksa i F. Engel'sa. Istorija publikacii i izučenija v SSSR [Literarischer Nachlass von K. Marx und F. Engels. Geschichte der Publikation und der Forschung in der UdSSR], Moskva 1969, S. 132. In seinem Vortrag zum 60. Geburtstag von Rjazanov erwähnte Ernst Czóbel ein im Jahre 1919 vom Jubilar aufgebautes »bescheidenes, aus einigen kleinen Zimmern bestehendes Kabinett des Marxismus« (Ernst Czóbel: Rjazanov als Marx-Forscher, in: Unter dem Banner des Marxismus 3/1930, S. 401–414).

4 Vgl. ausführlicher: Elena Aržanova: Die Kabinette im Marx-Engels-Institut unter Leitung von Rjazanov und Adoratskij und ihr Nutzen für die erste und zweite MEGA, in: Rolf Hecker/Richard Sperl/Carl-Erich Vollgraf (Hrsg.): Marx-Engels-

Das Kabinett für politische Ökonomie, dessen Leitung Isaak Rubin 1926 übertragen wurde, hatte die Aufgabe, Literatur über die marxsche politische Ökonomie zu sammeln, zu katalogisieren und für die wissenschaftliche Arbeit auszuwerten sowie die Reihe »Klassiker der politischen Ökonomie« vorzubereiten. Insbesondere aber sollte die Literatur der von Marx zitierten Quellen, die für die Herausgabe der ökonomischen Manuskripte und des »Kapitals« benötigt wurde, zusammengetragen werden. Alle von Marx zitierten Ausgaben wurden in der Londoner British Library überprüft und Kopien angefertigt, die im Kabinett zusammengetragen wurden. Die Sammlung innerhalb des Kabinetts untergliederte sich wiederum in Geschichte der politischen Ökonomie, theoretische Ökonomie, praktische (angewandte) und deskriptive Ökonomie und Wirtschaftsgeschichte.[5]

Rjazanov erinnerte sich 1931 an die Einstellung Rubins im Institut. Er hatte ihn in einer Wohnung auf dem Institutsgelände untergebracht,

> »um die Aufsicht über ihn zu erleichtern. Dies geschah, wenn mich die Erinnerung nicht trügt, im Herbst 1926. Rubin erwies sich als perfekter Mitarbeiter und ich übertrug ihm bald die Leitung des Kabinetts für politische Ökonomie.«[6]

Gerade in der Zeit als Leiter des Kabinetts veröffentlichte Rubin eine Vielzahl von Arbeiten zur Geschichte der politischen Ökonomie (über Merkantilisten, Physiokraten) und setzte sich mit neuen Richtungen (Österreichische Schule) auseinander. Seine Rezensionen neuer Literatur im Marx-Engels-Archiv (russische wie deutsche Ausgabe) waren beispielhaft für eine sachgerechte kritische Bewertung anderer Auffassungen und Schulen. Über Rubins Tätigkeit heißt es bei Rjazanov:

Edition und biographische Forschung (Beiträge zur Marx-Engels-Forschung. Neue Folge, 2000), Hamburg 2000, S. 57–79.

5 Vgl. Marx-Engels-Institut: Wissenschaftliche Auskunfts-Abteilung, Bulletin 6/1929, S. 37 (Beilage VII).

6 Vgl. Erklärung Rjazanovs zur Tätigkeit von Rubin im Marx-Engels-Institut, in: Rolf Hecker/Richard Sperl/Carl-Erich Vollgraf (Hrsg.): David Borisovič Rjazanov und die erste MEGA (Beiträge zur Marx-Engels-Forschung. Neue Folge, Sonderband 1), Hamburg 1997, S. 234–244, hier S. 237.

»Leider erwies sich mein fester Vorsatz, Rubin nur im Institut einzusetzen, als unerfüllbar. Nach einigen Monaten begann man mich mit Bitten zu belagern, Rubin eine Unterrichtserlaubnis zu erteilen. Ich verweigerte ihm die Erlaubnis, nicht nur wegen meiner ›kulakenhaften‹ Neigung – die man mir jetzt und auch damals vorgeworfen hat – sondern auch deshalb, da ich seine Arbeit in Moskau unter der Bedingung befürwortet hatte, dass für ihn jede Lehrtätigkeit ausgeschlossen sei.«[7]

Da jedoch die OGPU, die sowjetische Geheimpolizei, der Lehrerlaubnis zustimmte, nahm Rubin verschiedene Lehrtätigkeiten an, weshalb Rjazanov resümieren konnte: »Er wurde überhaupt einer der populärsten Professoren der politischen Ökonomie in Moskau.«[8]

Mitarbeiter im Kabinett für politische Ökonomie waren Evsej Abramovič Kaganovič, Abram Lazarevič Rėuel und Vladimirov. Im Mitarbeiterplan für 1931[9] werden – nun schon nach der Verhaftung Rubins[10] – neben seinem Stellvertreter Kaganovič, der im Februar 1931 verhaftet und im Mai zu fünf Jahren Arbeitslager verurteilt wurde, weiter aufgeführt: Berta Samojlovna Zel'dovič und die Bibliothekarin Galina Evgen'evna Morochovec. Zel'dovič wurde im März 1931 entlassen, wie auch Rėuel, nur Morochovec blieb Mitarbeiterin.[11]

Nach Rubins Entfernung aus dem Marx-Engels-Institut wurde alles getan, um seine Arbeiten vergessen zu machen. So wurde die Übersetzung von »Zur Kritik der politischen Ökonomie«, die 1929 erschienen war, aus dem Verkehr gezogen. Auch bei der Vorbereitung der »Kapital«-Edition wurde sorgsam der Name Rubin vermieden. Bei der Erstveröffentlichung

7 Ebd., S. 237.

8 Ebd., S. 238.

9 Mitarbeiterplan, RGASPI, f. 374, op. 1, d. 9.

10 Rubin war am 24.12.1930 verhaftet worden.

11 Vgl. Protokolle zur Überprüfung der Mitarbeiter des Marx-Engels-Instituts vom 4.3.1931, in: Rolf Hecker/Richard Sperl/Carl-Erich Vollgraf (Hrsg.): Stalinismus und das Ende der ersten Marx-Engels-Gesamtausgabe (1931–1941) (Beiträge zur Marx-Engels-Forschung. Neue Folge, Sonderband 3), Hamburg 2001, S. 27–78, hier S. 29 f.

des »Kapital-Konspekts von Engels[12] in deutscher Sprache 1934 wurde hervorgehoben, dass dieser Konspekt »eine Waffe gegen die menschewistische Entstellung der marxschen Ökonomie nach der idealistischen Seite hin« sei.[13]

12 Vgl. Karl Marx/Friedrich Engels: Werke [MEW], Berlin 1956 ff., Bd. 16, S. 262–270.

13 Vgl. Rolf Hecker: Fortsetzung und Ende der ersten MEGA zwischen Nationalsozialismus und Stalinismus (1931–1941), in: ders./Sperl/Vollgraf (Hrsg.): Stalinismus, S. 181–269, hier S. 203.

Zur Geschichte des Sechsten Kapitels »Resultate des unmittelbaren Produktionsprozesses« (1933)

Das von Karl Marx nicht in die endgültige Fassung des ersten Bandes des »Kapitals« aufgenommene sechste Kapitel: »Resultate des unmittelbaren Produktionsprozesses« ist eine resümierende Darstellung der Mehrwertproduktion, wobei der Autor die Ware als Ausgangspunkt und Resultat des kapitalistischen Produktionsprozesses behandelt. Die Erläuterung der Spezifika, die die Ware vor ihrem Eintreten in die Produktion und als deren Resultat bestimmt, führt zu entscheidenden Aussagen über Wert und Geld, über die formelle und reelle Subsumtion (Unterordnung) der Arbeit unter das Kapital, über produktive und unproduktive Arbeit, über das Kapitalverhältnis und über die Entfremdung im Kapitalismus. In diesem Sinne ist dieses Kapitel aus dem literarischen Nachlass von Marx eine eigene Kommentierung des ersten Bandes des »Kapitals«, wobei einige Gedanken hier ausführlicher und pointierter dargestellt sind.

In der Zeit von Sommer 1863 bis Ende 1865 arbeitete Marx praktisch am dritten Entwurf des »Kapitals«, wobei vor allem erste systematische Entwürfe für das zweite (Manuskript I) und dritte Buch entstanden (MEGA² II/4.1–2) sowie das erste Buch für den Druck vorbereitet werden sollte – allerdings weisen keine der überlieferten Manuskripte eine Datierung des Autors auf.[1] Bei einer möglichen zeitlichen Zuordnung ist zu berücksichtigen, dass Marx seine Arbeit nicht zügig fortsetzen konnte, bzw. dass er sie häufig unterbrechen musste, weil er von »Karbunkeln und Furunkeln heimgesucht« wurde.[2] Außerdem starben seine Mutter in Trier (30. November

1 Vgl. Igor Boldyrew: Wie und wann entstand das 1. Kapitel der Erstausgabe des »Kapitals« (1867)?, in: Beiträge zur Marx-Engels-Forschung 27, 1989, S. 157–165.

2 Marx an Carl Klings (Entwurf), 4.10.1864, in: Karl Marx/Friedrich Engels: Werke [MEW], Berlin 1956 ff., Bd. 31, S. 418.

1863) und sein Freund Wilhelm Wolff in Manchester (9. Mai 1864), den er später mit einer Widmung im ersten Band des »Kapitals« würdigt. Mit den Todesfällen war längere Abwesenheit von London verbunden. Die Erbschaften verbesserten die materielle Lage der Familie Marx; im Frühjahr 1864 konnte eine neue Wohnung bezogen werden.

Marx hatte zwar bereits am 15. August 1863 Engels mitgeteilt:

> »Mit meiner Arbeit (dem Manuskript für den Druck) geht es in einer Hinsicht gut voran. Die Sachen nehmen bei der letzten Ausarbeitung, wie mir scheint, eine erträgliche *populäre* Form an ...«[3]

Die Bearbeiter des MEGA-Bandes II/4.1 gingen davon aus, dass Marx in der Zeit von Sommer 1863 bis Sommer 1864 ein Manuskript des ersten Buches anfertigte, wobei er das sechste Kapitel »höchstwahrscheinlich als letzten Teil« niedergeschrieben hat.[4] Dieser Datierung und der Frage, ob es sich überhaupt um eine »Rohentwurfvariante« handelte, ging eine kontroverse Debatte in der Forschungsliteratur voraus. Aufgrund der geschilderten persönlichen Lebensumstände sollte sich die Herstellung des Druckmanuskripts – wobei es wahrscheinlich keinen verloren gegangenen »Rohentwurf« gegeben haben wird – jedoch weiter verzögert haben. Erst Anfang 1866 trat Besserung ein und Marx konnte sich dem ersten Buch intensiv widmen: »Was meine Schrift angeht, so bin ich jetzt 12 Stunden per Tag mit ihrer Reinschrift beschäftigt.«[5]

Dieses Druckmanuskript des ersten Buches umfasste etwa 500 Seiten. Marx gliederte den Text in Kapitel, wobei die Einleitung (Ware und Geld) zunächst nicht als Kapitel zählt. Es blieben dann folgende Kapitel: 1. Die Verwandlung von Geld in Kapital; 2. Die Produktion des absoluten Mehrwerts; 3. Die Produktion des relativen Mehrwerts; 4. Weitere Untersuchungen über die Produktion des absoluten und relativen Mehr-

3 MEW, Bd. 30, S. 368.

4 Karl Marx/Friedrich Engels: Gesamtausgabe [MEGA²], Berlin 1975 ff., Bd. II/4.1, S. 451.

5 Brief an Louis Kugelmann, 15.1.1866, in: MEW, Bd. 31, S. 496.

werts und 5. Der Akkumulationsprozess des Kapitals (die Titel nach der Erstauflage des ersten Bandes – siehe MEGA² II/5). Daran schloss sich das sechste Kapitel: »Resultate des unmittelbaren Produktionsprozesses« an. Von dieser »Reinschrift«, die sich wohl nicht so einfach herstellen ließ, wie von Marx erhofft worden war, sind einige wenige Bogen und eben das letzte Kapitel überliefert, das auf Seite 495 endet. Die 68 großformatigen Blätter des »Sechsten Kapitels« faltete Marx in der Mitte und beschrieb den oberen Teil, der untere war für die Fußnoten reserviert.

Am 20. und 27. Juni 1865 stellte Marx seine ökonomische Theorie, insbesondere den Zusammenhang zwischen Lohn, Preis und Profit, in einem Vortrag vor dem Generalrat der Internationalen Arbeiterassoziation, die im Herbst 1864 gegründet worden war, vor.[6] Er ging damit auf die vom Generalratsmitglied John Weston aufgeworfenen Fragen ein, die im Zusammenhang mit dessen Ablehnung von Forderungen der Gewerkschaften nach Lohnerhöhungen standen.[7]

Im Herbst 1866 konkretisierte Marx seinen Plan für das ganze Werk, das vier Bücher in drei Bänden umfassen sollte. In den ersten Band sollten die Bücher über den Produktions- und Zirkulationsprozess des Kapitals aufgenommen werden.[8] Anfang 1867 entschied sich Marx, das zweite Buch nicht in den ersten Band aufzunehmen. Er hielt offenbar das vorliegende Manuskript I nicht für druckreif. Damit traf er wahrscheinlich auch die Entscheidung, das »Sechste Kapitel«, das ja zum Teil eine Überleitung zum zweiten Buch darstellt, hier wegzulassen und möglicherweise dem folgenden voranzustellen – über seine Gründe für diese Entscheidung können nur Vermutungen geäußert werden. So endete der erste Band des »Kapitals« mit einem drei Sätze umfassenden Resümee, das schon in der zweiten Auflage (1872) entfiel:

> »Das unmittelbare Resultat der kapitalistischen Produktion ist Waare, wenn auch mit Mehrwerth geschwängerte

6 Vgl. MEW, Bd. 16, S. 101–152.
7 Vgl. vorl. Band, S. 8.
8 Vgl. Brief an Louis Kugelmann, 13.10.1866, in: MEW, Bd. 31, S. 534.

Waare. Wir sind also zu unserm Ausgangspunkt, der Waare zurückgekehrt und mit ihr zur Sphäre der Cirkulation. Was wir jedoch im folgenden Buch zu betrachten haben, ist nicht mehr die einfache Waarencirkulation, sondern der Cirkulationsprozeß des Kapitals.«[9]

Für Marx stellte dieser Wegfall des Resümees übrigens ein Problem für den Anfang des zweiten Buches dar. Schon im Manuskript I hatte er angemerkt, dass einiges aus dem »Sechsten Kapitel« für das Verständnis der Warenzirkulation zu wiederholen sei.[10] Auch in den späteren Manuskripten gibt es mehrfach Versuche, den »Eingang« zum zweiten Buch in Anknüpfung an das erste zu formulieren.[11]

Das Manuskript des »Sechsten Kapitels« ruhte nach Engels' Tod (1895) 30 Jahre unberührt in den Schränken des SPD-Archivs in Berlin. Mitte der 1920er-Jahre wurde im Auftrag des Moskauer Marx-Engels-Instituts begonnen, den Marx-Engels-Nachlass zu fotokopieren. An dieser Arbeit war das Frankfurter Institut für Sozialforschung wesentlich beteiligt. Zu den am dringendsten aufzunehmenden Dokumenten gehörten die ökonomischen Manuskripte von Marx. So gelangte die Kopie des »Sechsten Kapitels« nach Moskau und wurde sofort unter Beteiligung deutscher Spezialisten entziffert. Das waren Vorarbeiten für eine historisch-kritische Marx-Engels-Gesamtausgabe, die »erste MEGA«. Ab 1932 wurde parallel zur MEGA eine neue Serie des »Marx-Engels-Archivs« herausgegeben, in dem bisher unveröffentlichte Manuskripte und Exzerpte ediert wurden. Für den Band II (VII) wurde das »Sechste Kapitel« von Pavel Veller und Horst Fröhlich (deutsche Fassung) und Lew Abramowitsch Leontjew (russische Fassung und Vorwort) bearbeitet. Der Band erschien im März 1933 in Moskau, gedruckt in Leningrad, mit einer darin ausgewiesenen Auflage von 25.375 Exemplaren.

9 MEGA², Bd. II/5, S. 619.

10 Vgl. MEGA², Bd. II/4.1, S. 143.

11 Etwa MEGA², Bd. II/11, S. 549. Vgl. Irina Antonowa: Der Platz des Sechsten Kapitels »Resultate des unmittelbaren Produktionsprozesses« in der Struktur des »Kapitals«, in: Beiträge zur Marx-Engels-Forschung 11, 1982, S. 63–72.

Das Original des Manuskripts befindet sich seit 1936 im Moskauer Institut bzw. im Parteiarchiv der KPdSU, heute RGASPI, mit der Signatur f. 1, op. 1, d. 1716. 1935/36 fanden Geheimverhandlungen zwischen Vertretern des Vorstands der Exil-SPD und des Marx-Engels-Lenin-Instituts über den Ankauf des Marx-Engels-Nachlasses aus dem SPD-Archiv in Paris statt, die jedoch scheiterten. Einen Teil des Nachlasses, der zu jener Zeit in einem Banksafe in Kopenhagen untergebracht war, hatte sich vor 1933 der polnische Historiker Marek Kriger angeeignet (entsprechend einer Bescheinigung für seine Verdienste bei der Katalogisierung der Dokumente der Ersten Internationale und der Anfertigung eines Gesamtverzeichnisses des Marx-Engels-Nachlasses im SPD-Archiv sowie für »Geldzusendungen« an den SPD-Vorstand). Dazu gehörten das »Grundrisse«-Manuskript und der zweite Entwurf des »Kapitals« sowie weitere Manuskripte zum ersten und zweiten Band. Er bot sie 1935 in Wien dem Moskauer Institut zum Kauf an, das darauf einging und das gesamte Konvolut erwarb.[12]

12 Vgl. Larisa Miskevič: Zur Überlieferungsgeschichte ökonomischer Manuskripte von Marx in Moskau, in: Marx-Engels-Jahrbuch 2012/2013, Berlin 2013, S. 7–21; Jürgen Rojahn: Der Schattenmann: Wer war Marek Kriger?, in: ebd., S. 22–45.

Die Erstveröffentlichung des marxschen ökonomischen Manuskripts von 1857/58 als »Grundrisse der Kritik der politischen Ökonomie« (1939/41)

Die »Grundrisse« nehmen erst seit den 1960er-Jahren einen festen Platz in der Rezeptionsgeschichte von Marx' Werk ein, obwohl sie bereits 1939 und 1941 in zwei Teilbänden im MEGA-Format in Moskau veröffentlicht worden waren und 1953 im Dietz Verlag Berlin ein fotomechanischer Nachdruck in größerer Auflage erfolgte. Dass sie in Deutschland West und Ost in den Blickpunkt wissenschaftlicher Aufmerksamkeit gerieten, ist vor allem zwei Schriften zu verdanken, nämlich denen von Roman Rosdolsky[1] und Walter Tuchscheerer,[2] die beide zwar sehr unterschiedliche Biografien haben, den Weg zu den »Grundrissen« jedoch über persönlichen Erfahrungen mit dem Moskauer IMEL fanden.

Rosdolsky war 1931 als Korrespondent des MEI in Wien von der »Säuberung« unmittelbar betroffen: Vom 1. Januar 1929 bis 31. März 1931 hatte er (in Form einer halben Stelle mit monatlich 200 österreichischen Schilling Gehalt) im Haus-,

1 Roman Rosdolsky: Zur Entstehungsgeschichte des Marxschen »Kapital«. Der Rohentwurf des »Kapital« 1857–58, Band I, Frankfurt a. M./Wien 1968. »Als der Verfasser dieser Arbeit im Jahre 1948 das Glück hatte, eines der damals sehr seltenen Exemplare des Marx'schen ›Rohentwurfs‹ zu sichten [in der Fußnote heißt es: »Bis dahin gab es in der westlichen Welt nicht mehr als 3 oder 4 Exemplare des ursprünglich in Moskau 1939 veröffentlichten Werkes.«], wurde ihm bald klar, dass es sich um ein für die marxistische Theorie grundlegendes Werk handelt, das aber wegen seiner eigentümlichen Form und seiner teilweise schwer verständlichen Ausdrucksweise kaum geeignet ist, in breitere Leserkreise einzudringen« (ebd., S. 7).

2 Walter Tuchscheerer: Bevor »Das Kapital« entstand. Die Herausbildung und Entwicklung der ökonomischen Theorie von Karl Marx in der Zeit von 1843 bis 1858, Berlin 1968. Der Herausgeber des Buches, der Direktor des Instituts für Wirtschaftsgeschichte der AdW in Berlin, Fred Oelßner, würdigte die wissenschaftliche Leistung Tuchscheerers, der die Arbeit als Dissertation bereits 1963 verteidigt hatte. Er verwies darauf, dass die wissenschaftliche Marx-Forschung, besonders auf ökonomischen Gebiet, noch in den Anfängen stecke. »Das ist um so bedauerlicher, als in den dreißiger Jahren einige wichtige, bis dahin unbekannte Schriften von Karl Marx veröffentlicht wurden, die neue Erkenntnisse über die Entstehungsgeschichte der marxistischen Ökonomie vermitteln.« Und er verwies auf die marxschen Exzerpthefte aus den 1840er-Jahren, die »Ökonomisch-philosophischen Manuskripte« und die »Grundrisse« (ebd., S. 7).

Hof- und Staatsarchiv systematisch die Bestände ausgewertet und Fotokopien der Marx betreffenden Polizeiakten für das MEI herstellen lassen. Zu den Aufträgen gehörte auch die Untersuchung der Rezeption des »Kapitals« in der Wiener Presse. Am 20. März 1931 wurde ihm aus Moskau mitgeteilt, dass sich aus »technischen Gründen, für die Sie aus verschiedenen Zeitungsartikeln die Erklärung selbst finden können« die Überweisung des Gehalts verzögert hatte und seine Mitarbeit ab April nicht mehr benötigt werde, da das Institut »nunmehr alle Kräfte auf die Erfüllung der großen Publikationsausgabe« konzentrierte, wobei seine äußerst gewissenhafte und erfolgreiche Mitarbeit gewürdigt wurde. Wenn auch formal kein Mitarbeiter, blieb er dennoch im Briefkontakt mit dem IMEL. Am 11. Januar 1934 richtete er die dringende Bitte an die Moskauer Genossen, ihn in »irgendeiner Weise – als bibliothekarische oder archivarische Hilfskraft – beim Institut« zu beschäftigen, da ihn seine materielle Lage zwinge, nach der Tschechoslowakei oder Polen zu übersiedeln, um eine Tätigkeit bei einem Advokaten zu finden. Belá Birman schrieb ihm ablehnend, dass »aus objektiven Gründen vorläufig keine Entscheidung« getroffen werden könne. Damit brach der Briefwechsel ab.[3]

Tuchscheerers Wissen über das IMEL gründete sich auf sein Studium (1951–1957) an der ökonomischen Fakultät der Moskauer Lomonossow-Universität (MGU) unter der Betreuung von Vasilij Grigor'evič Vasilevskij.[4] Die Diplomarbeit Tuchscheerers behandelte die Ausarbeitung der Mehrwerttheorie in den »Grundrissen«. Seine umfangreichen Studien, die die gesamte sowjetische »Kapital«-Diskussion seit den 1920er-Jahren erfasste, konnte er unter anderem in der

3 Alle Zitate aus dem Briefwechsel des MEI/IMEL mit Rosdolsky in: RGASPI, f. 71, op. 50, d. 120.

4 Vasilevskij übernahm Ende der 1970er-Jahre die Betreuung der Dissertationen von Ljudmila Leonidovna Vasina: Razvitie marksistskoj teorii deneg v 40–50 gg. XIX v. [Die Entwicklung der marxistischen Geldtheorie in den 1840/50er-Jahren], Moskau 1981, und von Rolf Hecker: Formirovanie i razvitie teorii stoimosti v rabotach Karla Marksa [Die Herausbildung und Entwicklung der Werttheorie in den Arbeiten von Karl Marx], Moskau 1981, die beide anschließend ihre Tätigkeit in der MEGA²-Edition aufnahmen.

Bibliothek des IML durchführen, wo er, offenbar im Zuge des »Tauwetters« nach Stalins Tod, Zugang zu bis dato unter Verschluss gehaltener Literatur (Schriften von Rubin, Bessonov u. a. repressierten Autoren) erhielt.

In der Literaturliste Tuchscheerers sind zwei Aufsätze von Pavel Veller aufgeführt, die dieser 1940 und 1941 veröffentlichte. Sie sind praktisch die ersten Signale auf die Erstveröffentlichung der »Grundrisse«[5] und führen direkt zu ihrem Herausgeber. Veller wurde in den beiden Teilen des Bandes als einziger »Bearbeiter« genannt, der Direktor des IMEL trat nicht als Herausgeber auf und auch das Vorwort wurde nicht namentlich von ihm gekennzeichnet.

Pavel Lazarevič Veller[6] stammte aus der Stadt Kozlov im Gebiet Tambov, etwa 350 Kilometer südöstlich von Moskau, das 1932 in Mičurinsk umbenannt wurde. Sein Vater war vor der Russischen Revolution 1917 Apotheker, dann Advokat, in der Zeit der Neuen Ökonomischen Politik (NÖP) 1921/22 Fabrikant in Moskau.[7] Veller hatte fünf Geschwister und verbrachte seine frühe Kindheit in relativem Wohlstand. Als Zehnjähriger wurde er von seiner Mutter wegen seiner Spasmophilie nach Deutschland gebracht. Bis Ende 1917 war er in einem Heilerziehungsheim in Berlin-Zehlendorf untergebracht und besuchte die Siemens-Oberrealschule Berlin-Charlottenburg; danach wohnte er unter verschiedenen Adressen in Berlin; schloss das Abitur nicht ab, war Bauarbeiter bzw. arbeitslos. Bis Ende 1921 hatte er keinerlei Verbindungen zum Elternhaus. Erst im März 1924 erfolgte die Rückkehr nach Moskau.

5 Pavel Veller: Ekonomičeskaja rukopis' Marksa 1857–1859gg, in: Proletarskaja revol'jucija 1/1940, S. 197–200; ders.: Iz opyta raboty nad literaturnym nasledstvom Karla Marksa, in: Sovetskaja nauka 2/1941, S. 148–153.

6 Vgl. Eike Kopf: Die Vorbereitungsarbeiten zur Veröffentlichung des »Kapitals« in der ersten MEGA, in: Beiträge zur Marx-Engels-Forschung 14, 1983, S. 79–97; Avtobiografija i dokumenty [Autobiografie und Dokumente], in: Kniga pamjati. O sotrudnikach Instituta Marksa-Engel'sa-Leninina pri CK VKP(b), pogibčich v bojach za rodinu 1941–1945 [Erinnerungsbuch über die Mitarbeiter des Marx-Engels-Lenin-Instituts, gefallen in den Kämpfen für die Heimat 1941–1945], Moskau 1991, S. 32–43; Arbeitsunterlagen und Dokumente im RGASPI.

7 Lazar Veller wurde im Februar 1924 wegen seiner NÖP-Geschäfte zu sechs Jahren Gefängnis verurteilt. 1926 konnte er im Zuge eines Gefangenenaustausches nach Riga ausreisen und nahm seine Tätigkeit als Advokat wieder auf, die er bis zu seinem Tod am 27.4.1940 ausübte.

Vom 4. Februar 1925 bis 9. Dezember 1926 war Veller Mitarbeiter des MEI und als Archivübersetzer und Assistent des Leiters der ökonomischen Abteilung tätig. In dieser Zeit wurde er Gewerkschaftsmitglied. Es folgte eine zehnmonatige Militärdienstzeit. Vom 10. September 1927 bis 7. Oktober 1936 war er dann ununterbrochen wissenschaftlicher Mitarbeiter im MEI/IMEL, unter anderem im Sektor für internationale Ausgaben.

Der parteilose Veller überstand die »Säuberung« 1931. Im Protokoll hieß es über ihn: »Er nimmt an der gesellschaftlichen Arbeit teil. Aber wir misstrauen ihm irgendwie. Vielleicht erklärt sich das damit, dass der Vater aus bourgeoisen Kreisen stammt.«[8] Denoch wurde er als Mitglied des Gewerkschaftskomitees des vereinigten Instituts gewählt. Seine besonderen editorischen Fähigkeiten wurden im Protokoll nicht erwähnt, er gehörte zu den unverzichtbaren Mitarbeitern, die die Handschrift von Marx entziffern konnten.

Die Tätigkeit von Veller am MEI bzw. IMEL war von Anbeginn mit der Entzifferung, Ordnung und Bearbeitung von Marx' ökonomischen Exzerpten und Manuskripten verbunden. Bereits 1926 wurde er »beauftragt, die Manuskripte, die nicht zum Konvolut des ›Kapital‹ gehörten, d. h. die sogenannte ›kleine‹ und ›große Serie‹, zu ordnen und ihre Entzifferung zu leiten«.[9] Aus dieser Zeit ist ein 262 Seiten umfassendes maschinenschriftliches Manuskript mit einer detaillierten Beschreibung aller 23 Hefte des Manuskripts von 1861–63 überliefert. Maßgeblich hat er am MEGA-Band 2 der I. Abteilung, der 1930 erschien, mitgearbeitet. Auch Gabriele Stammberger konnte sich gut an ihn erinnern, da er bei »schwer lesbaren Passagen« die Entzifferung unterstützte.[10]

8 Vgl. Protokoll der Sitzung zur Überprüfung der Mitarbeiter des MEI vom 4.3.1931, in: Rolf Hecker/Richard Sperl/Carl-Erich Vollgraf (Hrsg.): Stalinismus und das Ende der ersten Marx-Engels-Gesamtausgabe (1931–1941) (Beiträge zur Marx-Engels-Forschung. Neue Folge, Sonderband 3), Hamburg 2001, S. 27–78, hier S. 40.

9 Pavel Veller: Marx' ökonomische Manuskripte von 1857–1858 (Zu ihrer Herausgabe), 3. August 1934, in: Hecker/Sperl/Vollgraf (Hrsg.): Stalinismus, S. 277–291, hier S. 277.

10 Gabriele Stammberger: Meine Erinnerungen an die MEGA, in: Hecker/Sperl/Vollgraf (Hrsg.): Rjazanov, S. 144–151, hier S. 144; vgl. dies.: Gut angekommen – Moskau: das Exil der Gabriele Stammberger 1932–1954. Erinnerungen und Dokumente, Berlin 1999, S. 28.

Als Ernst Czóbel, Leiter des Kabinetts Deutschland am IMEL, nach der »Säuberung« eine Übersicht über den Stand und die Perspektiven der MEGA anfertigte, notierte er, dass Veller am Band IV (»Lage der arbeitenden Klassen in England«) und am Band V (»Deutsche Ideologie«) arbeitete. Über die II. Abteilung hieß es:

> »Die Vorbereitung von Bänden der Abteilung II (›Das Kapital‹) hat noch nicht begonnen. Die Mehrzahl der ökonomischen Hefte von Marx, die die Vorarbeiten zum ›Kapital‹ aus der Zeit bis 1858 und weiter aus den Jahren 1861–63 enthalten, sind entziffert, jedoch ist die Entzifferung noch nicht kontrolliert worden. Noch nicht entziffert sind die Manuskripte zum 2. und 3. Band des ›Kapital‹ sowie einige kleinere ökonomische Manuskripte von Engels, die offenbar Nebenprodukte des 3. Bandes sind. Die Exzerpthefte von Marx, die das Rohmaterial und Zitatsammlungen für das ›Kapital‹ enthalten, sind teilweise entziffert.«[11]

Veller schloss zunächst die Bearbeitung des MEGA-Bandes I/5 ab, ehe er gemeinsam mit Horst Fröhlich den deutschen Text des sechsten Kapitels »Resultate des unmittelbaren Produktionsprozesses« für die Insatzgabe des »Archiv K. Marksa i F. Engel'sa«, Bd. II (VII) vorbereitete, den russischen Text stellte Lev Abramovič Leont'ev her.[12] Außerdem wurden in diesem Jahr erstmals einzelne Abschnitte über die Krisentheorie aus dem Manuskript von 1857–58, die als Vorarbeiten von »Zur Kritik der politischen Ökonomie« bezeichnet wurden, in einem Sammelband des Instituts für Weltwirtschaft und Weltpolitik bei der Kommunistischen Akademie in russischer Sprache und mit einem Kommentar von Leont'ev herausgebracht.[13]

11 Stand und Perspektiven der Herausgabe der MEGA (Ernst Czóbel, März/April 1931) in: Hecker/Sperl/Vollgraf (Hrsg.): Rjazanov, S. 132–143, hier S. 133–135.

12 Vgl. Rolf Hecker: Fortsetzung und Ende der ersten MEGA zwischen Nationalsozialismus und Stalinismus (1931–1941), in: ders./Sperl/Vollgraf (Hrsg.): Stalinismus, S. 181–269, hier S. 212; vgl. Karl Marx/Friedrich Engels: Gesamtausgabe [MEGA²], Berlin 1975 ff., Bd. II/4.1.

13 Vgl. K. Marks: Iz podgotovitel'nych rabot k »K kritike političeskoj ekonomii [Aus den vorbereitenden Arbeiten von ›Zur Kritik‹], in: K pjatidesjatiletiju smerti K. Marksa 1883–1933 [Zum 50. Todestag von K. Marx 1883–1933], Moskva 1933, S. 5–111; A. Leont'ev: K novym materialam Marksa po teorii krizisov [Zu den neuen Materialien von Marx zur Krisentheorie], in: ebd., S. 112–166.

Damit war mit der kontinuierlichen Vorbereitung von Bänden der II. Abteilung der MEGA begonnen worden.

Nachdem die deutsche Volksausgabe aller drei Bände des »Kapitals« durch das IMEL veröffentlicht worden war, schloss sich die als »deutsche Brigade« bezeichnete Arbeitsgruppe mit der Vorbereitung der Edition des »Kapitals« diesen Bemühungen an.[14] Aus einem am 2. Februar 1934 von Fröhlich verfassten Bericht geht hervor, dass zunächst ein Vergleich der vierten Auflage des ersten Bandes, die zur Grundlage genommen werden sollte, mit allen vorangegangenen Auflagen vorzunehmen sei. Außerdem müssten alle Zitate nochmals überprüft werden. Er ging jedoch davon aus, dass noch 1934 der erste MEGA-Band der II. Abteilung in zwei Halbbänden und 1935 als dritter Halbband die französische Ausgabe erscheinen könnten.

Nach dem 1931 festgelegten Plan sollten in der II. Abteilung zunächst alle drei Bände des »Kapitals« (1–5), danach die »Grundrisse« (6), Manuskripte 1861–63 (7–11) und zum Schluss Manuskripte zum zweiten und dritten Band (12, 13) des »Kapitals« erscheinen. Angekündigt war der erste Band dieser Abteilung bereits im MEGA-Prospekt Anfang 1933. Übrigens befindet sich in der Berliner SAPMO ein gebundenes Exemplar der Korrekturfahnen des ersten Abschnitts des ersten Bandes, aus dem die geplante Bearbeitung hervorgeht.

Zu diesem Zeitpunkt Anfang 1934 begann Veller, sich erneut intensiv mit den »Grundrissen« zu beschäftigen. Wie hoch seine Kompetenz als Entzifferer geschätzt wurde, geht auch daraus hervor, dass er im Februar und März 1934 einen viertägigen Entzifferungslehrgang im Marx-Engels-Sektor durchführte, von dem sein Vortragsmanuskript erhalten geblieben ist. Darin erläuterte er übrigens ausführlich die Bedeutung der Exzerpte.[15] Als Ergebnis seiner Vorbereitungsarbeit für die Edition der »Grundrisse« legte er am 3. August 1934 eine 194-seitige Studie über »Marx' ökonomische Manuskripte von 1857–1858« vor. Faktisch ist dies die erste ausführ-

14 Vgl. Kopf: Vorbereitungsarbeiten, S. 82–84.
15 Vgl. Veller: Ökonomische Manuskripte, S. 282–286.

liche, zusammenhängende Beschreibung der Entstehungsgeschichte und des Inhalts der Manuskripte einschließlich der Exzerpte.[16]

Im Sommer 1934 wurde die deutsche »Kapital«-Brigade unter Leitung von Horst Fröhlich durch Lothar Bolz verstärkt, einen aus Breslau stammenden Rechtsanwalt. Außerdem wirkten Walter Naumann und Hildegard (Ina) Eichhorn mit. Fröhlich wurde im Dezember 1934 zur illegalen Arbeit nach Deutschland geschickt. So leitete Bolz die Arbeit am »Kapital«.

Der Bericht über die Exzerpte-Edition[17] zog neue Überlegungen für die II. Abteilung der MEGA nach sich. Am 1. April 1935 legte Bolz eine »Konzeption zur wissenschaftlich-editorischen Bearbeitung des I. Bandes des Kapital« vor.[18] Der entscheidende Veränderungsvorschlag bestand darin, den Text von den Varianten zu trennen, das heißt, die bereits vorliegenden 80 Druckbogen konnten eingestampft werden. Am 15. April 1935 wurde Walter Haenisch wegen »Verringerung des Personalbestandes« entlassen. Am 30. April erging an die Leningrader Verlagsfiliale die Anweisung zur Demontage des Bleisatzes. Am 3. Mai stellte Naumann einen neuen Plan vor, nachdem noch etwa zwei Jahre für den ersten Band des »Kapitals« benötigt werden würden, während die Bearbeitung des Manuskripts 1861–63 bis Ende 1936 abgeschlossen und die »Grundrisse« Ende 1936 erscheinen könnten.[19] Zugleich forderte er die Verstärkung der Brigade durch zusätzliche Mitarbeiter. Nach diesen beiden Konzeptionen von Bolz und Naumann schien Einigkeit über die weitergehende Bearbeitung geherrscht zu haben. Anfang Juni 1935 kündigte Bolz jedoch seine Mitarbeit im IMEL, angeblich wollte er eine »lebendige Arbeit« als Redakteur einer Zeitung übernehmen, so wurde er vom Exekutivkomitee der Kommunistischen Internationale

16 Vgl. ebd., S. 277 ff.

17 Vgl. Pavel Veller [Paul Weller]: Zur Edition der Exzerpte in der MEGA (1935), in: Rolf Hecker/Richard Sperl/Carl-Erich Vollgraf (Hrsg.): Quellen und Grenzen von Marx' Wissenschaftsverständnis (Beiträge zur Marx-Engels-Forschung. Neue Folge, 1994), Hamburg 1994, S. 200–207.

18 Kopf: Vorbereitungsarbeiten, Anhang, S. 90–97.

19 Ebd., S. 85.

(EKKI) nach Leningrad geschickt. Naumann blieb zunächst Mitarbeiter der »deutschen ökonomischen Sektion«, bis er Anfang 1936 verhaftet wurde.

Veller hatte unterdessen die Arbeit an den »Grundrissen« so weit vorangebracht, dass ein Teilabdruck im »Archiv K. Marksa i F. Engel'sa« erfolgen konnte. Ähnlich dem »Sechsten Kapitel« hatte er das »Kapitel vom Geld« zur Erstveröffentlichung vorbereitet und Leont'ev die entsprechende russische Übersetzung. Die Einleitung von Leont'ev wurde im Mai 1935 unterschrieben und der Band IV erschien wenig später.[20] Auf diesem Stand der Arbeit wurde die II. Abteilung »eingefroren«, keiner konnte sich mehr um die »Kapital«-Ausgabe bemühen: Nach Fröhlich, Haenisch und Bolz verließ auch Leont'ev das IMEL und im November 1935 wurde Czóbel entlassen. Veller wurden neue Aufgaben übertragen.

Während Veller 1935 noch an den »Grundrissen« arbeitete, fanden Geheimverhandlungen des IMEL über den Ankauf von Manuskripten mit Marek Kriger in Wien (seit März 1935)[21] und des Marx-Engels-Nachlasses aus dem SPD-Archiv in Paris (ab Juli 1935)[22] statt. Das IMEL kaufte sukzessive von Kriger bis November 1936 die sogenannte kleine und große Serie der ökonomischen Manuskripte von Marx auf.[23]

Offenbar im Zusammenhang mit diesem Erwerb ist ein Auftrag an Veller zu sehen, den er Anfang 1936 ausführte, nämlich eine detaillierte Beschreibung aller Manuskripte, die für die Veröffentlichung in der II. Abteilung der MEGA vorgesehen waren.[24] Für jedes in Fotokopie vorliegende Doku-

20 Vgl. Hecker: Fortsetzung, S. 212.

21 Vgl. Larisa Miskevič: Zur Überlieferungsgeschichte ökonomischer Manuskripte von Marx in Moskau, in: Marx-Engels-Jahrbuch 2012/2013, Berlin 2013, S. 7–21.

22 Vgl. Rolf Hecker: Die Verhandlungen über den Marx-Engels-Nachlaß 1935/36. Bisher unbekannte Dokumente aus Moskauer Archiven, in: MEGA-Studien 2/1995, S. 3–25.

23 Vgl. Jürgen Rojahn: Der Schattenmann: Wer war Marek Kriger?, in: Marx-Engels-Jahrbuch 2012/2013, Berlin 2013, S. 22–45.

24 In der im Januar 1936 vom Marx-Engels-Sektor an die Direktion eingereichten Liste der 23 Mitarbeiter, die für die Arbeit mit Archivdokumenten zugelassen werden sollten, wurde Veller nach dem Sektorleiter Birman, seinem Stellvertreter A. F. Kon und der verantwortlichen Sekretärin Irina Kun als erster wissenschaftlicher Mitarbeiter aufgeführt.

ment fertigte er einen sogenannten Pass an, der folgende Angaben enthielt: Signatur, Umfang, Sprache, Verfasser, Titel, Inhalt und Charakteristik, Zugehörigkeit zu Werk oder Serie, Veröffentlichung, Herkunft des Dokuments, Annotation und Quellenangabe (Zeugenbeschreibung). Die Pässe füllen zwei überlieferte Aktenordner. Anhand dieser Pässe konnten die Dokumente/Hefte, die Kriger dem IMEL zum Kauf anbot, auf Vollständigkeit überprüft werden.

Am 5. März 1936 wandte sich Veller mit einem Schreiben an die Direktion des IMEL, in dem er darum bat, seinen Urlaub für das Jahr 1935 nachzuholen, da er ihn in der vorgesehenen Frist aufgrund der Arbeiten an den »Grundrissen« (offenbar hat Veller nun am Original die Entzifferung überprüfen können; in jener Zeit immer noch als »kleine Serie« bezeichnet) und am Prospekt der II. Abteilung nicht hatte antreten können. Aber bevor er am 16. März diesen zweiwöchigen Urlaub begann, verabschiedete er sich am 14. März mit folgendem handschriftlichen Brief an die Direktion:

> »Ich bitte, mich von der Arbeit im IMEL zu entbinden, da ich mich mit dem Vorschlag des Gen. Segal' nicht einverstanden erklären kann, unter der Leitung von Gen. Rudaš an der Herausgabe der ›kleinen Serie‹ zu arbeiten, mit der ich seit Herbst vergangenen Jahres beauftragt war, da ich das gesamte Material zu dieser Gruppe von Manuskripten gesammelt und in bedeutendem Maß für die Publikation vorbereitet habe, und nicht Gen. Rudaš oder irgendein anderer. Die Anwesenheit des Leiters der deutschen ökonomischen Sektion, des Leiters des Marx-Engels-Sektors und des Hauptredakteurs der Marx-Engels-Werkausgabe ist wohl eine ausreichende dreifache Garantie für eine wirkliche Kontrolle meiner Arbeit, deren Ausübung in einer unzuverlässigen oder schlampigen Art in meiner mehr als zehnjährigen Tätigkeit im Institut mir bisher niemand nachweisen konnte.
>
> Unter Berücksichtigung des Hinweises von Gen. Segal', dass das Institut mich gegenwärtig nicht vollständig entlassen kann, bin ich mit der Fortsetzung der Arbeit auf Ver-

tragsbasis in der Eigenschaft als externer Mitarbeiter des IMEL einverstanden.

Eine ausführliche Begründung einer völligen Ablehnung der weiteren Arbeit im Personalbestand des IMEL kann ich zusätzlich geben.«

Adoratskij bemerkte mit Rotstift auf dem Brief am 19. März, dass die Angelegenheit bis zur Rückkehr von Savel'ev zurückgestellt werden solle; sie verzögerte sich und Veller wurde erst am 7. Oktober 1936 auf »eigenen Wunsch« entlassen. Zuvor war am 29. September ein Vertrag seitens des IMEL vom Archivleiter German Aleksandrovič Tichomirnov und von Veller unterschrieben worden. Der Vertrag regelte die Zutrittsbedingungen Vellers zum Archiv und die Arbeitsaufgaben. Danach übernahm Veller die Verpflichtung, bis zum 31. März 1937 drei Kataloge zu erarbeiten: einen alphabetischen Katalog aller von Marx und Engels exzerpierten Autoren (»Katalog Zitate aus zweiter Hand«), einen Katalog aller existierenden Hefte mit Auszügen nach Inventarnummern (»Hauptkartei Katalog«) und einen chronologischen Katalog aller vorhandenen Exzerpthefte.

In einem Zwischenbericht Vellers vom 7. Januar 1937[25] teilte er mit, dass er 63 Hefte abgearbeitet habe. Dabei sei es zu neuen Datierungen (mit einer Genauigkeit von vier bis fünf Monaten) gekommen, wodurch sich das Bild der chronologischen Arbeit von Marx erheblich verändert habe. Auch der »Zitatkatalog« sei sehr umfangreich und seine Ausarbeitung hilfreich für die Bearbeitung des »Kapitals« und der Vorarbeiten, da eine Vielzahl von zitierten Quellen gefunden werden konnte. Und in diesem Bericht fand sich auch eine Spur der »Grundrisse«, da Veller nach seiner Aussage bis zum 2. Dezember 1936 gleichzeitig daran gearbeitet hatte. Der Vertrag musste dann im April 1937 erneuert werden, da der geplante Umfang der Kataloge das normale Arbeitsmaß weit überstieg. Übrigens betreute Veller nebenberuflich von Mai 1936 bis Dezember 1937 eine Ausstellung

25 Veller: Bericht über die Katalogisierung der Exzerpte vom 7. Januar 1937, RGASPI, f. 71, op. 1, d. 224.

über das »Kapital« an der Sverdlov-Parteihochschule beim ZK der KPdSU(B).

Als im Sommer 1937 eine erneute »Säuberungswelle« über das Institut hereinbrach, wurde auch mit Veller eine Aussprache geführt, wobei er offenbar verdächtigt wurde, unerlaubt Archivmaterial benutzt bzw. in seiner Wohnung aufbewahrt zu haben. Vom 19. und 20. August sind zwei handschriftliche Erklärungen Vellers überliefert. In ersterer beteuerte er, dass sich weder in seinen Händen noch zu Hause irgendwelche Dokumente des IMEL befinden würden, mit Ausnahme seiner Konspekte aus der kleinen und großen Serie und der von ihm verfassten Studien und Bearbeitungshinweise zu diesen Manuskripten aus den Jahren 1933 und 1934, da er davon ausgegangen war, dass er die Autorenrechte besitzen würde. Veller musste diese Ausarbeitungen am 23. August 1937 im Archiv abgeben, wie von V. Orlavskaja bestätigt wurde. Damit schien die Herausgabe der »Grundrisse« und aller weiteren Manuskripte nunmehr endgültig begraben zu sein. Veller nutzte jedoch seine relative Unabhängigkeit, um in einer zweiten Erklärung auf seinen Rechten zu bestehen:

> »An den stellvertretenden Direktor des IMEL, Gen. Sorin.
> Geehrter Genosse Sorin!
> Während unseres Gesprächs am 17. VIII. war 1) von meiner Seite kein Wort über die Aufhebung meines Vertrags mit dem Archiv vom April diesen Jahres geäußert worden, sondern es ging um seine Aussetzung in dem Fall des Inkrafttretens des Vorschlages von Gen. Savel'ev, unverzüglich mit der Arbeit an der ›Kleinen Serie‹ durch mich zu beginnen. 2) Aus Ihren Worten während dieses Gesprächs ging ebenfalls nicht hervor, dass der Vertrag annulliert wird, sondern es ging um eine zehntägige Frist, in der ich nach Ihrem Vorschlag auf den Beschluss über die Möglichkeiten meiner Arbeit an der Herausgabe der ›Kleinen Serie‹ der höherstehenden Instanzen warten und meine Arbeit sowohl im Archiv als auch im Marx-Engels-Sektor unterbrechen sollte. 3) Ich erfuhr erst am Abend des 17. VIII.,

dass Sie auf meine Vertragsabrechnung die Aufhebung meines Vertrages angeordnet haben und 4) mündlich festlegten, mir das Geld für die bereits erledigte Arbeit nicht auszuzahlen, bevor ich keine schriftliche Erklärung darüber abgegeben habe, dass sich bei mir zu Hause keine Institutsmaterialien befinden.

Ob sich in den Händen eines Mitarbeiters einer Institution Materialien dieser Institution befinden oder nicht, hat nichts mit der Bezahlung der nach Vertrag erledigten Arbeit zu tun, da die Zurückhaltung der Vertragsendabrechnung und jegliche andere Einflussmöglichkeiten der Institution eine ausreichende Sicherheit für den Erhalt der notwendigen schriftlichen Erklärung geben. Nach Ihrer mündlichen Anweisung, die Auszahlung des Geldes für die geleistete Arbeit zurückzuhalten, habe ich schriftlich die Ihnen mündlich vorgetragene Erklärung bestätigt, dass ich über keine Institutsmaterialien verfüge. Wenn ich nicht so dringend das erarbeitete Geld bräuchte, würde ich unbedingt auf der Aufhebung Ihrer mündlichen Anweisung bestehen, da ich nicht glauben kann, dass die von mir Ihnen ohne jeglichen Druck Ihrerseits gegebene mündliche Erklärung, über keine Institutsmaterialien zu verfügen, nur deswegen an Glaubhaftigkeit gewinnt, weil ich eine schriftliche Erklärung, aber nun schon unter materiellem Druck, Ihrer mündlichen Anweisung zufolge abgebe. Zugleich werde ich aus ebendiesen materiellen Erwägungen erreichen, dass mir die entsprechende Summe ausgezahlt wird, wenn bis zum Ende der zehntägigen Frist, die Sie gesetzt haben und die mir den Verdienst von 10 Tagen nimmt, es sich ergibt, dass mein Vertrag mit dem Marx-Engels-Sektor über die Herausgabe der ›Kleinen Serie‹ wegen der einseitigen Kündigung Ihrerseits des Vertrags mit dem Archiv, der mir bis Ende 1937 ein durchschnittliches monatliches Gehalt von 1000 Rubel sicherte, nicht in Kraft treten wird.

Moskau, den 20. VIII. 1937. P. Veller.«

Mit der Forderung nach einer schriftlichen Erklärung wollte sich die Direktion vor allem gegenüber den Untersuchungen des Volkskommissariats für Innere Angelegenheiten (NKWD) in dieser erneuten »Säuberungswelle« absichern. Aus dem Brief ist die Gereiztheit spürbar, mit der der Verfasser um seine Rechte kämpfte und die Herausgabe der »Grundrisse« nicht aus den Augen verlor. Zugleich wurde deutlich, dass sich Veller nicht einfach den gegebenen Umständen unterordnete, nicht vor der »Obrigkeit buckelte«. Wegen dieser Störrigkeit erhielt er zunächst keinen neuen Vertrag vom IMEL und war in den folgenden Monaten ohne reguläres Einkommen für seinen Fünf-Personen-Haushalt. Trotzdem setzte er die Bemühungen um die Fertigstellung des Manuskripts der »Grundrisse« fort.

Erst im Januar 1938 konnte Veller einen Honorarvertrag für Übersetzungen mit dem Verlag für ausländische Wörterbücher abschließen, und im Mai 1938 wurde der Werkvertrag mit dem IMEL wiederhergestellt. Letzterer war offensichtlich damit verbunden, dass das Manuskript der »Grundrisse« eben genau zu jenem Zeitpunkt im Verlag für fremdsprachige Literatur in Satz gegeben werden konnte.

In einer sechsseitigen Vorlage (November 1938) für Adoratskij über die unveröffentlichten ökonomischen Manuskripte stellte der Leiter des Marx-Engels-Sektors Aleksandr Feliksovič Kon bezüglich der »Grundrisse« fest, dass das Manuskript weitgehend fertiggestellt sei und abgesehen von »bedeutenden Mängeln in der Vorbereitung« noch in diesem Jahr in deutscher Sprache herauskommen könne.[26] War das der Grund, warum das IMEL in dem nach MEGA-Prinzipien hergestellten Band nicht als Herausgeber genannt wurde?

Am 16. Mai 1939 wurde Veller wieder als Übersetzer mit einem Gehalt von 1000 Rubel im IMEL angestellt. Der neue Direktor Mitin verfügte, dass zu Vellers Aufgaben neben der

26 Vgl. Aleksandr Feliksovi Kon an Vladimir Viktorovič Adoratskij über Marx' unveröffentlichte ökonomische Manuskripte, November 1938, in: Hecker/Sperl/Vollgraf (Hrsg.): Stalinismus, S. 307–311, hier S. 309. Übrigens war kurz vorher von Adoratskij der Aufsatz »Rabota Marksa nad ›Kapitalom‹« [Die Arbeit von Marx am ›Kapital‹], in: Proletarskaja revoljucija 9/1938, erschienen (vgl. V. V. Adoratskij: Izbrannye proizvedenija [Ausgewählte Werke], Moskau 1961, S. 248–311).

Arbeit an den Ausgaben des Instituts die Leitung eines Entzifferungsseminars gehörte. Damit konnte er sich »offiziell« um die Korrekturarbeiten und die Vorbereitung des Vorworts für die »Grundrisse« kümmern. Parallel dazu wurden wiederum Teile des Manuskripts für die Veröffentlichung in russischer Sprache vorbereitet. So erschienen in der Zeitschrift *Proletarskaja revoljucija* thematische Abschnitte zu Entwicklungsgeschichte der Arbeits- und Eigentumsformen[27] und in der Zeitschrift *Bol'ševik* Auszüge über den »Untergang des Kapitalismus und den Aufbau des Sozialismus«, kommentiert von Leont'ev.[28]

Am 23. November 1939 wurden die »Grundrisse« in den Druck gegeben, sie erschienen in einer Auflagenhöhe von 3140 Exemplaren. Das redaktionelle Vorwort ist nicht namentlich gekennzeichnet, sondern mit IMEL unterschrieben. Das Manuskript wurde damit »erstmalig und ungekürzt« veröffentlicht. Zur Begründung des Titels wurde im Vorwort mitgeteilt: »Die Bezeichnung ›Grundrisse der Kritik der politischen Ökonomie (Rohentwurf). 1857/1858‹ ist von uns aufgrund verschiedener Briefstellen gewählt worden.«[29]

Es konnten bisher drei ausführliche Rezensionen auf das Erscheinen dieses Bandes festgestellt werden, davon sind zwei von Veller selbst und eine von Belá Fogarasi, zu jener Zeit am Institut für Philosophie der Akademie der Wissenschaften tätig.[30] In seiner Besprechung widmete sich Fogarasi vor allem dem

27 Iz neopublikovannych rukopisej K. Marksa [Aus unveröffentlichten Manuskripten von K. Marx], in: Proletarskaja revoljucija 3/1939, S. 149–186. Einen ausführlichen Kommentar dazu schrieb das korrespondierende Mitglied der AdW der UdSSR (1939), der Jurist Michail Aleksandrovič Aržanov: Voprosy proischoždenija i razvitija form sobstvennosti v novoj rukopisi K. Marksa [Fragen der Entstehung und Entwicklung von Eigentumsformen in einem neuen Manuskript von K. Marx], in: Sovetskoe gosudarstvo i pravo 5/1939, S. 89–96.

28 Vgl. A. Leont'ev: Iz neopublikovannych rukopisej K. Marksa [Aus unveröffentlichten Manuskripten von K. Marx], in: Bol'ševik 11–12/1939, S. 61–68.

29 Karl Marx: Grundrisse der Kritik der politischen Ökonomie (Rohentwurf) 1857–1858, Moskau 1939, S XIV. Diese Begründung wurde mit Hinweisen auf Briefe von Marx an Engels und an Lassalle gestützt.

30 Vgl. Hecker: Fortsetzung, S. 254; A. Fogarasi: O novom izdanii rukopisej Marksa [Über eine neue Ausgabe der Manuskripte von Marx], in: Mirovoe chozjajstvo i mirovaja ekonomika 10/1940, S. 13–20. Über Fogarasi vgl. Rolf Hecker: Erfolgreiche Kooperation: Das Frankfurter Institut für Sozialforschung und das Moskauer Marx-Engels-Institut, in: ders./Richard Sperl/Carl-Erich Vollgraf (Hrsg.): Erfolgreiche Kooperation, S. 22, Anm. 48.

Arbeitsbegriff, um den Nachweis zu erbringen, dass die Arbeit in der Sowjetunion, wie Marx vorhergesagt hatte, eine neue Form angenommen habe, die als schöpferische Tätigkeit zur freien Entfaltung der Persönlichkeit führe, die jedoch angesichts der Gefahr eines imperialistischen Krieges verstärkt werden müsse. Nur versteckt fand sich der Hinweis, dass die »Grundrisse« zu einem tieferen Verständnis des Zusammenhangs zwischen der »begrifflichen Bestimmung« und ihrer »historischen Konkretisierung« im »Kapital« beitragen, das heißt zur »Logik des ›Kapitals‹« (Lenin). In diesem Sinn würden die »Grundrisse« Gedanken enthalten, die Marx weder im »Kapital« noch in seinen anderen Schriften wiederholt haben würde, etwa über vorkapitalistische Gesellschaftsformationen, zur Geld- und Krisentheorie.

Die weitere Arbeit von Veller kann an dieser Stelle nur angedeutet werden: Am 28. November 1939 legte er eine Konzeption über die »Arbeitsorganisation zur Herausgabe des handschriftlichen Nachlasses von Marx und Engels« vor, in der er eine systematische Edition der Exzerpte begründete.

Mit Datum vom 13. Februar 1940 stellte er eine Arbeit fertig, an der er einige Jahre gearbeitet hatte, nämlich einen detaillierten Katalog der Exzerpte, der 427 Seiten umfasst und eine genaue Inhaltsbeschreibung aller Exzerpthefte unter Aufzählung der exzerpierten Autoren enthält, und der erneut als Arbeitsgrundlage der Moskauer Kolleginnen und Kollegen bei der Zusammenstellung des Prospekts der IV. Abteilung der zweiten MEGA genutzt wurde. Wenig später wurde am 11. März 1940 das Manuskript des Anhang-Bandes der »Grundrisse« in Satz gegeben.

Nach Abschluss der Veröffentlichung der »Grundrisse« schloss sich Veller den Bemühungen um die Herausgabe einer neuen russischen Werkausgabe an, die die in den letzten Jahren erzielten Forschungsergebnisse berücksichtigen sollte. Entsprechende Vorschläge legte er im Dezember 1940 in einem 28 Seiten umfassenden Papier vor.[31] Im gleichen Monat

31 Pavel Veller: Entwurf einer Arbeitsordnung für die zweite Sočinenija von Marx und Engels (Dezember 1940), in: Rolf Hecker/Richard Sperl/Carl-Erich Vollgraf (Hrsg.): Die Marx-Engels-Werkausgaben in der UdSSR und DDR (1945–1968) (Beiträge zur Marx-Engels-Forschung. Neue Folge, Sonderband 5), Hamburg 2006, S. 159–169.

wurde Veller in einer »Charakteristik« (Beurteilung) der Direktion und des Gewerkschaftskomitees eine sorgfältige Arbeit bescheinigt. Es mussten immer wieder Fragebögen zur Person für die sogenannten Kaderakten ausgefüllt werden, zuletzt von Veller am 9. Juli 1940.

Alle weiteren Editionspläne wurden am 22. Juni 1941 zunichtegemacht. Als sich die Regierung der UdSSR mit dem Aufruf an das Sowjetvolk wandte, sich dem Feind entgegenzustellen, meldete sich Veller sofort an die Front. Noch zuvor, am 28. Juni 1941, wurde der Anhang-Band zu den »Grundrissen« in Druck gegeben, wiederum mit einer Auflage von 3100 Exemplaren. Ob Veller den fertigen Band noch in den Händen halten konnte, ist ungewiss, er fiel bei den Verteidigungskämpfen im Smolensker Gebiet im November 1941.

Mit dem Anhang zu den »Grundrissen« realisierte Veller etwas von seiner Idee, dass dieses Manuskript wie auch das »Kapital« nur zu verstehen sei, wenn die umfangreichen Exzerpte zum Studium herangezogen werden können.[32] So nahm er hier Marx' Auszüge aus David Ricardos »On the Principles of Political Economy and Taxation« in seine Hefte IV und VIII aus der Serie der »Londoner Hefte 1950–53«[33] und Fragmente des »Urtextes« von »Zur Kritik«, den »Planentwurf 1859« und weitere Vorarbeiten von Marx auf. Der Band wird abgeschlossen durch Anmerkungen und Quellennachweise, Literaturverzeichnis und ein annotiertes Namenregister. Hervorzuheben sind vor allem die Bemühungen Vellers, möglichst weitgehend die indirekt zitierten Quellen zu ermitteln. Besonderen Wert legte er dabei auf die Darstellung des Zusammenhangs zu Hegels Werken, die nach zwei Ausgaben (Jubiläumsausgabe und Ausgabe der Freunde) mit konkreten Seiten angegeben werden, womit diese Anmerkungen auch noch für den heutigen Benutzer der »Grundrisse« einen selbstständigen Wert haben.[34]

32 Vgl. Veller: Ökonomische Manuskripte, S. 290.

33 Vgl. MEGA², Bd. IV/7, S. 316–328 und MEGA², Bd. IV/8, S. 326–331.

34 Vgl. Karl Marx: Grundrisse, S. 982 ff.; in MEGA², Bd. II/1 wurden diese Angaben in den Erläuterungen lediglich resümierend mitgeteilt.

In der MEGA² II/1.1 (1976) und II/1.2 (1981) wurden die »Grundrisse« von Vladimir Konstantinovič Brušlinskij (der 1992 im Alter von 92 Jahren verstarb) bearbeitet. Er war Mitarbeiter des IMEL/IML seit 1939. Seine wissenschaftliche Laufbahn am Institut für Philosophie (1929–1939) hatte er mit einer russischen Übersetzung von Spinozas Briefwechsel und Hegels »Wissenschaft der Logik« begonnen. Am IMEL arbeitete er an einer neuen Übersetzung der »Dialektik der Natur« (1941).[35] Innerhalb der zweiten russischen Werkausgabe hat er die Bände mit den »Theorien über den Mehrwert« und die »Grundrisse« redigiert. Im Apparatteil »Entstehung und Überlieferung« von MEGA² II/1.1 bezeichnete er die erste Ausgabe der »Grundrisse« als eine »im Großen und Ganzen wissenschaftlich sehr sorgfältige Publikation«, die jedoch »nicht frei von einigen Ungenauigkeiten und Entzifferungsfehlern« sei.[36] Diese Einschätzung mag vom editorischen Standpunkt gerechtfertigt sein. Wie jedoch gezeigt wurde, stand dahinter das Lebenswerk von Pavel Veller.[37]

35 Vgl. Anneliese Griese/Gerd Pawelzig: Friedrich Engels' »Dialektik der Natur«: eine vergleichende Studie zur Editionsgeschichte, in: MEGA-Studien 1/1995, S. 33–60, hier S. 49 ff.

36 MEGA², Bd. II/1, Apparat, S. 765.

37 Zur Biografie von Veller vgl. Rolf Hecker/Franziska Arnold: Paul Weller (Pavel Veller) und seine Jugendfreunde in Berlin (1913–1924). Zur Biografie des »Grundrisse«-Editors, in: ders./Richard Sperl/Carl-Erich Vollgraf (Hrsg.): Zum Wirken von Marx und Engels und zur Editionsgeschichte ihrer Werke (Beiträge zur Marx-Engels-Forschung. Neue Folge, 2011), Hamburg 2011, S. 9–34.

Die Herausgabe der »Theorien über den Mehrwert« (1956/1962)

Ein besonderes Problem war die Bearbeitung der »Theorien über den Mehrwert«, die in der ersten russichen Marx-Engels-Werkausgabe, auch Sočinenija[1] genannt, im Band XX in zwei Teilen veröffentlicht werden sollten.[1] Das Protokoll einer Beratung über die Anordnung des Materials im Band XX vom 8. Januar 1945[2] ist sehr aufschlussreich, weil daran neben den Mitarbeitern des Marx-Engels-Sektors im IMEL (Tušunov, Leont'ev, Kandel', Bach und Tvardievič) führende sowjetische Theoriehistoriker teilnahmen: Rozenberg, Poljanskij, Mendel'son, Michalevskij.[3] Bezeichnend der Einstieg von Mendel'son:

> »Im Band XX muss das Material in genauer Übereinstimmung mit Marx' Manuskript wiedergegeben werden. Wir stellen uns nicht das Ziel, für breite Lesermassen ein Lehrbuch herauszugeben. [...] Ich bin nicht einverstanden mit Gen. Rozenberg, dass wir aus dem Manuskript jene Stellen ausschließen, die von Marx oder Engels bereits im ›Kapital‹ausgenutzt wurden.«

Auch Michaelvskij schließt sich dieser Meinung an, da es nicht wenige Autoren gebe, die ihre Gedanken wiederholen, aber entscheidend ist, in welchem Zusammenhang dies erfolge.

1 Die »Theorien über den Mehrwert« sind Bestandteil des »Ökonomischen Manuskripts von 1861–63« in 23 Heften, das in Karl Marx/Friedrich Engels: Gesamtausgabe [MEGA²], Berlin 1975 ff., Bd. II/3 erstmals vollständig ediert wurde.

2 RGASPI, f. 71, op. 7, d. 1, Bl. 31–35.

3 David Iochelevič Rozenberg (1879–1950) war korr. Mitglied der AdW der UdSSR, seit 1937 Prof. an der MGU, 1945–48 wiss. Mitarbeiter im IMEL; Fedor Jakovlevič Poljanskij (1907–etwa 1980) seit 1931 Hochschullehrer an der MGU, seit 1958 Lehrstuhlleiter für Geschichte der Volkswirtschaft und ökonomischer Lehrmeinungen (Walter Tuchscheerer war 1951–57 Student an diesem Lehrstuhl, wie auch der Verf. 1972–80); Lev Abramovič Mendel'son (1899–1962) war 1932–51 Sektorleiter im Institut für Weltwirtschaft und Internationale Politik sowie im Institut für Wirtschaftswissenschaften der AdW der UdSSR; Faddej Il'ič Michalevskij (1876–1952) war wiss. Mitarbeiter im Institut für Wirtschaftswissenschaften der AdW der UdSSR.

Der Einwand von Bach, man könne ja zwei Ausgaben vorbereiten – eine akademische und eine Volksausgabe vom Typ Kautskys – stieß auf Widerstand von Poljanskij, der betonte, dass auch die kautskysche Ausgabe keine Volksausgabe war: »Klar ist, dass das IMEL das Manuskript in der Form veröffentlichen muss, wie es von Marx vorliegt.« Daraufhin erklärte Rozenberg, dass dann das Manuskript für den »Massenleser« schwer verständlich sein würde. Er forderte die Anwendung des thematischen und nicht des chronologischen Prinzips bei der Anordnung der einzelnen Hefte des Manuskripts. Leont'ev widersprach kategorisch dieser Auffassung. Mendel'son wurde daraufhin beauftragt, eine Mitteilung für das ZK vorzubereiten mit der Maßgabe, dass keine Umstellungen des Textes erfolgen und eine weitgehend authentische Ausgabe vorbereitet werden sollte.

Obwohl also in den bereits erwähnten Arbeitsplänen stets dieser Band aufgeführt und über ihn diskutiert wurde, werden erst 1948 Il'ja Isaakovič Prejs und Vladimir Konstantinovič Brušlinskij mit der Edition beauftragt. Wie der Direktor des IMEL Kružkov dem ZK Ende 1948 mitteilte, mussten eine Reihe von Problemen geklärt werden, wie die »Zusammensetzung des Manuskripts, die Anordnung seiner Bestandteile, die Tilgung von Wiederholungen«; und vor allem sollte die Ausgabe sich grundsätzlich von der Edition Kautskys von 1907–1910 unterscheiden.

Brušlinskij und Prejs stellten in *Voprosy ekonomiki* 1950 den detaillierten Prospekt mit einer ausführlichen Begründung vor.[4] Im ersten Teil ihres Aufsatzes setzen sie sich mit der Kautsky-Ausgabe auseinander, indem sie zeigen, welche Stellen Kautsky gestrichen und welche Umstellungen des marxschen Manuskripts er vorgenommen hatte. Sie ziehen daraus die Schlussfolgerung, dass sich im Herangehen von Kautsky an das Manuskript die revionistischen Anschauungen offenbarten, die sich immer mehr in eine konterrevo-

4 O podgotovke naučnogo izdanija »Teorij pribavočnoj stoimosti« K. Marksa [Über die Vorbereitung einer wissenschaftlichen Ausgabe der »Theorien über den Mehrwert«], in: Voprosy ekonomiki 9/1950, S. 13–29, 118–126.

lutionäre Konzeption, die dem Marxismus entgegengesetzt ist, verwandelten. Im zweiten Teil begründen die Autoren, dass die Edition der »Theorien« als vierter Band des »Kapitals« eine völlig selbstständige Aufgabe sei, die nicht mit der vollständigen Veröffentlichung der »Großen Serie«, also der 23 Hefte des Manuskripts von 1861–63, verwechselt werden dürfe.

Der angefügte Prospekt stellt alle Manuskriptseiten in ihrer inhaltlichen Anordnung mit den von den Autoren gewählten Überschriften vor, die, wenn keine von Marx formulierte vorhanden waren, auf der Grundlage des Textes redaktionell ergänzt wurden. So ergab sich eine Aufgliederung des Manuskripts (Hefte VI bis XVIII) in drei Teile und 24 Kapitel mit zahlreichen Unterpunkten und Beilagen, wobei inhaltliche Umstellungen zum besseren Verständnis vorgenommen werden sollten. Zugleich begründeten Brušlinskij und Prejs ihre Auffassung, dass keine Streichungen im Manuskript erfolgen dürften. Sie gingen dabei davon aus, dass einzig Engels das Recht gehabt hätte, den Text zu kürzen, Wiederholungen auszumerzen bzw. Textübergänge neu zu formulieren. Der Umfang des Materials mache daher eine dreibändige Ausgabe notwendig.

Die Bände erschienen 1954, 1957 und 1961 mit den blauen Einbänden der ersten Sočinenija, jedoch ohne Bandzählung. Noch im Prospekt für die neue Ausgabe (1952) waren die »Theorien« als Band 22 in drei Teilen eingeordnet. Offenbar sollten die Bände nach ihrer Fertigstellung sofort erscheinen, ohne die fortlaufende Veröffentlichung der Werkausgabe zu unterbrechen, vielleicht auch, weil bereits deutlich wurde, dass die Bandeinteilung verändert werden musste. Vor Erscheinen des Bandes 26 mit den »Theorien« in der Sočinenija[2] (zweite russische Werkausgabe) stellte Brušlinskij fest, dass dafür der Text ihrer Einzelausgabe mit einigen wenigen Korrekturen in der Übersetzung und der wissenschaftliche Apparat mit geringfügiger Erweiterung als Grundlage dienen würde.[5] Die drei Teile erschienen 1962–64, wobei an der Erarbeitung Vitalij Solomonovič Vygodskij beteiligt war.[6]

Die deutsche Ausgabe folgte zuerst als Einzelausgabe 1956–1962 im Dietz Verlag Berlin und dann als MEW-Band 26 in den Jahren 1965, 1967 und 1968, wobei es zwischen beiden Ausgaben einen entscheidenden Unterschied gibt: Bei der ersten Edition konnten sich die Bearbeiter im IML Berlin zunächst nur auf die Moskauer Entzifferungen und andere Redaktionsunterlagen stützen,[7] während für die Vorbereitung des MEW-Bandes ein Vergleich mit der Fotokopie des Originalmanuskripts (das sich im ZPA des IML Moskau befand) erfolgen konnte.[8] In einem Bericht über

5 Kak gotovilos' naučnoe izdanie »Teorij pribavočnoj stoimosti« K. Marksa [Wie die wissenschaftliche Ausgabe der »Theorien über den Mehrwert« ediert wurde], in: Voprosy istorii KPSS 7/1963, S. 100.

6 Vgl. V. S. Vygodskij: Mesto »Teorij pribavočnoj stoimosti« v ekonomičeskom nasledii Karla Marksa [Der Platz der »Theorien über den Mehrwert« im ökonomischen Erbe von Karl Marx], Moskva 1963; A. V. Tušunov: »Teorii pribavočnoj stoimosti« i ich mesto v ekonomičeskom učenii K. Marksa [Die »Theorien über den Mehrwert« und ihr Platz in der ökonomischen Lehre von K. Marx], Moskva 1969.

7 Am 26.1.1954 bedankte sich Einicke bei Običkin für die Zusendung der Unterlagen. »Eine kleine Brigade unsres Instituts bereitet den Druck vor.« (RGASPI, f. 71, op. 4, d. 267, Bl. 97.) Am 26. März d. J. unternahm Einicke einen Vorstoß beim IMELS, auch die Kopien der Manuskripte zu bekommen: »Für die Fortsetzung der Arbeit wäre es außerordentlich wertvoll, wenn es möglich wäre, unserm Institut eine Fotokopie des handschriftlichen Manuskripts von Marx zur Verfügung zu stellen.« (Ebd., Bl. 148) Am 31. Juli wiederholte Einicke seine Bitte modifiziert, indem zumindest von den von Marx benutzten Quellen, die im wissenschaftlichen Apparat angeführt werden, Fotokopien zugesandt werden sollten (ebd., Bl. 224). Am 27. Dezember konnte sich Einicke bei Tušunov für Kopien von Auszügen aus einigen Werken, die Marx in den »Theorien« zitiert und für eine Liste mit Korrekturen bedanken (RGASPI, f. 71, op. 4, d. 268, Bl. 10). Aus dem Jahr 1955 (5. August) findet sich ein Bittbrief auch in andere Richtung, nämlich von Tušunov an das Berliner Institut. Dabei ging es um die Kopie der von Marx zitierten Zeitung *The Standard* von 1862 (ebd., Bl. 103).

8 Erst Ende 1962 wurde seitens der Marx-Engels-Abteilung des IML Berlin erreicht, dass für die weiteren MEW-Bände Fotokopien der Handschriften vom IML Moskau zur Verfügung gestellt werden. Im Jahresbericht für 1963 heißt es: »Der neue Arbeitsgang der Entzifferung ist sehr mühselig und erfordert einen großen Aufwand an Arbeitszeit. Die Mitarbeiter müssen erst Erfahrung im Lesen der Handschriften sammeln. Aber schon jetzt stellte sich heraus, dass die Qualität der bereits vorliegenden Entzifferungen mangelhaft ist und dass durch den gründlichen Vergleich mit den Handschriften bereits viele Entzifferungsfehler ausgemerzt werden konnten, darunter auch solche, die für die inhaltliche Aussage bedeutungsvoll sind.« An anderer Stelle heißt es in diesem Bericht: »Die enge Zusammenarbeit mit dem Moskauer Bruderinstitut hat sich im Berichtszeitraum ebenfalls erfolgreich entwickelt. Auch 1963 weilte eine Delegation

die Arbeit der Berliner Marx-Engels-Abteilung (MEA) im IML heißt es 1956 über die »Theorien«: »Dieser Band entspricht der sowjetischen Ausgabe. Die Arbeiten dazu sind von uns abgeschlossen.«[9] Die Arbeit daran hatte unter der Verantwortung von Bernhard Dohm am 1. März 1954 begonnen.[10] Jedoch noch früher, nämlich bereits am 26. Juni 1952, hatte sich Walter Ulbricht persönlich an M. A. Suslov gewandt und um die Übersendung der Fotokopie der Entzifferung des Manuskripts gebeten.[11] Über die Probleme heißt es in einem Bericht der MEA vom 6. Januar 1955:

> »Da wir nur die Fotokopie des entzifferten marxschen Manuskripts hatten, begann Genosse Dohm mit der Durcharbeitung. Fremdsprachige Texte für den ersten Teil des Buches wurden außerhalb übersetzt und überprüft. [...] Im Juni erhielten wir aus Moskau die fertige russische Ausgabe [...] Nun musste das ganze Manuskript nochmals überarbeitet und abgeschrieben werden unter Berücksichtigung der russischen Kapiteleinteilung und Kapitelüberschriften sowie der russischen Anmerkungen. [...] Seit September wurde nun das Manuskript gründlich von einer Kommission, bestehend aus den Genossen Lask, Dohm und Arnold durchgearbeitet. [...] In der wöchentlichen Besprechung wurden alle Korrekturen diskutiert und auf einen Nenner gebracht. In Zweifelsfällen wurde die russische Ausgabe herangezogen. [...] Sobald die Fahnen vorhanden sind, werden wir sie einer Reihe bekannter Politökonomen zur kritischen Durchsicht geben. Nach dieser ersten Korrektur der Fahnen muss das Buch von einer verantwortlichen Kommission des ZK bestätigt werden bzw. müssen strittige Fragen geklärt werden.«[12]

unserer Abteilung in Moskau [...] Dem Ersuchen, bisher unveröffentlichte Materialien fotokopieren zu dürfen [...] (z. B. Vorarbeiten zum ›Kapital‹ [...]), gab das IML Moskau jedoch nicht statt.« (13.12.1963, SAPMO, Sign. DY30. IV A 2/9.07, Nr. 68.)

9 SAPMO, Sign. DY30. IV 2/9.07, Nr. 9.

10 Ebd., Nr. 21.

11 RGASPI, f. 71, op. 3, d. 211.

12 Ebd., Nr. 111.

Als in den 1960er-Jahren die MEW-Ausgabe vorbereitet wurde, stand nur ein begrenzter Kreis an qualifizierten Mitarbeitern zur Verfügung (1966 drei Ökonomen), offenbar die Ursache dafür, dass der Band 26.3 erst 1968 erschien.[13]

Die Herausgabe der »Theorien« war nach den »Grundrissen« ein Meilenstein für die Erschließung des ökonomischen Nachlasses von Marx. Als 1953 Alfred Lemmnitz einen würdigenden Aufsatz über die »Entstehung der ökonomischen Lehre von Karl Marx« veröffentlichte,[14] konnte er die »Theorien« nicht zitieren, da sie bis dato nur in der Ausgabe Kautskys zur Verfügung standen, ging jedoch auf die marxschen Ausarbeitungen von 1862/63 ein.[15] Das Erscheinen der russischen Ausgabe wurde von Gerhard Bondi, Direktor des Instituts für Wirtschaftsgeschichte der MLU Halle/S., 1956 besprochen. Er konnte sich dabei auf eine deutsche Übersetzung vom Institut für Politische Ökonomie stützen.[16] Er hob hervor, dass die »Theorien« »nicht nur die Vollendung des ›Kapitals‹ durch eine historisch-kritische Wertung aller vorangegangenen Ökonomie [sind], sie sind auch die Vollendung der Darstellung der marxschen Theorie«. Aus diesem Grund behandelte er vorrangig die Forschungsmethode sowohl von der »historischen« wie auch von der »logisch-theoretischen Seite«.[17] Im zweiten Teil seines Aufsatzes stellte er einen Vergleich mit der Ausgabe Kautskys her. Nach der Veröffentlichung des ersten Teilbandes in deutscher Sprache setzte Rolf Sonnemann aus Bondis

13 Im Jahresbericht wurde festgestellt: »Für diesen Band konnte kein geeigneter freier Mitarbeiter gewonnen werden. Deshalb hat im Oktober der Sektor Ökonomie die Arbeit daran aufgenommen« (10.12.1965, SAPMO, Sign. DY30. IV A 2/9.07, Nr. 68).

14 Alfred Lemmnitz: Die Entstehung der ökonomischen Lehre von Karl Marx, in: Wirtschaftswissenschaft 2/1953, S. 114–136.

15 Lemmnitz wurde von Mitgliedern des Instituts für Politische Ökonomie der KMU Leipzig widersprochen: Arne Benary/Hannelore Graul: Zur Entstehung der ökonomischen Lehre von Karl Marx, in: Wirtschaftswissenschaft 3/1954, S. 320–334.

16 Vgl. Gerhard Bondi: Zur Herausgabe des IV. Bandes des »Kapitals« [»Theorien über den Mehrwert«] in russischer Sprache, in: Wirtschaftswissenschaft 1/1956, S. 129–141.

17 Ebd., S. 132.

Institut die Analyse der »Theorien« fort.[18] So entwickelte sich schrittweise eine politökonomische Debatte in der DDR auf der Grundlage nicht nur des »Kapitals«, sondern auch der nun erstmals veröffentlichten Manuskripte.[19]

18 Vgl. Rolf Sonnemann: Zur Herausgabe des IV. Bandes des »Kapitals« (Theorien über den Mehrwert) in deutscher Sprache, in: Wiss. Zeitschrift der MLU, Ges.-Sprachw., IV/3, 1957, S. 387–396.

19 Heinz Paragenings beteiligte sich mit einem Aufsatz an der Diskussion: Das ökonomische Grundgesetz des Kapitalismus, in: Wirtschaftswissenschaft 2/1956, S. 262–271.

II Zur Debatte um Marx' Werttheorie

Zur Entwicklung der Werttheorie von der ersten zur dritten Auflage des ersten Bandes des »Kapitals« (1867–1883)

Zu den bedeutendsten theoretischen Leistungen von Karl Marx zählt die Ausarbeitung der Wert- und Mehrwerttheorie, die die wissenschaftliche Grundlage für die Analyse der kapitalistischen Produktionsweise bildet. Die Untersuchung der kapitalistisch produzierten Ware ist der Ausgangspunkt für die Darstellung des Kapitalverhältnisses und damit der Mehrwerttheorie als dem Grundpfeiler der ökonomischen Theorie des Marxismus.[1]

Die Herausbildung und Entwicklung der marxschen Werttheorie war und ist Gegenstand vieler Beiträge von marxistischen Ökonomen und Philosophen. Das ist zutiefst verständlich, denn aus derartigen Untersuchungen werden vielfältige Ansatzpunkte für die Entwicklung der politischen Ökonomie des Sozialismus und für die Lösung grundlegender ökonomischer Aufgaben der entwickelten sozialistischen Gesellschaft gewonnen.[2] Aber auch für die Analyse der gegenwärtigen Etappe der allgemeinen Krise der kapitalistischen Ökonomik ist die marxistisch-leninistische Werttheorie eine

1 Vgl. W. I. Lenin: Drei Quellen und drei Bestandteile des Marxismus, in: ders.: Werke, Berlin 1956 ff., Bd. 19, S. 6.

2 An dieser Stelle können keineswegs alle in Betracht kommenden Arbeiten aufgeführt werden. Genannt seien aber einige Beispiele: Jürgen Kappe/Jürgen Präßler: Wert und Funktion des Geldes im Sozialismus, in: Wirtschaftswissenschaft 11/1983, S. 1714–1717; Claus Krömke: Marx' »Kapital« – theoretische Grundlage für umfassende Intensivierung, in: Einheit 6/1985, S. 501–507; Alfred Lemmnitz: Zu einigen theoretischen und praktischen Fragen der Warenproduktion und des Geldes im Sozialismus, in: Wirtschaftswissenschaft 12/1981, S. 1423–1436; Günter Mittag: Die ökonomische Lehre von Karl Marx und die ökonomische Strategie unserer Partei, in: Einheit 3–4/1983, S. 242–251; ders.: Mit höchsten Leistungen den XI. Parteitag vorbereiten, in: Einheit 6/1985, S. 494–496; Georg Quaas: Zum Verhältnis von Wert und Preis aus mathematischer Sicht, in: Wirtschaftswissenschaft 11/1984, S. 1649–1658; Otto Reinhold: Der lebendige Marx, Berlin 1983; Thesen, Referate und Diskussionsbeiträge der wissenschaftlichen Konferenz »100 Jahre ›Das Kapital‹. Zweiter Band – Erbe und Verpflichtung« am 14. Mai 1985 an der Karl-Marx-Universität, in: Forschungsberichte zur Marx-Engels-Forschung 3/4, 1986.

unabdingbare Voraussetzung. Hinzu kommt schließlich, dass »Marxtöter« unterschiedlichster Couleur die Werttheorie in den Mittelpunkt ihrer Verfälschung der Mehrwerttheorie und damit der Vertuschung des Ausbeutungsmechanismus und der Profitjagd im Kapitalismus stellen.[3] Angesichts dieser Tatsachen sieht die Marx-Engels-Forschung auf ökonomischem Gebiet eine ihrer Aufgaben darin, parallel zur Edition des marxschen Hauptwerkes und seiner Vorarbeiten innerhalb der II. Abteilung der MEGA durch die Erforschung der Genesis der ökonomischen Theorie von Marx die wichtigen Diskussionen zu Grundsatzproblemen der politischen Ökonomie zu befruchten.

Der vorliegende Beitrag stellt sich das Ziel, einige Aspekte der Darstellung der Werttheorie in den von Marx und Engels zwischen 1867 und 1883 besorgten drei deutschen Auflagen des ersten Bandes des »Kapitals« herauszuarbeiten. Dabei wird davon ausgegangen, dass Marx nach dem Erscheinen des ersten Bandes des »Kapitals« nicht nur an der Ausarbeitung des zweiten und dritten Bandes arbeitete, sondern auch an der weiteren Vervollkommnung des ersten. So entstanden Vorarbeiten für dessen zweite und dritte Auflage, die erstmalig in den MEGA-Bänden II/6 und II/8 veröffentlicht wurden.[4] An die Entwicklung der Werttheorie muss also hinsichtlich ihrer Analyse im ersten Band des »Kapitals« wesentlich differenzierter als bisher herangegangen werden.

In der weiteren Arbeit von Marx am ersten Band des »Kapitals« nach 1867 widerspiegelt sich die methodische Vertiefung der Darstellung der Werttheorie. Sie gipfelt in seiner Erklä-

3 Im vorliegenden Beitrag kann nicht umfassend auf die Verfälschung der marxschen Werttheorie eingegangen werden. Vgl. dazu Rolf Hecker/Alexander Tschepurenko: Die Marxsche Werttheorie – Hauptgegenstand der Angriffe der bürgerlichen »Marxologie« auf ökonomischem Gebiet, in: Marx-Engels-Jahrbuch 8, 1985, S. 103–129; vgl. auch: Rolf Sieber/Gert Fiedler/Günter Hoell u. a.: Wie bürgerliche Ökonomen erzogen werden. Eine Auseinandersetzung mit der »Volkswirtschaftslehre« von Paul A. Samuelson, Berlin 1985.

4 Vgl. Barbara Lietz: Zur Bedeutung der Vorarbeiten zur 2. deutschen Auflage vom ersten Band des »Kapitals« für die Marx-Engels-Forschung, in: Beiträge zur Marx-Engels-Forschung 16, 1984, S. 155–160; Rolf Hecker/Edgar Klapperstück/Eike Kopf: Zur Herausgabe der dritten deutschen Auflage des ersten Bandes des »Kapitals« im MEGA-Band II/8, in: Beiträge zur Marx-Engels-Forschung 17, 1984, S. 76–88.

rung zur dialektischen Methode im Nachwort zur zweiten Auflage dieses Bandes von 1872. Darüber hinaus verfolgte Marx im Zeitraum von 1872 bis 1883 aufmerksam die inzwischen erschienenen populären Interpretationen seiner Werttheorie und nahm zu ihnen Stellung. Das drückte sich beispielsweise in seiner Überarbeitung der Schrift von Johann Most »Kapital und Arbeit. Ein populärer Auszug aus ›Das Kapital‹ von Karl Marx«, in seinen Vorarbeiten für den »Anti-Dühring« und auch in seinen Randglossen zu Adolph Wagners »Lehrbuch der politischen Ökonomie« sowie in Exzerpten und in vielen weiteren Bemerkungen aus.

Die Veränderungen zwischen den einzelnen Auflagen des ersten Bandes des »Kapitals« fanden bisher unter dem Aspekt der Weiterentwicklung der Werttheorie in der politökonomischen und philosophischen Literatur sowie in der Marx-Engels-Forschung wenig Beachtung. Die in der DDR erschienenen Beiträge untersuchten lediglich einige Probleme der Darstellung der Ware als Ausgangskategorie sowie der Wertform.[5] In der sowjetischen Fachliteratur beschäftigten sich einige Veröffentlichungen mit der Analyse der Werttheorie im ersten Band des »Kapitals«.[6] Der vorliegende Beitrag soll die Feststellung

5 Vgl. Wolfgang Jahn: Die Entwicklung der Ausgangskategorie der politischen Ökonomie des Kapitalismus in den Vorarbeiten zu Marx' »Kapital«, in: »... unsrer Partei einen Sieg erringen«. Studien zur Entstehungs- und Wirkungsgeschichte des »Kapitals« von Karl Marx, Berlin 1978, S. 66–72; Rolf Hecker: Einige Probleme der Wertformanalyse in der Erstausgabe des »Kapitals« von Karl Marx, in: Arbeitsblätter zur Marx-Engels-Forschung 8, 1979, S. 76–94; Ulrike Galander: Bemerkungen zur Einheit von Logischem und Historischem als methodologisches Prinzip bei der Präzisierung der Darstellung im »Kapital« durch Marx, in: Beiträge zur Marx-Engels-Forschung 16, 1984, S. 161–166.

6 Vgl. J. I. Glybovskij: Forma stoimosti v pervom izdanii »Kapitala« K. Marksa [Die Wertform in der Erstausgabe des »Kapitals« von Marx], in: Vestnik Belorusskogo gosudarcvennogo universiteta, Serie III, 2/1977, S. 55–59; ders.: Problema ischodnogo punkta sistemy kategorij političeskoj ekonomii v »Kapitale« K. Marksa [Das Problem des Ausgangspunktes des Systems der Kategorien der politischen Ökonomie im »Kapital« von Marx], Dissertation, Minsk 1979; A. V. Ermakova: O logičeskom i istoričeskom pri analize formy stoimosti tovara v »Kapitale« K. Marksa [Über Logisches und Historisches in der Wertformanalyse im »Kapital« von K. Marx], in: Filosovskie nauki 2/1977, S. 30–47; A. M. Kogan: V tvorčeskoj laboratorii Karla Marksa [Im schöpferischen Laboratorium von Marx], Moskva 1983; K. P. Tronev: Predmet issledovanija pervogo otdela pervogo toma »Kapitala« K. Marksa [Der Untersuchungsgegenstand im ersten Abschnitt des ersten Bandes des »Kapitals« von Marx], in: Vestnik MGU, Serie Ekonomika 4/1978, S. 70–80; ders.: Učenie K. Marksa o stoimosti, eje substancii i forme [Die Wertlehre von K. Marx, Substanz und Form], in: ebd., 5/1978, S. 60–71; N. Tjap-

begründen, dass es nunmehr gilt, die in der Literatur getroffenen Einschätzungen über den Reifegrad der marxschen Werttheorie in den Vorarbeiten und den einzelnen Auflagen des ersten Bandes des »Kapitals« weiter zu präzisieren. Es soll deshalb eingangs noch einmal darauf verwiesen werden, dass in der wissenschaftlichen Literatur bisher davon ausgegangen wurde, dass in den »Grundrissen der Kritik der politischen Ökonomie« die Werttheorie von Marx in den Grundzügen ausgearbeitet,[7] in der Schrift »Zur Kritik der politischen Ökonomie« entwickelt[8] und im ersten Band des »Kapitals« weiter vervollkommnet und abgeschlossen wurde.[9]

Zu den Etappen der Herausbildung und Entwicklung der marxschen Werttheorie

Die Herausbildung und Entwicklung der marxschen Werttheorie ist Bestandteil des mehr als 25 Jahre währenden Prozesses der Ausarbeitung der proletarischen politischen Ökonomie bis zu ihrer umfassenden Darstellung im »Kapital«. Bei näherer Betrachtung der Genesis der Werttheorie zeigen sich drei Etappen: Die erste führt von der Negierung zur Anerkennung und kritischen Überwindung der Arbeitswerttheorie der klassischen bürgerlichen Ökonomie (1843–1850).[10] Die

kin: Rabota K. Marksa nad soveršenstvovaniem teksta pervogo toma »Kapitala« [Zur Arbeit von K. Marx an der Vervollkommnung des Textes des ersten Bandes des »Kapitals«], in: Ekonomičeskie nauki 7/1985, S. 19–25; V. P. Škredov: Issledovanie formy stoimosti v pervom izdanii »Kapitala« K. Marksa [Die Wertformanalyse in der Erstauflage des »Kapitals« von K. Marx], in: Vestnik MGU, Serie Filosofija 6/1976, S. 15–26; ders.: Analiz formy stoimosti v I tome »Kapitala« [Die Wertformanalyse im ersten Band des »Kapitals«], in: Očerki po istorii »Kapitala« K. Marksa [Abrisse zur Geschichte des »Kapitals« von K. Marx], Moskva 1983, S. 249–310.

7 Vgl. Walter Tuchscheerer: Bevor »Das Kapital« entstand. Die Herausbildung und Entwicklung der ökonomischen Theorie von Karl Marx in der Zeit von 1843 bis 1858, Berlin 1968, S. 397.

8 Vgl. Hannes Skambraks: Einführung in Marx' Schrift »Zur Kritik der Politischen Ökonomie«, Berlin 1982, S. 12.

9 Vgl. Einleitung, in: Karl Marx/Friedrich Engels: Gesamtausgabe [MEGA^2], Berlin 1975 ff., Bd. II/5, S. 25.

10 Vgl. Tuchscheerer: Bevor »Das Kapital«, S. 86–315; A. I. Malyš: Formirovanie marksistskoj političeskoj ekonomii [Die Herausbildung der marxistischen politischen Ökonomie], Moskva 1966; ders. [Alexander Malysch]: Die Herausbildung der marxistischen politischen Ökonomie in den vierziger Jahren des 19. Jahrhunderts, in: Marx-Engels-Jahrbuch 6, 1983, S. 67–120.

zweite Etappe beginnt mit intensiven Studien zur Wert- und Geldtheorie (Londoner Hefte 1850–1853)[11] und reicht bis zur Ausarbeitung und Begründung einer eigenen Werttheorie im Rohentwurf des »Kapitals« (»Grundrisse der Kritik der politischen Ökonomie« 1857/58). Die dritte Etappe wird mit der Darstellung der Werttheorie im 1859 veröffentlichten ersten Heft »Zur Kritik der politischen Ökonomie« eröffnet und erstreckt sich über den zweiten (Manuskript 1861–1863) und dritten (Manuskript 1863–1865) Entwurf bis zur dialektischen Darlegung der Wert- und Mehrwerttheorie im ersten Band des »Kapitals« (1867).

In den »Grundrissen der Kritik der politischen Ökonomie« sind erstmals einige wesentliche Bestimmungen des Werts enthalten. Sein Manuskript einleitend setzte Marx sich zunächst mit den Geldauffassungen von Pierre-Joseph Proudhon und Alfred Darimon auseinander. Die erste, für die Analyse des Geldes notwendige Wertdefinition lautete:

> »Jede Waare (Product oder Productionsinstrument) ist = der Vergegenständlichung einer bestimmten Arbeitszeit. Ihr Werth, das Verhältniß, worin sie sich gegen andre Waaren austauscht oder andre Waaren sich gegen sie austauscht, ist = dem in ihr realisirten Quantum Arbeitszeit.«[12]

Marx sprach 1857/58 also noch nicht von gesellschaftlich notwendiger Arbeitszeit, auch wenn an anderer Stelle der Begriff »eines *bestimmten Quantums*« der allgemeinen Arbeit, der »gesellschaftlichen Arbeitszeit«[13] für die Grundlage der Realisierung der Ware im Tauschprozess verwandt wurde. Der Doppelcharakter der warenproduzierenden Arbeit hatte sich terminologisch noch nicht gefestigt, so wurde noch von allgemeiner Arbeit, »*Arbeit schlechthin,* abstracte[r] Arbeit«[14] gesprochen.

11 Vgl. Einleitung, in: MEGA², Bd. IV/7, S. 20*–38*; Ljudmila Vasina: Die Ausarbeitung der Geldtheorie durch Karl Marx in den Londoner Heften (1850–1853), in: Marx-Engels-Jahrbuch 6, 1983, S. 148–172.

12 Karl Marx: Grundrisse der Kritik der politischen Ökonomie, in: MEGA², Bd. II/1.1, S. 75 (Karl Marx/Friedrich Engels: Werke [MEW], Berlin 1956 ff., Bd. 42, S. 75).

13 Ebd., S. 134 (MEW, Bd. 42, S. 135).

14 Ebd., S. 217 (MEW, Bd. 42, S. 218).

Ein entscheidender Wesenszug der Darstellung des Tauschwerts in den »Grundrissen« besteht darin, dass Marx die Bewegung der Ware in der Zirkulationssphäre untersuchte. Die einfache Zirkulation ist die Sphäre, in der sich die Bewegung der Tauschwerte, der Waren- und Geldaustausch, vollzieht. Sie ist die Voraussetzung für die Analyse des kapitalistischen Produktionsprozesses.[15]

Am Ende seiner Arbeit an diesem Manuskript gelang es Marx, die Ausgangskategorie zu fixieren und zu schlussfolgern, dass die Darstellung mit der Ware begonnen werden muss. Dabei formulierte er den klassischen Satz: »Die erste Categorie, worin sich der bürgerliche Reichthum darstellt ist die der *Waare*.«[16]

Mit der Schrift »Zur Kritik der politischen Ökonomie. Erstes Heft« trat Marx 1859 erstmals mit den Grundgedanken seiner Wert- und Geldtheorie an die Öffentlichkeit. In ihr machte er deutlich, dass »gleich in der einfachsten Form, der der Ware, der *spezifisch* gesellschaftliche, keineswegs *absolute* Charakter der bürgerlichen Produktion analysiert ist«.[17] Deshalb begann Marx seine Darstellung jetzt mit dem Satz: »Auf den ersten Blick erscheint der bürgerliche Reichthum als eine ungeheure Waarensammlung, die einzelne Waare als sein elementarisches Dasein.«[18] In seiner Schrift begründete er den Doppelcharakter der Ware und der warenproduzierenden Arbeit und bestimmte die Wertgröße durch die gesellschaftlich notwendige Arbeit. Ausgehend von der gesellschaftlichen Bestimmtheit der Arbeit entwickelte Marx seine Theorie des Waren- und Geldfetischismus. Er hob hervor:

15 Vgl. auch Alexander Syrow: Über die zwei Ebenen der Ausarbeitung der Arbeitswerttheorie von Marx in den »Grundrissen der Kritik der politischen Ökonomie«, in: Beiträge zur Marx-Engels-Forschung 11, 1982, S. 97–104; Camilla Warnke: Gesellschaftsdialektik und Systemtheorie im Lichte der Kategorien der Erscheinung und des Wesens, in: Bernhard Heidtmann u. a.: Marxistische Gesellschaftsdialektik oder »Systemtheorie der Gesellschaft«?, Berlin 1977, S. 25–68.

16 Karl Marx: Grundrisse der Kritik der politischen Ökonomie, in: MEGA², Bd. II/1.2, S. 740 (MEW, Bd. 42, S. 767).

17 Marx an Engels, 22.7.1859, in: MEW, Bd. 29, S. 463.

18 Karl Marx: Zur Kritik der politischen Ökonomie. Erstes Heft, in: MEGA², Bd. II/2, S. 107 (MEW, Bd. 13, S. 15).

»Es charakterisirt endlich die Tauschwerth setzende Arbeit, daß die gesellschaftliche Beziehung der Personen sich gleichsam verkehrt darstellt, nämlich als gesellschaftliches Verhältniß der Sachen.«[19]

Bei der Behandlung des Warenaustausches verfolgte Marx nicht die Entwicklung der Wertform. Obwohl er die Entwicklung des Austausches zu einem allgemeinen Äquivalent, zum Geld, darstellte, analysierte er nicht die einzelnen Stufen dieser Entwicklung. Er bemerkte später dazu, dass er in seiner Schrift die Schwierigkeiten der Darstellung dieser Entwicklung dadurch vermieden hätte, dass er die eigentliche Analyse des Wertausdrucks erst dann gegeben habe, »sobald er entwickelt, als Geldausdruck, erscheint«.[20] Marx hat also 1859 die historische und logische Notwendigkeit des Geldes noch nicht dialektisch aus der Darstellung des Warenwerts abgeleitet.

Eine Besonderheit von »Zur Kritik« besteht darin, dass Marx in einem gesonderten Abschnitt die Theorien seiner Vorgänger einer wissenschaftlichen Kritik unterzog und dabei ihre Leistungen für die Entwicklung der ökonomischen Theorie einschätzte. In diesem Zusammenhang bezeichnete er David Ricardo erstmals als den »Vollender der klassischen politischen Oekonomie«, der die »Bestimmung des Tauschwerths durch die Arbeitszeit am reinsten formulirt und entwickelt hat«.[21] Damit hatte Marx die marxistische Einschätzung der klassischen bürgerlichen Arbeitswerttheorie begründet, die in den folgenden Manuskripten und im ersten Band des »Kapitals« zum untrennbaren Bestandteil der Darstellung seiner ökonomischen Theorie wurde.[22]

In den Jahren 1861 bis 1863 schuf Marx das Manuskript »Zur Kritik der politischen Ökonomie«, *den zweiten Entwurf des »Kapitals«*. Es gewinnt durch den hohen Reifegrad von Marx' Werttheorie und ihrer Darstellung im Gesamtzusam-

19 MEGA², ebd., S. 113 (MEW, Bd. 13, S. 21).

20 Marx an Engels, 22.6.1867, in: MEW, Bd. 31, S. 306.

21 Karl Marx: Zur Kritik der politischen Ökonomie. Erstes Heft, in: MEGA², Bd. II/2, S. 138 (MEW, Bd. 13, S. 46).

22 Vgl. Hannes Skambraks: Einführung, S. 26, 32–36.

menhang der ökonomischen Theorie eine besondere Bedeutung.[23] Die Werttheorie erhielt eine Reihe neuer Bestimmungen durch die marxsche Darstellung des Produktionsprozesses des Kapitals. Marx sah sich veranlasst, einige wichtige Aussagen aus den Kapiteln »Ware« und »Geld« seiner Schrift von 1859 zu resümieren. Bemerkenswert ist, dass Marx dabei auf seine Ausgangsprämissen zurückkam und feststellte:

> »Bei der Entwicklung des Capitals ist es wichtig festzuhalten, dass die einzige Voraussetzung – das einzige Material, von dem wir ausgehn, Waarencirculation und Geldcirculation sind, Waare und Geld sind und die Individuen nur als Waarenbesitzer einander gegenüberstehn. Die zweite Voraussetzung ist, dass der Formwechsel, den die Waare in der Circulation durchläuft, nur formell ist, d. h. der Werth in jeder Form unverändert bleibt, die Waare die einmal als Gebrauchswerth, das andremal als Geld existirt, aber ohne ihre Werthgrösse zu ändern, die Waaren also zu ihren Werth, im Verhältniß zu der in ihnen enthaltnen Arbeitszeit gekauft und verkauft werden, in andren Worten nur Equivalente sich austauschen.«[24]

Für die Untersuchung des Produktionsprozesses des Kapitals war es also von ausschlaggebender Bedeutung, die Substanz, die Größe und die Form des Werts aus der Warenzirkulation abzuleiten.

Einen großen Teil des Manuskripts 1861–1863 widmete Marx der Kritik von bürgerlichen, vulgären und utopischen Wert-, Mehrwert- und Profittheorien. Er ist unter dem Titel »Theorien über den Mehrwert« bekannt geworden. Die von Marx darin formulierten Erkenntnisse über die Arbeitswerttheorie der Klassiker der bürgerlichen politischen Ökonomie

23 Vgl. Rolf Hecker: Einige Probleme der Entwicklung der Werttheorie, in: Wolfgang Jahn u. a.: Der zweite Entwurf des »Kapitals«. Analysen. Aspekte. Argumente, Berlin 1983, S. 78–97; V. Vygodskij: K voprosu o genezice marksovoj teorii stoimosti (Analuzdvojstvennogo charaktera stoimosti v ekonomičeskoj rukopisi 1861–1863 gg.) [Zur Frage über die Genesis von Marx' Werttheorie (Die Analyse des Doppelcharakters des Werts im ökonomischen Manuskript von 1861–1863)], in: Ekonomičeskie nauki 9/1985, S. 24–32.

24 Karl Marx: Zur Kritik der politischen Ökonomie (Manuskript 1861–1863), in: MEGA², Bd. II/3.1, S. 28.

stellten einen wichtigen Baustein für den weiteren Aufbau seiner ökonomischen Theorie dar. In den »Theorien« begründete Marx auch seine Theorie der Durchschnittsprofitrate und der Produktionspreise, die die Fortsetzung der Werttheorie auf einer höheren, konkreteren Stufe der Darstellung des Systems der Kategorien und Gesetze der kapitalistischen Produktionsweise verkörperte.[25]

Die Vorarbeiten zum ersten Band des »Kapitals« wurden durch das Manuskript 1863–1865, *den dritten Entwurf des »Kapitals«*, abgeschlossen. In dieser Zeit stellte Marx den ersten Band fertig und verfasste bereits Manuskripte für den zweiten und dritten Band des »Kapitals«. Als Bestandteil des Manuskripts des ersten Bandes schrieb er das einzig überlieferte sechste Kapitel: »Resultate des unmittelbaren Produktionsprozesses«.[26] In diesem Kapitel behandelte er die Ware als das Ergebnis des kapitalistischen Produktionsprozesses. Sie erhielt dadurch eine Reihe weiterer Bestimmungen. So hob Marx hervor, dass bei ihrer Analyse zu beachten ist:

> »1. Waren als Produkt des Kapitals, d[er] kapit[alistischen] Produktion; 2. Die kapitalistische Produktion ist Produktion von Mehrwert; 3. Sie ist endlich Produktion und Reproduktion des ganzen Verhältnisses, wodurch dieser unmittelbare Produktionsprozeß als spezifisch kapitalistischer sich charakterisiert.«[27]

25 Vgl. Manfred Müller: Über die Stellung des Manuskripts »Zur Kritik der politischen Ökonomie« (1861–1863) im ökonomischen Nachlaß von Karl Marx, in: Marx-Engels-Jahrbuch 6, 1983, S. 173–210; Jürgen Jungnickel/Christel Sander: Zur Veröffentlichung des Manuskripts 1861–1863 (der zweite Entwurf des »Kapitals«) in der MEGA, in: Wirtschaftswissenschaft 1/1983, S. 1–14; vgl. auch: Wolfgang Jahn u. a (Hrsg.): Der zweite Entwurf des »Kapitals«. Analysen. Aspekte. Argumente, Berlin 1983; Axel Otto/Joachim Bischoff u. a.: Grundsätze der politischen Ökonomie. Der zweite Entwurf des »Kapitals« (MEGA), Hamburg 1984.

26 Vgl. dazu z. B. Irina Antonowa: Der Platz des Sechsten Kapitels »Resultate des unmittelbaren Produktionsprozesses« in der Struktur des »Kapitals«, in: Beiträge zur Marx-Engels-Forschung 11, 1982, S. 63–72; dies./Winfried Schwarz/Alexander Tschepurenko: Der dritte »Kapital«-Entwurf von 1863–1865, in: Internationale Marx-Engels-Forschung: Marxistische Studien. Jahrbuch des IMSF 7, Frankfurt a. M. 1984, S. 394–409; I. K. Antonova: Razrabotka Marksom struktury I toma »Kapitala« (1857–1867 gg) [Die Ausarbeitung der Struktur des ersten Bandes des »Kapitals« durch Marx], in: Očerki [Abrisse], S. 172–205.

27 Karl Marx: Resultate des unmittelbaren Produktionsprozesses, in: Karl Marx. Das Kapital 1.1, Berlin 2009, S. 19.

Unter diesen Voraussetzungen verwandelt sich der Warenwert, wie er am Anfang der Darstellung stand, in den Wert des Gesamtprodukts bzw. der Warenmasse. In diesem Wert sind die notwendige und die Mehrarbeit vergegenständlicht. Der Wert der Warenmasse wird im Ergebnis ihres Produktionsprozesses durch drei Elemente konstituiert: der Wert des konstanten Kapitals (c), der Wert des variablen Kapitals (v) und der Mehrwert (m), also durch c + v + m.

Bereits aus diesen wenigen Bemerkungen über das Manuskript des sechsten Kapitels wird deutlich, wie Marx um die Darstellung des Produktionsprozesses des Kapitals rang und dabei stets die Gesamtzusammenhänge seiner Analyse beachtete. Das führte dazu, dass die Werttheorie Schritt für Schritt immer umfassender ausgearbeitet wurde. Der Reifegrad der marxschen Werttheorie vor dem Erscheinen des ersten Bandes des »Kapitals« war insgesamt also vor allem durch folgende wichtige Elemente charakterisiert: Erstens durch die Entdeckung des Doppelcharakters der warenproduzierenden Arbeit; zweitens durch die Darstellung der Wertform in ihrer entwickeltsten Gestalt, dem Geld; drittens durch die Aufdeckung der spezifisch kapitalistischen Produktionsverhältnisse, die sich bereits in der Analyse der Ware widerspiegeln, und viertens durch die Entdeckung der Ware als der ökonomischen Keimzelle des Kapitalismus.[28]

Die Darstellung der Werttheorie im ersten Kapitel und im Anhang der ersten Auflage des ersten Bandes (1867)

Im Prozess der Fertigstellung des ersten Bandes des »Kapitals« für den Druck schrieb Marx, er »habe es für nötig erachtet, in dem ersten Buch wieder ab ovo zu beginnen«, das heißt, seine

28 Zur Entwicklung der marxschen Werttheorie bis 1867 vgl. u. a. V. S. Vygodskij [W. S. Wygodski]: Aus der Entstehungsgeschichte des »Kapital« – Gradmesser der Reife der ökonomischen Theorie von K. Marx in ihren verschiedenen Entwicklungsetappen, in: Arbeitsblätter zur Marx-Engels-Forschung 2, 1976, S. 26–46; ders.: Das Werden der ökonomischen Theorie von Marx und der wissenschaftliche Kommunismus, Berlin 1978; G. A. Bagaturia/V. S. Vygodskij: Ekonomi českoe nasledie Karla Marksa. Istorija, soderžanie, metodologija [Das ökonomische Erbe von Karl Marx. Geschichte, Inhalt, Methodologie], Moskva 1976; Manfred Müller: Auf dem Wege zum »Kapital«. Zur Entwicklung des Kapitalbegriffs von Marx in den Jahren 1857–1863, Berlin 1978; Winfried Schwarz: Vom »Rohentwurf« zum »Kapital«. Die Struktur des Marxschen Hauptwerkes, Berlin 1978.

früher »bei Duncker erschienene Schrift in *einem* Kapitel über Ware und Geld zu resümieren«.[29] Das geschah nicht nur der Vollständigkeit wegen, sondern Marx verband damit die Notwendigkeit, die Darstellung seiner Theorie weiter zu verbessern, »weil selbst gute Köpfe die Sache nicht ganz richtig begriffen, also etwas Mangelhaftes an der ersten Darstellung sein mußte, speziell der *Analyse der Ware*«[30]. Diesen Sachverhalt betonte er dann noch einmal im Vorwort zur ersten Auflage, in dem er zur Entstehungsgeschichte des ersten Kapitels Stellung nahm:

> »Die Darstellung ist verbessert. Soweit es der Sachverhalt irgendwie erlaubte, sind viele früher nur angedeutete Punkte hier weiter entwickelt, während umgekehrt dort ausführlich Entwickeltes hier nur angedeutet wird.«

Marx konkretisierte diese Angaben hinsichtlich der Analyse der Ware:

> »Was nun näher die Analyse der Werthsubstanz und der Werthgröße betrifft, so habe ich sie möglichst popularisirt. Anders mit der Analyse der Werthform. Sie ist schwerverständlich. weil die Dialektik viel schärfer ist als in der ersten Darstellung.«[31]

Marx begann die Darstellung im ersten Band des »Kapitals« mit der einzelnen Ware als der Elementarform der »ungeheure[n] Waarensammlung«,[32] als die der Reichtum der kapitalistischen Produktionsweise erscheint. Jede Ware bildet als Gebrauchswert den stofflichen Inhalt des Reichtums und ist zugleich stofflicher Träger des Tauschwerts. Wichtig ist festzuhalten, dass der Tauschwert als eine Seite der Ware weiterer Untersuchungsgegenstand ist, während der Gebrauchswert Gegenstand einer eigenen Disziplin, der Warenkunde, ist.[33]

29 Marx an Ludwig Kugelmann, 13.10.1866, in: MEW, Bd. 31, S. 534.

30 Ebd.

31 Karl Marx: Das Kapital. Kritik der politischen Ökonomie. Erster Band. Hamburg 1867. (Im Folgenden: Karl Marx: Das Kapital. Erster Band. 1867.), in: MEGA², Bd. II/5, S. 11 f.

32 Ebd., S. 17.

33 Vgl. ebd., S. 18. 1859 hatte Marx noch festgestellt, dass die Gebrauchswerte »kein gesellschaftliches Produktionsverhältniß« ausdrücken, jedoch in den Betrachtungskreis der politischen Ökonomie fallen, wenn sie selbst »ökonomische Formbestimmung« sind (vgl. Karl Marx: Zur Kritik der politischen Ökonomie. Erstes Heft, in: MEGA², Bd. II/2, S. 108 [MEW, Bd. 13, S. 16]).

Der Tauschwert zeigt immer ein bestimmtes quantitatives Verhältnis zweier Waren zueinander an. Abstrahiert man jedoch von der stofflichen Hülle und betrachtet dann die Ware, so ist sie Wert. Diesen Zusammenhang leitete Marx folgendermaßen her:

> »Daß die Substanz des Tauschwerths ein von der physisch-handgreiflichen Existenz der Waare oder ihrem Dasein als Gebrauchswerth durchaus Verschiednes und Unabhangiges, zeigt ihr Austauschverhältniß auf den ersten Blick. Es ist charakterisirt eben durch die Abstraktion vom Gebrauchswerth. Dem Tauschwerth nach betrachtet ist nämlich eine Waare grade so gut als jede andre, wenn sie nur in richtiger Proportion vorhanden ist.
> Unabhängig von ihrem Austauschverhältniß oder von der Form, worin sie als Tausch-Werthe erscheinen, sind die Waaren daher zunächst als Werthe schlechthin zu betrachten.«[34]

Und in der Fußnote dazu unterstrich Marx:

> »Wenn wir künftig das Wort ›Werth‹ ohne weitere Bestimmung brauchen, so handelt es sich immer vom Tauschwerth.«[35]

Obwohl sich Marx seit Langem über den Unterschied zwischen dem Begriff des Werts und dem des Tauschwerts als seiner Erscheinungsform im Klaren war, betonte er ihn an dieser Stelle erstmalig. Ihm war offensichtlich bewusst geworden, dass auf der bis dahin erreichten Abstraktionsebene beide Begriffe in der Darstellung objektiv noch nicht streng voneinander zu differenzieren waren.

Im Weiteren untersuchte Marx die Wertsubstanz.

> »Als Gebrauchsgegenstände oder Güter sind die Waaren körperlich verschiedne Dinge. Ihr Werthsein bildet dagegen ihre Einheit. Diese Einheit entspringt nicht aus der Natur, sondern aus der Gesellschaft. Die gemeinsame gesellschaftliche Substanz, die sich in verschiednen Gebrauchswerthen nur verschieden darstellt, ist – die Arbeit.

34 Karl Marx: Das Kapital. Erster Band. 1867, in: MEGA², Bd. II/5, S. 19.

35 Ebd.

Als Werthe sind die Waaren nichts als krystallisirte Arbeit.«[36]

Ehe Marx die Arbeit als Substanz des Werts weiter analysierte, bestimmte er die Wertgröße, also das Quantum »werthbildender Substanz«. Er definierte sie als »das *Quantum gesellschaftlich nothwendiger Arbeit* oder die zur *Herstellung eines Gebrauchswerths gesellschaftlich nothwendige Arbeitszeit*«.[37] In der daran anschließenden Untersuchung der Ware zeigte sich, dass nicht nur diese, sondern auch die in ihr vergegenständlichte Arbeit »zwieschlächtig« ist. Diese Entdeckung bezeichnete Marx als den »Springpunkt«, um den sich das Verständnis der politischen Ökonomie dreht.[38] Sie bedeutet aus methodologischer Sicht vor allem, dass die Darstellung der dialektischen Einheit von abstrakter und konkreter Arbeit der Ausgangspunkt für das Verständnis aller weiteren Kategorien ist, vor allem der des Mehrwerts. Weiterhin sind mit der Erklärung der abstrakten und konkreten Arbeit gesellschaftliche Bedingungen verbunden, auf denen die kapitalistische Produktionsweise beruht. Und nicht zuletzt wird an dieser Stelle der Analyse der Substanz von Gebrauchswert und Wert der Übergang von der dialektischen Bewegung, die vom Konkreten (Ware) zum Abstrakten (abstrakte und konkrete Arbeit) aufsteigt, zu der dialektischen Bewegung vollzogen, die den Weg vom Abstrakten zum Konkreten (Gesamtprozess der kapitalistischen Produktion und Reproduktion) zurückverfolgt.[39]

Marx untersuchte, wie sich die Waren im Tauschprozess gegenübertreten. Die Waren haben als qualitativ verschiedene Gebrauchswerte ein besonderes Bedürfnis zu befriedigen. Sie

36 Ebd.

37 Ebd, S. 20.

38 Vgl. ebd., S. 22.

39 Vgl.: V. Afanasjev: Velikoe otkrytie Karla Marksa. Metodologičeskaja rol' učenija o dvojstbennom charaktere truda [Die große Entdeckung von Karl Marx. Die methodologische Bedeutung der Lehre vom Doppelcharakter der Arbeit], Moskva 1980; A. I. Judkin: Metod issledovanija sistemy prouzvodstvennych otnošenij v »Kapitala« K. Marksa [Die Untersuchungsmethode des Systems der Produktionsverhältnisse im »Kapital« von Marx], Moskva 1985; N. V. Chesin: Voprosy teorii tovara i stoimosti v »Kapitale« K. Marksa [Fragen der Waren- und Werttheorie im »Kapital« von Marx], Moskva 1964.

sind deshalb auch das Produkt »qualitativ verschiedner nützlicher Arbeiten«,[40] das heißt, damit der Tauschprozess überhaupt vollzogen werden kann, muss eine gesellschaftliche Teilung der Arbeit existieren. Die Produkte werden zu Waren, sobald sie sich gegenübertreten, um ausgetauscht zu werden. Marx stellte den Doppelcharakter der Arbeit als Substanz des Doppelcharakters der Ware vom Standpunkt des Resultats dar, das heißt, er zeigte, wie sich die Waren im Tauschprozess gegenübertreten, und nicht, wie und unter welchen Bedingungen sie produziert werden. Der Produktionsprozess der Ware ist nicht Gegenstand der Untersuchung. Wenn Marx also von der Verausgabung menschlicher Arbeitskraft sprach, so konnte er hier noch nicht den Begriff vom Wert der Ware Arbeitskraft einführen. Er hob deshalb hervor,

> »daß hier nicht vom Lohn oder Werth die Rede ist, den der Arbeiter etwa für einen Arbeitstag erhält, sondern vom Waarenwerth, worin sich sein Arbeitstag vergegenständlicht. Die Kategorie des Arbeitslohns existirt überhaupt noch nicht auf dieser Stufe unsrer Darstellung.«[41]

In seiner weiteren Analyse abstrahierte Marx von den besonderen Qualitäten der warenproduzierenden Arbeit, von »nützlicher, konkreter Arbeit«,[42] die Gebrauchswert schafft. Als solche besitzen die Waren alle die gleiche Qualität, die *»Qualität menschlicher Arbeit«*.[43] In der ersten Auflage des ersten Bandes des »Kapitals« schlussfolgerte Marx:

> »Aus dem Bisherigen folgt, daß in der Waare zwar nicht zwei verschiedene Sorten Arbeit stecken, wohl aber dieselbe Arbeit verschieden und selbst entgegengesetzt bestimmt ist, je nachdem sie auf den Gebrauchswerth der Waare als ihr Produkt oder auf den Waaren-Werth als ihren bloß gegenständlichen Ausdruck bezogen wird. Wie die Waare vor allem Gebrauchsgegenstand sein muß, um Werth zu sein, so muß die Arbeit vor allem nützliche

40 Karl Marx: Das Kapital. Erster Band. 1867, in: MEGA^2,Bd. II/5, S. 22.
41 Ebd., S. 25.
42 Ebd., S. 26.
43 Ebd., S. 25.

Arbeit, zweckbestimmte produktive Thätigkeit sein, um als Verausgabung menschlicher Arbeitskraft und daher als menschliche Arbeit schlechthin zu zählen.«[44]

Dieser Absatz wurde in der zweiten Auflage des ersten Bandes des »Kapitals« durch eine klarere und bestimmtere Formulierung der abstrakten Arbeit ersetzt, zumal Marx in der ersten Auflage erst bei der Analyse der Wertform die Begriffe »abstrakte [...] menschliche [...] Arbeit«[45] bzw. »abstrakte Arbeitsgallerte«[46] gebrauchte.

Nachdem Marx die Wertsubstanz und die Wertgröße bestimmt hatte, wandte er sich der Analyse der Wertform zu: »Kehren wir zunächst wieder zurück zur ersten *Erscheinungsform* des *Warenwerths.*«[47] Damit wird in der Erstausgabe der Übergang vom Wert (Wesen des Tauschwerts) zum Tauschwert (Erscheinungsform des Werts) eingeleitet. Dieser hat seinen objektiven Ursprung in der widersprüchlichen Einheit von Wert und Gebrauchswert, die in der Ware vergegenständlicht sind. Es handelt sich dabei also nicht einfach um die Rückkehr zur ersten Erscheinungsform, sondern um eine weitere Abstraktionsstufe entsprechend des Aufsteigens vom Abstrakten zum Konkreten. Die Analyse der Wertform ist dialektisch eingeschlossen und untrennbarer Untersuchungsgegenstand im ersten Kapitel.

Zunächst zu der Frage, was Marx unter *Form* verstand. Gleich zu Beginn des »Kapitals« wurden von ihm solche Begriffe wie Warenform, Wertform oder Geldform gebraucht. Marx bezeichnete zum Beispiel die Ware als Elementarform der »ungeheure[n] Waarensammlung«. Es handelt sich dabei um die Zuordnung einer Ware zu einer Warenmenge, eines Elements zu einem Zusammenhang. Unter Form sind im marxschen Sinne sowohl die Struktur des Untersuchungsgegenstandes als auch das Äußere, die Erscheinung des Wesens zu verstehen.

44 Ebd., S. 26 f.
45 Ebd., S. 31.
46 Ebd., S. 32.
47 Ebd., S. 27.

Marx brachte am Schluss des Anhangs zum Ausdruck, dass das »*Geheimniß der Geldform*«[48] in der einfachen Warenform liegt. Erst in der zweiten Auflage des ersten Bandes des »Kapitals« formulierte er deutlicher, dass es bei der Analyse der Wertform darum geht, »die Genesis dieser Geldform nachzuweisen«.[49] Geld ist eine verselbstständigte »gemeinsame Wertform« der Waren, es vermittelt als Tauschmittel die Zuordnung von Elementen (Waren) in einem Zusammenhang (Warensammlung der Warenproduktion). Zu Beginn der Darstellung der Wertform schrieb Marx im Teil für den »dialektischen« Leser, dass die erste oder einfache Wertform schwierig zu analysieren sei, eben weil sie einfach ist. In der Fußnote dazu unterstrich er: »Sie ist gewissermaßen die Zellenform oder, wie Hegel sagen wurde, das *An sich des Geldes.*«[50] Daraus wird bereits ersichtlich, dass Marx in diesem Abschnitt nicht verschiedene *Formen,* sondern *die* Wertform untersucht, das heißt, vom Tauschwert der Ware ausgehend das Wesen des Geldes darstellt. »Geld ist kein Ding, sondern eine bestimmte Form des Werts, unterstellt also wieder den Wert.«[51]

Im Anhang zur ersten Auflage des ersten Bandes des »Kapitals« präzisierte Marx das Verhältnis von Wert- und Warenform:

> »Die Form eines Gebrauchswerths bringt das Arbeitsprodukt in seiner Naturalform mit auf die Welt. Es bedarf also nur noch der Werthform, damit es die Waarenform besitze, d. h., damit es erscheine als Einheit der Gegensätze Gebrauchswerth und Tauschwerth. Die Entwicklung der Werthform ist daher identisch mit der Entwicklung der Waarenform.«[52]

48 Ebd., S. 648.

49 Karl Marx: Das Kapital. Kritik der politischen Ökonomie. Erster Band. Hamburg 1872. (Im Folgenden: Karl Marx: Das Kapital. Erster Band. 1872), in: MEGA^2, Bd. II/6, S. 81.

50 Karl Marx: Das Kapital. Erster Band. 1867, in: MEGA^2, Bd. II/5, S. 28.

51 Karl Marx: Das Kapital. Kritik der politischen Ökonomie. Dritter Band, in: MEW, Bd. 25, S. 870.

52 Karl Marx: Das Kapital. Erster Band. 1867, in: MEGA^2, Bd. II/5, S. 639.

Wenn zwischen der Entwicklung der Warenform und der Wertform kein Unterschied besteht, so verwandte Marx diese Begriffe im Anhang nur formell verschieden. Er sprach von der Wertform im Falle der Charakterisierung der inneren Entwicklung. Geht es aber um die Gegenüberstellung zur Geldform, so ist es die »Warenform«. Es wird dadurch der naturelle Unterschied zwischen Ware und Geld sowie ihr wertmäßiger Zusammenhang deutlich gemacht.

Auf einen weiteren Umstand ist aufmerksam zu machen. Bereits in der ersten Auflage des ersten Bandes des »Kapitals« charakterisierte Marx den Unterschied seiner Auffassungen von denen seiner Vorgänger, besonders den klassischen bürgerlichen Ökonomen. Er betonte, dass sie keine Ergebnisse in der Analyse der Wertform erzielen konnten,

> »weil sie Werthform und Werth verwechseln, zweitens, weil sie, unter dem rohen Einfluß des praktischen Bürgers, von vorn herein ausschließlich die quantitative Bestimmtheit ins Auge fassen«.[53]

Marx ging aber noch weiter, denn die Ursache für diesen »Grundmangel« der klassischen politischen Ökonomie lag tiefer.

> »Die Werthform des Arbeitsprodukts ist die abstrakteste, aber auch allgemeinste Form der bürgerlichen Produktionsweise, die hierdurch als eine besondre Art gesellschaftlicher Produktionsweise und damit zugleich historisch charakterisirt wird. Versieht man sie daher für die ewige Naturform gesellschaftlicher Produktion, so übersieht man nothwendig auch das Specifische der Werthform, also der Waarenform, weiter entwickelt der Geldform, Kapitalform u. s. w.«[54]

Hier wird deutlich, dass Marx ausdrücklich den gesellschaftlichen Gehalt der Wertform hervorhob. In ihr kommt in abstraktester Weise die Spezifik des Arbeitsprodukts in der kapitalistischen Produktionsweise zum Ausdruck.

In der ersten Auflage des ersten Bandes des »Kapitals« analysierte Marx den Fetischcharakter der Ware noch nicht in einem gesonderten Abschnitt. Er betonte jedoch, dass Waren-,

53 Ebd., S. 29.
54 Ebd., S. 43 f.

Geld- und Kapitalform die Kategorien der bürgerlichen Ökonomie bilden. »Es sind gesellschaftlich gültige, also objektive Gedankenformen für Produktionsverhältnisse *dieser historisch bestimmten* gesellschaftlichen Produktionsweise.«[55] Marx verstand somit die Analyse der Ware, also auch der Wertform und des Geldes, als untrennbaren Bestandteil der Darstellung der kapitalistischen Produktionsverhältnisse.

Mit der Analyse der Wertform ging es Marx darum, die »Entwicklung des im Werthverhältniß der Waaren enthaltenen Werthausdrucks von seiner einfachsten unscheinbarsten Gestalt bis zur blendenden Geldform zu verfolgen«.[56] Diese von Marx in der zweiten Auflage des ersten Bandes des »Kapitals« erstmals genannte Aufgabenstellung unterscheidet sich wesentlich von der Formulierung im Anhang der ersten Auflage:

> »Weiß man nun, was Gebrauchswerth und Tauschwerth sind, so findet man, daß diese Form I die einfachste, unentwickeltste Manier ist, ein beliebiges Arbeitsprodukt, wie Leinwand z. B., als Waare darzustellen, d. h. als Einheit der Gegensätze Gebrauchswerth und Tauschwerth. Man findet dann zugleich leicht die Metamorphosenreihe, welche die einfache Waarenform [...] durchlaufen muß, um ihre fertige Gestalt [...], d. h. die Geldform, zu gewinnen.«[57]

Die einfache Wertform wird dargestellt als das einfachste Verhältnis einer Ware zu einer beliebigen anderen Ware, zum Beispiel x Ware Leinwand = y Ware Rock. Darin ist die Vielfältigkeit der kapitalistischen Ware-Geld-Beziehungen reduziert zum einfachen Kauf-Verkauf-Verhältnis: W–G–W. Dieser Kreislauf zerfällt in den Akt W–G und den Akt G–W. Jeder für sich genommen stellt ein einfaches Verhältnis zweier Waren dar, zum Beispiel Leinwand und Gold. Es handelt sich also um die Geldform in ihrer einfachsten Darstellung: x Ware A = 2 Pfd. St. Wenn nun an die Stelle der 2 Pfd. St., das heißt der Monetarform des Goldes als Geldware, eine beliebige andere

55 Ebd., S. 47.

56 Karl Marx: Das Kapital. Erster Band. 1872, in: MEGA², Bd. II/6, S. 81.

57 Karl Marx: Das Kapital. Erster Band. 1867, in: MEGA², Bd. II/5, S. 648 f.

Ware gesetzt wird, so erhalten wir das der Geldform adäquate einfache Wertverhältnis, die einfachste Darstellung des Werts: x Ware A = y Ware B. So ist letztere Formel nichts anderes, als die im Kapitalismus real existierende Geldform, reduziert auf elementarstes, abstraktestes Verhältnis. Diesen so *deduktiv* ausgedrückten Gedankengang schilderte Marx im Anhang zur Erstausgabe *induktiv,*[58] und zwar folgendermaßen:

> »Setzt man an die Stelle von:
> 20 Ellen Leinwand = 1 Rock oder 20 Ellen Leinwand sind ein Rock werth, die Form:
> 20 Ellen Leinwand = 2 Pfd. St. oder 20 Ellen Leinwand sind 2 Pfd. St. werth, so zeigt der erste Blick, daß die Geldform durchaus nichts ist als die weiter entwickelte Gestalt der einfachen Werthform der Waare, also der einfachen Waarenform des Arbeitsprodukts. Weil die Geldform nur die entwickelte Waarenform, entspringt sie offenbar aus der einfachen Waarenform.«[59]

Marx untersuchte zunächst bei der einfachen Wertform die Einheit und Gegensätzlichkeit der beiden Pole des Wertausdrucks, der relativen Wertform und der Äquivalentform. Das Ergebnis bestand darin, dass der

> »einfachen relativen Werthform einer Waare [...] die einzelne Aequivalentform einer andren Waare entspricht. Oder die Waare, worin Werth ausgedrückt wird, funktionirt hier nur als einzelnes Aequivalent. So besitzt der Rock, im relativen Werthausdruck der Leinwand, nur Aquivalentform oder Form unmittelbarer Austauschbarkeit mit Bezug auf diese einzelne Waarenart Leinwand.«[60]

Die Gleichung der einfachen Wertform schließt notwendig ein, dass x Ware A ausgedrückt werden kann in verschiedenen Waren.

> »In der That besteht also ihr *vollständiger relativer Werthausdruck* nicht in einem *vereinzelten* einfachen relativen

58 Lenin gab im »Plan der Dialektik (Logik) Hegels« den Hinweis, dass die Analyse der Wertform eine zweifache ist, eine deduktive und eine induktive (vgl. ders.: Werke, Bd. 38, S. 319).

59 Karl Marx: Das Kapital. Erster Band. 1867, in: MEGA^2, Bd. II/5, S. 639 f.

60 Ebd., S. 640.

> Werthausdruck, sondern *in der Summe* ihrer einfachen relativen Werthausdrücke.«[61]

Es handelt sich um die totale oder entfaltete Wertform: x Ware A = Y Ware B = z Ware C = usw. Diese Gleichung führt durch ihre Umkehrung auf die dritte, rückbezügliche oder allgemeine Wertform.

> »Die relative Werthform besitzt jetzt eine ganz veränderte Gestalt. Alle Waaren drücken ihren Werth 1) *einfach* aus, nämlich *in einem einzigen andren Waarenkörper, 2) einheitlich, d. h. in demselben andren* Waarenkörper.«[62]

Von dieser Form III zur Geldform IV ist es nur noch ein Schritt: Setzen wir an die Stelle der Ware A die Ware Geld, so erhalten wir die Geldform. Damit hatte Marx bewiesen, dass in der einfachen Warenform das Geheimnis der Geldform begründet ist.

> »Das entscheidend Wichtige aber war den inneren nothwendigen Zusammenhang zwischen Werth*form*, Werth*substanz* und Werth*größe* zu entdecken, d. h. *ideell* ausgedrückt, zu beweisen, daß die Werth*form* aus dem Werth*begriff* entspringt.«[63]

In der Analyse der Wertform im Haupttext der ersten Auflage des ersten Bandes des »Kapitals« kommt auf besonders anschauliche Weise zum Ausdruck, welche Bedeutung Marx der hegelschen Logik beimaß. Im Nachwort zur zweiten Auflage bemerkte er bekanntlich, dass er hier und da im Kapitel über die Werttheorie »mit der ihm [Hegel] eigenthümlichen Ausdrucksweise« kokettiert habe.[64] Damit waren nicht nur die direkten Hinweise auf Hegel gemeint, die in einigen Anmerkungen zum Ausdruck kommen. Vielmehr zeigte die Wertformanalyse eine starke Anlehnung an die Forderung Hegels, dass das Abstrakte »mit dem *Triebe* begabt sein [muss], sich weiter zu führen«.[65] Marx stellte freilich ganz klar, dass die

61 Ebd., S. 640 f.

62 Ebd., S. 643.

63 Ebd., S. 43.

64 Karl Marx: Das Kapital. Erster Band. 1872, in: MEGA², Bd. II/6, S. 709 (MEW, Bd. 23, S. 27).

65 Georg Wilhelm Friedrich Hegel: Wissenschaft der Logik. Teil 2, Berlin 1976, S. 489.

Entwicklung der Wertform nicht hegelianisch verstanden werden kann, und verwies darauf, dass es sich bei der Entwicklung der Wertform nicht darum handelt, dass sich ein zunächst subjektiver Begriff ohne äußeren Stoff objektiviert.[66] Marx formulierte aber beispielsweise in der ersten Auflage des ersten Bandes des »Kapitals« noch:

> »Der immanente Widerspruch der Waare als unmittelbarer Einheit von Gebrauchswerth und Tauschwerth [...] ruht und rastet nicht, bis er sich zur *Verdopplung der Waare in Waare und Geld* gestaltet hat.«[67]

Seine Bemerkungen zur zweiten Auflage von 1872 verdeutlichen, dass er sich der Notwendigkeit, nach der ersten Auflage eine deutlichere Abgrenzung der Wertformanalyse von der hegelschen Ausdrucksweise vorzunehmen, bewusst geworden war. Marx hob deshalb den Unterschied zwischen seiner und der hegelschen Methode hervor und betonte die materialistische Grundlage seiner Darstellung der politischen Ökonomie.[68]

Der Vergleich der in der ersten Auflage des ersten Bandes des »Kapitals« von Marx vorgelegten zwei Textvarianten der Wertformanalyse führte zu folgendem Ergebnis:[69]

— 1. In dem Teil des Textes des ersten Kapitels, den Marx dem »nichtdialektischen« Leser empfiehlt auszulassen, wird die Wertform stärker aus dem inneren Widerspruch der Ware heraus entwickelt. Diese Entwicklung wurde in der Literatur als eine Widerspiegelung der objektiven Widersprüche des gesamten Tauschprozesses in seinen äußeren Erscheinungen[70] bezeichnet.

66 Vgl. Karl Marx: Das Kapital. Erster Band. 1867, in: MEGA², Bd. II/5, S. 31.

67 Ebd., S. 54.

68 Vgl. dazu Ulrike Galander: Zur Genese des Marxschen Verständnisses der Dialektik von Logischem und Historischem in der Entwicklung seiner politischen Ökonomie. Dissertation B, Martin-Luther-Universität Halle-Wittenberg, Halle 1984; dies.: Bemerkungen zur Einheit von Logischem und Historischem als methodologisches Prinzip bei der Präzisierung der Darstellung im »Kapital« durch Marx, in: Beiträge zur Marx-Engels-Forschung 16, 1984, S. 161–166; dies.: Zu Aspekten der Beziehung von Logischem und Historischem in der Entwicklung der Marxschen politischen Ökonomie, in: DZfPh 1/1986, S. 76–81.

69 Vgl. auch Einleitung, in: MEGA², Bd. II/5, S. 25*.

70 Vgl. Škredov: Issledovanie formy stoimosti [Die Wertformanalyse], S. 23.

— 2. Obwohl Engels Marx geraten hatte, den Anhang historischer anzulegen, fällt auf, dass Marx keine Beispiele aus der Geschichte der Warenproduktion oder des Geldes anführt, sondern die Wertform »didaktisch«, das heißt vor allem mit ausführlicherer Untergliederung darstellt.
— 3. Von bestimmter Bedeutung ist auch, dass im Haupttext ein Hinweis auf die »Geldform« fehlt, Marx sie als »Form IV« bezeichnete und die allgemeine Wertform als die »dritte, umgekehrte oder rückbezogene zweite Form des relativen Werts« betitelte.

Die bisherige Analyse zeigte, dass Marx für die das Gesamtverständnis der kapitalistischen Produktionsweise entscheidende Werttheorie noch nicht die endgültige Darstellungsform gefunden hatte. Wesentliche Fortschritte widerspiegeln sich vor allem in der Analyse des Doppelcharakters der warenproduzierenden Arbeit, der Wertform und des Fetischcharakters der Ware. Das waren zugleich aber auch jene Abschnitte, denen Marx größte Aufmerksamkeit bei der Vorbereitung der zweiten Auflage des ersten Bandes des »Kapitals« widmete, wobei auch einige methodologische Probleme ins Gewicht fielen.

Einige methodologische Probleme der Darstellung und Weiterentwicklung der Werttheorie von der ersten zur zweiten Auflage des ersten Bandes

Die Herausbildung und Entwicklung der marxschen Werttheorie ist untrennbarer Bestandteil der Ausarbeitung der proletarischen politischen Ökonomie. In diesem Entwicklungsprozess widerspiegelt sich die Einheit von Erforschung und Darstellung der kapitalistischen Produktionsweise. Das methodische Herangehen wird dabei durch die materialistische Dialektik bestimmt. Obwohl uns Marx kein Werk über die Dialektik hinterließ, so ist sie jedoch nach den Worten Lenins im »Kapital« auf rationelle Weise auf die politische Ökonomie angewandt worden.[71] Darüber hinaus gab Marx in seinen Manuskripten und im »Kapital« selbst einige Hinweise und

71 Vgl. W. I. Lenin: Konspekt zu Hegels »Wissenschaft der Logik«, in: ders.: Werke, Bd. 38, S. 168.

Erläuterungen zum Verständnis seiner Forschungs- und Darstellungsmethode.[72] Dazu gehören die Aussagen in der »Einleitung« zu den »Grundrissen der Kritik der politischen Ökonomie« und im Nachwort zur zweiten Auflage des ersten Bandes des »Kapitals«. Aus ihnen wird ersichtlich, wie Marx darum rang, in seiner Kritik der politischen Ökonomie das System der Kategorien und Gesetze der kapitalistischen Produktionsweise adäquat darzustellen. In seinen Vorarbeiten zum »Kapital« widerspiegelt sich der Forschungsprozess am deutlichsten. Die Wechselwirkung zwischen Exzerpten und Studien sowie Manuskripten, wie zum Beispiel den Londoner Heften von 1850–1853, der Studie »Reflection« (1851) und den »Grundrissen« (1857/58), beweist, wie sich im Ergebnis jahrelanger Forschungen die gemäße Form der Darstellung herausbildete. Entscheidende Bedeutung in diesem Prozess erlangte die Darstellung der Werttheorie. Sie spielte für den Gewinn der Ausgangskategorie und den nachfolgenden Aufbau des kategorialen Systems die grundlegende Rolle. Immer wieder wandte sich Marx deshalb der Vervollkommnung ihrer Darstellung zu. Das wird auch durch die handschriftliche Vorarbeit belegt, die er für die Überarbeitung des ersten Abschnitts »Ware und Geld« für die zweite Auflage des ersten Bandes des »Kapitals« anfertigte.

In der Darstellung der Werttheorie schlägt sich am deutlichsten die dialektische Handhabung des Verhältnisses von

72 Vgl. Wolfgang Jahn/Dieter Noske: Zu einigen Aspekten der Entwicklung der Marxschen Forschungsmethode der politischen Ökonomie in den Londoner Heften (1850–1853), in: Marx-Engels-Jahrbuch 6, 1983, S. 121–147; Witali Wygodski [V. Vygodskij]: Die dialektische Einheit von Forschungs- und Darstellungsmethode im politökonomischen Schaffen von Karl Marx und ihre schöpferische Anwendung durch W. I. Lenin, in: Beiträge zur Marx-Engels-Forschung 3, 1978, S. 57–71; ders.: Die Verflechtung von Forschungs- und Darstellungsmethode in den »Grundrissen der Kritik der politischen Ökonomie«, in: Arbeitsblätter zur Marx-Engels-Forschung 9, 1979, S. 4–18; V. A. Vazjulin: Stanovlenie metoda naučnogo issledovanija K. Marksa [Die Herausbildung der wissenschaftlichen Untersuchung von Marx], Moskva 1975 [von Vazjulin sind mittlerweile zwei Bücher in deutscher Übersetzung von Gudrun Havemann erschienen: Die Logik des »Kapitals« von Karl Marx, Norderstedt 2006; Die Logik der Geschichte, Norderstedt 2011]; M. M. Rozental: Dialektika »Kapitala« K. Marksa [Die Dialektik des »Kapitals« von Marx], Moskva 1967; L. I. Abalkin: O metode issledovanija i metode izloženija [Über die Forschungs- und Darstellungsmethode], in: Ekonomičeskie nauki 3/1976, S. 21–32; V. P. Škredov: O sisteme dokazatelstva v »Kapitale« [Über das Beweissystem im »Kapital«], in: Ekonomika i matematičeskie metody 21/1985, S. 20–38.

Logischem und Historischem durch Marx nieder. Bereits in der »Einleitung« zu den »Grundrissen« schrieb er:

»Es wäre also unthubar und falsch, die ökonomischen Categorien in der Folge auf einander folgen zu lassen, in der sie historisch die bestimmenden waren. Vielmehr ist ihre Reihenfolge bestimmt durch die Beziehung, die sie in der modernen bürgerlichen Gesellschaft auf einander haben, und die gerade das umgekehrte von dem ist, was als ihre naturgemässe erscheint oder der Reihe der historischen Entwicklung entspricht.«[73]

Natürlich war es für Marx unerlässlich für die Analyse der kapitalistischen Produktionsweise, die Geschichte des Geldes und der Warenproduktion zu kennen. Jedoch die historische Betrachtung der Entwicklung der Geldzirkulation des Handels allein hätte nicht den inneren Zusammenhang der Entwicklung der kapitalistischen Warenproduktion und der ihr entsprechenden Produktionsverhältnisse aufgedeckt, wie umgekehrt, ohne Kenntnis der Geschichte, deren logische Behandlungsweise unmöglich gewesen wäre. Zweifellos erfüllt aber die methodologische Einheit von Logischem und Historischem auch spezifische Aufgaben innerhalb der Darstellung. Die logische Darstellungsweise der Kategorien und Gesetze der politischen Ökonomie bedarf der historischen Illustration. Marx entdeckte, dass diese Kategorien und Gesetze historischen Charakter tragen, dass sie dem Charakter der jeweiligen Produktionsweise entsprechen und nur für diese Gültigkeit besitzen, ihre systematische Darstellung zugleich aber durch die logische Methode bestimmt werden muss. Engels bekräftigte dieses Herangehen: »Die logische Behandlungsweise war also allein am Platz.«[74]

Das Verständnis dieser methodologischen Prämissen ist außerordentlich wichtig, sie muss auf die Interpretation des

73 Karl Marx: Einleitung zu den »Grundrissen der Kritik der politischen Ökonomie«, in: MEGA², Bd. II/1.1, S. 42 (MEW 42, S. 41).

74 Friedrich Engels: Rezension zu Karl Marx: Zur Kritik der politischen Ökonomie. Erstes Heft, in: MEGA², Bd. II/2, S. 253 (MEW 13, S. 475). In der Literatur wird oft unterstrichen, dass die Darstellung im »Kapital« logisch ist. Gleichzeitig wird diese Aussage bei der Behandlung der Wertform negiert (vgl. z. B. Eva Altmann: Zur logischen und historischen Methode in Marx' »Kapital«, in: DZfPh 10/1980, S. 1197–1206).

gesamten »Kapitals« einschließlich des Abschnitts über die Wertform angewandt werden.

Die Kategorien Historisches und Logisches sind mit solchen Kategorien der materialistischen Dialektik wie Abstraktes und Konkretes, Allgemeines, Besonderes und Einzelnes sowie Wesen und Erscheinung besonders eng verbunden. Es kann an dieser Stelle nicht auf alle damit in Zusammenhang stehenden spezifischen Probleme eingegangen werden,[75] sondern nur einer der wertvollen Gedanken hervorgehoben werden, die Lenin aus dem Studium der hegelschen »Logik« gewann und immer wieder mit den Grundgedanken des marxschen »Kapitals« und insbesondere der Werttheorie verband.

> »Das Denken, das vom Konkreten zum Abstrakten aufsteigt, entfernt sich nicht – wenn es richtig ist [...] – von der Wahrheit, sondern nähert sich ihr. Die Abstraktion der Materie, des Naturgesetzes, die Abstraktion des Wertes usw., mit einem Wort alle wissenschaftlichen [...] Abstraktionen spiegeln die Natur tiefer, richtiger, vollständiger wider.«[76]

Damit lenkte Lenin die Aufmerksamkeit auf die notwendige Erkenntnis der einzelnen Abstraktionsstufen im Forschungsprozess und ihrer adäquaten Darstellung. Auch im »Kapital« werden auf jeder Abstraktionsebene die vorangehenden Bestimmungen ergänzt und bereichert und führen so zur tieferen, richtigeren, vollständigeren Widerspiegelung der objektiven Realität. Das betrifft auch die Bestimmung des Werts der Ware als Voraussetzung im ersten Abschnitt des »Kapitals« und als Resultat des kapitalistischen Produktionsprozesses.

Entscheidendes leistete Marx, indem er entdeckte, dass die Ausgangskategorie für die Darstellung des kapitalistischen Produktionsprozesses die Ware ist. Lenin hob hervor:

75 Eine interessante und umfassende Analyse hat Gudrun Richter unter dem Titel: Gesetzmäßigkeit und Geschichtsprozess. Logisches und Historisches, Berlin 1985, vorgelegt. Zu dieser Thematik gibt es auch eine umfangreiche sowjetische Literatur. Vor allem an der in einer Übersetzung vorliegenden Monografie von E. W. Iljenkow: Die Dialektik des Abstrakten und Konkreten im »Kapital« von Karl Marx, Berlin 1979, kann man nicht vorbeigehen.

76 W. I. Lenin: Konspekt zur »Wissenschaft der Logik«, in: ders.: Werke, Bd. 38, S. 160.

> »Der Anfang – das einfachste, gewöhnlichste, massenhafteste, unmittelbare ›Sein‹: die einzelne Ware (›Sein‹ in der politischen Ökonomie). Ihre Analyse als die eines sozialen Verhältnisses.«[77]

Und an anderer Stelle stellte er fest:

> »Marx analysiert im ›Kapital‹ zunächst das einfachste, gewöhnlichste, grundlegendste, massenhafteste, alltäglichste, milliardenfach zu beobachtende Verhältnis der bürgerlichen (Waren-)Gesellschaft: den Warenaustausch. Die Analyse deckt in dieser einfachsten Erscheinung (in dieser ›Zelle‹ der bürgerlichen Gesellschaft) alle Widersprüche [...] der modernen Gesellschaft auf. Die weitere Darstellung zeigt uns die Entwicklung (sowohl das Wachstum als auch die Bewegung) dieser Widersprüche und dieser Gesellschaft im $\sum$ ihrer einzelnen Teile, von ihrem Anfang bis zu ihrem Ende.«[78]

Es muss dabei betont werden, dass Marx im »Kapital« Ware und Geld als Kategorien der kapitalistischen Produktionsweise behandelte und der erste Abschnitt deshalb untrennbarer Bestandteil dieser Analyse ist. Wenn in ihm die Ware und die Kategorien der Warenproduktion in ihrer einfachsten, abstraktesten Form untersucht werden, das heißt entkleidet der historischen Form und Zufälligkeiten der kapitalistischen Warenproduktion, so ist dies eben die Folge der einzig am Platz seienden logischen Methode der Darstellung und bedeutet nicht etwa, dass Marx hier Beziehungen der vorkapitalistischen einfachen Warenproduktion untersuchte.

Die soeben angeschnittenen Probleme spielen in der marxistisch-leninistischen Diskussion eine wichtige Rolle. Dazu gehört die Bestimmung des Untersuchungsgegenstandes im ersten Abschnitt des ersten Bandes des »Kapitals«. Vielfach wurde nämlich geäußert, dass Marx den geschichtlichen Entwicklungsprozess der einfachen Warenproduktion darstellen würde[79]

77 W. I. Lenin: Plan der Dialektik (Logik) Hegels, in: ders.: Werke, Bd. 38, S. 319.

78 W. I. Lenin: Zur Frage der Dialektik, in: ders.: Werke, Bd. 38, S. 340.

79 Vgl. z. B. Karl Neelsen/Klaus Mueller-Bülow: Ware und Geld, Berlin 1973; N. V. Chesin: Nekotorye metodologičeskie voprosy »Kapitala« K. Marksa [Einige methodologische Fragen des »Kapitals« von Marx], in: Ekonomičeskie nauki

bzw. dass Marx die einfache Zirkulation kapitalistisch produzierter Waren der Darstellung der Analyse des Produktionsprozesses voranstelle.[80] Ein wichtiger Aspekt dieser Diskussion ist also das Verständnis des Verhältnisses von Logischem und Historischem, besonders in Bezug auf die Wertformanalyse. Die Unterschiedlichkeit der Interpretationen wird besonders in Lehrbüchern zur politischen Ökonomie deutlich, namentlich bei der Erläuterung der marxschen Darstellung der einfachen Wertform.[81] So heißt es im Lehrbuch »Politische Ökonomie des Kapitalismus und des Sozialismus« (Redaktion Horst Richter):

> »Die einfache Wertform trat historisch auf, als die Produktivkräfte noch gering entwickelt waren und der Austausch, der zunächst zwischen verschiedenen Gemeinwesen in der Urgesellschaft stattfand, noch zufälligen Charakter hatte.«[82]

Im Lehrbuch »Politische Ökonomie des Kapitalismus« (Redaktion Alfred Lemmnitz) konnte diese Darstellungsweise überwunden werden. Dort wird hervorgehoben, dass die »Analyse der Wertformen [...] die objektive Logik ihrer Entfaltung« zeigt.[83] An diesem Beispiel zeigt sich, dass die oftmals kontroversen Diskussionen in dieser Frage zu dem Resultat geführt haben, das marxsche Hauptwerk stärker in seinem Gesamtzusammenhang zu interpretieren.

8/1976, S. 18–32. Wygodski vertritt beispielsweise folgenden Standpunkt: »Im ersten Abschnitt des ersten Bandes des ›Kapitals‹ werden die Verhältnisse der kapitalistischen Warenproduktion in abstrakter Form untersucht, gleichzeitig ist hier die Analyse der realen vorkapitalistischen Warenverhältnisse gegeben.« (V. S. Vygodskij: Rabota Marksa nad »Kapitalom« v 1863–1865 gg. [Die Arbeit von Marx am »Kapital« in den Jahren 1863–1865], in: Očerki [Abrisse], S. 145 (Zitat aus dem Russischen übersetzt).

80 »Die einfache Zirkulation wird hier als eine abstrakte Sphäre der kapitalistischen Produktionsweise betrachtet.« (Wolfgang Jahn: Einführung in Marx' Werk »Das Kapital«. Erster Band, Berlin 1983, S. 26); vgl. auch ders.: Entwicklung, S. 66–79; Peter Römer: Entstehung, Rechtsform und Funktion des kapitalistischen Privateigentums, Köln 1978, S. 99–107; V. P. Škredov: Metod issledovanija sobstvennosti v »Kapitale« K. Marksa [Die Untersuchungsmethode des Eigentums im »Kapital« von K. Marx], Moskva 1973; ders.: Tovar i tovarnoe obraščenie kakpredposylki analiza processa proizvodstva kapitala [Ware und Warenumlauf als Voraussetzungen für die Analyse des Produktionsprozesses des Kapitals], in: Ekonomičeskie nauki 6/1975, S. 18–32.

81 Vgl. dazu die Analyse von Ermakova: O logičeskom i istoričeskom [Über Logisches und Historisches], S. 38–47.

82 Politische Ökonomie des Kapitalismus und Sozialismus, Berlin 1974, S. 71.

83 Politische Ökonomie des Kapitalismus. Lehrbuch, Berlin 1980, S. 97.

Für die Ausarbeitung von Lehrbüchern und Einführungen in das »Kapital« spielt die populäre Form der Darstellung eine nicht unwesentliche Rolle. Marx verfolgte sehr aufmerksam die ersten populären Darstellungen des »Kapitals«. Nach Erhalt einer Broschüre von Carlo Cafiero schrieb er an diesen, dass ihm erst kürzlich zwei andere populäre Darstellungen zugegangen seien und

> »beide machen den Fehler, dass sie einen kurzgefassten und populären Abriss des ›Kapitals‹ geben wollen, sich aber gleichzeitig zu pedantisch an die wissenschaftliche Form der Darstellung halten. Dadurch scheinen sie mir mehr oder weniger ihr Hauptziel zu verfehlen, nämlich auf die Öffentlichkeit einzuwirken.«[84]

Dazu gehörte zum Beispiel der Versuch der populären Darstellung der marxschen ökonomischen Lehre in der 1873 erschienenen Broschüre von Johann Most »Kapital und Arbeit«. Marx überarbeitete diese Schrift, wobei er dem engelsschen Rat folgte, etwas weitläufiger historisch zu zeigen, was auf dialektischem Weg durch ihn gewonnen worden war.[85]

Von Marx' Interesse an popularisierenden Ausgaben zum ersten Band des *Kapitals* zeugen auch seine Marginalien zu Ferdinand Domela Nieuwenhuis' »Kapitaal en Arbeid«. Gleich am Anfang bemerkte er, dass der Autor seine Aussage des ersten Satzes des »Kapitals« verkürzt und nicht vollständig übersetzt habe, dass nämlich der Reichtum der »Gesellschaften, in welchen kapitalistische Produktionsweise vorherrscht«, als eine ungeheure Warensammlung erscheint.[86] Marx' Marginalien beruhen auf der zweiten Auflage des ersten Bandes des »Kapitals« und zeigen, dass er es für notwendig erachtete, wichtige Aussagen des »Kapitals« in populären Ausgaben möglichst präzis wiederzugeben. Marx konnte sich auf keinen Fall mit verkürzten Interpretationen wichtiger theore-

84 Marx an Carlo Cafiero, 29.7.1879, in: MEW, Bd. 34, S. 384.

85 Vgl. Engels an Marx, 16.7.1867, in: MEW, Bd. 31, S. 303.

86 Vgl. Karl Marx: Marginalien zu Ferdinand Domela Nieuwenhuis: Karl Marx. Kapitaal en Arbeid, in: Karl Marx/Friedrich Engels: Marginalien. Probestücke, Berlin 1983, S. 118; vgl. vorl. Band, S. 254–258.

tischer Stellen einverstanden erklären. Im konkreten Fall hob er vor allem die Kategorien hervor, die für seine Entdeckung des Doppelcharakters der warenproduzierenden Arbeit entscheidend waren.

Diese kurzen Hinweise auf einige methodologische Aspekte der marxschen Forschungs- und Darstellungsmethode zeigen, dass die Darstellung der Werttheorie eine Schlüsselfunktion einnimmt. Eines der vielfach diskutierten Probleme dabei ist die Ausarbeitung und Darstellung der Wertform durch Marx. Die Wertform wurde erstmals in der ersten Auflage des ersten Bandes des »Kapitals« von 1867 umfassend untersucht. Marx hatte deshalb in seinem Vorwort vorausgeschickt, dass dieser Abschnitt nicht einfach zu verstehen ist, er jedoch Leser voraussetzt, »die etwas *Neues* lernen, also auch selbst denken wollen«.[87] Gleichzeitig war der Abschnitt über die Wertform auch Gegenstand eines Meinungsaustausches zwischen ihm, Engels und Louis Kugelmann während der Vorbereitung des Bandes für den Druck. Beide wiesen Marx auf bestimmte Schwierigkeiten bei seinem Verständnis hin und forderten ihn auf, diesen Abschnitt besser darzustellen, das heißt, sowohl mithilfe der Einteilung in Paragrafen und Unterabschnitte als auch durch den etwas weitläufigeren historischen Nachweis des dialektisch Gewonnenen »dem Philister auf historischem Weg die Notwendigkeit der Geldbildung und den dabei stattfindenden Prozeß« aufzuzeigen.[88] Marx antwortete Engels darauf:

> »Was die Entwicklung der Wertform betrifft, so habe ich Deinen Rat befolgt und nicht befolgt, um mich auch in dieser Hinsicht dialektisch zu verhalten. D. h., ich habe 1. einen Anhang geschrieben, worin ich dieselbe Sache so einfach als möglich und so schulmeisterlich als möglich darstelle, und 2. nach Deinem Rat jeden Fortschrittssatz in §§ etc., mit eigenen Überschriften eingeteilt. In der Vorrede sage ich dann dem ›nichtdialektischen‹ Leser, daß

87 Karl Marx: Das Kapital. Erster Band, 1867, in: MEGA², Bd. II/5, S. 12 (MEW, Bd. 23, S. 12).

88 Engels an Marx, 16.6.1867, in: MEW, Bd. 31, S. 303.

> er Seiten x–y überschlagen und statt dessen den Anhang lesen soll.«[89]

Damit entstand die Situation, dass in der ersten Auflage die Wertformanalyse im Text des ersten Kapitels und in einem Anhang dargestellt wurde. Zu dieser doppelten Darstellung hatte auch Kugelmann geraten in der Überzeugung, »daß für die meisten Leser eine nachträgliche, mehr didaktische Auseinandersetzung der Werthform nöthig sei«.[90] Diese Form der Darstellung erforderte von Marx, wie bereits erwähnt wurde, eine gründliche Überarbeitung für die zweite Auflage dieses Bandes.

Die Entstehungsgeschichte der Wertformanalyse zeigt auf anschauliche Weise, wie Marx um eine möglichst verständliche, aber dennoch streng logische Darstellung der Totalität der kapitalistischen Produktionsweise rang.

Die marxsche Darstellungsmethode der politischen Ökonomie, besonders der Werttheorie, wurde durch die bürgerliche politische Ökonomie mit dem Erscheinen des ersten Bandes des »Kapitals« sofort fehlinterpretiert beziehungsweise verfälscht. Vor allem wurde sie mit der hegelschen Dialektik identifiziert, und da also die deutschen Rezensenten des »Kapitals« über »Hegel'sche Sophistik«[91] schrien, fühlte sich Marx veranlasst, im Nachwort zur zweiten Auflage des ersten Bandes des »Kapitals« unmissverständlich zu erklären:

> »Meine dialektische Methode ist der Grundlage nach von der Hegel'schen nicht nur verschieden, sondern ihr direktes Gegentheil. Für Hegel ist der Denkproceß, den er sogar unter dem Namen Idee in ein selbständiges Subjekt verwandelt, der Demiurg des Wirklichen, das nur seine äußere Erscheinung bildet. Bei mir ist umgekehrt das Ideelle nicht andres als das im Menschenkopf umgesetzte und übersetzte Materielle.
>
> Die mystificirende Seite der hegelschen Dialektik habe ich vor beinahe 30 Jahren, zu einer Zeit kritisirt, wo sie

89 Marx an Engels, 22.6.1867, in: ebd., S. 306.

90 Karl Marx: Das Kapital. Erster Band. 1872, in: MEGA², Bd. II/6, S. 700 (MEW, Bd. 23, S. 18).

91 Ebd., S. 707 (MEW, Bd. 23, S. 25).

> noch Tagesmode war. Aber grade als ich den ersten Band des ›Kapital‹ ausarbeitete, gefiel sich das verdrießliche, anmaßliche und mittelmäßige Epigonenthum, welches jetzt im gebildeten Deutschland das große Wort führt, darin, Hegel zu behandeln, wie der brave Moses Mendelssohn zu Lessing's Zeit den Spinoza behandelt hat, nämlich als ›todten Hund‹. Ich bekannte mich daher offen als Schüler jenes großen Denkers, und kokettirte sogar hier und da im Kapital über die Werththeorie mit der ihm eigenthümlichen Ausdrucksweise. Die Mystifikation, welche die Dialektik in Hegel's Händen untergeht, verhindert in keiner Weise, daß er ihre allgemeine Bewegungsform zuerst in umfassender und bewußter Weise dargestellt hat. Sie steht bei ihm auf dem Kopf. Man muß sie umstülpen, um den rationellen Kern in der mystischen Hülle zu entdecken.«[92]

Ungeachtet dessen gibt es bis auf den heutigen Tag innerhalb der bürgerlichen Marx-Kritik vielfältige Interpretationen der Wertformanalyse als »hegelsche Manier«.[93]

Lenin hat den tatsächlichen Wert der hegelschen Dialektik in einem bekannten Aphorismus hervorgehoben:

> »Man kann das ›Kapital‹ von Marx und besonders das I. Kapitel nicht vollständig begreifen, ohne die ganze Logik von Hegel durchstudiert und begriffen zu haben.«[94]

Die Struktur des »Kapitals«, die logische Entwicklung der Kategorien und Gesetze der kapitalistischen Produktionsweise belegen dies. Jedoch besteht ein prinzipieller Unterschied. Die dialektische Methode, die Marx für die politische

92 Ebd., S. 709 (MEW, Bd. 23, S. 27).

93 Vgl. u. a. Hans-Georg Backhaus: Materialien zur Rekonstruktion der Marxschen Werttheorie 3, in: Gesellschaft. Beiträge zur Marxschen Theorie II, Frankfurt a. M. 1978, S. 16–117; Werner Becker: Zur Kritik der Marxschen Wertlehre und ihrer Dialektik, in: Kritischer Rationalismus und Sozialdemokratie, Berlin/Bonn/Bad Godesberg 1975, S. 201–221; Ernst Michael Lange: Das Prinzip der Arbeit. Drei metakritische Kapitel über Grundbegriffe, Struktur und Darstellung der »Kritik der Politischen Ökonomie« von Karl Marx, Frankfurt a. M./Berlin/Wien 1980; Siegfried Dangelmayr: Ware, Mehrarbeit, Gesamtarbeit im ersten Buch des »Kapital«, in: Zeitschrift für philosophische Forschung 3/1982, S. 391–409.

94 Lenin: Konspekt, S. 170.

Ökonomie entwickelte, widerspiegelt den konsequenten Materialismus in der Erklärung der Gesetzmäßigkeiten des Kapitalismus. Für Marx ist nicht die Emanation der Idee vom Sein zum Wesen, zur Erscheinung und zur Wirklichkeit charakteristisch, sondern die Entwicklung der materiellen Existenzformen der kapitalistischen Produktionsverhältnisse. In der Einheit von Materialismus und Dialektik zeichnet sich daher die neue Qualität der Methode von Marx aus.

Ein weiterer wesentlicher Charakterzug der bürgerlichen Marx-Kritik ist die Vertuschung des Wesens des Warenwerts und seine Interpretation als quantitatives Verhältnis des Warenaustauschs. Bereits in den »Theorien über den Mehrwert« stellte Marx fest, dass es den bürgerlichen Apologeten nicht erlaubt ist, von »der Oberfläche in die Tiefe fortzugehn«.[95] Marx betrachtete den Wert nicht einfach als Verhältnis der Waren im Tauschprozess zueinander, wie einige Marxologen immer wieder behaupten, sondern als gesellschaftliches Verhältnis der Warenbesitzer:

> »Als Werthe sind die Waaren gesellschaftliche Grössen, also etwas von ihren ›properties‹ as ›things‹ absolut verschiednes. Sie stellen als values nur Verhältnisse der Menschen in ihrer productive activity dar. Value ›implies‹ in der That ›exchanges‹, aber exchanges sind exchanges of things between men; exchanges, die die Dinge als solche absolut nichts angehn.«[96]

Dabei galt es für Marx, die Ware als die allgemeinste Form des bürgerlichen Reichtums und ihr Verhältnis zu einer anderen Ware, ausgedrückt im Warenwert, als dem einfachsten Verhältnis der kapitalistischen Produktionsverhältnisse zum Ausgangspunkt zu nehmen und aus der Analyse der Waren- und Geldzirkulation heraus das Verhältnis von Lohnarbeit und Kapital im unmittelbaren Produktionsprozess zu klären, also die Produktion des Mehrwerts aufzudecken.[97]

95 Karl Marx: Zur Kritik der politischen Ökonomie (Manuskript 1861–1863), in: MEGA², Bd. II/3.4, S. 1325 (MEW, Bd. 26.3, S. 137).

96 Ebd, S. 1317 (MEW, Bd. 26.3, S. 127).

97 Die weltweite Diskussion dieser Fragen der Werttheorie wird u. a. durch folgende neuere Veröffentlichungen belegt: J. R. Nunez Tenorio: Problamas del metodo

Die Darstellung der Werttheorie im überarbeiteten Abschnitt »Ware und Geld« der zweiten Auflage (1872)

Zwischen Dezember 1871 und Januar 1872 bereitete Marx die zweite Auflage des ersten Bandes des »Kapitals« für den Druck vor. In seinem Nachwort, das auf den 24. Januar 1873 datiert ist, wies er ausführlich auf die von ihm vorgenommenen Veränderungen hin. Freilich empfand er es als nutzlos, »auf die stellenweisen Textänderungen, oft nur stylistisch, im Einzelnen einzugehn«.[98] Vielmehr hob er vor allem jene Abschnitte hervor, die besonderen Veränderungen unterlagen:

> »Kapitel I, 1 ist die Ableitung des Werths durch Analyse der Gleichungen, worin sich jeder Tauschwerth ausdrückt, wissenschaftlich strenger durchgeführt, ebenso der in der ersten Ausgabe nur angedeutete Zusammenhang zwischen der Werthsubstanz und der Bestimmung der Werthgröße durch gesellschaftlich-nothwendige Arbeitszeit ausdrücklich hervorgehoben. Kapitel I, 3 (die Werthform) ist gänzlich umgearbeitet, was schon die doppelte Darstellung der ersten Ausgabe gebot. [...] Der letzte Abschnitt des ersten Kapitels, ›Der Fetischcharakter der Waare etc.‹, ist großenteils verändert. Kapitel III, 1 (Maß der Werthe) ist sorgfältig revidirt, weil dieser Abschnitt in der ersten Ausgabe, mit Hinweis auf die ›Zur Kritik der Polit. Oek. Berlin 1859‹, bereits gegebne Auseinandersetzung, nachlässig behandelt war.[99]

Damit hat Marx zugleich selbst die Hinweise gegeben, die notwendig sind, um die von ihm vorgenommenen Verän-

de lo economia politica, Caracas 1985; Yoshihiro Niji: Hegels Theorie vom Urteil und Marx' Theorie von der Wertform, in: Hannan Ronshu 2/1983, S. 1–25; Masao Oguro: Zur theoretischen Bedeutung der »Wertform« im »Kapital« von Karl Marx, in: Arbeitsblätter zur Marx-Engels-Forschung 18, 1986, S. 23–47; Tomonaga Tairako: Versachlichung und Verdinglichung in ihrer Beziehung zur Hegelschen Dialektik. Zur Erschließung der Logik der Verkehrung, in: Hokudai Economic Papers 12, 1982, S. 65–86; J. Huarte: Una lectura critica de »El Capital«, Madrid 1981; M. Lippi: Ancora su valore e costo reale in Marx, in: Rivista internazianale di scienze economiche e commerciali 7/8, 1985, S. 635–659; M. Itoh: Value and crises, New York/London 1980; I. Steedman u. a.: The value controversy, London 1981; Paul Boccara: Studien über »Das Kapital«, Frankfurt a.M. 1982.

98 Karl Marx: Das Kapital. Erster Band. 1872, in: MEGA^2, Bd. II/6, S. 700 (MEW, Bd. 23, S. 18).

99 Ebd.

derungen etwas näher zu analysieren. Sie entsprangen nicht nur der Notwendigkeit, die doppelte Darstellung der Wertform in der ersten Auflage zu vereinheitlichen. Marx ging es vielmehr darum, durch die Verbesserung der Darstellung die Verständlichkeit seines Hauptwerkes insgesamt zu erhöhen. Seine Veränderungen zielten daher auf eine noch konsequentere dialektische Entwicklung der Kategorien und Gesetze der kapitalistischen Produktionsweise, was eine klarere Gliederung, begriffliche Abgrenzung und Definition dieser Kategorien und Gesetzmäßigkeiten, insbesondere bei der Formulierung der Ausgangskategorien im ersten Abschnitt »Ware und Geld«, erforderte.

Die Untersuchung der von Marx im ersten Abschnitt vorgenommenen Veränderungen zeigt, dass er die Paragrafen über die Wertform, den Fetischcharakter der Ware und das Maß der Werte neu ausarbeitete und die gesamte Struktur des Abschnitts weiter verbesserte.[100] Darüber hinaus ergänzte er den Text um 22 Fußnoten[101] und nahm vielfältige größere und kleinere inhaltliche sowie stilistische Veränderungen vor.

Welche neuen Formulierungen erarbeitete Marx für die Definition der Wertsubstanz und der Wertgröße?

Zunächst ist die Zusammenfassung der Analyse zur Wertsubstanz vor der Definition der Wertgröße hervorzuheben. In der ersten Auflage des ersten Bandes des »Kapitals« hatte Marx geschrieben:

> »Die gemeinsame gesellschaftliche Substanz, die sich in verschiednen Gebrauchswerthen nur verschieden darstellt, ist – die Arbeit.

100 Marx hat den gesamten Band durchgehend detaillierter gegliedert. Jungnickel ist zuzustimmen, dass dank dieser Tatsache sich sowohl der Inhalt als auch die Methode des »Kapitals« in der zweiten Auflage deutlicher als in der ersten Auflage des ersten Bandes widerspiegelt (vgl. Jürgen Jungnickel: Zur Veränderung der Gliederung von der 1. zur 2. deutschen Auflage des ersten Bandes des »Kapitals«, in: Beiträge zur Marx-Engels-Forschung 16, 1984, S. 140–147).

101 Ein Teil der neuen Anmerkungen resultierte aus weiteren ökonomischen Studien von Marx in der Zeit von 1867 bis 1872, die z. B. an den Marginalien zu John Broadhursts »Political Economy«, London 1842, ablesbar sind (vgl. Karl Marx/Friedrich Engels: Marginalien. Probestücke, S. 3–28). Bisher gibt es noch keine näheren Untersuchungen dieser Studien.

> Als Werthe sind die Waaren nichts als krystallisirte Arbeit.«[102]

In der zweiten Auflage brachte Marx die substanzielle Grundlage der tauschwertproduzierenden Arbeit zum Ausdruck.

> »Mit dem nützlichen Charakter der Arbeitsprodukte verschwindet der nützliche Charakter der in ihnen dargestellten Arbeiten, es verschwinden also auch die verschiednen konkreten Formen dieser Arbeiten, sie unterscheiden sich nicht länger, sondern sind allzusammt reducirt auf gleiche menschliche Arbeit, abstrakt menschliche Arbeit [...]. Als Krystalle dieser ihnen gemeinschaftlichen gesellschaftlichen Substanz sind sie Werthe.«[103]

Und zur Definition der Wertgröße formulierte Marx erstmals:

> »Die Arbeit jedoch, welche die Substanz der Werthe bildet, ist gleiche menschliche Arbeit, Verausgabung derselben menschlichen Arbeitskraft. Die gesamte Arbeitskraft der Gesellschaft, die sich in den Werthen der Waarenwelt darstellt, gilt hier als eine und dieselbe menschliche Arbeitskraft, obgleich sie aus zahllosen individuellen Arbeitskräften besteht. Jede dieser individuellen Arbeitskräfte ist dieselbe menschliche Arbeitskraft wie die andere, soweit sie den Charakter einer gesellschaftlichen Durchschnitts-Arbeitskraft besitzt und als solche gesellschaftliche Durchschnittsarbeitskraft wirkt, also in der Produktion einer Waare auch nur die im Durchschnitt nothwendige oder gesellschaftlich nothwendige Arbeitszeit braucht.«[104]

Auf einen weiteren Umstand ist aufmerksam zu machen. Marx fasste nämlich den Doppelcharakter der in den Waren dargestellten Arbeit in der zweiten Auflage des ersten Bandes des »Kapitals« wie folgt zusammen und ging damit zum Abschnitt »Die Werthform oder der Tauschwerth« über:

> »Alle Arbeit ist einerseits Verausgabung menschlicher Arbeitskraft im physiologischen Sinn und in dieser Eigenschaft gleicher menschlicher oder abstrakt menschli-

102 Karl Marx: Das Kapital. Erster Band. 1867, in: MEGA²; Bd. II/5, S 19.
103 Karl Marx: Das Kapital. Erster Band. 1872, in: MEGA², Bd. II/6, S. 72.
104 Ebd., S. 73.

cher Arbeit bildet sie den Waaren-Werth. Alle Arbeit ist andrerseits Verausgabung menschlicher Arbeitskraft in besondrer zweckbestimmter Form und in dieser Eigenschaft konkreter nützlicher Arbeit producirt sie Gebrauchswerthe.«[105]

Die angeführten Beispiele für neue Formulierungen in der zweiten Auflage des ersten Bandes des »Kapitals« illustrieren einige Schlussfolgerungen. In einer Reihe von Publikationen wurde darauf hingewiesen, dass »Marx in seinen vor dem ›Kapital‹ geschriebenen Werken begrifflich noch nicht streng zwischen ›Tauschwert‹ und ›Wert‹ unterschied«.[106] Diese Formulierung berücksichtigt aber nicht genügend, dass Marx sich über den Unterschied zwischen Wert und seiner Erscheinungsform Tauschwert seit Langem bewusst war. Aber solange nicht alle Kategorien durch eindeutige Aussagen definiert waren und keine Wertformanalyse vorhanden war, galt für ihn, dass es sich beim Gebrauch des Wortes »Wert« immer um den »Tauschwert« handelte, wie er in der Fußnote 9 in der ersten Auflage von 1867 angemerkt hatte. In der zweiten Auflage ließ er diese Fußnote weg und gab eine Bestimmung des Tauschwerts als der Ausdrucksweise oder Erscheinungsform des Werts. In diesem Sinne nahm Marx auch eine Reihe von Präzisierungen vor, indem er anstelle von Wert Tauschwert und umgekehrt setzte.

Es wurde bereits darauf verwiesen, dass Marx in der ersten Auflage des ersten Bandes des »Kapitals« mehrmals von »menschlicher Arbeit schlechthin« und von »nützlicher Arbeit« als Charakterisierung des Doppelcharakters der in den Waren vergegenständlichten Arbeit sprach. Die klassische Formulierung der abstrakt menschlichen Arbeit und der konkret nützlichen Arbeit gab Marx erst in der zweiten Auflage von 1873.

Die Definition der gesellschaftlich notwendigen Arbeitszeit dagegen war schon in der ersten Auflage enthalten. In der zweiten Auflage postulierte Marx diesen Begriff jedoch nicht

105 Ebd., S. 79 f.

106 Jahn: Einführung, S. 28.

einfach, sondern leitete ihn aus dem Verbrauch individueller Arbeitskraft her. Damit wird die dialektische Bewegung vom Einzelnen zum Allgemeinen auch in der Darstellung dieser Kategorie stärker berücksichtigt.

Erstmals verwandte Marx in der zweiten Auflage die Formulierung »Verausgabung menschlicher Arbeitskraft im physiologischen Sinn« zur Charakterisierung des Verbrauchs von menschlichem Hirn, Muskel, Nerv, Sinnesorgan usw. in verschiedenen produktiven Tätigkeiten. Das war ein außerordentlich wichtiger Baustein für das Verständnis der abstrakten Arbeit, die die Eigenschaft der Verausgabung menschlicher Arbeitskraft im physiologischen Sinn widerspiegelt.

Die Untersuchung der Textentwicklung in der Darstellung der Wertformanalyse belegt, dass Marx weitgehend den Ratschlag von Engels befolgte und nun die mehr didaktische Darstellung, wie sie im Anhang der ersten Auflage des ersten Bandes des »Kapitals« angestrebt war, vorzog. Es handelt sich also nicht um eine »organische Vereinigung« der beiden Fassungen der ersten Auflage. Mit Ausnahme einiger weniger Absätze sind beispielsweise die Abschnitte »B. Totale oder entfaltete Werthform.« und »D. Geldform.« aus dem Anhang übernommen worden. Das Manuskript der Vorarbeiten für die zweite Auflage widerspiegelt, wie Marx um die Formulierung der entscheidenden Abschnitte regelrecht »kämpfte«, wobei es ihm vor allem darum ging, die »hegelsche Manier« der Darstellung zu vermeiden, gleichzeitig aber in gelungenster Weise die dialektische Methode auf die Wertformanalyse anzuwenden.

Auf besonders anschauliche Art und Weise kommen die Veränderungen in drei Unterabschnitten der Wertformanalyse zum Ausdruck, die in den Vorarbeiten neu formuliert wurden und in die zweite Auflage des ersten Bandes des »Kapitals« eingingen. So kam es Marx bei der Darstellung des »Gehalts der relativen Werthform« darauf an, zu zeigen, dass die Wertsubstanz sich nur im Verhältnis zu einer anderen Ware darstellen kann. Er formulierte deshalb:

> »Als Werthe sind die Waaren bloße Gallerten menschlicher Arbeit, so reducirt unsre Analyse dieselben auf die Werthabstraktion, giebt ihnen aber keine von ihren Naturalformen verschiedne Werthform. Anders im Werthverhältniß einer Waare zur andern. Ihr Werthcharakter tritt hier hervor durch ihre eigne Beziehung zu der andern Waare.«[107]

Das hatte nun zur Folge, dass er nochmals den Unterschied zwischen dem Wertbildungsprozess und der Wertform hervorhob. In den Vorarbeiten hatte Marx dazu formuliert:

> »Es genügt indess nicht, daß die Gleichheitsbeziehung der Leinwand zum Rock den abstrakt menschlichen Charakter der im Leinwandwerth enthaltnen Arbeit ausdrückt. Menschliche Arbeit oder menschliche Arbeitskraft in flüssigem Zustand bildet Werth, aber ist nicht Werth. Sie wird Werth in geronnenem Zustand, in gegenständlicher Form.«[108]

In der zweiten Auflage selbst verkürzte er den ersten Satz und schrieb, dass es nicht genügt, »den specifischen Charakter der Arbeit auszudrücken, woraus der Werth der Leinwand besteht«.[109] Hier wird die Verbindung zur Analyse des Doppelcharakters der warenproduzierenden Arbeit deutlich.

Auch der in den Vorarbeiten neu ausgearbeitete Abschnitt über »Das Ganze der einfachen Werthform« dokumentiert, dass Marx in ihr das abstrakteste und elementarste Austauschverhältnis sah. Er hob hervor: »Unsere Analyse bewies, daß die Werthform oder der Werthausdruck der Waare aus der Natur des Waarenwerths entspringt, nicht umgekehrt.« Zugleich betonte er, dass die Verwandlung des Arbeitsprodukts in Ware an eine »historisch bestimmte Entwicklungsepoche« gebunden ist und »die Entwicklung der Waarenform mit der Entwicklung der Werthform zusammenfällt«.[110] Dieser Entwicklungsprozess ist dadurch gekennzeichnet, dass die einfache Wertform als »Keimform«, wie sie Marx auch

107 Karl Marx: Das Kapital. Erster Band. 1872, in: MEGA², Bd. II/6, S. 83.

108 Karl Marx: Ergänzungen und Veränderungen zum ersten Band des »Kapitals« (Dezember 1871–Januar 1872), in: MEGA², Bd. II/6, S. 12.

109 Karl Marx: Das Kapital. Erster Band. 1872, in: MEGA², Bd. II/6, S. 83 f.

110 Ebd., S. 92 f.

bezeichnete, in »Metamorphosen« »von selbst in eine vollständigere Form« übergeht und zur »Preisform heranreift«.[111] Die folgenden Bestimmungen der verschiedenen Momente (Metamorphosen) der Wertform widerspiegeln die objektiven und inneren Zusammenhänge zwischen den Austauschverhältnissen der bürgerlichen Gesellschaft, die an deren Oberfläche nicht sichtbar sind. Die Analyse der Wertform zeigte, dass die Ware und das Geld durch die vermittelnde Bewegung miteinander verbunden sind. Die Wertformanalyse ist die abstrakte Widerspiegelung des sich unermüdlich in den Grenzen der bürgerlichen Austauschsphäre vollziehenden Prozesses, in dessen Resultat sich Ware und Geld als notwendige Elemente der kapitalistischen Ökonomik reproduzieren.[112]

111 Ebd. Haug verbindet mit den Begriffen »Keimform«, »Elementarform«, »Metamorphose« drei Anforderungen an die Wertformanalyse: »*Erstens die didaktische Anforderung [...]. Zweitens die logische Anforderung [...] Drittens die genetische Anforderung*« (Wolfgang Fritz Haug: Vorlesungen zur Einführung ins Kapital, Köln 1976, S. 123). Hans Heinz Holz setzt sich mit Haug auseinander und verweist darauf, dass dessen Methode »zur Veränderung der wahrheitstheoretischen Konzeption führt«, wo »eine Grenze didaktischer Zugeständnisse liegen« muss. Haugs subjektivistisches Herangehen an die Interpretation des Anfangs des »Kapitals« führt dazu, »philosophische Verklärungen zu vermeiden, die bei Marx vorausgesetzt waren« (Hans Heinz Holz: Vom vermeintlichen Untergang und der wundersamen Rettung der Philosophie durch Wolfgang Fritz Haug, in: Marxismus – Ideologie – Politik: Krise des Marxismus oder Krise des »Arguments«? Frankfurt a. M. 1984, S. 28–53, hier S. 39, 41, 51).

112 Vgl. Škredov: Analiz formy stoimosti [Die Wertformanalyse], S. 249–310. Göhler stellt in seinen strukturtheoretischen Untersuchungen über die Unterschiede der Wertformanalyse zwischen der ersten und zweiten Auflage des ersten Bandes des »Kapitals« fest: »Die Erstauflage des ›Kapitals‹ führt prinzipiell die Einleitung und Entwicklung bereits im Sinne der späteren Auflagen durch. Sie nimmt aber noch insoweit eine Mittelstellung ein, als sie bei der Analyse der Wertformen nur bis zum allgemeinen Äquivalent gelangt und den nun naheliegenden Schritt zum Geld als Geldform noch nicht vollzieht; Geldbestimmungen werden erst im Rahmen des Austauschprozesses aufgenommen. Der Anhang [...] gibt dann bereits genau die Abfolge der späteren Auflagen.« Weiter schreibt er: »In der Erstauflage resultiert aus der Wertform-Analyse zwar noch nicht unmittelbar das Geld – hier wahrt Marx noch aus der ›Kritik‹ den exklusiven Zusammenhang in der Entwicklung von Geld und Austauschprozess. Aber in der Zweitauflage des ›Kapitals‹ ist die Schwerpunktverlagerung noch verstärkt: Der gewichtige Übergang zum Austauschprozess (›Sie [die Ware] ist daher ein unmittelbarer Widerspruch. Dieser Widerspruch muss sich entwickeln‹ [Karl Marx: Das Kapital. Erster Band 1867, in: MEGA²; Bd. II/5, S. 51]) gestrichen und die Geldform bereits als Ergebnis der Wertform-Analyse formuliert. Die verbleibende Ableitung des Geldes im Austauschprozess erscheint dann eher als ein Relikt innerhalb der Überarbeitung.« (Gerhard Göhler: Die Reduktion der Dialektik durch Marx. Strukturveränderungen der dialektischen Entwicklung in der Kritik der politischen Ökonomie, Stuttgart 1980, S. 54 f.) Es ist Göhler nicht zuzustimmen, wenn er daraus die Schlussfolgerung ableitet, dass die Widerspruchs-

Es ist charakteristisch, dass Marx entsprechend dieser Veränderungen auch in der Darstellung der Wertform im ersten Abschnitt »Maß der Werthe« des dritten Kapitels Veränderungen vornahm, die folgerichtig aus der neuen Darstellung der Zusammenhänge der Werttheorie entsprangen und zu einer exakteren Bestimmung der Natur des Geldes als Maß der Werte führten. Von entscheidender Bedeutung war, dass Marx die Analyse des Warenfetischismus jetzt unmittelbar an die Darstellung der Wertform anschloss. Noch in »Zur Kritik der politischen Ökonomie. Erstes Heft« fehlte eine detaillierte Darstellung der Wertform, was eine spezielle Betrachtung des Warenfetischismus nicht ermöglichte. Darüber findet sich erstmals ein gesonderter Abschnitt im Anhang zur ersten Auflage, wo Marx den Fetischismus der Warenform als »Vierte Eigenthümlichkeit der Aequivalentform« untersuchte. Für die zweite Auflage erweiterte und ergänzte Marx diesen Abschnitt und setzte ihn ans Ende des ersten Kapitels.

In diesem Abschnitt ging Marx ausführlich auf die gesellschaftlichen Bedingungen der Warenproduktion ein und verdeutlichte, dass es aller bisherigen politischen Ökonomie nicht gelungen war, »aus der Analyse der Waare und specieller des Waarenwerths die Form des Werths, die ihn eben zum Tauschwerth macht, herauszufinden«.[113] Aber gerade das war notwendig, um das Geheimnis der Warenform aufzudecken. Es besteht darin,

> »daß sie den Menschen die gesellschaftlichen Charaktere ihrer eignen Arbeit als gegenständliche Charaktere der Arbeitsprodukte selbst, als gesellschaftliche Natureigenschaften dieser Dinge zurückspiegelt, daher auch das gesellschaftliche Verhältniß der Producenten zur Gesamtarbeit als ein außer ihnen existirendes gesellschaftliches Verhältniß von Gegenständen«.[114]

entwicklung in der zweiten Auflage zurücktrat und die »historische Ausweitung und Vertiefung des Austausches« die Wertformanalyse bestimmte (ebd., S. 150).

113 Karl Marx: Das Kapital. Erster Band. 1872, in: MEGA^2, Bd. II/6, S. 111.

114 Ebd., S. 103. Vgl. auch R. Nureev: K voprosu o meste tovarnogo fetišisma v teorii stoimosti K. Marksa [Zur Frage über den Platz des Warenfetischismus in

Warenfetischismus nennt Marx also die Herrschaft der Arbeitsprodukte sowohl über den einzelnen Warenproduzenten als auch über ihre Gesamtheit und den daraus resultierenden Schein der Versachlichung von Personen und der Personifizierung von Sachen.

Die marxsche Darstellung des Doppelcharakters der warenproduzierenden Arbeit und der darin verborgenen gesellschaftlichen Verhältnisse sowie seine Erklärung der Wertform und des Warenfetischismus in der zweiten Auflage des ersten Bandes des »Kapitals« bereicherten maßgeblich die Werttheorie. Die Textentwicklung zeigt, wie er die einzelnen Bestandteile seiner Werttheorie entsprechend seiner dialektischen Methode in der zweiten Auflage noch enger miteinander verband.[115] Das entsprach auch den bereits zitierten Hinweisen aus dem Nachwort zur zweiten Auflage, wo Marx neben anderen Veränderungen auch auf die strengere wissenschaftliche Ableitung des Werts aufmerksam machte.

Im Nachwort zur zweiten Auflage musste Marx dennoch bemerken, »daß manche Theile des deutschen Originals hier mehr durchgreifende Umarbeitung, dort größere stylistische Korrektur oder auch sorgfältigere Beseitigung gelegentlicher Versehn erheischt hätten«.[116] Das hatte bereits bei seiner Revisions- und Übersetzungsarbeit für die *französische Ausgabe* des ersten Bandes des »Kapitals« entsprechende Folgen. Marx sah sich veranlasst, »einige Erörterungen zu vereinfachen, andre zu vervollständigen, ergänzendes historisches oder statistisches Material zu geben, kritische Bemerkungen hinzuzufügen etc.«, wodurch diese Übersetzung »einen wissenschaftlichen Wert unabhängig vom Original« erhielt.[117] Marx

der Werttheorie von K. Marx], in: Ekonomičeskie nauki 2/1985, S. 18–23; A. V. Šechovcov: Marksova teorija tovarnogo fetišisma [Marx' Theorie des Warenfetischismus], Moskva 1962.

115 Lietz stellte in ihrer Untersuchung fest, dass aus der Textentwicklung die Schlussfolgerung zu ziehen ist, dass Marx »zu neuen Akzentuierungen für die Wertsubstanz« gelangte (Lietz: Bedeutung, S. 157).

116 Karl Marx: Das Kapital. Erster Band. 1872, in: MEGA², Bd. II/6, S. 700 (MEW, Bd. 23, S. 18).

117 Karl Marx: An den Leser, in: MEW, Bd. 23, S. 32. Diese Feststellung wird bestätigt durch Forschungsresultate, die bei der Bearbeitung der französischen Ausgabe für den Band II/7 der MEGA² gewonnen wurden (vgl. Wissenschaftliches Kollo-

rang also nicht nur um eine gute Übersetzung und bessere Gliederung des Werkes, sondern setzte konsequent die mit der zweiten Auflage begonnene Umarbeitung bzw. inhaltliche Vervollkommnung des Textes fort. Die französische Ausgabe erschien von 1873 bis 1875 in Lieferungen und wurde anschließend in Buchform veröffentlicht.

Die Ergänzungen und Veränderungen, die Marx für die französische Ausgabe vornahm, betreffen vor allem folgende Fragen:[118]

— 1. Der Paragraf über den Fetischcharakter der Ware erhielt eine populärere und klarere Fassung. Dabei tilgte Marx einige für den Leser schwer verständliche Fußnoten, vor allem Verweise auf das philosophische Erbe von Hegel, das in Frankreich wenig bekannt war.
— 2. Marx ergänzte und entwickelte seine Lehre von der produktiven und unproduktiven Arbeit.
— 3. Marx untersuchte ausführlich den Einfluss des technischen Fortschritts auf die Entwicklung der Produktivkräfte der Gesellschaft und wies nach, wie Wissenschaft und Technik zur Entfaltung des Kapitalverhältnisses beitragen.
— 4. Im siebenten Abschnitt verfasste Marx vor allem die Teile über die relative Überbevölkerung neu.
— 5. Marx traf weiterhin einige neue Aussagen über den zyklischen Charakter der Entwicklung der kapitalistischen Produktion, besonders über die mögliche Deformation des Zyklus der kapitalistischen Reproduktion.

quium »Der Beitrag der Marx-Engels-Gesamtausgabe (MEGA) zur Entwicklung der Marx-Engels-Forschung« am 16./17.11.1983 in Leipzig. Arbeitskreis III. Die Entstehungsgeschichte des »Kapitals«. Bericht, in: Beiträge zur Marx-Engels-Forschung 16, 1984, S. 134).

118 Im Band 49 der sowjetischen Marx-Engels-Werkausgabe wurden Fragmente der französischen Ausgabe des »Kapitals« publiziert, die sich wesentlich von entsprechenden Passagen in den deutschen Ausgaben des ersten Bandes des »Kapitals« unterscheiden bzw. in diesen nicht enthalten sind. In der Einleitung des Bandes wurde von den Herausgebern eine entsprechende wissenschaftliche Wertung vorgenommen (Moskva 1974, S. XIV–XVII). In der MEGA² wurde die französische Ausgabe im Band II/7 ediert, der 1989 erschien. Die Veränderungen gegenüber der zweiten deutschen Auflage werden in einem umfangreichen Textvergleich wiedergegeben (MEGA², Bd. II/7, S. 768–933).

Einige Aspekte der Arbeit von Marx an der Werttheorie zwischen 1873 und 1883[119]

Im Sommer 1877 wurde eine weitere Phase von Marx' Arbeit an der Werttheorie eingeleitet. Es galt, die pseudowissenschaftlichen Auffassungen und Sozialismusvorstellungen von Eugen Dühring, darunter auch dessen ökonomische Interpretationen, einer umfassenden Kritik zu unterziehen. Darin wurde Engels, auf den die Hauptlast dieser Arbeit gefallen war, von Marx hilfreich unterstützt. Die Notizen, der Entwurf und die »Randnoten zu Dühring's Kritische Geschichte der Nationalökonomie«, die Randglossen zum »Tableau economique« sowie die Auszüge aus Adam Smith und Johann Karl Rodbertus über Einkommensarten und Besitzrenten verdeutlichen die Vielfalt und Breite der Probleme, mit denen sich Marx beschäftigte,[120] um Engels wie am 8. August 1877 für das V. Kapitel des zweiten Abschnitts über die Werttheorie entsprechendes Material übersenden zu können.[121] Die gemeinsame Arbeit von Marx und Engels an diesem Kapitel des »Anti-Dühring« beschränkte sich aber nicht auf die Kritik der werttheoretischen Auffassungen von Dühring. Sie hatte auch zum Ziel, fehlerhaften Interpretationen der Arbeitswerttheorie, die 1876/77 in der Arbeiterpresse erschienen, entgegenzutreten.

Im Zuge der Kritik der dühringschen Interpretation der Werttheorie mussten sich Marx und Engels vor allem mit den von Dühring aus ihr abgeleiteten Verteilungsprinzipien auseinandersetzen. Auch Dühring folgerte nämlich aus der Werttheorie den Anspruch auf den unverkürzten, vollen Arbeitsertrag, das heißt, er identifizierte den Arbeitslohn mit dem Warenwert:

119 Der hier folgende Teil über Johann Most wurde für eine spätere Veröffentlichung überarbeitet, die im vorl. Band auf S. 259–273 abgedruckt ist.

120 Vgl. Karl Marx: Vorarbeiten zum zweiten Abschnitt des »Anti-Dühring«, in: MEGA², Bd. I/27, S. 129–216; Renate Merkel: Neues zur Entstehungsgeschichte des »Anti-Dühring«. Ergebnisse der MEGA-Forschung, in: Beiträge zur Geschichte der Arbeiterbewegung 6/1985, S. 779–788; Carl-Erich Vollgraf: Marx' »Randnoten zu Dührings ›Kritische Geschichte der Nationalökonomie‹«, in: Marx-Engels-Jahrbuch 8, 1985, S. 233–275.

121 Vgl. Marx an Engels, 8. August 1877, in: MEW, Bd. 34, S. 68.

> »Die Bestimmung des Waarenwerths durch den Arbeitslohn, die bei Adam Smith noch häufig mit der Bestimmung des Werths durch die Arbeitszeit durcheinanderläuft, ist seit Ricardo aus der wissenschaftlichen Oekonomie verbannt und treibt heutzutage ihr Wesen nur noch in der Vulgärökonomie. Es sind grade die allerplattsten Sykophanten der bestehenden kapitalistischen Gesellschaftsordnung, die die Werthbestimmung durch den Arbeitslohn predigen, und dabei gleichzeitig den Profit des Kapitalisten ebenfalls als eine höhere Art von Arbeitslohn [...] ausgeben.«[122]

Deshalb kamen Marx und Engels auf die Ausgangsdefinition des Werts zurück, deren Verständnis für die Erklärung aller weiteren Kategorien ausschlaggebend ist:

> »Der Waarenwerth wird bestimmt durch die in den Waaren verkörperte gesellschaftlich nothwendige, allgemein menschliche Arbeit, die wieder nach ihrer Zeitdauer gemessen wird. Die Arbeit ist das Maß aller Werthe, sie selbst hat aber keinen Werth.«[123]

Um das Problem der Substanz des Werts noch deutlicher zu machen, erachteten es Marx und Engels für notwendig, in einem weiteren speziellen Abschnitt sich mit der einfachen und zusammengesetzten Arbeit zu beschäftigen. Auch hier wurden entsprechende Passagen aus dem ersten Band des »Kapitals« zitiert, um den Inhalt der gesellschaftlich notwendigen Arbeit verständlich zu machen.

Schließlich muss noch hervorgehoben werden, dass der gesamte zweite Abschnitt des »Anti-Dühring« durch das von Marx vorbereitete X. Kapitel »Aus der ›Kritischen Geschichte‹« abgeschlossen wird – eine Konsequenz der marxschen Auseinandersetzung mit der klassischen bürgerlichen politischen Ökonomie und der Vulgärökonomie, wie wir sie seit seiner Schrift »Zur Kritik der politischen Ökonomie. Erstes Heft« von 1859 feststellen können. Die Kritik der werttheoretischen Auf-

122 Friedrich Engels: Herrn Eugen Dührings Umwälzung der Wissenschaft (Anti-Dühring), in: MEGA², Bd. I/27, S. 381 (MEW, Bd. 20, S. 179).

123 Ebd., S. 380 (MEW, Bd. 20, S. 178).

fassungen von Dühring führte Marx und Engels zu der Schlussfolgerung, dass Dühring der Wissenschaft keinesfalls etwas Neues geben konnte, sondern ihren Fortschritt behinderte.

Der Arbeitsweise von Marx entsprach es, dass er sich auch in den Jahren von 1876 bis 1881 einige Exzerpthefte anlegte, in denen sich umfangreiche ökonomische Studien widerspiegeln. Er beschäftigte sich mit den Schriften von Locke, Petty, Hume, Quesnay, Cobbett, Rota, Cossa, Walker, Kaufmann, Hüllmann, von Enschut, Wagner, Hanssen und vielen anderen. Darüber hinaus wertete er aktuelle Statistiken, zum Beispiel den United States Land Office Report und die Reports by Her Majesty's secretaries of embassy and legation, on the manufactures, commerce sowie Presseberichte aus. Inhaltliche Schwerpunkte seiner Studien bildeten vor allem die Handels- und Finanzgeschichte, die Gold- und Silberproduktion, der Geldumlauf und die Wechselkurse, die Krise und die Produktion sowie bestimmte Probleme der Agrarproduktion. Diese Schwerpunkte tangieren mit den Problemen des zweiten und dritten Bandes des »Kapitals« und zeigen, dass Marx stets die neuen Erscheinungen der kapitalistischen Ökonomik analysierte. So ist seine weitere Arbeit am ersten Band des »Kapitals« eng verbunden mit Studien, Diskussionen und Schriften zur Popularisierung der Ideen seines Hauptwerkes.

Während der Arbeit am »Anti-Dühring« begann Marx auch die Überarbeitung der zweiten deutschen Auflage des ersten Bandes des »Kapitals« von 1872. Friedrich Adolph Sorge bat Marx am 5. September 1877 darum, Hinweise für eine amerikanische Ausgabe zu geben.[124] Daraufhin verglich Marx die zweite deutsche Auflage mit der französischen Ausgabe und kennzeichnete mit Tinte in beiden Exemplaren die abweichenden Passagen. Über diese Abweichungen fertigte er ein Verzeichnis sowie eine Abschrift für Sorge an. Bereits am 19. Oktober 1877 schickte Marx Sorge diese Abschrift sowie das französische Handexemplar.[125] Die amerikanische Ausgabe, zu deren Vorbereitung beides gedacht war, wurde jedoch aus

124 Vgl. Friedrich Adolph Sorge an Marx, 5.9.1877, RGASPI, f. 1, op. 5, d. 3828.
125 Vgl. Marx an Friedrich Adolph Sorge, 19.10.1877, in: MEW, Bd. 34, S. 302.

unterschiedlichen Gründen schließlich nicht realisiert.[126] Gleichwohl war mit diesen Vorarbeiten Wichtiges für eine künftige dritte deutsche Auflage geleistet worden.

Auf sein Verzeichnis notwendiger Änderungen des ersten Bandes des »Kapitals« konnte sich Marx stützen, als er ein Jahr später, am 28. November 1878, einige Ergänzungshinweise für eine zweite russische Ausgabe dieses Bandes an Nikolai Franzewitsch Danielson sandte. Ausdrücklich betonte er dabei, dass die ersten beiden Abschnitte ausschließlich nach dem deutschen Text der zweiten Auflage zu übersetzen seien. Nur auf der Seite 86 sollte man lesen:

> »Und in der Tat ist der Wert, jeder individuellen Elle ja auch nur die Materiatur eines Teils des im Gesamtquantum der Ellen verausgabten gesellschaftlichen Arbeitsquantums.«[127]

Dieser Hinweis präzisierte, dass das »gesellschaftlich bestimmte Quantum gleichartiger menschlicher Arbeit«, wie in der zweiten Auflage formuliert wurde, sich auf das Gesamtquantum der Ellen bezieht. Er wurde jedoch in der späteren dritten deutschen Auflage des ersten Bandes des »Kapitals« nicht beachtet. Eine weitere wichtige Bemerkung in dem zitierten Brief, die in der dritten deutschen Auflage tatsächlich Berücksichtigung fand, bezog sich auf eine Fußnote über John Stuart Mill. Sie entsprach auch dem Verzeichnis notwendiger Veränderungen der zweiten Auflage und zielte auf eine umfassendere Auseinandersetzung mit Mills Erklärung des Ursprungs des Mehrwerts ab.

Von Marx' theoretischer Arbeit im Herbst 1877 zeugen ebenfalls Fragemente und ein Manuskript VI »Der Kreislaufprozess des Kapitals«, das er am 26. Oktober begann.[128] Diese mehrere Seiten umfassenden Texte enthalten wichtige Feststellungen für die weitere Arbeit am zweiten Band des »Kapi-

126 Vgl. Friedrich Adolph Sorge an Marx, 10.10.1877, 19.7.1878, RGASPI, f. 1, op. 5, d. 3929, d. 3844.

127 Marx an Nikolai Franzewitsch Danielson, 28.11.1878, in: MEW, Bd. 34, S. 362; vgl. auch Karl Marx: Das Kapital. Kritik der politischen Ökonomie. Erster Band, in: MEW, Bd. 23, S. 122.

128 Vgl. MEGA², Bd. II/11, S. 663–678.

tals«, wobei einige Bemerkungen unmittelbar an die Veränderungshinweise für das Kapitel über die einfache Reproduktion im letzten Abschnitt des ersten Bandes des »Kapitals«, »Der Akkumulationsprozeß des Kapitals«, anknüpfen.

Zwei Jahre später analysierte Marx das Lehrbuch von Adolph Wagner zur politischen Ökonomie und versah sein Exzerpt mit wichtigen »Randglossen«. Er stellte dabei klar, dass seine »*analytische* Methode, die nicht von *dem* Menschen, sondern der ökonomisch gegebnen Gesellschaftsperiode ausgeht«,[129] nichts mit der wagnerischen »professoraldeutschen Begriffsanknüpfungs-Methode« gemein hat. Marx' Analyse entsprang »nicht aus Hin- und Herräsonieren über die Begriffe oder Worte ›Gebrauchswert‹ und ›Wert‹«, sondern »aus der Analyse gegebner ökonomischer Gestaltungen«.[130] Marx wandte sich also auf das Nachdrücklichste gegen die Methode Wagners, »die ökonomische Kategorie ›Wert‹ aus einem *›Begriff‹* abzuleiten«.[131] Die Randglossen beinhalten eine Vielzahl weiterer wichtiger methodologischer Hinweise. So erklärte Marx zum Ausgangspunkt seiner Untersuchungen:

> »Wovon ich ausgehe, ist die einfachste gesellschaftliche Form, worin sich das Arbeitsprodukt in der jetzigen Gesellschaft darstellt, und dies ist die *›Ware‹*. Sie analysiere ich, und zwar zunächst in der *Form, worin sie erscheint.*«[132]

Und weiter schrieb er:

> »Wenn man die ›Ware‹ – das einfachste ökonomische Konkretum – zu analysieren hat, hat man alle Beziehungen fernzuhalten, die mit dem vorliegenden Objekt der Analyse nichts zu schaffen haben.«[133]

Diese wichtigen Aussagen betonte Marx auch gegenüber Autoren populärer Darstellungen des ersten Bandes des »Kapitals«, so beispielsweise gegenüber Carlo Cafiero, von

129 Karl Marx: [Randglossen zu Adolph Wagners »Lehrbuch der politischen Ökonomie«], in: MEW, Bd. 19, S. 371. Die marxschen Randglossen sind Bestandteil eines Exzerptheftes »Oeconomisches en general« (vgl. IISG Amsterdam, Sign. B 164).

130 Ebd.

131 Ebd., S. 364.

132 Ebd., S. 369.

133 Ebd.

dem er forderte, die »materialistische Basis des ›Kapitals‹ mehr hervorzuheben«.[134]

Im Sommer 1880 beschäftigte sich Marx mit einer weiteren Broschüre über den ersten Band des »Kapitals«, nämlich mit der bereits erwähnten von Ferdinand Domela Nieuwenhuis »Karl Marx. Kapitaal en arbeid«, die Anfang 1881 in Den Haag erschien. Marx hegte keinen Zweifel, dass Nieuwenhuis in der Lage war, ein populäres Resümee zu verfassen, machte ihn jedoch auf einige Schwächen der Interpretation der Werttheorie durch Carl August Schramm[135] aufmerksam:

> »Er hätte schon aus einer Anmerkung im ›Kapital‹ [...] ersehn können, daß der Zusammenhang zwischen ›Wert‹ und den um die ›Produktionspreise‹ oszillierenden Marktpreisen, keineswegs in die Werttheorie selbst gehört«.[136]

Damit verdeutlichte Marx, dass bei der Darstellung der Ware als Ausgangspunkt der Wert der Ware zu behandeln ist und nicht die durch die Konkurrenz sich bildenden Produktionspreise und Marktpreise. Obwohl Nieuwenhuis dieses Problem erkannte, stellte Marx nach dem Erscheinen der Schrift eine Reihe von Mängeln in der Behandlung der Werttheorie, besonders des Doppelcharakters der warenproduzierenden Arbeit, fest, die er in seinem Exemplar notierte. Leider konnte er nicht die Absicht verwirklichen, eine Übersicht der notwendigen Änderungen an den Autor zu schicken, sondern nur bemerken, dass »der Geist der Sache« gegeben war.[137]

Kurz nach dem Erscheinen der französischen Ausgabe des ersten Bandes des »Kapitals« 1875 schlug Gabriel Deville Marx vor, einen französischen Auszug zu veröffentlichen. Devilles Projekt wurde von Marx gebilligt, aber erst 1883 erhielt Engels

134 Marx an Carlo Cafiero, 29.7.1879, in: MEW, Bd. 34, S. 384.

135 Vgl. Carl August Schramm: Zur Werttheorie, in: Jahrbuch für Sozialwissenschaft und Sozialpolitik 1.2, 1880, S. 81–83. Schramm hatte sich bereits früher mit der Propagierung der marxschen Werttheorie beschäftigt [vgl. ders.: Der Tauschwerth, in: Der Volksstaat, 12.10.1872].

136 Marx an Ferdinand Domela Nieuwenhuis, 27.6.1880, in: MEW, Bd. 34, S. 447.

137 Marx an Ferdinand Domela Nieuwenhuis, 22.2.1881, in: MEW, Bd. 35, S. 159. Nieuwenhuis stellte sein Resümee anhand seines Exemplars der zweiten Auflage des ersten Bandes des »Kapitals« her und widmete es Karl Marx (vgl. IISG Amsterdam, Sign. DN 266).

das Manuskript zur Durchsicht, das nach seinen Worten zudem »stark revisionsbedürftig« war.[138] Deville lehnte sich in den ersten Kapiteln seines »theoretischen Teils«, in denen er die Wert- und Mehrwerttheorie behandelte, an die einzelnen Kapitel und Unterabschnitte des »Kapitals« an,[139] hatte aber auch weitere Zwischenabschnitte eingeführt. So unterteilte er zum Beispiel den Abschnitt »Doppelcharakter der in den Waaren dargestellten Arbeit« in »Doppelaspekt der Arbeit«, »Sozialer Doppelcharakter der Privatarbeiten« und »Reduktion aller Arbeiten auf eine gewisse Quantität einfacher Arbeit«. Von besonderem Interesse ist – und das wurde vielleicht beim Treffen von Marx und Deville 1882 in Paris von Marx selbst angeregt –, dass die Entwicklung der Wertform stark gekürzt und die Unterteilung der Wertformanalyse im »Kapital« nicht übernommen wurde.[140] Wahrscheinlich spielte dabei das Vorbild der mostschen Broschüre eine bestimmte Rolle.[141]

Die weitere Präzisierung der Werttheorie in der dritten Auflage des ersten Bandes (1883)

Die Entstehungsgeschichte der dritten Auflage des ersten Bandes des »Kapitals« begann eigentlich unmittelbar nach dem Erscheinen der zweiten deutschen Auflage und der französi-

138 Engels an Eduard Bernstein, 17.8.1883, in: MEW, Bd. 36, S. 53.

139 Vgl. Engels an Karl Kautsky, 9.1.1884, in: ebd., S. 82.

140 Vgl. Gabriel Deville: Le Capital de Karl Marx resume et accompagne d'un aperçu sur le socialisme scientifique, Paris 1883; vgl. auch Christine Wagner: Gehört Gabriel Devilles Schrift »Le Capital de Karl Marx resume et accompagne d'un aperçu sur le socialisme scientifique« in den Anhang eines MEGA-Bandes?, in: Beiträge zur Marx-Engels-Forschung 17, 1984, S. 89–106.

141 Ähnliches lässt sich auch an Karl Kautskys populärer Darstellung des »Kapitals« nachweisen. Kautsky beabsichtigte zunächst, 1884 eine Übersetzung der Arbeit Devilles herauszubringen. Nach weiteren Hinweisen von Engels (vgl. Engels an Karl Kautsky, 4.2.1884, in: MEW, Bd. 36, S. 96) verzichtete er darauf und veröffentlichte 1887 in Stuttgart eine eigene Schrift unter dem Titel »Karl Marx' Oekonomische Lehren«. In seiner Darstellung der Wertform verwies Kautsky dabei auf die historische Entwicklung des Produktenaustausches. Er ging davon aus, dass sich in der Anfangszeit der Warenproduktion die Produkte selten und zufällig austauschten. Als Beispiel führte er das Verhältnis ein Bronzehammer = 20 Pfund Steinsalz an (S. 31). Im Gegensatz zu den Darstellungen von Most und Deville verband Kautsky diese Beispiele mit den Begriffen der Entwicklung der Wertform aus dem »Kapital« (S. 30–32). Damit veränderte er erstmals die von Marx in Mosts Auszug ausdrücklich gebilligte, ja selbst verfasste Darstellung der Wertform. Er unternahm damit den Versuch, eine logische und historische Ausdeutung der Wertform in einer populären Darstellung zu vereinen.

schen Ausgabe dieses Bandes. Sie ist hier nicht Gegenstand einer umfassenden Darstellung; aber einige ihrer Aspekte sind von bestimmter Bedeutung für die inhaltliche Entwicklung des Textes des ersten Bandes des »Kapitals«.[142]

Einen besonderen Platz nimmt dabei das marxsche Handexemplar der zweiten deutschen Auflage ein, in dem Marx zu verschiedenen Zeiten wichtige und notwendige Veränderungen festhielt. Hervorzuheben sind vor allem die Bleistiftänderungen, die sich auf den ersten Seiten des ersten Kapitels finden. Sie belegen anschaulich, wie Marx erneut versuchte, »manche theoretische Punkte schärfer zu fassen, neue einzufügen«.[143] Viel später bemerkte Engels in einem Brief an Karl Kautsky Folgendes:

> »Die Nova über Tauschwert und Wert in der 3. Aufl. ›Kapital‹ stammen aus handschriftlichen Zusätzen von Marx [...], M[arx] hatte lange nach dem richtigen Ausdruck gesucht und viel korrigiert.«[144]

Wie Engels andeutete, konnten schließlich jedoch nur die wenigsten und nötigsten Änderungen in den Text der dritten Auflage eingearbeitet werden.

Die Ursache für diese mit Bleistift skizzierten Veränderungen könnte in der von Marx erkannten Notwendigkeit liegen, den Einstieg in das Studium seines Werkes zu erleichtern. Sie war ihm vielleicht schon bei der Überarbeitung der Schrift von Johann Most bewusst geworden, wenngleich die Entstehung der Korrekturen wahrscheinlich mit Marx' Mitarbeit am »Anti-Dühring« verbunden ist, und zwar vor allem mit der für Engels besorgten Materialzusammenstellung für das Kapitel V des zweiten Abschnitts »Werttheorie«. Die Korrekturen, die mit Tinte ausgeführt worden sind, könnten im Zusammenhang mit den handschriftlichen Veränderungsverzeichnissen stehen, die Marx im September/Oktober 1877 anfertigte.[145]

142 Vgl. Hecker/Klapperstück/Kopf: Herausgabe, S. 76–88.

143 Friedrich Engels: Zur dritten Auflage [zu Karl Marx: Das Kapital. Erster Band], in: MEW, Bd. 23, S. 33.

144 Engels an Karl Kautsky, 27.12.1891, in: MEW, Bd. 38, S. 241.

145 Vgl. Marx an Friedrich Adolph Sorge, 27.9.1877, in: MEW, Bd. 34, S. 295. Diese Verzeichnisse wurden erstmals im Band II/8 der MEGA veröffentlicht; vgl. MEGA²,

An vier Beispielen, die die Darstellung der Werttheorie im ersten Kapitel des ersten Bandes des »Kapitals« betreffen, soll gezeigt werden, welchen Charakter die von Marx vorgesehenen Veränderungen hatten.

Erstes Beispiel. Gleich zu Beginn seiner Darstellung in der zweiten Auflage charakterisierte er die Ware wie folgt:

> »Die Waare ist zunächst ein äußerer Gegenstand, ein Ding, das durch seine Eigenschaften menschliche Bedürfnisse irgendeiner Art befriedigt. Die Natur dieser Bedürfnisse, ob sie z. B. dem Magen oder der Phantasie entspringen, ändert nichts an der Sache. Es handelt sich hier auch nicht darum, wie die Sache das menschliche Bedürfniß befriedigt, ob unmittelbar als Lebensmittel, d.h. als Gegenstand des Genusses, oder auf einem Umweg, als Produktionsmittel.«[146]

Für diesen Abschnitt gibt es nun im marxschen Handexemplar der zweiten Auflage drei Korrekturvarianten:[147]

— 1. Im Text korrigierte Marx:

> »Die Waare ist zunächst ein äußerer Gegenstand, ein Ding, das durch seine Eigenschaften menschliche Bedürfnisse befriedigt. Es fragt sich nicht, ob diese Bedürfnisse, z.B. dem Magen oder der Phantasie entspringen, wie die Sache befriedigt, als Lebensmittel, als Gegenstand des Genusses, oder auf einem Umweg als Produktionsmittel.«

— 2. Auf der Mitte der gegenüberliegenden Seite notierte Marx:

> »Die Waare ist zunächst ein äußerer Gegenstand, ein Ding, das durch seine Eigenschaften menschliche Bedürfnisse befriedigt, welches immer das Bedürfnis sei, ob es z.B. dem Magen entsprungen oder der Phantasie. Es handelt

Bd. II/8, S. 7–36. [In den folgenden Fußnoten wurden die Archivsignaturen durch die konkreten Angaben aus diesem Band ersetzt.]

146 Karl Marx: Das Kapital. Erster Band. 1872, in: MEGA², Bd. II/6, S. 69 f.

147 Vgl. eine Abbildung der Seite in MEGA², Bd. II/8, S. 65. Die folgenden drei Textvarianten wurden im MEGA²-Band in drei Schichten I–III wiedergegeben und mit Bearbeitungshinweisen versehen; vgl. die Variante 63.13–16 u. 64.1–2, in: ebd., S. 855–857.

sich hier auch nicht darum, wie die Sache befriedigt, ob sie unmittelbar vernutzbar als Lebensmittel, als Gegenstand.«

— 3. Auf den unteren Rand der Seite schrieb Marx:

»Die Waare ist zunächst ein äusserer Gegenstand, ein Ding, das menschliche Bedürfnisse befriedigt, welcher Art diese Bedürfnisse, ob sie z.B. dem Magen oder der Phantasie entsprungen. Es handelt sich hier auch nicht darum, wie die Sache das menschliche Bedürfniß befriedigt, ob unmittelbar als Lebensmittel, d. h. als Gegenstand.«

Keine dieser mit Bleistift ausgeführten Korrekturen, mit denen Marx versuchte, die Ware als Gebrauchswert kurz und prägnant zu charakterisieren, wurde bei der Redaktion der dritten Auflage berücksichtigt. Gleiches betraf auch Formulierungen, die für den Nachweis ausschlaggebend sind, dass die Gebrauchswerte »das Material einer eignen Disciplin, der Waarenkunde« liefern.[148]

Zweites Beispiel. In der zweiten Auflage schrieb Marx:

»Die Nützlichkeit eines Dings macht es zum Gebrauchswerth. Aber diese Nützlichkeit schwebt nicht in der Luft. Durch die Eigenschaften des Waarenkörpers bedingt, existirt sie nicht ohne denselben. Der Waarenkörper selbst, wie Eisen, Weizen, Diamant u. s. w. ist daher ein Gebrauchswerth oder Gut. Dieser sein Charakter hängt nicht davon ab, ob die Aneignung seiner Gebrauchseigenschaften dem Menschen viel oder wenig Arbeit kostet. Bei Betrachtung der Gebrauchswerthe wird stets ihre quantitative Bestimmtheit vorausgesetzt, wie Dutzend Uhren, Elle Leinwand, Tonne Eisen u. s. w.«[149]

Innerhalb des Textes gibt es dazu zwei Korrekturvarianten.[150]

— 1. Mit Bleistift änderte Marx:

»Bei Betrachtung der Gebrauchswerthe wird ihre quantita-

148 Karl Marx: Das Kapital. Erster Band. 1872, in: MEGA^2, Bd. II/6, S. 70.

149 Ebd.

150 Vgl. eine Abbildung der Seite in MEGA^2, Bd. II/8, S. 66. Die folgenden zwei Textvarianten wurden im MEGA^2-Band in zwei Zeilenparallelisierungen wiedergegeben und mit Bearbeitungshinweisen versehen; vgl. die Variante 64.13–21, in: ebd., S. 857.

tive Bestimmtheit vorausgesetzt, wie Dutzend Uhren, Elle Leinwand, Tonne Eisen u. s. w. Die Nutzbarkeit eines Dings, also seine Nützlichkeit macht es zum Gebrauchswerth. Aber diese Nützlichkeit ist bedingt durch die Eigenschaften des Waarenkörpers, existirt nicht ohne denselben. Der Waarenkörper selbst, wie Eisen, Weizen, Diamant u. s. w. ist daher ein Gebrauchswerth oder Gut. Dieser sein nutzbarer Charakter hängt nicht davon ab, ob die Aneignung seiner Gebrauchseigenschaften dem Menschen viel oder wenig Arbeit kostet.«

— 2. Mit Tinte korrigierte er:
»Die Nutzbarkeit eines Dings macht es zum Gebrauchswerth. Aber diese Nützlichkeit bedingt durch die Eigenschaften des Waarenkörpers, existirt nicht ohne ihn. Der Waarenkörper selbst, wie Eisen, Weizen, Diamant u. s. w. ist daher ein Gebrauchswerth oder Gut. Dieser sein Charakter hängt nicht davon ab, ob seine Aneignung dem Menschen viel oder wenig Arbeit kostet.«

Drittes Beispiel. Während es Engels bei der redaktionellen Arbeit für die dritte Auflage des ersten Bandes des »Kapitals« offenbar nicht für unbedingt notwendig erachtete, die eben angeführten Korrekturen für die Charakterisierung der Gebrauchswerte zu berücksichtigen, wurden die folgenden tatsächlich aufgenommen. In der zweiten Auflage stand:

»Eine einzelne Waare, ein Quarter Weizen z. B. tauscht sich in den verschiedensten Proportionen mit andern Artikeln aus. Dennoch bleibt sein Tauschwert unverändert, ob in x Stiefelwichse, y Seide, z Gold u. s. w. ausgedrückt. Er muß also einen von diesen verschiedenen Ausdrucksweisen unterscheidbaren Gehalt haben.«[151]

Auch zu dieser Passage gibt es zwei Korrekturvarianten:[152]

— 1. Mit Bleistift änderte Marx zunächst:
»Eine einzelne Waare, ein Quarter Weizen z. B. tauscht sich

151 Karl Marx: Das Kapital. Erster Band. 1872, in: MEGA², Bd. II/6, S. 71.

152 Vgl. eine Abbildung der Seite in MEGA², Bd. II/8, S. 67; vgl. die Varianten 69.4 und 69.4–13, in: ebd., S. 859.

in den verschiedensten Proportionen mit andern Artikeln, mit x Stiefelwichse, y Seide, z Gold u. s. w. Er muß also einen von diesen verschiedenen Ausdrucksweisen unterscheidbaren Gehalt haben.«

— 2. Mit Tinte veränderte Marx erst »einzelne Waare« in »bestimmte« und dann in »besondre Waare«, tilgte aber beide Adjektive später wieder. In der dritten Auflage erhielt dieser Absatz schließlich eine völlig neue Redaktion:

»Eine gewisse Waare, ein Quarter Weizen z. B. tauscht sich mit x Stiefelwichse, oder mit y Seide, oder mit z Gold u. s. w., kurz mit andern Waaren in den verschiedensten Proportionen. Mannigfache Tauschwerthe also hat der Weizen statt eines einzigen. Aber da x Stiefelwichse, ebenso y Seide, ebenso z Gold u. s. w. der Tauschwerth von einem Quarter Weizen ist, müssen x Stiefelwichse, y Seide, z Gold u. s. w. durcheinander ersetzbare oder einander gleich grosse Tauschwerthe sein. Es folgt daher erstens: Die gültigen Tauschwerthe derselben Waare drücken ein Gleiches aus. Zweitens aber: Der Tauschwerth kann überhaupt nur die Ausdrucksweise, die ›Erscheinungsform‹ eines von ihm unterscheidbaren Gehalts sein.«[153]

Mit der Neuformulierung dieses Absatzes präzisierte Marx die Darstellung beziehungsweise Einführung des Tauschwerts. Es handelt sich dabei um eine kurze Skizze der Wertform, von der Marx bei der Betrachtung der Proportion, worin sich die Gebrauchswerte austauschen, ausging. Gleichzeitig brachte er damit zum Ausdruck, dass der Tauschwert die Erscheinungsform des Werts ist, und reflektierte auf diese Weise in gewissem Sinn die Fußnote 9 aus der ersten Auflage des ersten Bandes des Kapitals, die in der zweiten Auflage weggefallen war. Dieser Abschnitt besitzt zweifellos eine bestimmte Bedeutung für den Einstieg in die Analyse der Wertsubstanz.

Viertes Beispiel. In der zweiten Auflage stand:

»Andrerseits ist aber das Austauschverhältniß der Waa-

153 Karl Marx: Das Kapital. Kritik der politischen Oekonomie, Erster Band. Hamburg 1883, in: MEGA^2, Bd. II/8, S. 69.

ren augenscheinlich charakterisirt durch die Abstraktion von ihren Gebrauchswerthen. Innerhalb desselben gilt ein Gebrauchswerth grade so viel wie jeder andre, wenn er nur in gehöriger Proportion vorhanden ist.«[154]

Mit Tinte nahm Marx im Text seines Handexemplars folgende Veränderungen vor:

> »Andererseits aber sieht der Tauschwerth der Waaren augenscheinlich ab von ihrer Nützlichkeit. Innerhalb des Austauschverhältnisses gilt ein Gebrauchswerth grade so viel wie jeder andre.«[155]

In der dritten Auflage lautet dieser Absatz schließlich wie folgt:

> »Andrerseits aber ist es grade die Abstraktion von ihren Gebrauchswerthen, was das Austauschverhältniss der Waaren augenscheinlich charakterisirt. Innerhalb desselben gilt ein Gebrauchswerth grade so viel wie jeder andre, wenn er nur in gehöriger Proportion vorhanden ist.«[156]

Mit diesen Veränderungen setzte Marx folgerichtig die oben genannten fort, indem er dem Leser präziser verdeutlichte, dass im Austauschverhältnis nicht der Gebrauchswert, sondern der Tauschwert der Waren entscheidend ist. Zugleich leitete Marx mit ihnen die Feststellung ein:

> »Als Gebrauchswerthe sind die Waaren vor allem verschiedner Qualität, als Tauschwerthe können sie nur verschiedner Quantität sein, enthalten also kein Atom Gebrauchswerth.«[157]

Aus den Beispielen geht hervor, dass Marx die Darstellung auch des ersten Kapitels in der zweiten Auflage des ersten Bandes des »Kapitals«, wenn auch an wenigen, aber nicht unwichtigen Stellen, für verbesserungswürdig hielt. Zur Bekräftigung dieser Feststellung sei noch genannt, dass Marx in seinem Handexemplar die »gemeinschaftliche gesell-

---

154 Karl Marx: Das Kapital. Erster Band. 1872, in: MEGA², Bd. II/6, S. 71.

155 Vgl. die Variante 69.33–37, in: MEGA², Bd. II/8, S. 859.

156 Karl Marx: Das Kapital. Kritik der politischen Oekonomie, Erster Band. Hamburg 1883, in: ebd., S. 69.

157 MEGA², Bd. II/6, S 71/72 und MEGA², Bd. II/8, S. 70.

schaftliche Substanz« nicht schlechthin auf die »Werthe« bezog, sondern er ergänzte den Begriff des »Waarenwerths«.[158] Durch die von Marx vorgenommenen Korrekturen wurde der Tauschwert auf etwas veränderte Weise eingeführt und sein Verhältnis zum Gebrauchswert sowie zum Warenwert präziser dargestellt. Das war für Marx wahrscheinlich entscheidender, als veränderte Formulierungen für die Einführung des Gebrauchswerts zu geben.

Die Veränderungen, die das erste Kapitel der dritten Auflage des ersten Bandes des »Kapitals« aufweist, haben natürlich nicht den gleichen Stellenwert wie die von Marx für die zweite Auflage vorgenommene Neufassung und Erweiterung umfangreicher Passagen innerhalb des ersten Abschnitts »Waare und Geld«. In der dritten Auflage kam es Engels vor allem darauf an, die Abschnitte über die Mehrwert- und Akkumulationstheorie entsprechend ihrer Fassung in der französischen Ausgabe zu überarbeiten. Diese Intention widerspiegelt sich vor allem in Marx' Handexemplaren der zweiten deutschen Auflage und der französischen Ausgabe sowie in den 1877 angefertigten Veränderungsverzeichnissen. Für die Überarbeitung dieser Teile seines Hauptwerkes könnten für Marx vor allem zwei Momente eine Rolle gespielt haben: Erstens ergaben sich aus der präzisierten und erweiterten Darstellung der Werttheorie in der zweiten Auflage des ersten Bandes des »Kapitals« notwendige Veränderungen in der Darstellung des Zusammenhangs zwischen Wert, Mehrwert und Akkumulation. Zweitens ist ein Teil der inhaltlichen Veränderungen auf eine weitere Ausprägung der Darstellung von Logischem und Historischem, von Abstraktem und Konkretem zurückzuführen.

Die in der dritten Auflage des ersten Bandes des »Kapitals« veränderten Stellen und Passagen weisen sowohl neue Gedankenführungen auf als auch Präzisierungen bereits vorhandener Überlegungen. Marx und Engels leisteten damit einen Beitrag zur Weiterentwicklung des Kategoriensystems und zur Vertiefung der Polemik mit Vertretern der bürgerli-

158 Vgl. die Variante 70.26, in: ebd., S. 859.

chen politischen Ökonomie. Sie nahmen eine Vielzahl neuer statistischer Angaben auf, um vor allem die Entwicklung der Maschinerie unter kapitalistischen Verhältnissen und den Prozess der ursprünglichen Akkumulation noch genauer zu belegen und darzustellen.[159]

Im Zuge der Vorbereitung der dritten Auflage maß Marx der Darstellung des Zirkulationsprozesses des Kapitals besondere Bedeutung bei. Dafür wären sicherlich eine ganze Reihe von Gründen anzuführen, vor allem aber, dass Marx in der zweiten Hälfte der 1870er-Jahre intensiv am zweiten Band des »Kapitals« arbeitete und dabei Erkenntnisse gewann, die auf die Darstellung des ersten Bandes Einfluss ausübten, zumal immer deutlicher wurde, dass bis zur Veröffentlichung des zweiten Bandes noch einige Zeit verstreichen würde, also die Grundzüge der Reproduktion im ersten Band umfassender dargestellt werden müssten. Aber auch die inhaltliche Erschließung des kapitalistischen Produktionsprozesses im ersten Band selbst erforderte eine klare Trennung zwischen Zirkulation und Produktion. Beispielsweise hob Marx bei der Darstellung der Formel für die einfache Warenzirkulation jetzt stärker die zeitliche Aufeinanderfolge von Ware und Geld sowie dessen Rückverwandlung hervor. Im siebenten Abschnitt »Der Akkumulationsprozeß des Kapitals« knüpfte Marx dann unmittelbar an die im zweiten Abschnitt »Die Verwandlung des Geldes in Kapital« entwickelte allgemeine Formel des Kapitals G-W-G' an.

Die Veränderungen in der dritten Auflage des ersten Bandes des »Kapitals« waren insgesamt auf die theoretisch ausführlichere Darstellung, vor allem des Ablaufs der Zirkulation in ihren Grundzügen, gerichtet.

Die Mehrzahl dieser Veränderungen ist im siebenten Abschnitt festzustellen. Sie betreffen einige Aspekte der Entwicklung des Kategoriensystems, so die erstmals eingeführte Unterscheidung zwischen Konzentration und Zentralisation.

159 Vgl. Helga Hues: Die Veränderungen der Mehrwert- und Akkumulationstheorie von der zweiten zur dritten deutschen Auflage des ersten Bandes des »Kapitals«. Dissertation A, Pädagogische Hochschule Erfurt/Mühlhausen, Erfurt 1986.

Inhaltlich war die Zentralisation freilich bereits in der zweiten Auflage bestimmt, aber Marx verwandte dort ausschließlich noch den Begriff der Konzentration. Diese Unterscheidung, die für die Erklärung der Monopolbildung entscheidend ist, weist darauf hin, welche Schlussfolgerungen Marx aus den neuen Tendenzen der Entwicklung des Kapitalismus der freien Konkurrenz zog. Auch auf die erstmalige Einführung des Begriffs »Uebervölkerung« statt »Surpluspopulation« ist hinzuweisen. Marx präzisierte in diesem Zusammenhang die Darstellung der drei Existenzformen der relativen Übervölkerung – flüssige, latente und stockende. Der letzte Begriff ersetzte den Begriff der »stagnierenden« Übervölkerung, der in den ersten beiden deutschen Auflagen verwandt worden war.

Die unmittelbare Vorbereitung der dritten Auflage des ersten Bandes des »Kapitals« wurde am 22. Oktober 1881 eingeleitet, als nämlich Otto Meißner Marx mitteilte, dass die Notwendigkeit für die Herausgabe einer neuen Auflage bestehe.[160] Sie kam Marx in vielfacher Hinsicht ungelegen, obwohl er noch eine vollständige Abschrift des 1877 an Sorge gesandten Veränderungsverzeichnisses sowie sein Handexemplar der zweiten Auflage besaß. Wahrscheinlich begann Marx noch mit der redaktionellen Arbeit, die nach seinem Tod von Engels intensiv fortgesetzt und vollendet wurde. Engels konnte dabei offenbar auch das Handexemplar der französischen Ausgabe nutzen, das Sorge wohl mit anderen Dokumenten am 19. März 1883 an ihn gesandt hatte.[161] Am 12. August 1883 gab Engels bekannt, dass er die Schlussredaktion beendet habe,[162] und am 13. Dezember 1883 erschien die dritte deutsche Auflage.[163] Auch ihre Entstehungsgeschichte belegt den schöpferischen Umgang von Marx mit seinem Hauptwerk, das Bestreben, es nicht als endgültig und abgeschlossen aufzufassen. Darüber hinaus berücksichtigte Marx die enge Verbindung zwischen

160 Otto Meißner an Marx, 22.10.1881, RGASP, f. 1, op. 9, d. 4315.

161 Friedrich Adolph Sorge an Engels, 19.3.1883, RGASPI, f. 1, op. 5, d. 4401.

162 Vgl. Engels an Gabrial Deville, 12.8.1883, in: MEW, Bd. 36, S. 48.

163 Vgl. Börsenblatt für den deutschen Buchhandel und die mit ihm verwandten Geschäftszweige (Leipzig), 15.12. 1883, S. 5802.

der revolutionären Theorie und dem praktischen Kampf der Arbeiterbewegung. Die dritte Auflage erschien zu Beginn einer ideologischen Offensive des Marxismus in den 1880er-Jahren.

Marx war es nicht vergönnt, den Abschluss der Herausgabe seines Hauptwerkes zu erleben. Engels sah daher seine Hauptaufgabe darin, das Werk seines Freundes zu vollenden, und leistete eine umfangreiche Arbeit bei der Durchsicht, Entzifferung und Redaktion der Manuskripte für den zweiten und dritten Band des »Kapitals«. Bereits 1885 erschien der zweite Band. Der dritte Band folgte 1894, nachdem Engels auch die Übersetzung des ersten Bandes ins Englische und die Redaktion der vierten deutschen Auflage dieses Bandes besorgt hatte. Mit der Herausgabe aller drei Bände des »Kapitals« durch Engels nahm seine internationale Verbreitung und Aufnahme durch die Arbeiterbewegung weiter zu. Die Ideen des »Kapitals« behaupteten sich als scharfe Waffe im ideologischen Klassenkampf des Proletariats.

Engels ging bei seiner Arbeit von der großen Bedeutung der Werttheorie aus und verteidigte sie offensiv gegen alle Angriffe. In seinem Vorwort zum zweiten Band des »Kapitals« resümierte er die wissenschaftlichen Entdeckungen seines Kampfgefährten:

> »Um zu wissen, was der Mehrwert war, mußte er wissen, was der Wert war. Ricardos Werttheorie selbst mußte vor allem der Kritik unterworfen werden. Marx also untersuchte die Arbeit auf ihre wertbildende Qualität und stellte zum ersten Mal fest, welche Arbeit, und warum, und wie sie Wert bildet, und daß Wert überhaupt nichts ist als festgeronnene Arbeit dieser Art [...]. Marx untersuchte dann das Verhältnis von Ware und Geld und wies nach, wie und warum, kraft der ihr innewohnenden Werteigenschaft, die Ware und der Warenaustausch den Gegensatz von Ware und Geld erzeugen muß; seine hierauf gegründete Geldtheorie ist die erste erschöpfende und jetzt stillschweigend allgemein akzeptierte. Er untersuchte die Verwandlung von Geld in Kapital und bewies, daß sie auf dem Kauf und

> Verkauf der Arbeitskraft beruhe. Indem er hier die Arbeitskraft, die wertschaffende Eigenschaft, an die Stelle der Arbeit setzte, löste er mit einem Schlag eine der Schwierigkeiten, an der die Ricardo'sche Schule zugrunde gegangen war: die Unmöglichkeit, den gegenseitigen Austausch von Kapital und Arbeit in Einklang zu bringen mit dem Ricardoschen Gesetz der Wertbestimmung durch die Arbeit. Indem er die Unterscheidung des Kapitals in konstantes und variables konstatierte, kam er erst dahin, den Prozeß der Mehrwertbildung in seinem wirklichen Hergang bis ins einzelne darzustellen.«[164]

Die Untersuchung der Entwicklung der Werttheorie als dem entscheidenden Bestandteil der ökonomischen Theorie von Marx verdeutlicht sein Ringen um ihre immer vollendetere Darstellung in den einzelnen Auflagen des ersten Bandes des »Kapitals«. Den Kern dieser Entwicklung bildete die Wertformanalyse. Der Prozess der Vervollkommnung der Werttheorie, einschließlich der Haltung von Marx zu ihrer Darstellung in populären Schriften, macht eine Reihe wichtiger methodischer Grundsätze der marxistischen politischen Ökonomie sichtbar. Marx' Werttheorie war mit dem ersten Band des »Kapitals« nicht abgeschlossen, sondern wurde im dritten Band weiterentwickelt.

164 Friedrich Engels: Vorwort [zu Karl Marx: Das Kapital. Zweiter Band], in: MEW, Bd. 24, S. 23 f.

Der Begriff der einfachen Warenproduktion

Ursprüngliche Fassung für das Historisch-kritische Wörterbuch des Marxismus[1]

Der von Engels eingeführte Begriff der »einfachen Warenproduktion« verdeutlicht eine epistemologische Differenz im Verständnis des Anfangs des ersten Bandes des »Kapitals«: Für Marx wird der erste Band des »Kapitals« eröffnet mit dem Kapitalismus, für Engels mit dem Vorkapitalismus. Engels bringt den Begriff erstmals in seinem Vorwort zum dritten Band des »Kapitals« (1894):

> »Es versteht sich ja von selbst, daß man sie [die Begriffe] nicht in starre Definitionen einkapselt, sondern in ihrem historischen resp. logischen Bildungsprozeß entwickelt. Danach wird es wohl klar sein, warum Marx am Anfang des ersten Buchs, wo er von der einfachen Warenproduktion als seiner historischen Voraussetzung ausgeht, um dann weiterhin von dieser Basis zum Kapital zu kommen – warum er da eben von der einfachen Ware ausgeht und nicht von einer begrifflich und geschichtlich sekundären Form, der schon kapitalistisch modifizierten Ware.«[2]

Es gibt jedoch eine längere Vorgeschichte dieser Interpretation von Marx' Methode bei Engels. Bereits in einer Rezension von »Zur Kritik der Politischen Ökonomie. Erstes Heft« (1859) führt er aus, dass die »logische Behandlungsweise [...] allein am Platz« war.

> »Diese aber ist in der That nichts andres als die historische, nur entkleidet der historischen Form und der stö-

1 Einige Aspekte meiner Darstellung des Stichworts »Einfache Warenproduktion« für das von Wolfgang Fritz Haug herausgegebene »Historisch-Kritisches Wörterbuch des Marxismus« wurden durch die Redaktion leider verändert. Der Beitrag ist hier in der ursprünglichen Fassung dokumentiert. Für eine bessere Lesbarkeit wurde er von den formalen Vorgaben eines Wörterbuchbeitrags befreit.

2 Karl Marx/Friedrich Engels: Werke [MEW], Berlin 1956 ff., Bd. 25, S 20.

> renden Zufälligkeiten. Womit diese Geschichte anfängt, damit muß der Gedankengang ebenfalls anfangen [...]. Wir gehen bei dieser Methode aus von dem ersten und einfachsten Verhältniß das uns historisch, factisch vorliegt [...]. Die politische Oekonomie fängt an mit der *Waare*, mit dem Moment, wo Produkte – sei es von Einzelnen, sei es von naturwüchsigen Gemeinwesen – gegen einander ausgetauscht werden.«[3]

Dabei belegt bereits der erste Satz in »Zur Kritik«, dass es Marx um die Ware als »elementarisches Dasein« des bürgerlichen Reichtums geht statt um »naturwüchsige Gemeinwesen«.[4]

Das Problem des »Anfangs« taucht beim Lesen der Korrekturbogen der Erstauflage des ersten Bandes des »Kapitals« erneut auf. Engels fordert von Marx, die Wertform in einem Exkurs über den historischen Weg der Geldbildung zu behandeln.[5] Marx antwortet noch vor der Veröffentlichung ablehnend, dass der Rat befolgt und auch nicht befolgt sei, das heißt, er habe sich »dialektisch« verhalten.[6]

Sowohl im Anhang zur Erstauflage als auch in der zweiten, überarbeiteten Auflage des ersten Bandes (1873) ist die Einteilung in »einfachen Warenproduktion« und »kapitalistische Warenproduktion« nicht zu finden. Für Marx ist der Ausgangspunkt im ersten Band des »Kapitals« die kapitalistisch produzierte Ware, der Warenaustausch, die Warenzirkulation:

> »Derartige Formen bilden eben die Kategorien der bürgerlichen Oekonomie. Es sind gesellschaftlich gültige, also objective Gedankenformen für die Produktionsverhältnisse dieser historisch bestimmten gesellschaftlichen Produktionsweise, der Waarenproduktion.«[7]

Die ökonomischen Kategorien tragen natürlich ihre geschichtliche Spur:

3 Karl Marx/Friedrich Engels: Gesamtausgabe [MEGA²], Berlin 1975 ff., Bd. II/2, S. 253; MEW, Bd. 13, S. 475.

4 MEGA², ebd., S. 107; MEW, ebd., S. 15.

5 Engels an Marx vom 16. Juni 1867, MEW, Bd. 31, S. 303.

6 Marx an Engels, 22. Juni 1867, MEW, ebd., S. 306; vgl. MEGA², Bd. II/6, S. 731 ff.

7 MEGA², ebd., S. 106 f.; MEW, Bd. 23, S. 90.

> »Um Waare zu werden, darf das Produkt nicht als unmittelbares Subsistenzmittel für den Producenten selbst producirt werden. Hätten wir weiter geforscht: Unter welchen Umständen nehmen alle oder nimmt auch nur die Mehrzahl der Produkte die Form der Waare an, so hätte sich gefunden, dass dieß nur auf Grundlage einer ganz specifischen, der kapitalistischen Produktionsweise geschieht. Eine solche Untersuchung lag jedoch der Analyse der Waare fern.«[8]

Die historische Entwicklung der Warenproduktion sieht Marx in dem Prozess der Verwandlung von Produktenaustausch in Warenaustausch:

> »Ganz so nothwendig, wie die Waarenproduktion auf einem gewissen Entwicklungsgrad kapitalistische Waarenproduktion wird – ja nur auf der Grundlage der kapitalistischen Produktionsweise wird die Waare zur allgemeinen, herrschenden Form des Produkts, – ganz so nothwendig schlagen die Eigenthumsgesetze der Waarenproduktion in Gesetze der kapitalistischen Aneignung um.«[9]

Obwohl Ware und Geld historisch älter sind als das Kapital, war für Marx methodologisch entscheidend, Ware, Wert und Geld *nicht* in ihrer vorkapitalistischen Gestalt, sondern in der Sphäre der einfachen Zirkulation innerhalb der Totalität der kapitalistischen Produktionsverhältnisse darzustellen. Wenn er über die einfache Wertform schreibt, dass sie »praktisch nur [...] in den Anfängen [vorkommt], wo Arbeitsprodukte durch zufälligen und gelegentlichen Austausch in Waaren verwandelt werden«,[10] so deutet dies auf eine gedankliche Rekonstruktion eines Entwicklungszusammenhangs, das heißt auf eine Unterscheidung zwischen logischer Ableitung und genetischer Herleitung bzw. Rekonstruktion.[11] Im ersten

8 MEGA², ebd., S. 185; MEW, ebd., S. 183 f.

9 MEGA², Bd. II/6, S. 538; dieser Teil der Note ist in der 4. Auflage des ersten Bands des »Kapitals« von Engels gestrichen, vgl. MEGA², Bd. II/10, S. 726; MEW, Bd. 23, S. 613.

10 MEGA², Bd. II/6, S. 97; MEW, Bd. 23, S. 80.

11 Vgl. Wolfgang Fritz Haug: Vorlesungen zur Einführung ins Kapital, 5., überarb. u. erg. Aufl., Berlin/Hamburg 1989, S. 190 f.

Band des »Kapitals« selbst treten die historischen Momente häufig als »Illustration« auf.

Engels hat wahrscheinlich vor Marx' Tod die methodischen Hinweise aus der Einleitung zu den »Grundrissen der Kritik der politischen Ökonomie« nicht zur Kenntnis nehmen können:

> »Es wäre also unthubar und falsch, die ökonomischen Categorien in der Folge auf einander folgen zu lassen, in der sie historisch die bestimmenden waren. Vielmehr ist ihre Reihenfolge bestimmt durch die Beziehung, die sie in der modernen bürgerlichen Gesellschaft auf einander haben, und die gerade das umgekehrte von dem ist, was als ihre naturgemässe erscheint oder der Reihe der historischen Entwicklung entspricht.«[12]

Auch im Manuskript des ersten Buches des »Kapitals« (im überlieferten »Sechsten Kapitel«, wahrscheinlich im Sommer 1864 verfasst) stellt Marx fest:

> »Dieser Cirkellauf unserer Darstellung entspricht sowohl der *historischen Entwicklung* des Capitals, für welche ein *Waarenaustausch, Waarenhandel*, eine der *Entstehungsbedingungen* bildet, die sich selbst aber auf der Grundlage *verschiedner Productionsstufen* bildet, denen allen gemein ist, daß in ihnen die capitalistische Production noch gar nicht oder nur noch sporadisch existirt. Andrerseits ist der entwickelte Waarenaustausch und die *Form der Waare* als allgemein nothwendige gesellschaftliche Form des Products selbst erst das *Resultat der capitalistischen Productionsweise*.«[13]

So hat Engels dann offenbar die Erklärungen im Nachwort zur zweiten Auflage des ersten Bands des »Kapitals« zur Methode, die »wenig verstanden« worden sei,[14] ebenso fehl verstanden:

> »Allerdings muß sich die Darstellungsweise formell von der Forschungsmethode unterscheiden. Die Forschung hat den Stoff sich im Detail anzueignen, seine verschied-

12 MEGA², Bd. II/1.1, S. 42; MEW, Bd. 42, S. 41.

13 MEGA², Bd. II/4.1, S. 24.

14 MEGA², Bd. II/6, S. 704; MEW, Bd. 23, S. 25.

> nen Entwicklungsformen zu analysiren und deren inneres Band aufzuspüren. Erst nachdem diese Arbeit vollbracht, kann die wirkliche Bewegung entsprechend dargestellt werden.«[15]

Marx hat in seinen Stellungnahmen gegenüber populären Referaten des ersten Bandes des »Kapitals« erneut auf dieses Problem aufmerksam gemacht, indem er historische Erklärungen der kapitalistischen Warenzirkulation anregte. So warf er Carlo Cafiero vor, dass dieser sich zu »pedantisch an die wissenschaftliche *Form* der Darstellung« halte.[16] In der von Marx redigierten zweiten Ausgabe von Johann Mosts »Kapital und Arbeit« (1876, MEGA II/8), hatte er zuvor versucht, die historische Genesis der Wertform in der Verwandlung des Produktenaustausches in Warenaustausch[17] nachzuvollziehen, ohne den Begriff der einfachen Warenproduktion zu verwenden.

Seinerseits behauptet Engels im »Anti-Dühring«, Marx habe im ersten Band des »Kapitals« »sonnenklar« nachgewiesen, dass »auf einem gewissen Entwicklungsgrad die Waarenproduktion sich in kapitalistische Produktion verwandelt«.[18] Und weiter schreibt er:

> »In der mittelalterlichen Gesellschaft war die Produktion wesentlich auf Selbstgebrauch gerichtet, Waarenproduktion war erst im Entstehn. [...] Mit der Erweiterung der Waarenproduktion aber, und namentlich mit dem Auftreten der kapitalistischen Produktionsweise, traten auch die bisher latenten Gesetze der Waarenproduktion offener und mächtiger in Wirksamkeit.«[19]

Engels versteht unter einfacher Warenproduktion, die er hier der Sache nach beschreibt, aber noch nicht so nennt, einen Produktionstyp, der auf arbeitsteiliger handwerklicher oder bäuerlicher Produktion und Privateigentum an Produktions-

15 MEGA², ebd., S. 709; MEW, ebd., S. 27.
16 Marx an Carlo Cafiero (Entwurf), 29. Juli 1879, MEW, Bd. 34, S. 384.
17 MEGW², Bd. II/8, S. 741 f.
18 MEGA², Bd. I/27, S. 354; MEW, Bd. 20, S. 151.
19 MEGA², ebd., S. 438; MEW, ebd., S. 253 f.

mitteln, aber noch nicht wesentlich auf Lohnarbeit beruht. Sie ist somit für ihn die einfachste, unentwickeltste Form der Warenproduktion, deren historische Genesis der Ausgangspunkt für Marx' Analyse im ersten Band des »Kapitals« ist. – Obwohl Marx Eugen Dührings Schriften intensiv durcharbeitete, Randnoten für Engels' »Anti-Dühring« zusammenstellte und das Manuskript durchsah,[20] nimmt er auf die Darstellung der einfachen Warenproduktion keinen Einfluss. So bleibt die Frage offen, ob sich Marx unsicher war, wie die wissenschaftlichen Einsichten mit einer massenwirksamen Rezeption zusammengebracht werden könnten.

Wie begierig diese Interpretation aufgenommen wurde, zeigt die Breitenwirksamkeit von Karl Kautskys »Oekonomischen Lehren« (1887). Engels hatte ihn zuvor anlässlich seiner Polemik mit Johann Karl Rodbertus' »Kapital«-Kritik belehrt, es sei nachzuweisen, wie »die Produktionsmittel, die in den frühern Perioden, inklusive einfacher Warenproduktion, nur eine sehr gelinde Herrschaft ausübten, verglichen mit der jetzigen, dahin kamen, die jetzige despotische Herrschaft auszuüben«.[21] Kautsky reagiert darauf mit folgendem Schluss: »Es war Marx vorbehalten, das Kapital als historische Kategorie zu erkennen und seine Entstehung an der Hand der Geschichte nachzuweisen, statt sie aus dem Kopfe zu konstruieren.«[22] In einer weiteren Replik in der *Neuen Zeit* folgert Kautsky, Marx' Werttheorie habe Gültigkeit »nur für Gesellschaften mit Waarenproduktion«, er führe jedoch, um Missverständnissen vorzubeugen, »eine erfundene Robinsonade« vor.[23]

In seiner popularisierenden Darstellung des ersten Bandes des »Kapitals« folgt Kautsky Engels' Hinweisen. Er resümiert

20 Vgl. Carl-Erich Vollgraf: Ein »Handgemenge« im Vorfeld des »Anti-Dühring«, in: Rolf Hecker/Richard Sperl/Carl-Erich Vollgraf (Hrsg.): Zur Kritik und Geschichte der MEGA (Beiträge zur Marx-Engels-Forschung. Neue Folge, 1992), Hamburg 1992, S. 109–123.

21 Engels an Karl Kautsky, 26. Juni 1884, MEW, Bd. 36, S. 168.

22 Karl Kautsky: »Das ‚Kapital' von Rodbertus«, in: Neue Zeit 8/1884, S. 337–350, hier S. 350.

23 Ders.: »Eine Replik«, in: Neue Zeit Heft 11/1884, S. 494–505, hier S. 503 f.

die historische Abfolge der Produktionsweisen unter der Einschränkung, dass nicht die »Geschichte der Waarenproduktion, sondern nur ihre besonderen Eigenthümlichkeiten« aufgezeigt würden.[24] So bekommt die einfache Warenproduktion einen Platz zwischen der »urwüchsigen« Produktionsweise und der kapitalistischen Warenproduktion. In der einfachen Warenproduktion sind »unabhängig von einander wirkende Privatarbeiter [tätig], deren Jeder mit ihm selbst gehörenden Produktionsmitteln Produkte erzeugt, die dann selbstredend auch sein Privateigenthum sind«.[25] Wenn also unter einfacher Warenproduktion das Privateigentum »Folge und Frucht der Arbeit« war, so zerreißt die kapitalistische Produktion diesen Zusammenhang. Kautsky schlussfolgert daraus, dass man den weiteren Weg der Gesellschaft erkennt, der in »die Besitzergreifung der Produktionsmittel« mündet: »An Stelle der anarchischen Waarenproduktion tritt die planmäßig bewußte Organisation der gesellschaftlichen Produktion.«[26]

Mit seinem Vorwort zum zweiten Band des »Kapitals« (1885) löst Engels die den dritten Band begleitende »Transformationsdebatte« aus, nämlich wie sich auf der Grundlage des Wertgesetzes eine Durchschnittsprofitrate bilden kann.[27] Die folgenden Kritiken und Kommentare, beginnend mit Werner Sombart (1894)[28], Eugen v. Böhm-Bawerk (1896)[29], Ladislaus v. Bortkiewicz (1906)[30] und anderen, beziehen sich genau auf diesen Punkt: der Warenaustausch zu seinen Werten und der Austausch zu Produktionspreisen. Die Kritiker sehen darin den Widerspruch, der sich im Widerspruch zwischen erstem und

24 Ders.: Karl Marx's Oekonomische Lehren, Stuttgart 1887, S. 12.

25 Ebd., S. 252.

26 Ebd., S. 259.

27 MEW, Bd. 24, S. 26.

28 Vgl. Werner Sombart: Zur Kritik des ökonomischen Systems von Karl Marx, in: Archiv für Soziale Gesetzgebung und Statistik 4/1894, S. 555–594.

29 Vgl. Eugen v. Böhm-Bawerk: Zum Abschluß des Marxschen Systems, in: Staatswissenschaftliche Arbeiten, Berlin 1896

30 Vgl. Ladislaus v. Bortkiewicz: Wertrechnung und Preisrechnung im Marxschen System. Erster Artikel, in: Archiv für Sozialwissenschaft und Sozialpolitik, Bd. 23, Tübingen 1906.

drittem Band manifestiere, indem Marx seine eigene Werttheorie widerlegt habe. So wurde der dritte Band des »Kapitals« häufig als Eingeständnis eines theoretischen Scheiterns interpretiert.[31] Dieser Konsequenz aus seiner Fragestellung von 1885 war sich Engels offenbar nicht bewusst. Mit seiner Deutung der einfachen Warenproduktion im Vorwort zum dritten Band verdeutlichen sich seine Schwierigkeiten, die Widerspruchsfreiheit beider Theorien nachzuweisen. So gehören auch die Passagen im dritten Band des »Kapitals«, in denen der Ausgleich der Profite zum Durchschnittsprofit und der Werte zu Produktionspreisen behandelt werden, zu den editionstechnisch problematischen.[32] Neben Umstellungen gibt es in diesem Teil auch stilistische Veränderungen von Engels, die sich Sinn verändernd auswirkten. So erläutert Marx die Genesis des Wertgesetzes und er schildert, wie sich der Produktenaustausch in Warenaustausch verwandelt, indem der Austausch der Waren »zwischen verschiednen Gemeinschaften (communities) *entspringt*, nicht zwischen den Gliedern einer und derselben Gemeinde«.[33] Und da Marx einige Zeilen vorher davon spricht, dass die Werte der Waren »nicht nur theoretisch, sondern historisch« als Prius der Produktionspreise zu verstehen sind, übersetzt Engels den Terminus *Communities* mit »kommunistische Gemeinwesen«[34] und gibt somit der marxschen Aussage einen formationstheoretischen Anstrich.

Die Ersetzung des Begriffs der einfachen Zirkulation durch den der einfachen Warenproudktion wird durch eine genaue zeitliche Definition von Engels' in »Ergänzung und Nachtrag zum III. Buche« (veröffentlicht nach seinem Tod in der *Neuen Zeit* 1895/96 unter dem Titel »Wertgesetz und Profitrate«) präzisiert:

31 Vgl. Dieter Behrens: Ein Kommentar zum MEGA²-Band II/4.2, in: Rolf Hecker/Richard Sperl/Carl-Erich Vollgraf (Hrsg.): Engels' Druckfassung versus Marx' Manuskripte zum III. Buch des »Kapital« (Beiträge zur Marx-Engels-Forschung. NeueFolge, 1995), Hamburg 1995, S. 5–26.

32 Vgl. Carl-Erich Vollgraf/Jürgen Jungnickel: »Marx in Marx' Worten«? Zu Engels' Edition des Hauptmanuskripts zum dritten Buch des »Kapital«, in: MEGA-Studien, 2/1994, S. 3–55.

33 MEGA², Bd. II/4.2, S. 253.

34 MEW, Bd. 25, S. 187.

> »Das marxsche Wertgesetz gilt allgemein, soweit überhaupt ökonomische Gesetze gelten, für die ganze Periode der einfachen Warenproduktion, also bis zur Zeit, wo diese durch den Eintritt der kapitalistischen Produktionsform eine Modifikation erfährt. [...] Das marxsche Wertgesetz hat also ökonomisch-allgemeine Gültigkeit für eine Zeitdauer, die vom Anfang des die Produkte verwandelnden Austausches bis ins fünfzehnte Jahrhundert unserer Zeitrechnung dauert.«[35]

Hintergrund für diese Darstellung könnten Engels' historische Studien sein, die sich im »Ursprung der Familie, des Privateigentums und des Staates« niederschlugen und für dessen 4. Auflage 1892 er ebenfalls Veränderungen vornahm, die die materialistische Geschichtsauffassung bekräftigen sollten.[36]

Die Verwandlung des Begriffs der »Waarencirculation«[37] in einfache Warenproduktion, die Auslegung des ersten Abschnitts des ersten Bands des »Kapitals« als Vorgeschichte der kapitalistischen Produktionsweise, wurde so zu einer von Engels unbewusst vorgetragenen, jedoch in der Folge gegen Marx gerichteten Argumentation. Hintergrund dieses Unverständnisses ist, dass Engels mit Marx' Formbestimmung, in welche die Geschichte eingeschrieben ist, nicht klarkommt. Hinter der im Marxismus-Leninismus beschworenen »Einheit von Logischem und Historischen« steht nicht nur Marx' Verhältnis zu Hegel, sondern – im Hintergrund und deshalb unbeachtet – das zur Formlehre von Aristoteles.

Die Differenz zwischen Marx und Engels wurde erneut in den 1970er-Jahren kontrovers diskutiert. Nach Hans-Georg Backhaus hat Engels mit seinem Begriff der einfachen Warenproduktion den marxschen Grundbegriff der »einfachen Zirkulation« in »absurder Weise« missverstanden und mit seiner

> »Interpretation des 1. Kapitels als Werttheorie einer prämonitären Naturalwirtschaft und des 3. Kapitels als Geldtheorie einer einfachen Warenproduktion [...] vor allem

35 MEW, ebd., S. 909.

36 Vgl. MEGA², Bd. I/29, S. 723 ff.

37 MEGA², Bd. II/5, S. 72.

die geldtheoretischen Intentionen der marxschen Werttheorie ignoriert«.[38]

Ähnlich argumentiert Helmut Reichelt über die »logische Struktur« des »Kapitals«[39]; Hans-Dieter Kittsteiner behandelt die verschiedenen Sichtweisen von Marx und Engels auf Logisches und Historisches.[40] Hans-Holger Paul spricht vom »Vulgarisator« Engels, der Marx' Dialektik als Evolutionslehre rezipiert und damit ungewollt die marxsche Theorie ihres revolutionären Charakters entkleidet habe.[41] Eine Neuedition der Erstausgabe des ersten Bands des »Kapital« begründet Fred E. Schrader damit, dass sie einen Einschnitt in Marx' Arbeitsprozess darstelle, da er sich »eindeutig für eine strenge dialektische Darstellungslogik insbesondere der Waren- und Geldanalyse entschied«.[42] Gerhard Göhler sieht in der Erstauflage ebenfalls eine begriffslogische Darstellung, die in den nachfolgenden Auflagen zugunsten eines besseren Verständnisses reduziert worden sei.[43] Im Gegensatz hierzu vertritt Ernest Mandel eine realhistorische Auffassung, denn Marx habe im ersten Band des »Kapitals« »weder mit einer Analyse der kapitalistischen Warenproduktion, noch des Kapitals« begonnen, denn ohne »einfache Warenproduktion kann der Kapitalismus nicht entstehen«.[44] Eine dazu

38 Hans-Georg Backhaus: Materialien zur Rekonstruktion der Marxschen Werttheorie III, in: Gesellschaft. Beiträge zur Marxschen Theorie 2, Frankfurt am Main 1978, S. 16–117, hier S. 18.

39 Vgl. Helmut Reichelt: Zur logischen Struktur des Kapitalbegriffs bei Karl Marx, Frankfurt am Main 1970; ders.: Warum hat Marx seine dialektische Methode versteckt?, in: Rolf Hecker/Richard Sperl/Carl-Erich Vollgraf (Hrsg.): Geschichte und materialistische Geschichtstheorie bei Marx (Beiträge zur Marx-Engels-Forschung. Neue Folge, 1996), Hamburg 1996, S. 73–110.

40 Vgl. Hans-Dieter Kittsteiner: »Logisch« und «historisch«. Über Differenzen des Marxschen und Engelsschen Systems der Wissenschaft«, in: Internationale wissenschaftliche Korrespondenz zur Geschichte der deutschen Arbeiterbewegung 13/1977, S. 1–47.

41 Hans-Holger Paul: Marx, Engels und die Imperialismustheorie der II. Internationale, Hamburg 1978, S. 46.

42 Fred E.Schrader: Editorisches Vorwort zum Nachdruck der Erstausgabe des »Kapitals« von Karl Marx (1867), in: Karl Marx: Das Kapital, Hildesheim 1980, S. 11*.

43 Vgl. Gerhard Göhler: Die Reduktion der Dialektik durch Marx. Strukturveränderungen der dialektischen Entwicklung in der Kritik der politischen Ökonomie, Stuttgart 1980.

44 Ernst Mandel: Kontroversen um »Das Kapital«, Berlin 1991, S. 11 f.

in gewisser Weise vermittelnde Position nimmt Wolfgang Fritz Haug ein, der Backhaus und anderen »hegelianisierende Artikulationsmuster«[45] in Bezug auf die Wertformanalyse vorwirft, denn der Untersuchungsgegenstand ist kein »blosses Gedankending«.[46] Auch die einfache Wertform hat eine historische Gestalt, jedoch verfolgt Marx die Wertformanalyse keineswegs wirtschaftsgeschichtlich, es handelt sich um die Darstellung eines »genetischen Zusammenhangs«.[47]

In der zum Dogma erstarrten politischen Ökonomie des Marxismus-Leninismus (Einheit von Logischem und Historischem, Einheit von Marx und Engels) bleiben diese Differenzen weitgehend ausgeklammert. Dazu bemerken Hans-Georg Nutzinger und Elmar Wolfstetter, dass die »marxistische Version der preistheoretisch interpretierten Arbeitswertlehre im wesentlichen auf Engels« zurückgehe, der glaubte, dass »die Gleichsetzung von Wert und Preis für nichtkapitalistische warenproduzierende Gesellschaften berechtigt sei«.[48] Diskussionsansätze hinsichtlich einer Neuinterpretation der Werttheorie – Peter Ruben (1980)[49], Hans Wagner (1980)[50] in der DDR, Vladimir Petrovič. Škredov (1973)[51] in der UdSSR – wurden erstickt. Mit der Edition der MEGA beschäftigte Wissenschaftler kritisierten die Interpretation des ersten Abschnitts des ersten Bands des »Kapitals« als Darstellung der vorkapitalistischen Produktionsweise, ohne explizit auf Engels einzugehen.[52] Ähnlich auch das letzte DDR-Lehrbuch für »Poli-

45 Wolfgang Fritz Haug: Die Camera obscura der Ideologie, Berlin 1984, S. 77.

46 Ebd., S. 72.

47 Ebd., S. 73.

48 Hans-Georg Nutzinger/Elmar Wolfstetter: Gesamteinleitung, in: Die Marxsche Theorie und ihre Kritik I. Eine Textsammlung zur Kritik der Politischen Ökonomie, Frankfurt am Main 1974, S. 3–27, hier S. 11.

49 Vgl. Peter Ruben/Hans Wagner: Sozialistische Wertform und dialektischer Widerspruch, in: DZPh 10/1980, S. 1218–1230.

50 Vgl. Hans Wagner: Die Darstellung der Wertformanalyse und Wertformentwicklung durch Marx und ihre methodologische Bedeutung in der Gegenwart, in: DZPh 2/1980, S. 197–211.

51 Vgl. Vladimir Petrovič Škredov: Metod issledovanija sobstvennosti v »Kapitale« K. Marksa[Die Untersuchungsmethode des Eigentums im »Kapital« von K. Marx], Moskau 1973.

52 Vgl. Wolfgang Jahn: Die Entwicklung der Ausgangskategorie der politischen Ökonomie des Kapitalismus in den Vorarbeiten zu Marx' Kapital, in: »... unsrer Par-

tische Ökonomie des Kapitalismus und Sozialismus« von 1988, in dem unumwunden konstatiert wird, dass im ersten Abschnitt des »Kapitals« keineswegs eine einfache Warenproduktion behandelt werde, sondern der Kapitalismus.

Im Zusammenhang mit der Erstveröffentlichung von Marx' Manuskript zum dritten Band des »Kapitals« (1863–65) in MEGA II/4.2 wird die Problematik wieder aufgegriffen. Aus dem Vergleich mit der von Engels edierten Druckfassung wird gefolgert, dass Engels seinen eigenen Ansprüchen (obwohl nur ein »äußerst lückenhafter, erster Entwurf« vorlag, habe er den »Charakter des ersten Entwurfs [...] möglichst beibehalten«[53]) nicht gerecht geworden sei, da seine Texteingriffe zu einer Historisierung beigetragen haben.[54] So seien die Unterschiede zwischen Marx und Engels weitaus größer, als bisher angenommen. Demgegenüber wendet Bertell Ollman ein, wenn die Differenzen zwischen beiden so groß waren, warum hat dann Marx Engels nicht korrigiert, z. B. bei der Abfassung des »Anti-Dühring«?[55]

Bei aller Diskussion über Differenzen zwischen Marx und Engels hinsichtlich der Darstellung der einfachen Warenproduktion sollte nicht verkannt werden, dass die Erklärung der Formenfolge nach allem epistemologischen Selbstverständnis von Marx über die Vermittlung gesellschaftlichen Handelns erfolgt, also nicht ausschliesslich logisch, sondern realgeschichtlich determiniert ist.

tei einen Sieg erringen«. Studien zur Entstehungs- und Wirkungsgeschichte des Kapitals von Karl Marx, Berlin 1978, S. 66–79; Rolf Hecker: Einige Probleme der Wertformanalyse in der Erstausgabe des »Kapitals« von Karl Marx, in: Arbeitsblätter zur Marx-Engels-Forschung 8, 1979, S. 76–94.

53 MEW, Bd. 25, S. 10 f.

54 Vgl. Michael Heinrich: Die Wissenschaft vom Wert. Die Marxsche Kritik der politischen Ökonomie zwischen wissenschaftlicher Revolution und klassischer Tradition, Hamburg 1991; ders.: Engels' Edition of the Third Volume of «Capital« and Marx's Original Manuscript, in: Science & Society 4/1996, S. 452–466; Hans-Georg Backhaus/Helmut Reichelt: Der politisch-ideologische Grundcharakter der Marx-Engels-Gesamtausgabe: Eine Kritik der Editionsrichtlinien der IMES, in: MEGA-Studien 2/1994, S. 101–118, Vollgraf/Jungnickel: »Marx in Marx' Worten«?

55 Vgl. Bertell Ollman: »Some Questions for Critics of Engels' Edition of *Capital*«, in: Rolf Hecker/Richard Sperl/Carl-Erich Vollgraf (Hrsg.): Engels' Druckfassung versus Marx' Manuskripte zum III. Buch des »Kapital« (Beiträge zur Marx-Engels-Forschung. NeueFolge, 1995), Hamburg 1995, S. 58–59.

Einfache Warenproduktion oder einfache Warenzirkulation

Zur Debatte um die Ausgangskategorie des »Kapitals«

Zunächst ein historischer Rückblick: Wolfgang Jahn hatte ich bereits in den 1970er-Jahren als Student an der ökonomischen Fakultät der Moskauer Lomonosov-Universität kennengelernt. Er interessierte sich für die dort ablaufenden Diskussionen am Lehrstuhl für Politische Ökonomie, insbesondere für die Kontroversen zwischen Chesin und Škredov. Wolfgang Jahn hatte in einem Aufsatz über die Entwicklung der Ausgangskategorie der politischen Ökonomie des Kapitalismus, vorgetragen auf dem Kolloquium der II. Abteilung der $MEGA^2$ in Mühlhausen im Oktober 1976,[1] erstmals in der DDR-Literatur diese Moskauer Debatte reflektiert und ermunterte mich nun, einen Bericht auf dem folgenden $MEGA^2$-Kolloquium in Halle im Mai 1979 vorzutragen, der zuvor in den *Arbeitsblättern zur Marx-Engels-Forschung* veröffentlicht worden war. So entstand meine zweite Publikation.[2]

Diese Diskussionen am Moskauer Lehrstuhl hatten nicht nur eine fachlich-wissenschaftliche Dimension, sondern auch eine politische. An diese letztere möchte ich kurz erinnern: Im »Kapital«-Seminar von Škredov 1976/77[3] wurde auch die Geschichte der Debatte erörtert und die Auffassun-

1 Vgl. Wolfgang Jahn: Die Entwicklung der Ausgangskategorie der politischen Ökonomie des Kapitalismus in den Vorarbeiten zu Marx' »Kapital«, in: »... unserer Partei einen Sieg erringen«. Studien zur Entstehungs- und Wirkungsgeschichte des »Kapitals« von Karl Marx, Berlin 1978, S. 66–79.

2 Rolf Hecker: Einige Probleme der Wertformanalyse in der Erstausgabe des »Kapitals« von Karl Marx, in: Arbeitsblätter zur Marx-Engels-Forschung 8, 1979, S. 76–94.

3 Vgl. Vladimir Petrovič Škredov: Über Engels' Historismus in seinem »Kapital«-Verständnis, in: Rolf Hecker/Richard Sperl/Carl-Erich Vollgraf (Hrsg.): Marx und Engels. Konvergenzen – Divergenzen (Beiträge zur Marx-Engels-Forschung. Neue Folge, 1997), Hamburg 1997, S. 128–130. Vgl. auch ders.: Die Untersuchungsmethode der Entstehungs- und Entwicklungsgeschichte der kapitalistischen Produktionsweise im »Kapital«, in: Internationale Marx-Engels-Forschung: Marxistische Studien. Jahrbuch des IMSF 12, Frankfurt a. M. 1987, S. 232–237.

gen von Rubin einbezogen. Dieser hatte in den 1920er-Jahren »Studien zur Werttheorie« in vier Auflagen veröffentlicht, die eine wichtige Rolle in der Überwindung eines schematischen Herangehens an die marxsche Theorie spielten.[4] Ende der 1920er-Jahre verwandelten sich kritische Einwände gegen Rubin in politische Anschuldigungen und ihm wurden eine idealistische Interpretation der ökonomischen Kategorien, die Trennung von Form und Inhalt und anderes vorgeworfen.[5]

Im Dezember 1930 wurde Rubin unter dem Vorwand einer angeblichen Zugehörigkeit zu einem menschewistischen »Unionsbüro« verhaftet, es folgten Jahre im Gefängnis und in Verbannung, bis er am 19. November 1937 erschossen wurde.[6] Rubin blieb in der UdSSR eine »Unperson«, rehabilitiert erst nach 1989. So konnten die Diskussionen im »Kapital«-Seminar und die theoretischen Auseinandersetzungen um den »Anfang« des »Kapitals« nicht ohne Folgen bleiben – sie wurden Gegenstand von Kritik nicht nur am Lehrstuhl für Politische Ökonomie, sondern auch in Fakultätsparteiversammlungen der KPdSU. Die Atmosphäre zwang Škredov zum Verlassen der Universität, seine Schüler bekamen »bewährte« Genossen an die Seite gestellt. Eine weitere offizielle Diskussion über Rubin wurde unmöglich. Auch diese Aspekte der Diskussion interessierten Wolfgang Jahn sehr und er war hocherfreut, als es uns endlich gelang, Škredov zur »Kapital«-

4 Vgl. Isaak Il'ič Rubin: Očerki po teorii stoimosti [Abriss zur Werttheorie], Moskva 1923. Vgl. auch ders.: Abstraktnyj trud i stoimost' v sisteme Marksa [Abstrakte Arbeit und Wert im System von Marx], in: Pod znamenem marksizma 7, 1927; ders.: K istorii teksta pervoj glavy »Kapitala« K. Marksa [Zur Textgeschichte des ersten Kapitels des »Kapitals« von Marx], in: Archiv K. Marksa i F. Engel'sa [Marx-Engels-Archiv], Bd. IV, 1929, S. 478–490; ders.: Dialektičeskoe razvitie kategorii v ekonomičeskoj sisteme Marksa [Die dialektische Entwicklung der Kategorien im ökonomischen System von Marx], in: Pod znamenem marksizma 4–5/1929.

5 Vgl. Jakov Rokitjanskij: Die »Säuberung« – Übernahme des Rjazanov-Instituts durch Adoratskij, in: Rolf Hecker/Richard Sperl/Carl-Erich Vollgraf (Hrsg.): Stalinismus und das Ende der ersten Marx-Engels-Gesamtausgabe (1931–1941) (Beiträge zur Marx-Engels-Forschung. Neue Folge, Sonderband 3), Hamburg 2001, S. 15–17.

6 Vgl. Ljudmila Vasina: I. I. Rubin – Marxforscher und Politökonom, in: Rolf Hecker/Richard Sperl/Carl-Erich Vollgraf (Hrsg.): Neue Aspekte von Marx' Grenzen von Marx' Wissenschaftsverständnis (Beiträge zur Marx-Engels-Forschung. Neue Folge, 1994), Hamburg 1994, S. 144–150; J. G. Rokitjanskij: Poslednie dni professora I. I. Rubina [Die letzten Tage des Prof. I. I. Rubin], in: Vestnik Rossijskoj Akademii Nauk 9, 1994, S. 828–834.

Konferenz im Oktober 1988 nach Berlin einzuladen, wo er sich ausführlich mit ihm austauschen konnte.[7]

Was war nun die fachliche Dimension des Meinungsstreits? Jahn resümierte in seinem Aufsatz zur Entwicklung der Ausgangskategorie die Moskauer Debatte wie folgt:

> »Nach Meinung von Schkredow ist der Inhalt des 1. Abschnitts vom 1. Band des ›Kapitals‹ nicht die Darstellung der einfachen Warenproduktion, sondern der ›kapitalistische Prozess des Warenaustausches in seiner ersten unmittelbaren abstrakten Form‹. Dagegen vertritt Chesin den Standpunkt, dass dies gegen die Einheit von Logik und Geschichte verstößt, dass Marx von der einfachen Warenproduktion ausgeht. Chesin führt Zitate von Marx, Engels und Lenin an, in denen sie auf die Ware, das Geld und die einfache Warenproduktion als historische Voraussetzung des ›Kapitals‹ hinweisen.«[8]

Erinnert sei daran, dass dieser Meinungsaustausch durch editorische Ereignisse befördert wurde, an denen viele der hier Anwesenden und Wolfgang Jahn im Besonderen maßgeblichen Anteil hatten. Während in der Sowjetunion weitere Ergänzungsbände der russischen Marx-Engels-Werkausgabe erschienen (so wurden in die Sočinenija u. a. zusätzlich die unterschiedlichen marxschen Redaktionen des Wertformabschnitts aufgenommen), kamen in der DDR die ersten Bände der Zweiten Abteilung der MEGA² heraus, in denen unveröffentlichte ökonomische Manuskripte von Marx ediert wurden. So konnte Jahn den Diskussionsgegenstand, – wie er formulierte –

> »ob die Ware, die im ersten Abschnitt als Ausgangskategorie analysiert wird, zum Kategoriensystem des Kapitalismus zu rechnen ist oder ob sie als übergreifende Kategorie nur als Voraussetzung des Übergangs zum Kapital betrachtet wird«,[9]

7 Dort sprach Škredov zum Thema »Die Untersuchung der Dialektik der Warenform des Arbeitsprodukts in der 1. und 2. Auflage des ersten Bandes des ›Kapitals‹ von Karl Marx«, in: Beiträge zur Marx-Engels-Forschung 27, 1989, S. 187–191.

8 Jahn: Entwicklung, S. 69 f.

9 Ebd., S. 70.

am Reifegrad der marxschen Vorarbeiten zum »Kapital«, also den »Grundrissen« und eben erstmals auch am ökonomischen Manuskript von 1861–63 messen.

Wolfgang Jahn meinte nun zu dieser Kontroverse zwischen Marx und Engels, die sich auch zwischen Chesin und Škredov abspielte:

> »Schon der 1. Abschnitt vom 1. Band des ›Kapitals‹ ist aus der Sicht dieser Totalität zu begreifen. Die Ware ist hier nicht mehr als eine Ausnahmeerscheinung gesetzt wie vor der kapitalistischen Produktionsweise, sondern als eine in allen Teilen des Ganzen vorhandene Zelle.«[10]

Deshalb schlussfolgerte er:

> »Es ist nicht einzusehen, warum die Zelle, die Elementarform des bürgerlichen Reichtums, in der sich in der entwickelten kapitalistischen Gesellschaft alle gesellschaftlichen Beziehungen realisieren, nicht selbst eine spezifische Kategorie der politischen Ökonomie des Kapitalismus sein soll.«[11]

Gegenüber Chesins Einwand, dass der erste Band den Produktionsprozess behandelt und der Produktion gegenüber der Zirkulation im Reproduktionsprozess auch in der Darstellung das Primat gehört, machte Wolfgang deutlich, dass dies nicht für die Ausgangsanalyse gelte und keinesfalls zwingend ist, »wenn aus diesen im Allgemeinen richtigen Thesen gefolgert wird, dass man den Ausgangspunkt nicht in der einfachen Zirkulation, sondern in der einfachen Warenproduktion suchen müsse«.[12] Für Wolfgang Jahn war klar, dass, wie er schrieb, die »historische Vielschichtigkeit der einfachen Warenzirkulation [...] die Quelle vieler Missverständnisse über die Stellung des 1. Abschnitts in der Gesamtstruktur des ›Kapitals«« ist.[13]

Wenn diese Debatten aus den 1970er-Jahren auch historisch geworden sind, so sind sie in gewisser Weise jedoch nicht veraltet. Wie kann es nicht anders sein, als dass durch

10 Ebd., S. 71.
11 Ebd., S. 70.
12 Ebd., S. 72.
13 Ebd., S. 75.

die Erstveröffentlichung weiterer marxscher Manuskripte in der II. Abteilung der MEGA² immer wieder auf Aspekte des Anfangs des »Kapitals« und seines Verständnisses bei Marx und Engels eingegangen wird.

So wird im Zusammenhang mit der Erstveröffentlichung von Marx' Manuskript von 1863–65 zum dritten Band des »Kapitals« in MEGA² II/4.2 (1992) die Problematik wieder aufgegriffen.

Ähnliches ist nun auch aus der Redaktionsarbeit an den Manuskripten zum zweiten Band des »Kapitals« zu erwarten, da Engels hier ebenfalls vor dem Problem stand, aus den überlieferten acht marxschen Manuskripten einen möglichst »vollendeten« Band herauszugeben. Ein Punkt dabei ist erneut die Fragestellung: Inwiefern stellen die Waren als Produkt des Kapitals den Übergang zum zweiten Buch dar? Unter den Manuskripten befinden sich mehrere Entwürfe für den Anfang des zweiten Buches, darunter das Manuskript »Anfang des ersten Kapitels« von Oktober 1867 und das »Manuskript IV« (Oktober 1867–April 1868), die in MEGA² II/4.3, bearbeitet von Larisa Miskevič, veröffentlicht werden.[14] Darin gibt es eine Eingangspassage, die von Engels bei der Redaktion der Druckfassung nicht berücksichtigt wurde.

Die ersten beiden einleitenden Absätze lauten, hier etwas verkürzt zitiert, wie folgt:

> »Das unmittelbare Resultat des kapitalistischen Productionsprozesses ist eine Waarenmasse, [...]. Zur Vereinfachung unterstellen wir zunächst, daß das vorgeschossene Kapital im Productionsprozeß ganz aufgezehrt ward, [...]. In anderen Worten: wir abstrahiren von dem Theil des angewandten Kapitals, der etwa in seiner alten Form fortexistirt und daher nicht in den Cirkulationsprozeß eingeht. Das Waarenprodukt hat grösseren Werth als die in seiner Bildung verzehrten Waaren. Seine Preissumme stellt daher mehr Geld vor als beim Ankauf seiner Produktionselemente vorgeschossen ward.

14 Der Band erschien 2012, bearbeitet von Carl-Erich Vollgraf unter Mitwirkung von Larisa Miskevič, die das Erscheinen des Bandes leider nicht mehr erlebte.

> Das Waarenprodukt muß nun in Geld verwandelt oder verkauft werden. Dieser Prozeß, erste Metamorphose in der einfachen Waarencirkulation, bildet jezt, in der Bewegung des Kapitals, die zweite oder abschliessende Metamorphose. Er ist Rückverwandlung aus Waarenform in Geldform und vermittelt so den Rückfluß des Geldes zu seinem Ausgangspunkt. [...]«[15]

Marx greift hier also auf das bereits erwähnte »Sechste Kapitel« zurück und macht deutlich, dass jetzt im Anfang des zweiten Buches, im Unterschied zum Anfang des ersten Buches, nicht die einzelne Ware, sondern in den beiden ersten Abschnitten der Kreislauf und der Umschlag des individuellen Kapitals analysiert wird. Das entspricht Marx' Methode, sowohl das Einzelkapital als auch die Konstitution des gesellschaftlichen Gesamtkapitals nicht nur einmal, sondern mehrmals auf unterschiedlichen Abstraktionsebenen zu behandeln. Erst durch die »Verschlingung« der Kreisläufe der individuellen Kapitale bildet sich die Bewegung des gesellschaftlichen Gesamtkapitals auf der nächsten Abstraktionsstufe.[16]

15 Karl Marx/Friedrich Engels: Gesamtausgabe [MEGA^2], Berlin 1975 ff., Bd. II/4.3, S. 286 f.

16 Vgl. Karl Marx/Friedrich Engels: Werke [MEW], Berlin 1956 ff., Bd. 24, S. 353 f.

III Zur »Kapital«-Rezeption im 19. Jahrhundert

Wie kam der erste Band beim Leser an?

Die Lektüre des ersten Bandes des »Kapitals« – 796 Druckseiten mit 1023 Fußnoten – ist schon immer sehr anspruchsvoll und eine geistige Herausforderung gewesen. Marx selbst unterstellt jedoch Leser, »die etwas Neues lernen, also auch selbst denken wollen«.[1] Marx' Frau Jenny gibt Johann Philipp Becker in Genf zwei oder drei Wochen nach dem Erscheinen eine pointierte Leseempfehlung, die dieser sogleich im dortigen *Vorboten* – einer von ihm herausgegebenen politischen und sozial-ökonomischen Monatsschrift – publiziert:

> »Wenn Sie schon in den Besitz des Buches [»Das Kapital«] von Karl Marx gekommen sind, so rate ich Ihnen, sofern Sie sich nicht schon, wie ich, durch die dialektischen Spitzfindigkeiten der ersten Abschnitte durchgearbeitet haben, jene über ursprüngliche Akkumulation des Kapitals und moderne Kolonisationstheorie zuerst zu lesen. Ich bin überzeugt, dass Sie diesen Teil, wie ich selbst, mit größter Befriedigung aufnehmen werden. Natürlich hat Marx keine spezifischen Heilmittel – wonach die Bourgeoiswelt, die sich jetzt auch sozialistisch nennt, so gewaltig schreit – parat, keine Pillen, keine Salben, keine Scharpie, um die klaffenden, blutenden Wunden unserer Gesellschaft zu heilen; aber es scheint mir, dass er, nach der naturhistorischen Entwickelung des Entstehungsprozesses moderner Gesellschaft, die praktischen Resultate und Nutzanwendungen bis zu den kühnsten Konsequenzen gezogen hat und dass es keine Kleinigkeit war, den erstaunten Philister durch statistische Tatsachen und dialektische Manöver auf die schwindelnde Höhe folgender Sätze zu bringen: ›Die Gewalt ist der Geburtshelfer jeder alten Gesellschaft, die mit einer neuen

1 Karl Marx: Vorwort zur ersten Auflage, in: Karl Marx/Friedrich Engels: Werke [MEW], Berlin 1956 ff., Bd. 23, S. 12.

schwanger geht. Sie ist selbst eine ökonomische Potenz ... Manch Kapital, das heute in den Vereinigten Staaten ohne Geburtsschein auftritt, ist gestern in England kapitalisiertes Kinderblut ... Wenn das Geld ›mit natürlichen Blutflecken auf einer Backe zur Welt kommt‹, so das Kapital von Kopf bis Zeh, aus allen Poren, blut- und schmutztriefend.‹ Oder der ganze Passus von: ›Die Stunde des kapitalistischen Privateigentums schlägt usw.‹ bis zum Schluß.«[2]

Nachdem im September 1867 der erste Band erschienen ist, fiebert Marx den Reaktionen entgegen, die jedoch auf sich warten lassen. Einen knappen Monat (!) nach der Auslieferung des Bandes wendet er sich ungeduldig an Engels: »[...] nun [ist] die Zeit zur action gekommen. Du kannst besser über mein Buch schreiben als ich selbst.«[3] Engels kommt der Bitte seines Freundes nach und verfasst zwölf Besprechungen, von denen bei sieben das Erscheinen nachgewiesen werden kann. Sie werden von seinem Cousin Carl Siebel und von Louis Kugelmann in deutsche Blätter lanciert. Als Engels im Frühjahr 1868 eine ausführlichere Ausarbeitung für die englische Zeitschrift *The Fortnightly Review* in Angriff nimmt, stellt er fest, dass er sich Auszüge anfertigen muss. Einen solchen Konspekt vom »Kapital« will er »ordentlich« machen, um eine Grundlage für die weitere Öffentlichkeitsarbeit zur Hand zu haben.

In einer Rezension, die von Wilhelm Liebknecht im *Demokratischen Wochenblatt,* das in Leipzig in etwa 1300 Exemplaren erscheint, im März 1868 abgedruckt wurde, erklärt Engels den Mehrwert:

»Die bisherige politische Ökonomie lehrt uns, daß die Arbeit die Quelle allen Reichtums und das Maß aller Werte ist, so daß zwei Gegenstände, deren Erzeugung dieselbe Arbeitszeit gekostet hat, auch denselben Wert besitzen und, da durchschnittlich nur gleiche Werte unter sich austauschbar sind, auch gegeneinander ausgetauscht werden müssen. Gleichzeitig lehrt sie aber, daß eine Art aufgespeicherter

2 Aus einem Brief von Jenny Marx an Johann Philipp Becker um den 5.10.1867, in: MEW, Bd. 16, S. 549 f.

3 Marx an Engels, 10.10.1867, in: MEW, Bd. 31, S. 360.

Arbeit existiert, welche sie Kapital nennt; daß dies Kapital durch die in ihm enthaltenen Hülfsquellen die Produktivität der lebendigen Arbeit ins Hundert- und Tausendfache steigert und dafür eine gewisse Vergütung in Anspruch nimmt, welche man Profit oder Gewinn nennt. [...] Bei der Entwickelung des Kapitals geht Marx von der einfachen, notorisch vorliegenden Tatsache aus, daß die Kapitalisten ihr Kapital durch Austausch verwerten: Sie kaufen Ware für ihr Geld und verkaufen sie nachher für mehr Geld, als sie ihnen gekostet hat. Zum Beispiel ein Kapitalist kauft Baumwolle für 1000 Taler und verkauft sie wieder zu 1100 Taler, ›verdient‹ also 100 Taler. Diesen Überschuß von 100 Talern über das ursprüngliche Kapital nennt Marx Mehrwert.«[4]

Zu denen, die mehr oder weniger intensiv lesen, gehören die sozialdemokratischen Führungspersönlichkeiten August Bebel, Wilhelm Bracke, Joseph Dietzgen, August Geib, Johann Most, Carl August Schramm und Sigismund Ludwig Borkheim. Von Letzterem sind Marginalien in seinem ihm von Marx gewidmeten Exemplar überliefert. Borkheim – ein alter Freund von Marx, in gewisser Weise der Russland-Experte an dessen Seite – strich also nicht nur ihm wichtig erscheinende Passagen an, sondern notierte Zustimmung, wie »Bravo! – Bravissimo!«, »gut« und »hear! hear!«, aber auch Ablehnung, zum Beispiel »Unsinn!« oder bei der Nennung des Nationalökonomen Max Wirth: »Dem ist zu viel Ehre erwiesen. Ich hätte ihn gar nicht genannt.« Immerhin gehen diese Lesespuren bis zur Seite 197, eine findet sich noch auf Seite 457.[5] Auch im Exemplar von Friedrich Adolph Sorge – einem Freund im amerikanischen Hoboken – finden sich einige wenige Lesespuren. Bracke und Dietzgen greifen Engels unter die Arme und schreiben ihrerseits Rezensionen des »Kapitals«. Von Januar bis Mai 1868 veröffentlicht der Berliner *Social-Demo-*

4 Friedrich Engels: Rezension des Ersten Bandes »Das Kapital« für das *Demokratische Wochenblatt*, in: MEW, Bd. 16, S. 235 f.

5 Rolf Hecker: Zu Borkheims Marginalien im »Kapital«-Widmungsexemplar von Marx, in: ders./Richard Sperl/Carl-Erich Vollgraf (Hrsg.): Neue Aspekte von Marx' Kapitalismus-Kritik (Beiträge zur Marx-Engels-Forschung. Neue Folge, 2004), Hamburg 2006, S. 175–184; vgl. vorl. Band, S. 222–226.

krat in 13 Folgen die »Kapital«-Besprechung von Johann Baptist von Schweitzer. Nach und nach gewinnt das »Kapital« an Einfluss und soll die von Marx erhoffte Wirkung – für die »Partei einen wissenschaftlichen Sieg zu erringen« – entfalten. Es ist nicht zu übersehen, dass diese nach der Gründung der Eisenacher Partei 1869 – der Sozialdemokratischen Arbeiterpartei – und deren Vereinigung 1875 mit dem Allgemeinen Deutschen Arbeiterverein weiter zunimmt.

Um das »Kapital« noch besser zu propagieren, entstehen verschiedene Kurzfassungen. Eine der wirkungsvollsten Schriften ist die des sächsischen sozialdemokratischen Reichstagsabgeordneten Johann Most, der sie während einer Haftstrafe ausarbeitet: »Kapital und Arbeit. Ein populärer Auszug aus ›Das Kapital‹ von Karl Marx«, die 1874 in Chemnitz erscheint. Marx lässt sich auf eine Überarbeitung ein und schreibt den Teil über »Ware und Geld« für eine zweite Auflage (1876) weitgehend neu. Diese Ausgabe wird von Joseph Weydemeyer ins Englische übersetzt und kommt in elf Fortsetzungen im amerikanischen Wochenblatt *The Labor Standard* 1877/1878 heraus. Weitere »populäre« Schriften haben Carlo Cafiero (italienisch, 1879), Ferdinand Domela Nieuwenhuis (holländisch, 1881), Gabriel Deville (französisch, 1883), Edward Aveling (englisch, 1884) und Karl Kautsky (deutsch, 1887) verfasst.

Marx selbst hatte das Gefühl, dass das »Kapital« mit einer »Verschwörung des Schweigens« – wie er sie schon 1854 in einem anderen Fall als einer »conspiration de silence«[6] bezeichnet hatte – seitens der akademischen Zeitgenossen bedacht werde. Die Rezeption eines solchen Werkes ist damals wie heute von vielen Faktoren abhängig. Eine der ersten Rezensionen ist die des Berliner Privatdozenten Eugen Dühring im Januar 1868. Mit ihr beginnt die bis heute anhaltende Diskussion um die Wertbestimmung. Und einige Jahre später kritisieren Engels und Marx dessen Auffassungen öffentlich im »Anti-Dühring«. 1870 erscheint in Tübingen ein umfangreiches Buch von Albert Eduard Schäffle: »Kapi-

6 Karl Marx: Das Arbeiterparlament, in: MEW, Bd. 10, S. 127.

talismus und Socialismus mit besonderer Rücksicht auf Geschäfts- und Vermögensformen«. Es handelt sich dabei um Vorträge zur »Versöhnung der Gegensätze von Lohnarbeit und Kapital«, gehalten im österreichischen Industriemuseum. Allein im elften Vortrag sind Marx über fünfzig Seiten gewidmet. Auch die Vertreter der älteren historischen Schule Karl Knies, Bruno Hildebrand und Wilhelm Roscher setzen sich mit dem marxschen Werk auseinander, wie umgekehrt auch Marx deren Bücher liest und zu Gegenkritik anhebt. Der Leipziger Ordinarius Roscher attestiert Marx, dass sein Werk »dem gelehrten Studium immerhin mit Nutzen empfohlen werden« kann. Und weiter:

> »Es ist [...] vielfach belehrend durch seinen Reichtum an literarischen Notizen und statistischen Nachweisen, insbesondere aus dem englischen Fabrikwesen [...]. Der Verfasser hält mit unerbittlicher Strenge der kapitalistischen Welt und der vulgären Ökonomistik einen kein beneidenswertes Bild wiedergebenden Spiegel vor.«

Sein abschließendes Urteil fällt jedoch ablehnend aus: »Gleichwohl ist seine Darstellung einseitig und darum wissenschaftlich inkorrekt.«[7] Allgemeine Ablehnung findet bei diesen Autoren Marx' Werttheorie.[8]

Als Engels 1895 stirbt, liegt der erste Band des »Kapitals« in sieben anderen europäischen Sprachen vor: Russisch (1872), Französisch (1872–1875, 1885), Polnisch (1884–[1890]), Dänisch (1885), Spanisch (1886, allerdings unvollendet), Italienisch (1886), Englisch (1887, 1889, 1890 und 1891) und Niederländisch (1894). Anlässlich des 100. Jahrestages seines Erscheinens 1967 werden Ausgaben in 43 Sprachen weltweit gezählt. In den folgenden fünfzig Jahren kommen weitere hinzu, sodass es jetzt 57 Sprachen sind – ein Weltbestseller. Seit 2013 ist »Das Kapital« im Weltregister des Dokumentenerbes »Memory of the World« der UNESCO registriert.

7 Rr. [Wilhelm Roscher]: [Rezension zum »Kapital«. Erster Band], in: Jahrbücher für Nationalökonomie und Statistik, Bd. XVI, Jena 1870, S. 464.

8 Vgl. Eike Kopf: Frühe Polemiken gegen »Das Kapital«. Zur Kritik am Hauptwerk von Karl Marx im 19. Jahrhundert sowie Anmerkungen zur materialistischen Geschichtsauffassung, Köln 2013.

Die Debatte um den zweiten Band

Die zeitgenössische Rezeption des zweiten Bandes war außerordentlich mäßig, also weit weniger spektakulär als zum ersten Band des »Kapitals«. Die Wirkungsgeschichte dieses Bandes war vor allem durch zwei von Engels in seinem Vorwort aufgeworfene Problemstellungen geprägt, wobei sein Inhalt selbst in den Hintergrund trat. Engels ging es darin einerseits um die Zurückweisung des Plagiatsvorwurfs, Marx habe Karl Rodbertus »in seinem ›Kapital‹ ganz hübsch benutzt, ohne ihn zu zitieren«, und andererseits stellte er der »Rodbertusschen Ökonomie« die Aufgabe nachzuweisen, »wie nicht nur ohne Verletzung des Wertgesetzes, sondern vielmehr auf der Grundlage desselben eine gleiche Durchschnittsprofitrate sich bilden kann und muß«.[1] Dahinter steckte eine heftige Debatte, die Engels und Karl Kautsky mit den Vertretern der deutschen Nationalökonomie über die Anerkennung der marxschen Leistungen bei der Ausarbeitung der Mehrwerttheorie führten.

Weiterhin muss auf die historische gesellschaftliche und politische Situation in Deutschland verwiesen werden, auf die der zweite Band traf. Einerseits galt seit dem 22. Oktober 1878 das »Gesetz gegen die gemeingefährlichen Bestrebungen der Sozialdemokratie« (kurz: Sozialistengesetz), das zu starken Repressionen gegenüber aktiven Mitgliedern der Sozialdemokratischen Arbeiterpartei geführt hatte. Andererseits hatte die Partei im Oktober 1884 einen Wahlerfolg erzielt und war im Deutschen Reichstag in Berlin erstmals in Fraktionsstärke vertreten. Unter diesen Umständen – und das war Engels selbst klar, als er gegenüber Friedrich Adolph Sorge äußerte: »Der 2. Band wird große Enttäuschung erregen, weil er so rein

1 Friedrich Engels: Vorwort [zu Karl Marx: Das Kapital. Kritik der politischen Ökonomie. Zweiter Band], in: Karl Marx/Friedrich Engels: Werke [MEW], Berlin 1956 ff., Bd. 24, S. 26; vgl. vorl. Band, S. 206–218.

wissenschaftlich ist und nicht viel Agitatorisches enthält«[2] – musste es der zweite Band schwer haben, von einer breiten Leserschaft aktiv rezipiert zu werden.

Karl Kautsky übernahm es, den Band nicht als Agitationsschrift, sondern als wissenschaftliches Werk vorzustellen. In vier Folgen in der *Neuen Zeit* erörterte er die deutsche Erstveröffentlichung des »Elends der Philosophie« und des zweiten Bandes des »Kapitals«. Bezüglich des zweiten Bandes hob er hervor, dass in diesem an die Darstellung der Warenzirkulation im ersten Band angeknüpft wird, aus der sich die Formel der Zirkulation des Geldkapitals »logisch und historisch« entwickeln müsse und zur Darstellung des Kreislaufs des industriellen Kapitals sowie des Reproduktionsprozesses des gesellschaftlichen Gesamtkapitals führt.[3]

Die deutschen Professoralökonomen zeigten sich enttäuscht von diesem Band. Wilhelm Lexis sprach von einer »mikrologischen Erörterung der Kreislaufformel«, wobei sich die Ausführungen »nur in einem bloßen Formalismus« bewegen würden und der Autor sich mit seiner Wertlehre auf »Irrwegen« befinde. Es sollte wohl Marx mit folgender Bemerkung lächerlich gemacht werden: Marx hat sich »eine Symbolik zurechtgelegt, die von der mathematischen durchaus verschieden ist, was einigermaßen störend wirkt«.[4] Auch Gustav Ruhland skizzierte in seiner Rezension den Kreislaufprozess, um sich der Meinung von Julius Lehr anzuschließen,[5] der

2 Engels an Friedrich Adolph Sorge, 3.6.1885, in: MEW, Bd. 36, S. 324. Einen ähnlichen Gedanken brachte Engels auch gegenüber Gabriel Deville am 27.4.1888 zum Ausdruck: »Es handelt sich dort [im zweiten Band] um Sachen, die die Bürger übergehen werden; die Ergebnisse sind sehr schön theoretisch, aber ohne unmittelbare Anwendung. Deshalb werde ich nicht gepresst, es auf französisch zu übersetzen oder auf englisch zu sehen; erst muss der III. Band zur Ergänzung erscheinen.« (Zitat nach dem Original übersetzt; der Brief war beim Erscheinen von MEW, Bd. 37 noch nicht bekannt.)

3 Karl Kautsky: »Das Elend der Philosophie« und »Das Kapital«, in: Neue Zeit 1/1886, S. 7–19; ebd., 2/1886, S. 49–58; ebd., 3/1886, S. 117–129 und ebd., 4/1886, S. 157–165.

4 Wilhelm Lexis: Die Marx'sche Kapitaltheorie, in: Jahrbücher für Nationalökonomie und Statistik. Neue Folge, 11. Bd., Jena 1885, S. 452–465.

5 Gustav Ruhland: Karl Marx, Das Kapital. Kritik der politischen Oekonomie. 2. Bd., Buch II: Der Zirkulationsprozess des Kapitals, in: Zeitschrift für die gesamte Staatswissenschaft, Bd. 43, 1–2/1887, S. 580–583.

in seiner ausführlichen Besprechung zu der Schlussfolgerung gelangte, dass dieser Band »in keiner Weise befriedigt«. Nach Lehrs Meinung hätte sich Marx die Unterscheidung der verschiedenen Kreisläufe sparen können, »ohne dass dabei seine ökonomischen Betrachtungen irgendwie einzubüßen brauchten«.[6] Die Rezensenten erkannten nicht den Springpunkt der marxschen Analyse, dass die Phasen des Kreislaufes des industriellen Kapitals die Grundlage bilden für die im dritten Band vorgestellte Verwandlung der Warenwerte in Produktionspreise und des Mehrwerts in Profit und Durchschnittsprofit. Die Debatte zu der von Engels in seinem Vorwort aufgeworfenen »Preisfrage« entfaltete sich erst in den nächsten Jahren und er konnte sie im Vorwort zum dritten Band des »Kapitals« resümieren.[7]

Als Engels noch keine Rezensionen zum zweiten Band bekannt geworden waren, charakterisierte er in seinem Brief an Nikolai F. Daniel'son, der parallel zur Drucklegung diesen Band ins Russische übersetzt hatte, am 13. November 1885 die zu erwartende Rezeption wie folgt:

> »Die Ausführungen, die er enthält, haben tatsächlich ein so außerordentlich hohes Niveau, das sich der gewöhnliche Leser nicht die Mühe nehmen wird, sie ganz zu durchdenken und bis ins letzte zu verfolgen. Das erleben wir jetzt in Deutschland, wo die gesamte historische Wissenschaft, einschließlich der politischen Ökonomie, so tief gesunken ist, daß sie kaum noch tiefer sinken kann. Unsere Kathedersozialisten sind theoretisch nie viel mehr gewesen als ganz unbedeutende philanthropische Vulgärökonomen, und jetzt sind sie auf das Niveau simpler Apologeten des Bismarckschen Staatssozialismus hinabgesunken. Für sie wird der 2. Band immer ein Buch mit sieben Siegeln blei-

6 Julius Lehr: K. Marx, Das Kapital, Kritik der politischen Ökonomie, in: Vierteljahrschrift für Volkswirtschaft, Politik und Kulturgeschichte, Bd. XC. des XXIII. Jahrgangs, II. Bd., Berlin 1886, S. 1–38, 97–123, Bd. XCI. des XXIII. Jahrgangs, III. Bd., Berlin 1886, S. 34–60.

7 Friedrich Engels: Vorwort [zu Karl Marx: Das Kapital. Kritik der politischen Ökonomie. Dritter Band], in: Karl Marx/Friedrich Engels: Gesamtausgabe [MEGA^2], Berlin 1975 ff., Bd. II/15, S. 11–23 (MEW, Bd. 25, S. 15–30).

ben. Es ist ein gutes Beispiel dafür, was Hegel die Ironie der Weltgeschichte nennt, daß die deutsche Geschichtswissenschaft durch die Erhebung Deutschlands zur ersten europäischen Macht wieder auf den gleichen jämmerlichen Stand reduziert werden sollte, auf den sie durch die tiefste politische Erniedrigung Deutschlands nach dem Dreißigjährigen Krieg gebracht wurde. Aber so ist es. Und so beglotzt die deutsche ›Wissenschaft‹ diesen neuen Band, ohne ihn verstehen zu können; lediglich eine gesunde Angst vor den Konsequenzen hindert sie, ihn öffentlich zu kritisieren, und daher hüllt sich die offizielle ökonomische Literatur in vorsichtiges Schweigen. Der 3. Band wird sie jedoch zwingen, Rede zu stehen.«[8]

Umso mehr nahm sich Engels der Aufgabe an, den dritten Band für den Druck vorzubereiten, der jedoch erst 1894 erscheinen konnte.[9]

8 Engels an Nikolai Franzewitsch Danielson, 13.11.1885, in: MEW, Bd. 36, S. 384.

9 Vgl. die zum Komplex des dritten Bandes gehörenden Manuskripte von Marx in MEGA², Bd. II/4.2, Bd. II/4.3 und Bd. II/14 sowie die von Engels angefertigten redaktionellen Manuskripte in MEGA², Bd. II/14 und die veröffentlichte Druckfassung in MEGA², Bd. II/15.

Zu Borkheims Marginalien im »Kapital« – Widmungsexemplar von Marx

In Erweiterung der in den »Beiträge zur Marx-Engels-Forschung, Neue Folge« 2002 publizierten Ergänzungen und Korrekturen zu den überlieferten »Kapital«-Widmungsexemplaren von Marx und Engels[1] und der von Heinrich Gemkow veröffentlichten Borkheim-Biografie[2] werden im Folgenden die Marginalien von Borkheim in seinem am 19. September 1867 von Marx dedizierten Exemplar des ersten Bandes des »Kapitals« kommentiert.

Zunächst: Es gibt nicht wenige solcherart Marginalien von Marx' Zeitgenossen im »Kapital«, die einen kleinen Einblick gewähren, wie das Werk verstanden und aufgenommen wurde. Anders als Johann Most ging es Sigismund Ludwig Borkheim nicht darum, eine popularisierte Kurzfassung der Kritik der politischen Ökonomie zu verfassen. Er las das »Kapital« aus der Sicht eines *Unternehmers*, der mit Marx schon längere Zeit bekannt, ja befreundet war. Außerdem verfügte er über beachtliche journalistische Fähigkeiten – er hatte selbst seit den 1850er-Jahren Korrespondenzen für verschiedene Zeitungen verfasst – und, was für das Verständnis mancher Marginalien nicht unwichtig erscheint, sah er den Kapitalismus auch mit den Augen eines Satirikers.[3]

1 Vgl. Rolf Hecker/Larisa Miskevič/Manfred Schöncke: »Das Kapital« mit Widmungen von Marx und Engels. Ergänzungen und Korrekturen, in: Rolf Hecker/Richard Sperl/Carl-Erich Vollgraf (Hrsg.): Klassen – Revolution –Demokratie. Zum 150. Jahrestag der Erstveröffentlichung von Marx' »Der 18. Brumaire des Louis Bonaparte« (Beiträge zur Marx-Engels-Forschung. Neue Folge, 2002), Hamburg 2003, S. 263–277.

2 Vgl. Heinrich Gemkow: Sigismund Ludwig Borkheim. Vom königlich-preußischen Kanonier zum Russland-Experten an der Seite von Marx und Engels (Berliner Verein zur Förderung der MEGA-Edition e. V., Wissenschaftliche Mitteilungen 2), Hamburg 2003, vgl. bes. S. 105–108. Nach genauer Durchsicht des Exemplars erwies es sich als nicht ganz korrekt, dass die Marginalien auf S. 62 abbrechen, wie zunächst mitgeteilt wurde (S. 105, Anm. 299).

3 Vgl. Rolf Dlubek: Ein Fund aus den journalistischen Anfängen von Sigismund Ludwig Borkheim: Der »Rummeltipuff!« (Genf 1849/1850), in: Helle Panke

Die Marginalien (»sprechende« – Kommentare – und »stumme« – An- und Unterstreichungen) befinden sich auf insgesamt 67 Seiten, vor allem im ersten Kapitel »Waare und Geld«, aber auch, dann vor allem »stumme Marginalien«, im zweiten und dritten Kapitel. Schon diese Aufteilung zeigt, dass Borkheim offenbar keine Probleme hatte, die häufig als schwierige Teile des »Kapitals« bezeichneten Kapitel zu verstehen. Dafür sollen folgende Beispiele sprechen:

Borkheims Verständnis für Marx' Wertanalyse kommt in seiner Reaktion auf folgenden Absatz zum Ausdruck:

> »Wenn also mit Bezug auf den Gebrauchswerth die in der Waare enthaltene Arbeit nur qualitativ gilt, gilt sie mit Bezug auf die Werthgröße nur quantitativ, nachdem sie bereits auf menschliche Arbeit ohne weitere Qualität reduziert ist. Dort handelt es sich um das Wie und Was der Arbeit, hier um ihr Wieviel, ihre Zeitdauer. Da die Werthgröße einer Waare nur das Quantum der in ihr enthaltenen Arbeit darstellt, müssen Waaren in gewisser Proportion stets gleich große Werthe sein.«[4]

Hierzu bemerkt Borkheim: »Hier ist also der Gebrauchswert des Urstoffs = 0 angenommen« (Erstausgabe 1867, S. 12). Ebenso erkannte er, dass bereits in der Darstellung der Substanz des Werts und des Gebrauchswerts, also der abstrakten und konkreten Arbeit, auf das »Faule der Überproduktion hingedeutet« zu sein scheint (S. 13). Insofern war für ihn auch die Bestimmung der Wertgröße durch die Arbeitszeit[5] kein Geheimnis, da er feststellte: »Das war mir nie verstecktes Geheimnis. Ich weiß nicht, wann ich es zum ersten Mal hörte, aber als ich es hörte, fiel mir sofort die knotige Nichtigkeit auf« (S. 39; *knotig* ist ein beliebter Ausdruck von Borkheim). So kommentiert er die Schlussfolgerung von Marx bezüglich der Wertkategorie mit den Worten »hear! hear!« (S. 39):

(Hrsg.): Vom mühseligen Suchen und glückhaften Finden. Rückblicke und Erlebnisse von Marx-Engels-Forschern und Historikern der Arbeiterbewegung (Pankower Vorträge 55), Berlin 2003, S. 35–44.

4 Karl Marx/Friedrich Engels: Gesamtausgabe [MEGA²], Berlin 1975 ff., Bd. II/5, S. 25 f.

5 Vgl. ebd., S. 46 f.

> »Derartige Formen bilden eben die Kategorien der bürgerlichen Oekonomie. Es sind gesellschaftlich gültige, also objektive Gedankenformen für die Produktionsverhältnisse dieser historisch bestimmten gesellschaftlichen Produktionsweise.«[6]

Übrigens wurde dieser Absatz in der zweiten Auflage wie folgt erweitert:

> »[...] Produktionsweise, der Warenproduktion. Aller Mystizismus der Warenwelt, all der Zauber und Spuk, welcher Arbeitsprodukte auf Grundlage der Warenproduktion umnebelt, verschwindet daher sofort, sobald wir zu andren Produktionsformen flüchten.«[7]

Borkheim begrüßte also solche klaren und prägnanten Aussagen, die der kapitalistischen Warenproduktion ihren Mythos nahmen.

Entsprechend kommentierte Borkheim die Verwandlung des Warenwerts in Geld. Den folgenden ersten marxschen Satz bezeichnete er als »Gut!« (S. 54):

> »Eine Waare scheint nicht erst Geld zu werden, weil andere Waaren allseitig ihre Werthe in ihr darstellen, sondern sie scheinen umgekehrt allgemein ihre Werthe in ihr darzustellen, weil sie Geld ist. Die vermittelnde Bewegung verschwindet in ihrem eignen Resultat und läßt keine Spur zurück.«[8]

Den zweiten Satz kommentierte Borkheim mit dem Wort »Futsch!«.

Marx hatte sich bekanntlich über viele Jahre mit den Klassikern der politischen Ökonomie und den Vulgärökonomen beschäftigt und somit eine aus seiner Sicht »gestaffelte« Abstufung der Theoretiker vorgenommen. Das kam auch im »Kapital« zum Ausdruck, in dem er sehr sorgfältig differenzierte und verschiedene Interpretationen genau bewertete. Auch Borkheim hat dies zur Kenntnis genommen, wovon eine Reihe von Anstreichungen zeugen. Bezüglich

6 Ebd., S. 47.
7 MEGA²; Bd. II/6, S. 107.
8 MEGA², Bd. II/5, S. 58.

des deutschen Nationalökonomen Max Wirth war er anderer Meinung als Marx. Dieser erwähnt ihn zweimal, wobei er beim ersten Mal unterstellt, dass auch Wirth die einfachen »Beziehungen zwischen Robinson und den Dingen« verstehen müsse.[9] Borkheim hätte ihn in diesem Zusammenhang nicht erwähnt: »Dem ist zu viel Ehre erwiesen. Ich hätte ihn gar nicht genannt. – Warum solchen חמר verewigen?!« (S. 37) Den französischen Ökonom Antoine-Louis-Claude Destutt de Tracy vergleicht Marx zum einen mit David Ricardo und zum anderen mit Jean-Baptiste Say, also einem »Klassiker« und einem »Vulgärökonomen«, was Borkheim zu der Schlussfolgerung bringt: »Also Destutt = ½ Klaß + ½ Vulgärökonom« (S. 41).

Eine ganze Reihe der Bemerkungen und Anstreichungen sind eher satirischen Charakters – es war Borkheims »Freiheit für schlechte Witze«.[10] Die Kapitalismuskritik von ihm war eher von kräftiger Wortwahl geprägt. So wurde ein Seitenhieb von Marx auf die Erkenntnisse der politischen Ökonomie, die die »vorbürgerlichen Formen des gesellschaftlichen Produktionsmechanismus« behandele, wie etwa »Kirchenväter vorchristlicher Religionen«[11] mit dem Ausspruch bedacht: »Bravo! hip, hip – hurra!« (S. 42).

Von Borkheim sind folgende Sätze doppelt angestrichen:

> »Er [der Mehrwert] wirft lebendige Junge oder legt wenigstens goldne Eier.« (S. 116.)
>
> »Der Kapitalist weiss, dass alle Waaren, wie lumpig sie immer aussehn oder wie schlecht sie immer riechen mögen, im Glauben und in der Wahrheit Geld, innerlich verschnittene Juden sind.« (S. 116.)

Ob Borkheim künftige Probleme der Globalisierung und Internationalisierung des Kapitals vorausgesehen hat, als er auf Marx' Hinweis, dass sich die Kapitalisten eines Landes nicht selbst übervorteilen können,[12] bemerkte: »also auch nicht

9 Ebd., S. 45.
10 Borkheim an Engels, 12.6.1869, zit. nach: Gemkow: Borkheim, S. 107.
11 MEGA², Bd. II/5, S. 49.
12 Vgl. ebd., S. 117.

die Gesamtheit der Kapitalistenklasse auf der Erde!« (S. 126)? Jedenfalls zeugen Borkheims Lesespuren von seiner Einsicht in die Wirkungsmechanismen des Kapitalismus und sie trugen dazu bei, dass er nach dem Studium des »Kapitals« in »ganz erstaunlichem Maße« seine journalistische Tätigkeit forcierte.[13]

13 Vgl. Gemkow: Borkheim, S. 107.

Carlo Cafieros Interpretation von Marx' »Le Capital«

Unter den überlieferten Büchern aus den Bibliotheken von Marx und Engels[1] befindet sich die Broschüre des italienischen Sozialisten Carlo Cafiero »Il Capitale di Carlo Marx. Brevemente compendiato da Carlo Cafiero. Libro primo. Sviluppo della produzione capitalista. Milano: Bignami 1879, 126 S.«.[2] In ihr sind Bleistiftmarginalien auf den Seiten 9, 10, 21, 75, 83 enthalten, die von Engels' Hand stammen. Ehe wir diese näher betrachten, zunächst zum Autor und zur Entstehungsgeschichte dieses Büchleins.

Zur Biografie Cafieros

Carlo Cafiero wurde 1846 in der unteritalienischen Hafenstadt Barletta an der Adria geboren. Er war der Sprössling einer an Großgrundbesitz reichen Adelsfamilie in Apulien. Nach seiner Promotion zum Doktor der Jura in Neapel war Cafiero in der italienischen Botschaft in Belgien tätig. Durch den Umgang mit den diplomatischen und politischen Kreisen desillusioniert, gab er 1865 den Dienst auf und reiste durch ganz Europa. 1867 kam er in Kontakt mit revolutionären Kräften in Paris. Ende 1870 besuchte er Marx und Engels in London. Seit Sommer 1871 korrespondierte Cafiero mit Engels.[3]

Diese Kontakte übten nachhaltigen Einfluss auf seine politischen Auffassungen aus. Im Briefwechsel jener Zeit beriet

1 Vgl. Die Bibliotheken von Karl Marx und Friedrich Engels. Annotiertes Verzeichnis des ermittelten Bestandes, in: Karl Marx/Friedrich Engels: Gesamtausgabe [MEGA²], Berlin 1975 ff., Bd. IV/32 (Vorauspublikation), S. 177, Nr. 196.

2 Das Original befindet sich in SAPMO, Bibliothek, Signatur: Ma 690. Vgl. auch die Abb. des Titelblattes in: Gerhard Kuck (Hrsg.): Karl Marx, Friedrich Engels und Italien, Teil 1: Paolo Favilli: Herausgabe und Verbreitung der Werke von Karl Marx und Friedrich Engels in Italien. Katalog und Auswahlbibliographie (Schriften aus dem Karl-Marx-Haus Trier, Heft 40/1), Trier 1988, Abb. 13, Kommentar S. 119.

3 Es sind insgesamt neun Briefe an Engels und vier Briefe von Engels an Cafiero (1871/72) und jeweils ein Brief an und von Marx (1879) überliefert.

er Engels in der ideologischen Auseinandersetzung mit Giuseppe Mazzini.[4] Auf dem zweiten Regionalkongress der italienischen Sektion der Internationalen Arbeiterassoziation (IAA) im März 1873 kam es zu einer Auseinandersetzung zwischen Cafiero und Carlo Terzagli. Marx verwandte das ihm anschließend von Cafiero zugesandte Material über diesen Kongress in seiner Schrift «L'Alliance de la Democratie Socialiste et l'Association Internationale des Travailleurs«.[5]

Durch diese Erfahrungen wurde er zum Agitator der IAA in Süditalien: Er verbreitete zusammen mit Emilio Covelli und Enrico Bignami Erkenntnisse der marxschen und engelsschen Werke. In Neapel organisierte Cafiero 1871 die lokale Sektion der IAA.[6] Vom 7. Januar bis 10. März 1872 beteiligte er sich an der von Michail Aleksandrovič Bakunin beeinflussten Wochenzeitung *La Campana* mit dem Untertitel »Il risorgimento della plebe«. Im August 1872 war Cafiero Vorsitzender des ersten Kongresses des italienischen Bundes der IAA in Rimini, auf dem Bakunins anarchistische Auffassungen starken Einfluss gewannen. Cafiero orientierte sich immer stärker am Anarchismus; er fuhr in die Schweiz, um Bakunin persönlich kennenzulernen. Der russische Revolutionär beeindruckte Cafiero so sehr, dass er zusammen mit Errico Malatesta und Andrea Costa zum Wortführer des Anarchismus in Italien aufstieg, was sich erheblich auf die Entwicklung sozialistischen Gedankengutes auswirkte. Sie befürworteten bewaffnete Aktionen und den individuellen Terrorismus.

Nach dem Tod seiner Eltern verkaufte Cafiero sein reiches Erbe und verwandte es zur Unterstützung der Arbeiterbewegung und für die Finanzierung des Aufenthalts von Bakunin in Italien. Die schamlose Ausnutzung dieser Unterstützung

4 Vgl. die Briefe Cafieros in: Marx/Engels: La Corrispondenza con italiani, 1848–1895, hrsg. von Guiseppe del Bo, Milano 1964; die Briefe von Engels in: Karl Marx/Friedrich Engels: Werke [MEW], Berlin 1956 ff., Bd. 33, S. 654–671 (diese Briefe wurden nicht nach der Handschrift ediert, sondern nach den in den Polizeiakten über Cafiero überlieferten Übersetzungen der Briefe aus dem Französischen ins Italienische).

5 Vgl. MEGA², Bd. I/24, S. 163–283.

6 Vgl. I. A. Bach/L. I. Golman/W. E. Kunina (Hrsg.): Die Erste Internationale 1870–1876, Teil 2, Moskau 1981, S. 472–480.

durch Bakunin und seiner Freunde belastete ihre Beziehung nachhaltig negativ.[7]

Cafiero war 1874 in den Aufstand von Imola verwickelt; er wurde verhaftet, aber nach einem Jahr aus Mangel an Beweisen freigesprochen. Die Erfahrung, dass aufrührerische Bewegungen unter den gesellschaftlichen Bedingungen in Italien erfolgreich sein konnten, brachte ihn dazu, bewaffnete Aufstände zu organisieren. Gemeinsam mit Malatesta leitete er im April 1877 den Aufstand in Matese, indem sie die sogenannte *Banda di San Lupo* begründeten und zwei in den Bergen liegende Dörfer besetzten. Die etwa 30 Aufständischen wurden verhaftet und Cafiero zu etwa 17 Monaten Gefängnis verurteilt. Als er am 25. August 1878 entlassen wurde, war er bereits psychisch krank.

Danach verbrachte er einige Zeit im Ausland, wo er sich Costa, der sich in der Zwischenzeit vom Anarchismus abgewandt hatte und einen evolutionären Marxismus vertrat, annäherte. Durch die Beschäftigung mit Marx' «Le Capital« hatte Cafiero ebenfalls begonnen, den Weg zum Marxismus zurückzufinden. Als Folge seines unsteten Lebens und der politischen Verfolgungen verschlimmerte sich jedoch seine Geisteskrankheit. Er verbrachte die letzten Lebensjahre in einer psychiatrischen Anstalt, zuerst in Florenz, dann in Nocera Inferiore, wo er 1892 starb.

Zur Entstehungsgeschichte von Cafieros »Le Capital«-Interpretation

Der Auszug aus Marx' »Le Capital« wurde von Cafiero während seines Gefängnisaufenthalts 1877/78 verfasst. Als Textgrundlage diente ihm die 1875 erschienene französische Ausgabe, die ihm von James Guillaume zur Verfügung gestellt wurde. Die von Cafiero verfasste Schrift machte das »Kapital« in Italien bekannt. Sie reihte sich in die unterschiedlichen Bemühungen ein, die marxsche ökonomische Theorie zu propagieren.[8] Einer-

7 Vgl. Kuck: Marx, Engels und Italien, Teil 1, Abb. 69, Kommentar S. 128.

8 »Vor einiger Zeit erhielt ich zwei ähnliche Arbeiten, eine serbisch, die andere englisch geschrieben [...], aber beide machen den Fehler, daß sie einen kurzge-

seits hob Marx nach Erhalt der Broschüre ihre »Überlegenheit« hervor, die in der Form der Darstellung das Ziel erreiche, »auf die Öffentlichkeit einzuwirken, für die diese Abrisse bestimmt sind«.[9] Andererseits habe Cafiero jedoch nicht bewiesen, »daß die zur Emanzipation des Proletariats notwendigen *materiellen Bedingungen* spontan hervorgebracht werden durch den Gang der kapitalistischen Produktion«.[10] Marx gab der Hoffnung Ausdruck, dass Cafiero bei einer Neuauflage der Schrift die »materialistische Basis« des »Kapitals« mehr hervorheben werde. Da er sich für zwei Exemplare bedankte, ist es sehr wahrscheinlich, dass er eins an Engels weitergab.

Über die theoretischen Auffassungen Cafieros kam Marx erst wieder im Brief an Engels vom 4. Dezember 1882 zu sprechen, als er sich auf eine Debatte über die Werttheorie in *La Plebe* bezog. Die Zeitung hatte im Oktober 1882 mehrere Aufsätze veröffentlicht, in denen der positivistische Sozialist Romeo Candelari gegen die von Èmile-Louis-Victor Laveleys veröffentlichten »Marxschen Thesen« argumentierte. Cafiero beteiligte sich daran mit einer Zuschrift, die unter dem Titel »Polemica« abgedruckt wurde, um Marx' Theorie zu verteidigen. Marx' Reaktion darauf:

> »In der Plebe über meine Werttheorie ist das Merkwürdige, daß alle 3, jeder derselben Widersacher l'un contre l'autre, Blödsinn kohlen, der Laveleye, Cafiero und Can-

faßten und populären Abriß des ›Kapital‹ geben wollen, sich aber gleichzeitig zu pedantisch an die wissenschaftliche *Form* der Darstellung halten.« (Marx an Cafiero (Entwurf), 29.7.1879, in: MEW, Bd. 34, S. 384.) Die serbische Arbeit konnte bisher nicht genau identifiziert werden; möglicherweise sind Auszüge aus dem »Kapital« gemeint, die Svetozar Markovič 1872 erstmals veröffentlicht hatte (vgl. Vera Pilič-Rakič: Einfluß und Bedeutung des Erscheinens des ersten Bandes von Marx' »Kapital« auf dem Boden des heutigen Jugoslawiens, in: Beiträge zur Marx-Engels-Forschung 28, 1989, S. 81–88, hier S. 83 f.); die von Otto Weydemeyer ins Englische übersetzte Broschüre von Johann Most im US-amerikanischen Wochenblatt *The Labor Standard*, vgl. Johann Most: Kapital und Arbeit, Chemnitz 1876, in: MEGA², Bd. II/8, S. 733–787 und Apparat, S. 1368–1372, angeführt in: MEGA², Bd. IV/32, S. 472, Nr. 918. Weiterhin sind die Schriften von Gabriel Deville: Le Capital de Karl Marx (vgl. Kommentierung in MEGA², Bd. II/7, Apparat, S. 730/731), angeführt in: MEGA², Bd. IV/32, S. 217, Nr. 295, und von Ferdinand Domela Nieuwenhuis: Karl Marx. Kapitaal en Arbeid, 's Gravenhage 1881, in: MEGA², Vierte Abteilung. Marginalien, Probestücke, Berlin 1983, S. 118–130, 197–200, angeführt in: MEGA², Bd. IV/32, S. 484/485, Nr. 953 zu erwähnen.

9 Marx an Cafiero (Entwurf), 29.7.1879, in: MEW, Bd. 34, S. 384.

10 Ebd.

delari. Das Zitat, was darüber über diese meine Werttheorie Candelari beibringt aus Malons ›Histoire critique de l'économ[ie] polit[ique]‹, so übertrifft Malon an Flachheit jedoch in der Tat alle diese 3 Überflieger.«[11]

Wie bereits gesagt, nahm Cafiero die französische Ausgabe als Textgrundlage. Er selbst beherrschte sowohl Französisch als auch Englisch, sodass es ihm keine Mühe bereitete, im ersten Teil des Auszuges (Punkte I bis IV) eine Zusammenfassung der marxschen Darstellung zu geben. So finden sich auf den Seiten 9 bis 33 nur wenige wörtliche Zitate aus »Le Capital«. Offenbar bemühte sich Cafiero darum, diesen schwierigen Teil der Darstellung in einer möglichst »populären« Form zu präsentieren. Erst im Punkt V »Cooperazione« ändert sich die Darstellungsweise. Cafiero zitiert ausführlich und verweist auf die entsprechenden Stellen in der französischen Ausgabe. Dabei macht er in einer Note im Punkt III »La giornata di lavoro« auf Seite 24 darauf aufmerksam, dass er verschiedene Textstücke miteinander verbindet, manchmal Zitate trennt bzw. Fußnoten von Marx in den Text einbezieht. Insgesamt kann festgestellt werden, dass die Übersetzungen zuverlässig sind. Allerdings liegt der Schwerpunkt der Auszüge auf den Passagen, die die historische Entwicklung des Kapitalismus aufzeigen. Da viele wichtige theoretische Zusammenhänge der Wert- und Mehrwerttheorie ausgeblendet werden, hatte Cafiero kaum Schwierigkeiten mit der entsprechenden Terminologie.

Zur Kommentierung der An- und Unterstreichungen von Engels

Seite 9: Die von Engels unterstrichene Passage (kursiv) innerhalb des Satzes »[...] se invece sentiamo il bisogno di una camicia, o di vestire *un abito* [,] [richtige Kommaposition] *del valore d'uso dei 20 chili di caffè,* [falsche Kommaposition] non

11 MEW, Bd. 35, S. 123; vgl. Gian Mario Bravo: Marx ed Engels in Italia, Rom 1992, S. 100 ff.; vgl. auch ders.: Einhundert Jahre Marx-Rezeption in Italien. Triviale Deutungen, überwundene Standpunkte, schöpferische Neuansätze, in: Gerhard Kuck (Hrsg.): Karl Marx, Friedrich Engels und Italien, Teil 2: Die Entwicklung des Marxismus in Italien: Wege, Verbreitung, Besonderheiten. Vorträge (Schriften aus dem Karl-Marx-Haus Trier 40/2), Trier 1989, S. 21–44, hier S. 23.

sappiamo che farne« könnte darauf hindeuten, dass er auf den Unterschied von Gebrauchswert und Tauschwert aufmerksam machen wollte. Aus dem Kontext geht jedoch hervor, dass es sich um einen Kommafehler in der Satzstellung handelt. Es geht nicht darum, dass der Anzug einen Gebrauchswert von 20 Kilogramm Kaffee habe. Der Satz sollte richtigerweise lauten: »Wenn wir das Bedürfnis zum Anziehen eines Hemdes oder eines Anzuges haben, wissen wir nicht, was das mit dem Gebrauchwert von 20 Kilogramm Kaffee zu tun hat«. Nach der italienischen Syntax muss das Komma nach »un abito« folgen und nicht nach »caffè«.

Auf diesen Seiten stellt Cafiero den Unterschied zwischen Gebrauchswert und Tauschwert dar, wobei er nicht zwischen Wert und Tauschwert unterscheidet. Er bringt zum Ausdruck, dass der Gebrauchswert einer Ware einfach mit ihren Eigenschaften verbunden sei und er als solcher nur bestimmte Bedürfnisse befriedigen könne. Der Tauschwert könne nicht aus dem Gebrauchswert abgeleitet werden.

Seite 10: Engels korrigierte die offensichtlich falsche Satzstellung des Semikolons: »La grandezza di valore dipende dalla grandezza del lavoro |: ; :| in 12 ore < ; > di lavoro si produce un valore doppio di quello che si produce in sei ore solamente.«[12]

Seite 21: Die Unterstreichung weist darauf hin, dass Cafiero den marxschen Arbeitsbegriff hier nicht eindeutig interpretiert hat, vor allem den Unterschied zwischen »Arbeit« und »Arbeitskraft«. Erstmals kann dies bei dem Versuch festgestellt werden, den Ursprung des Mehrwerts zu erklären. Er verwechselt die Arbeit *in actu* (tätige Arbeit) mit der Arbeit *in potentia* (potentielle Tätigkeit, Arbeitskraft). Die Arbeitskraft ist im Arbeiterkörper vergegenständlicht, und als solche ist sie nur die Möglichkeit der Verausgabung.

Cafiero schreibt:

»Noi abbiamo supposto dissopra che, in sei ore de lavoro si producano 15 grammi di argento, equivalenti a 3 lire. Dun-

12 »Die Wertgröße hängt von der Arbeitsgröße ab |: ; :| in 12 Stunden < , > Arbeit wird der doppelte Wert hergestellt, als derjenige, der in bloß sechs Stunden hergestellt wird.« Übersetzung hier und im Folgenden von Autor. Mit |: bzw. :| werden Einfügungen, mit < bzw. > Streichungen gekennzeichnet.

> que, se in sei ore la forza del lavoro produce un valore dei 3 lire, in dodici ore ne produrrà uno dei 6 lire. Ecco dunque il conto, che ci inica il valore dei 10 chili di filo.
>
> | | |
> |---|---|
> | Per 10 chili di bambagia a 3 lire il chilo | L. 30,00 |
> | Per consumo di mezzi del lavoro ..... | 4,00 |
> | Per dodici ore di forza del lavoro ..... | 6,00 |
> | Totale | L. 40,00 |
>
> L'uomo del denaro ha quindi speso 37 lire, ed ha ottenuto una merce, che vale 40 lire; ha guadagnato così 3 lire; il suo denaro ha figliato.«[13]

Zweimal benutzt Cafiero den Begriff »der Arbeitskraft« statt »der Arbeit«, als ob sie gleichbedeutend wären. Deswegen sind die Worte »di forza del lavoro« (»der Arbeitskraft«) in der Rechnung unterstrichen. An einer anderen Stelle, wo Cafiero nochmals den Begriff »Arbeitskraft« statt »Verausgabung der Arbeitskraft« oder »Arbeit« verwendet, erfolgte von Engels keine Unterstreichung.

Seite 75: Hier tritt erneut das Problem der Kategorie »Arbeit« auf. Cafiero schreibt: »Se il lavoratore potesse realizzare per sè il valore del proprio lavoro il modo di produzione capitalista non potrebbe allora più esistere. [...] Il lavoratore altro non può ottenere che il valore della sua forza di lavoro [...].«[14] Engels' Unterstreichung weist darauf hin, dass Cafiero hier den »Wert des Produkts eigener Arbeit« und den »Wert eigener Arbeit« durcheinanderbringt. Wenn der Arbeiter Besitzer des Produkts eigener Arbeit wäre, würde der ganze von ihm produzierte Wert ihm gehören. In diesem Fall würde jedoch die kapitalistische Produktionsweise noch nicht exis-

13 »Wir haben oben angenommen, dass in sechs Stunden Arbeit 15 g Silber hergestellt werden, gleich 3 Lire. Also wenn in sechs Stunden die Arbeitskraft 3 Lire Wert herstellt, stellt sie in 12 Stunden 6 Lire her. Die Rechnung, die uns den Wert von 10 kg Garn angibt, ist folgende:

10 kg Baumwollgarn zu 3 Lire pro Kilo	L. 30,00
Gebrauch der Produktionsmittel	4,00
12 Stunden Arbeitskraft	6,00
Total	L. 40,00

Der Geldbesitzer hat 37 Lire ausgegeben und eine Ware, die 40 Lire Wert ist, erhalten; sein Geld hat Junge geworfen.«

14 »Wenn der Arbeiter den Wert der eignen Arbeit realisieren könnte, dann könnte die kapitalistische Produktionsweise nicht mehr existieren. [...] Der Arbeiter kann nichts anderes als den Wert seiner Arbeitskraft erhalten [...].«

tieren, weil die Ware Arbeitskraft nicht existiert. Sobald der Arbeiter *Lohn*arbeiter ist, gehört die Verausgabung seiner Arbeitskraft dem Kapitalisten und so auch deren Resultat, weil er ihm die Arbeitskraft als Ware und nicht die Arbeit verkauft. Da der Kapitalist die Arbeitskraft gekauft hat, benutzt er sie (indem er den Arbeiter arbeiten lässt) und bezahlt ihren Wert (die gesellschaftlich notwendige Arbeitszeit), der zu ihrer Reproduktion notwendig ist. Die Arbeit als Verausgabung menschlicher Arbeitskraft, als Tätigkeit, hat keinen Wert; sie ist die wertbildende Substanz. Die Kategorie »Wert der Arbeit« hat bei Marx keine Bedeutung, doch wird mit ihr in der bürgerlichen politischen Ökonomie die Kategorie der »Arbeitskraft« mystifiziert.

Seite 83: Hier befindet sich eine kleine, jedoch nicht unwesentliche Korrektur. Bei Cafiero heißt es: »si cambia nel centro capitalista«, wobei Engels zum Wort »centro« auf dem rechten Rand das französische Wort »milieu« notierte. Dieser Absatz wurde von Cafiero direkt aus der französischen Ausgabe übersetzt. Bei genauer Betrachtung taucht hier allerdings ein Übersetzungsproblem in «Le Capital« selbst auf. Dabei geht es um folgende Passage aus der zweiten deutschen Auflage:

> »Das Gesetz, wonach die Entwicklung der gesellschaftlichen Produktivkraft der Arbeiter die Masse der zu verausgabenden Arbeitskraft im Verhältniß zur Wirksamkeit und Masse ihrer Produktionsmittel progressiv senkt, drückt sich auf kapitalistischer Grundlage, wo nicht der Arbeiter die Arbeitsmittel, sondern die Arbeitsmittel den Arbeiter anwenden, darin aus, daß je höher die Produktivkraft der Arbeiter, desto größer der Druck der Arbeiter auf ihre Beschäftigungsmittel und desto prekärer die Existenzbedingungen des Lohnarbeiters, Verkauf seiner Arbeitskraft zur Vermehrung des fremden Reichthums oder zur Selbstverwerthung des Kapitals.«[15]

In der französischen Ausgabe wurde der erste Satzteil (»Das Gesetz [bis] senkt«) verändert:

15 Karl Marx: Das Kapital. Erster Band, Hamburg 1872, in: MEGA², Bd. II/6, S. 587, Zeilen 24–32.

> »La loi selon laquelle une masse toujours plus grande des éléments constituants de la richesse peut, grâce au développement continu des pouvoirs collectifs du travail, être mise en œuvre avec une dépense de force humaine toujours moindre, cette loi [...].«[16]

Diese Modifizierung wurde von Engels nachfolgend in der dritten deutschen Auflage berücksichtigt:

> »Das Gesetz, wonach eine immer wachsende Masse von Produktionsmitteln, Dank dem Fortschritt in der Produktivität der gesellschaftlichen Arbeit, mit einer progressiv abnehmenden Ausgabe von Menschenkraft in Bewegung gesetzt werden kann – dies Gesetz [...].«[17]

Soweit folgte Cafiero in seiner Übersetzung der französischen Ausgabe. Jedoch die Übersetzung der Fortsetzung des Satzes ist problematisch: »[...]cette loi qui met l'homme social à même de produire davantage avec moins de labeur, se tourne dans le milieu capitaliste [...] en loi contraire, [...].«[18] In den beiden deutschen Auflagen heißt es: »[...] dies Gesetz drückt sich auf kapitalistischer Grundlage [...] darin aus, [...].«[19]

Einerseits ist hier der Zusatz »qui met l'homme social à même de produire davantage avec moins de labeur« eingefügt, der von Engels nicht in die dritte deutsche Auflage übernommen wurde. Andererseits ist die folgende Übersetzung ungenau: »auf kapitalistischer Grundlage« > »dans le milieu capitaliste« »drückt sich [...] aus« > »se tourne [...] en loi contraire«.

Unter »kapitalistischer Grundlage« ist hier die besondere Ausdrucksweise (deshalb »drückt sich aus«) des stofflichen Inhalts (»dem Fortschritt in der Produktivität der gesellschaftlichen Arbeit«) in einer bestimmten gesellschaftlichen Form zu verstehen. Es geht um die Dialektik von »Forminhalt«,[20] also von Produktivkraft und Produktionsverhältnis. Die kapi-

16 Karl Marx: Le Capital, Paris 1872–1875, in: MEGA², Bd. II/7, S. 567, Zeilen 23–26.

17 Karl Marx: Das Kapital. Erster Band, Hamburg 1883, in: MEGA², Bd. II/8, S. 605, Zeilen 22–25, Apparat, Variantenverzeichnis, S. 912.

18 MEGA², Bd. II/7, S. 567, Zeilen 26–30.

19 MEGA², Bd. II/6, S. 587, Zeilen 27–29; MEGA², Bd. II/8, S. 605, Zeilen 25–27.

20 Vgl. Yoshihiro Niji: Formgehalt, Forminhalt, in: Historisch-kritisches Wörterbuch des Marxismus, Bd. 4, Hamburg 1999, Sp. 687–691.

talistische Produktionsweise drückt eine bestimmte Form dieses Inhalts aus. So entwickelt sich der Widerspruch zwischen der durch die kapitalistische Form gesetzten Produktivkraft und der Form der Kapitalverwertung, die nur das produzieren lässt, was zur Kapitalvermehrung beiträgt.

Der Begriff der »Grundlage« bezieht sich also nicht einfach auf eine »Umgebung«, sondern stellt einen logischen Zusammenhang zur kapitalistischen Bestimmtheit der gesellschaftlichen Reproduktion her. »Milieu« beschreibt dagegen nur die allgemeine Bedeutung von »Umgebung«.

So bedeutet »se tourne [...] en loi contraire« nicht eine Ausdrucksform, sondern eine bestimmte Veränderung. Der Gedanke von der Erscheinungsform des Inhalts ist damit ausgeschlossen. Cafieros Übersetzung ist somit an die Ungenauigkeiten der französischen Auflage gekoppelt: »questa legge si cambia nel centro capitalista [...] nella legge contraria«.[21] Für eine texttreuere Übersetzung ins Italienische wären sowohl »ambiente« als auch »contesto« statt »centro« angemessener gewesen.

Cafieros Schlussfolgerungen aus Marx' «Le Capital«

Cafieros Zusammenfassungen und wörtliche Übersetzungen der Passagen aus »Le Capital« verfolgen vor allem das Ziel, die Entstehungsgeschichte des Kapitalismus zu beschreiben. Das drückt er explizit auch im Vorwort aus:

> »Lo leggano i lavoratori e lo meditino attentamente, perché in esso si contiene non solamente la storia dello *Sviluppo della produzione capitalista*, ma eziando il *Martirologio del lavoratore*.«[22]

So stellt Cafiero insbesondere die Beschreibungen der Lage der Fabrikarbeiter in den Vordergrund. Ausführlich zitiert er

21 »Dies Gesetz verkehrt sich in der kapitalistischen Umgebung in ein gegensätzliches Gesetz.«

22 Carlo Cafiero: Il Capitale di Carlo Marx. Brevemente compendiato da Carlo Cafiero. Libro primo. Sviluppo della produzione capitalista, Milano 1879, S. 7. »Wenn die Arbeiter ihn [den ersten Band des ›Kapitals‹] lesen, werden sie erkennen, dass es nicht nur die *Entwicklungsgeschichte der kapitalistischen Produktion* beschreibt, sondern auch das *Martyrologium des Arbeiters*.«

das Kapitel XV »Machinisme et grande industrie« der französischen Ausgabe. Dabei verkennt Cafiero die Bedeutung der Maschinerie und ihre kapitalistische Anwendung. Er vertritt eine subjektive Konzeption der Entfremdung der Arbeiter, die nur im Kampf der Arbeiter gegen die Maschine überwunden werden könne.

Cafiero schlussfolgert aus »Le Capital« die Perspektiven für eine Revolution, wobei er Positionen einnimmt, die nicht auf Marx zurückgeführt werden können. Sein Revolutionsverständnis leitet sich aus den Naturgesetzen ab. Er versteht unter den Formveränderungen der Materie Revolution, die auch auf die Gesellschaft, die Teil der Natur ist, als Naturgesetz wirke. Wenn sich die gesellschaftliche Revolution entfalte, würden die gesellschaftlichen Hindernisse niedergerissen und die Arbeiter sich ihrer revolutionären Rolle bewusst werden. In diesem Verständnis klingen anarchistische Auffassungen der Revolution an.

So ist der Auszug aus »Le Capital« von Cafiero nicht als eigenständige theoretische Arbeit zu verstehen, sondern als Interpretation einiger ökonomischer Kategorien unter dem Aspekt ihrer historischen Entwicklung, die auf die Revolutionierung der Gesellschaft gerichtet ist.

Der Auszug Cafieros war vor allem darauf gerichtet, eine politische Wirkung zu erzielen, die revolutionäre Bewegung zu unterstützen. Dem Kompendium wird allerdings für das Ende des 19. Jahrhunderts ein relativ geringer Verbreitungsgrad zugeschrieben,[23] später wurde die Broschüre mehrfach aufgelegt (1913, 1915, 1920, 1945 allein vier Auflagen, 1950 und erneut Anfang der 1970er-Jahre). Die Ausgabe übte einen nachhaltigen Einfluss auf die italienische Arbeiterbewegung aus. Sowohl Filippo Turati als auch Antonio Gramsci hatten das Buch in ihrer Bibliothek. In der Zeit des Faschismus gehörte es zu den wenigen marxistischen Texten, die gelesen werden durften.

23 Vgl. Kuck: Marx, Engels und Italien, Teil 1, S. 21.

Nikolaj F. Daniel'son und die russische »Kapital«-Übersetzung

Im März 1872 erschien der erste Band des »Kapitals« in russischer Übersetzung in St. Petersburg.[1] Innerhalb von sechs Wochen wurden 900 von 3000 Exemplaren zum Preis von 2,50 Rubel – eine stattliche Summe – verkauft. Der Druck erfolgte in der Druckerei von Nikolaj Petrovič Poljakov (1843–1905). Wie kam es jedoch zur relativ schnellen Übersetzung des im September 1867 erschienenen Werkes?

Am 30. September 1868 schrieb Nikolaj Francevič Daniel'son aus Petersburg an Marx in London:

> »Die Bedeutung Ihres letzten Werkes – das Kapital. Kritik der pol. Ökonomie – hat einen der hiesigen Verleger (N. P. Poljakow) bewogen, dieses Werk ins Russische zu übersetzen. Verschiedene äußere Umstände machen es wünschenswert, zugleich mit dem ersten Bande auch den zweiten erscheinen zu lassen. Darum ersuche ich Sie ergebenst, als Bevollmächtigter des Verlegers, wenn Sie es für möglich erachten, die einzelnen Bogen des 2ten Bandes, je nach der Zeit ihres Druckes, mir zukommen zu lassen.«[2]

Darauf antwortete ihm Marx:

> »Sie können nicht auf den zweiten Band warten, dessen Erscheinung vielleicht noch 6 Monate sich verzögern

1 Die Geschichte der Übersetzung des ersten Bandes des »Kapitals« ins Russische wurde mehrfach untersucht: A. V. Uroeva: Kniga, živuščaja v vekach [Ein Buch für die Ewigkeit], Moskva 1972, bes. S. 91–156; A. Miskevič/A. Čepurenko: »Kapital« Marksa na russkom jazyke [»Das Kapital« von Marx in russischer Sprache], in: Kommunist 15/1982, S. 26–37. Ein Faksimile des Titelblattes ist abgedruckt in: Karl Marx/Friedrich Engels: Gesamtausgabe [MEGA^2], Berlin 1975 ff., Bd. II/6, S. 705.

2 Karl Marx/Friedrich Engels: Werke [MEW], Berlin 1956 ff., Bd. 32, S. 747, Anm. 209. Der Brief ging nicht direkt nach London, sondern mit Umweg über Berlin. Dort wohnte Nikolaj Nikolaevič Ljubavin, ein Freund Daniel'sons, der Marx in einem Briefzusatz vom 2.10.1868 diesen Umstand erklärte: »Dieser Brief wird Ihnen gesandt durch meine Vermittlung, weil wir nicht überzeugt, dass Ihnen adressierte Briefe durch die russische Post *unverletzt* gehen.« (RGASPI, f. 1, op. 5, d. 1894; vgl. K. Marks, F. Engel's i revoljucionnaja Rossija [K. Marx, F. Engels und das revolutionäre Russland], Moskva 1967, S. 159.)

wird. Ich kann ihn nicht fertigmachen, bis gewisse offizielle Enquêtes, während des vergangnen Jahrs (und 1866) in Frankreich, United States und England angestellt, beendigt oder publiziert sind. Übrigens bildet Band I ein abgeschloßnes Ganzes.«[3]

Damit begann eine langjährige Korrespondenz zwischen Daniel'son und Marx bzw. Engels, wobei Daniel'son Marx zugleich russischsprachige politische und ökonomische Literatur vermittelte.[4]

Nikolaj Francevič Daniel'son wurde am 26. Januar (7. Februar) 1844 in Moskau geboren. Er entstammte einer verarmten Kaufmannsfamilie, Großvater und Vater waren im Bierbrauereigeschäft tätig. Als Elfjähriger wurde Daniel'son Schüler an der Petersburger Handelsschule und legte 1862 erfolgreich die Examina ab. Anschließend besuchte er einige Vorlesungen an der Petersburger Universität und arbeitete als Buchhalter in verschiedenen Behörden, später war er Hauptkontrolleur der St. Petersburger Gesellschaft für gegenseitigen Kredit.[5] In den 1860/70er-Jahren war er in verschiedenen Zirkeln junger Leute tätig und wurde 1870 kurzzeitig arrestiert. 1880 publizierte er »Očerki našego poreformennogo obščestvennogo chozjajstva« [Abrisse unserer Volkswirtschaft nach der Reform] unter dem Pseudonym Nikolaj-on in der Zeitschrift *Slovo*, in denen er die Entwicklung des Kapitalismus in Russland analysierte. Seinen Auffassungen nach stand er der Volkstümlerbewegung nahe, bezeichnete seine Überzeugungen selbst als »marxistisch«. In den »Očerki« gab

3 MEW, Bd. 32, S. 563. Marx arbeitete am zweiten Band (Manuskript IV, vgl. MEGA² II/4.3, S. 285–363), jedoch konnte er ihn selbst bis zu seinem Tod 1883 nicht veröffentlichen.

4 Überliefert sind von Daniel'son 41 Briefe an Marx und 53 an Engels, und umgekehrt 18 Briefe von Marx und 29 von Engels.

5 Im März 1864 wurde auf Initiative von E. I. Lamanskij, Direktor der Staatsbank, die erste in Russland tätige »Gesellschaft für gegenseitigen Kredit« in St. Petersburg gegründet. Daran beteiligt war der Kaufmann N. I. Ljubavin, der Vater eines Freundes von Daniel'son. Das vereinfachte die Anstellung von Daniel'son. Später lehnte er es ab, auf der Karriereleiter weiter aufzusteigen. 1914 wurde sein 50-jähriges Dienstjubiläum würdig begangen. Er verstarb 1918. Vgl. C. I. Grin: Perevodčik i izdatel' »Kapitala«. Očerk žizni i dejatel'nosti Nikolaja Franceviča Daniel'sona [Der Übersetzer und Herausgeber des »Kapitals«. Abriss des Lebens und der Tätigkeit von Nikolaja Franceviča Daniel'son], Moskva 1985.

er größere Passagen von Marx' Kritik an der kapitalistischen Arbeitsteilung aus dem ersten Band des »Kapitals« wieder.[6]

Der nächste Brief von Daniel'son an Marx ist vom 30. September (12. Oktober) 1869 überliefert. Darin findet sich kein Wort bezüglich der Übersetzung des »Kapitals«. Daniel'son informierte ihn über das von einem »gewissen« Flerovskij verfasste Buch über die »Lage der arbeitenden Klasse in Russland«, das er Marx schicken werde. Erst im Sommer 1870 wurde es mit der Übersetzung konkret: zwischen dem 1. und 7. August traf German Aleksandrovič Lopatin (1845–1918) aus Genf kommend mit Marx in London zusammen. Lopatin war Mitglied des Komitees der russischen Sektion der IAA, 1870 auch Mitglied im Generalrat. Kurz vor seinem Besuch in London hatte ihm Marx geschrieben – offenbar als Antwort auf eine entsprechende Nachfrage –, dass die Tätigkeit des Übersetzers unangenehm sei.[7] Nun aber empfahl ihm Marx, die Übersetzung mit dem zweiten Kapitel »Die Verwandlung von Geld in Kapital« zu beginnen. Dieser Hinweis folgte aus Marx' Überlegung, das erste Kapitel grundlegend zu überarbeiten. Lopatin kam gut voran und schaffte ebenso die Kapitel 3 und 4 während seines Aufenthalts in London.[8] Er kehrte im November 1870 nach Petersburg zurück, wurde jedoch Ende Februar 1871 verhaftet. Er konnte das Manuskript rechtzeitig bei Daniel'son hinterlassen. Daniel'son gewann Freund Nikolaj Nikolaevič Ljubavin (1845–1918), an der weiteren Übersetzung mitzuwirken.[9] Während Daniel'son das fünfte und sechste Kapitel übersetzte, nahm sich Ljubavin das erste Kapitel vor.

Am 11. (23.) Mai 1871 fasste Daniel'son die Situation in einem Schreiben zusammen:

6 Vgl. Političeskaja ekonomija. Encyklopedija 1 [Politische Ökonomie, Enzyklopädie, Bd. 1], Moskva 1972, S. 365; Joachim Zweynert: Eine Geschichte des ökonomischen Denkens in Rußland. 1805–1905, Marburg 2002, S. 327–331.

7 Vgl. K. Marks, F. Engel's i revoljucionnaja Rossija, S. 172.

8 Vgl. O. A. Sajkin: Pervyj russkij perevodčik »Kapitala« [Der erste russische Übersetzer des «Kapitals«], Moskva 1983.

9 Ljubavin war später (1886–1906) Professor für Chemie an der Moskauer Universität.

»Der Übersetzer Ihres Werks ›Das Kapital‹ hatte nach der Abfahrt von Ihnen im Herbst vorigen Jahrs keine Zeit, seine Arbeit fortzusetzen, da er sich beständig auf Reisen befand. In seinen ersten Briefen schrieb er, dass er die Übersetzung nach seiner Rückkunft selbst endigen werde, als dieselbe aber auf eine unbestimmte Zeit hinausgeschoben wurde, bat er mich, die Beendigung zu übernehmen. Bei seiner Ankunft hier erzählte er, dass Sie den Wunsch geäußert hatten, das erste Kapitel Ihres Werks ›Waare und Geld‹ vollständig für die russische Übersetzung umzuarbeiten. Würden Sie wohl die Güte haben, da gegenwärtig dieselbe ihrer Beendigung nahe ist, und wenn Sie Ihre Absicht nicht geändert haben, mir wie das genannte Kapitel, so auch die Änderungen, welche Sie auf anderen Stellen Ihres Buchs wünschen (z. B. N. Senior) zu schicken. Da wahrscheinlich das erste Kapitel von Ihnen noch nicht umgearbeitet ist, so würden Sie mich sehr verbinden, wenn Sie mir ungefähr die Zeit bestimmen, wann Sie dasselbe schicken können.«[10]

Marx antwortete, dass er mit »Vergnügen das ›Erste Kapitel‹ besorgen« und auch ein »Verzeichnis kleiner Korrekturen« schicken werde.[11] Die Korrekturen folgten mit dem Brief vom 9. November 1871, nicht jedoch das erste Kapitel.[12]

Mittlerweile war die Übersetzung bis Ende Oktober 1871 weitgehend vollendet, sodass nach Einarbeitung der Korrekturen einer Veröffentlichung nichts mehr im Wege stand.

Daniel'son hatte noch zu Marx' Lebzeiten mit ihm über die Übersetzung des zweiten Bandes korrespondiert.[13] Als Marx am 11. März 1883 starb, war Daniel'son besorgt – wie sollte es mit dem »Kapital« weitergehen? Er erkundigte sich

10 Vgl. K. Marks, F. Engel's i revoljucionnaja Rossija, S. 196 f. (RGASPI, f. 1, op. 5, d. 2340).

11 Marx an Nikolai Franzewitsch Danielson, 13.6.1871, in: MEW, Bd. 33, S. 231.

12 Ebd., S. 311–313. Die Veränderungen zum ersten Kapitel vgl. in MEGA², Bd. II/6.

13 Marx an Nikolai Franzewitsch Danielson, 13.12.1881, in: MEW, Bd. 35, S. 245 f.; Daniel'son an Marx, 5.(17.)12.1881; 10.(22.)9.1882, in: K. Marks, F. Engel's i revoljucionnaja Rossija, S. 456, 473–475. Der Text dieses Abschnitts war eine Vorarbeit von mir für die »Entstehung und Überlieferung« in: MEGA², Bd. II/13, S. 572–576. Ein Faksimile des Titelblattes ebd., S. 577.

am 16. (28.) März 1883 bei Eleanor Marx: »It is probable that his friends will publish those parts of his works, which are not yet published.«[14]

Ab 1884 führte Daniel'son die Korrespondenz mit Engels fort. Am 20. April (2. Mai) 1884 bedankte er sich bei ihm für die Übersendung der dritten deutschen Auflage des ersten Bandes des »Kapitals«[15] und brachte seine Freude darüber zum Ausdruck, dass in Kürze der zweite Band erscheinen werde.

Schon am 15. Januar 1879 hatte Lopatin gegenüber Engels die Hoffnung geäußert, dass er den zweiten Band übersetzen könne, und im Falle, dass ein Druck in Russland unmöglich sei, hoffe, einen Verleger im Ausland zu finden.[16] Auch Vera Ivanovna Zasulič (1849–1919) hatte sich angeboten, den Band zu übersetzen: »Si la publication du second volume du ›Capital‹ n'aura pas lieu à St. Pétersb., ne voudriez-Vous pas, citoyan, avoir la bonté de nous mettre en position de commencer la traduction le plus vite possible?«[17] In seiner Antwort verhielt sich Engels zurückhaltend: Einerseits wollte er eine Nachricht aus Petersburg abwarten –von Daniel'son –, andererseits war er nicht sicher, ob vielleicht Lopatin Anspruch auf die Übersetzung haben könnte. So behielt er sich eine Entscheidung vor.[18] Außerdem holte er am 5. Februar 1884 die Meinung von Petr Lavrovič Lavrov (1823–1900) ein, ob dieser eine Möglichkeit der Veröffentlichung des zweiten Bandes in Russland sehe:

> »Ach – dieser 2. Band! Wenn Sie wüßten, mein alter Freund, wie mich der bedrückt! Aber ich habe sechs Monate verloren wegen meiner verwünschten Krankheit. Und vor Mitte März kann ich auch jetzt noch nicht ernsthaft daran gehen, bis dahin muß ich all diese Bücher, Papiere, Zeit-

14 Heinrich Gemkow/Alexander Malysch u. a.: Ihre Namen leben durch die Jahrhunderte fort. Kondolenzen und Nekrologe zum Tode von Karl Marx und Friedrich Engels, Berlin 1983, S. 83.

15 K. Marks, F. Engel's i revoljucionnaja Rossija, S. 501.

16 Ebd., S. 356.

17 Zasulič an Engels, Anfang November 1883, in: ebd., S. 489 (RGASPI, f. 1, op 5, d. 2340).

18 Engels an Vera Iwanowna Sassulitsch [Zasulič], 13.11.1883, in: MEW, Bd. 36, S. 69.

schriften usw. ordnen – und ich kann das nur einige Stunden am Tage tun, ohne zu sehr zu ermüden. Das bedrückt mich um so mehr, als ich der einzige Lebende bin, der diese Schrift und diese Wort- und Satzkürzungen entziffern kann. Was die Veröffentlichung in einzelnen Lieferungen angeht, so hängt das zum Teil vom Verleger und von den Gesetzen in Deutschland ab; bis jetzt glaube ich, daß dies für ein Buch dieser Art nicht sehr vorteilhaft wäre. Mit den Korrekturbogen werde ich versuchen, so zu verfahren, wie Л[опатин] es wünscht. Aber vor etwa zwei Monaten hat mir Вера З[асулич] geschrieben, ich möchte ihr die Übersetzung überlassen. Ich habe ihr erwidert, daß ich Л[опатин] das Vorrecht einräume und daß es noch zu früh sei, darüber zu verhandeln; aber was man schon heute diskutieren könnte, ist die Möglichkeit, die Übersetzung in Rußland herauszubringen. Glauben Sie, daß man das machen könnte?«[19]

Freudig antwortete Lavrov, dass es in Russland eine Gruppe von Leuten gebe, die unter allen Umständen die Übersetzung bewerkstelligen würden. Engels nahm dies zur Kenntnis und informierte ihn erneut, als die Drucklegung des Bandes begann.[20]

Die Behauptung Lavrovs, dass es eine »Gruppe von Leuten« gebe, die den Band übersetzen könnten, war sicher nicht aus der Luft gegriffen. Die frühe Übersetzung des ersten Bandes hatte dafür gesorgt, dass russische Gelehrte Gedanken aus Marx' Werk aufgriffen und in geheimen Zirkeln diskutierten. Aleksandr Ivanovič Čuprov (1842–1908), der in Deutschland (bei Wilhelm Roscher und Kuno Fischer) und Österreich (in Wien bei Lorenz von Stein) 1872 studiert hatte, hielt von 1874 bis 1899 Vorlesungen über politische Ökonomie an der Moskauer Universität. In Wien hatte Čuprov auch Nikolaj Ivanovič Ziber (1844–1888) kennengelernt, der bereits 1871 seine Magis-

19 Engels an Pjotr Lawrowitsch Lawrow, 5.2.1884, in: ebd., S. 99.

20 Vgl. 9.2.1884, in: K. Marks, F. Engel's i revoljucionnaja Rossija, S. 495 f.; Engels an Pjotr Lawrowitsch Lawrow, 14.2.1884, in: MEW, Bd. 36, S. 107; Engels an Pjotr Lawrowitsch Lawrow, 12.2.1885, in: ebd., S. 282).

terarbeit über die Wert- und Kapitaltheorie Ricardos veröffentlicht hatte.[21] Von Čuprovs Hauptwerk über die Eisenbahnwirtschaft (Bd. 1, 1875; Bd. 2, 1878) erreichte jedenfalls Band 2 die marxsche Bibliothek[22] und aus Band 1 fertigte Marx Auszüge in einem Heft von 1876 an.[23] In Manuskript V des zweiten Buches nahm Marx ein Zitat von Čuprov über die Eisenbahnwirtschaft als ein Beispiel dafür auf, welche Leistung die Transportindustrie verkaufe und was ihr Produktionsprozess sei, nämlich, Waren und Menschen »zu versetzen«.[24] Engels notierte auf dem Umschlag als Anhaltspunkt für die Datierung des Manuskripts: »siehe Citat Чупров [Čuprov] 1875. S. 18 des Ms.«.[25] Das Zitat übernahm er in den zweiten Band.[26]

Čuprov verfasste einen Nachruf auf Marx[27] und ging in seinen Vorlesungen zwischen 1889 und 1891 vielfach auf Marx' »Kapital« ein, wenn auch – wegen der Aufsicht durch die russische Zensurbehörde – oft in verdeckter Form.[28]

Ziber, dessen Vater Schweizer war und dessen Mutter einer russifizierten französischen Familie entstammte, wurde in Sudak auf der Krim geboren. Er studierte an der juristischen Fakultät in Kiew, wobei er sich für die Fachrichtung Politische Ökonomie entschied.[29] Das erwähnte Buch Zibers befand sich in der persönlichen Bibliothek von Marx,[30] der es im Nachwort zur zweiten Auflage des ersten Bandes des »Kapitals« 1873 erwähnte.[31]

Am 11. Februar 1885 hatte Engels entschieden, dass Daniel'son die Übersetzung übernehmen sollte (sie korres-

21 N. I. Ziber: Teorija cennosti i kapitala Davida Rikardo, v svjazi c pozdnejšimi dopolnenijami i razjasnenijami [Die Wert- und Kapitaltheorie von David Ricardo im Zusammenhang mit späteren Ergänzungen und Erklärungen], Kiev 1871.

22 Vgl. MEGA², Bd. IV/32, S. 204.

23 Vgl. RGASPI, f. 1, op. 1, d. 2940.

24 Vgl. MEGA², Bd. II/11, S. 588 f.

25 MEGA², Bd. II/11, S. 1371.

26 Vgl. MEGA², Bd. II/12, S. 30; Bd. II/13, S. 52.

27 Vgl. Gemkow/Malysch: Ihre Namen, S. 168–171.

28 Vgl. Političeskaja ekonomija. Lekcii [Politische Ökonomie. Vorlesungen], Moskva 1892; Kurs političeskoj ekonomii [Lehrbuch Politische Ökonomie], Moskva 1911.

29 Zweynert: Geschichte, S. 311–314.

30 Vgl. MEGA², Bd. IV/32, S. 691 f.

31 Vgl. MEGA², Bd. II/6, S. 704.

pondierten unter den Pseudonymen F. Rosher und Nicolaion) und er teilte ihm mit:

»Ich werde Ihnen gern die Korrekturbogen des Bandes II schicken, sobald Sie mich wissen lassen, wohin [im Original: which ever] ich sie ›sous bande‹ (unter Kreuzband) oder im geschlossenen Umschlag als Brief senden soll. Tatsache ist, daß, wenn einer verlorengeht, er unmöglich ersetzt werden kann, solange das Werk nicht fertiggestellt ist. Bis zu Ihrer Antwort hoffe ich zwei oder drei Bogen für Sie parat zu haben.«[32]

Am 8. März bat er Laura Lafargue, ihm die Adresse von Daniel'son zu schicken, unter der ihr Mann mit ihm verkehrte, um die Korrekturbogen absenden zu können.[33] Engels fasste am 23. April nochmals den Ablauf des Versandes zusammen:

»Ich sandte Ihnen von diesen vor ungefähr 3 Wochen, 27. März, Bogen 5–9 und gestern 10–14. In Kürze werde ich noch weitere schicken, immer eingeschrieben. Der ganze Band II wird ungefähr 57 Bogen umfassen und Ende Mai herauskommen.«[34]

Daniel'son bedankte sich am 24. April (6. Mai) für die Zusendung der Bogen 9 bis 20, die ihm Vergnügen bereitet hätten. Am 3. Juni übermittelte Engels die letzten Bogen 27–33.[35]

Nachdem Daniel'son von Engels die Vorworte zum »Kapital« und zum »Elend der Philosophie« erhalten hatte, machte er am 13. (25.) Juni 1885 folgende Bedenken geltend:

»Their contents are highly interesting, but I do not know to avoid the following circumstances. Rodbertus is an economist, whose works are little known in Russia; his pretentions to the discovery of laws governing the origin of plus value are known less, his accusations of the authors of Capital of plagiary are quite unknown.«[36]

32 Engels an Nikolai Franzewitsch Danielson, 11.2.1885, in: MEW, Bd. 36, S. 281.

33 Vgl. Engels an Laura Lafargue, 8.3.1885, in: ebd., S. 287.

34 Engels an Nikolai Franzewitsch Danielson, 23.4.1885, in: ebd., S. 301.

35 Vgl. K. Marks, F. Engel's i revoljucionnaja Rossija, S. 516 f.; Engels an Nikolai Franzewitsch Danielson, 3.6.1885, in: MEW, Bd. 36, S. 322.

36 K. Marks, F. Engel's i revoljucionnaja Rossija, S. 518 f. (RGASPI, f. 1, op. 5, d. 4565). »Ihre Inhalte sind hochinteressant, aber ich weiß nicht, wie ich mit den folgen-

Er unterbreitete daher den Vorschlag, das Vorwort zur russischen Ausgabe ein wenig zu ändern und die Polemik »from your brilliant exposition« wegzulassen. Am 4. Juli 1885 waren von der russischen Übersetzung 18 von 33 Bogen fertiggestellt.[37] Engels stimmte am 8. August 1885 dem Vorschlag zur Kürzung des Vorworts zu[38] und Daniel'son versprach, davon »as little as possible« Gebrauch zu machen.[39] Zu jenem Zeitpunkt war die Übersetzung fertiggestellt und Daniel'son erkundigte sich nach der Reaktion auf den Band in Deutschland. Er selbst vermutete:

> »The originality and the profoundness of mind of the author may be compared with that of Charles Darwin's. The fate of their respective theories is a like. They have undergone the same three cases: 1) the theory will not bear a criticism; 2) it is not new; [...]. 3) universal recognition. It seems that it is a good symptom that the author is attacked from this sign that is the sign that the truth overpowers, [...].«[40]

Engels erwiderte:

> »Ich zweifelte nicht daran, daß der 2. Band Ihnen das gleiche Vergnügen wie mir bereiten würde. Die Ausführungen, die er enthält, haben tatsächlich ein so außerordentlich hohes Niveau, daß sich der gewöhnliche Leser nicht die Mühe nehmen wird, sie ganz zu durchdenken und bis ins letzte zu verfolgen. Das erleben wir jetzt in Deutschland, wo die gesamte historische Wissenschaft, einschließlich

den Sachverhalten umgehen soll. Rodbertus ist ein Ökonom, dessen Arbeiten in Russland kaum bekannt sind; noch weniger bekannt ist, dass er vorgibt, als Erster die den Ursprung des Mehrwerts bestimmenden Gesetze entdeckt zu haben. Es weiß auch kaum jemand etwas von seinen Plagiatsvorwürfen gegenüber den Autoren des ›Kapitals‹.« Übersetzung hier und im Folgenden vom Autor.

37 Vgl. Engels an Laura Lafargue, 4.7.1885, in: MEW, Bd. 36, S. 340.

38 Engels an Nikolai Franzewitsch Danielson, 8.8.1885, in: ebd., S. 351.

39 Daniel'son an Engels, 6.(18.)8.1885, in: K. Marks, F. Engel's i revoljucionnaja Rossija, S. 520.

40 Ebd. (RGASPI, f. 1, op. 5, d. 4580); »Die Originalität und die Tiefe der Gedanken des Autors können mit denen von Charles Darwin verglichen werden. Ihre jeweiligen Theorien erfuhren ein ähnliches Schicksal. Sie mussten die gleichen drei Fälle erleben: 1) Die Theorie wird der Kritik nicht standhalten können; 2) Sie ist nicht neu; [...]. 3) Allgemeine Anerkennung. Mir scheint es ein gutes Zeichen zu sein, dass der Autor von diesem Standpunkt aus angegriffen wird, weil dies darauf hinweist, dass die Wahrheit die Oberhand gewinnt [...].«

der politischen Ökonomie, so tief gesunken ist, daß sie kaum noch tiefer sinken kann.«[41]

Daniel'son erwartete, dass insbesondere das Vorwort in seiner sozialistischen Ausrichtung Probleme bei der Zulassung durch die russische Zensurbehörde hervorrufen würde. Da in dem Band als russischer Autor Čuprov zitiert wurde, wandte sich Daniel'son am 26. November 1885 um Rat an ihn, obwohl er ihn persönlich noch nicht kannte. Er wies darauf hin, dass die Polemik mit Karl Rodbertus dem russischen Leser fremd sein würde, da dieser unbekannt und die Aufmerksamkeit besser auf die Herausarbeitung der Theorie vom Mehrwert zu lenken sei. Čuprov antwortete freundlich am 19. Dezember 1885 und hob hervor, dass er sehr viel Neues und in wissenschaftlicher Hinsicht Wichtiges in diesem Band gefunden habe. Aus diesem Grunde würde er den russischen Leser nicht vom Inhalt ablenken und das Vorwort des Herausgebers nach der Seite VIII, also nach dem Editionsbericht, abbrechen. Bereits am 11. Januar 1886 bedankte sich Čuprov bei Daniel'son für die Übermittlung des zweiten Bandes und würdigte die Übersetzung, die mit ebensolcher Vollendung wie die des ersten Bandes ausgeführt worden sei. Daniel'son habe dem russischen Publikum einen großen Dienst erwiesen und nur ein enger Vertrauter von Marx habe einen solch schwierigen Stoff erfolgreich meistern können. In seiner Antwort meldete Daniel'son trotzdem Zweifel an, ob es ihm gelungen sei, viele »zweifelhafte« Stellen sinngemäß zu übersetzen. Zugleich hoffte er, mit der Übersetzung die theoretische Diskussion erneut zu beleben, nachdem man sich im letzten Jahrzehnt ausschließlich praktischen Fragen des Wirtschaftslebens zugewandt hatte. Er hatte davon »geträumt«, dass, indem er Marx regelmäßig mit der neuesten russischen Literatur und Statistik versorgt hatte, dieser diese in einem wissenschaftlichen Traktat verarbeiten würde, welches umgekehrt die geistige Arbeit in Russland anregen könnte. So blieb ihm die Hoffnung, dass, obwohl vom Autor nicht vollendet, im drit-

41 Engels an Nikolai Franzewitsch Danielson, 13.11.1885, in: MEW, Bd. 36, S. 384.

ten Buch sich mehr Hinweise auf die russischen Verhältnisse, insbesondere bei der Behandlung der Rente, finden würden.[42]

Wie von Daniel'son vorhergesehen, ging der Band nicht reibungslos durch die Zensurbehörde, da im Vorwort die sozialistischen Tendenzen des Autors zu sehr betont seien:

> »The second volume is ready. At present this work is studied by our censure – I was privately informed that the censor will not allow to pass the preface. The best part of it – the short sketch of the history of the plusvalue, and the place occupied in it by our author – is too red to their eyes. – I had an intention to suppress some passages from English authors. But this was too little for them. The editor – they say – too warmly lays stress on the socialistic tendencies of the author. As soon as the legal time will pass, I will send you some copies of the work. I am awaiting with great impatience the III volume. The II to my mind is excellent.«[43]

Am 17. Dezember 1885 wurde die Übersetzung des zweiten Bandes des »Kapitals« vor dem Petersburger Zensurkomitee behandelt, übrigens in einer Reihe mit dem Buch von Moritz Brasch »Die Klassiker der Philosophie« (Leipzig 1885) und mit der »Gartenlaube. Kalender für das Jahr 1886«. Der Zensor V. Vedrov erläuterte in seinem Vortrag, dass das »Kapital« ein rein wissenschaftliches Werk sei, das in Formeln und Gleichungen die Entwicklung des Kapitals in seinen verschiedenen Stadien darstelle. Natürlich registrierte der Zensor alle Hinweise auf Russland bzw. die Zitate russischer Auto-

42 Vgl. Iz perepiski russkich učennych i obščectvennych dejatelej po povodu izdanija »Kapitala« v Rossii (1879–1896) [Aus dem Briefwechsel russischer Wissenschaftler und öffentlicher Persönlichkeiten über die Herausgabe des »Kapitals« in Russland], in: Očerki po istorii »Kapitala« K. Marksa [Abrisse zur Geschichte des »Kapitals« von Karl Marx], Moskva 1983, S. 361–365.

43 Daniel'son an Engels, 19.(31.)12.1885, in: K. Marks, F. Engel's i revoljucionnaja Rossija, S. 531 (RGASPI, f. 1, op. 5, d. 4618); »Der zweite Band ist fertig. Derzeit ist unsere Zensurbehörde damit befasst. Ich wurde auf privaten Wegen davon in Kenntnis gesetzt, dass der Zensor das Vorwort nicht zulassen will. Das Beste daran – die kurze Beschreibung der Geschichte des Mehrwertes und der Rolle, die unser Autor darin einnimmt – ist seiner Ansicht nach zu rot. Ich hatte die Idee, einige Passagen der englischen Autoren wegzulassen. Aber das reichte ihnen nicht. Der Herausgeber– so heißt es – sympathisiere zu sehr mit den sozialistischen Tendenzen des Autors. Sobald die Genehmigung erteilt ist, werde ich Ihnen einige Exemplare des Werks zukommen lassen. Ich erwarte mit großer Ungeduld den dritten Band. Der Zweite ist meines Erachtens ausgezeichnet.«

ren. Zugleich merkte er an, dass die Schlussfolgerungen des Autors nicht günstig für die Kapitalisten sein würden, jedoch streng wissenschaftlich-ökonomischen Charakter trügen. Er strich heraus, dass in diesem Band die zerstörerische Kraft der Theorie des Sozialisten Marx fehlte, jedoch die Tendenz der Unzufriedenheit der Arbeiterschaft mit ihrer Entlohnung zum Ausdruck gebracht werde. Der Zensor sah letztlich keine weiteren Gründe, die einer Veröffentlichung des Bandes entgegenstehen würden.[44]

Der zweite Band erschien wiederum in der petrovschen Druckerei in St. Petersburg.

Der Briefwechsel zwischen Daniel'son und Engels wurde kontinuierlich fortgesetzt, jedoch musste der russische »Kapital«-Übersetzer etwa acht Jahre warten, bis er die Fortsetzung des Werkes von Engels erhielt.[45] Am 30. Januar (11. Februar) 1894 schrieb Daniel'son an Engels:

> »I will not trouble you as you are too busy in preparing the III volume, although there is something which is not quite clear to me. I will wait with greatest impatience the proposed advance sheets in order to begin at once the translation, as I read with much pleasure in newspapers that ›Ahead‹ informs that the first sheets of the III volume are in the press.«[46]

Dieser Band, so Daniel'son weiter, könnte zur Klärung von »damned questions« beitragen.

Engels hatte im Vorfeld der Übersetzung mit dem Verleger Otto Meißner vertraglich geregelt, dass zwei Extraabzüge von den Druckfahnen angefertigt werden, damit, wie beim zwei-

44 Vgl. Karl Marks i carskaja cenzura [Karl Marks und die zarische Zensur], in: Krasnyj archiv I (56), Moskva 1933, S. 10; A. L. Reuel': Russkaja ekonomičeskaja mysl'60–70-ch godov XIX veka [Russisches ökonomisches Denken der 1860–70er Jahre], Moskva 1956, S. 389.

45 Vgl. MEGA², Bd. II/15, S. 929, 936 f.

46 K. Marks, F. Engel's i revoljucionnaja Rossija, S. 674 (RGASPI, f. 1, op. 5, d. 5668); »Da Sie mit der Vorbereitung des dritten Bandes allzu sehr beschäftigt sind, will ich Sie eigentlich nicht belästigen, aber mir ist etwas nicht ganz klar. Ich erwarte mit größter Ungeduld die angekündigtenKorrekturbogen, um sofort mit der Übersetzung zu beginnen. Zu meiner großen Freude habe ich aus den Zeitungen erfahren, dass ›Ahead‹ erklärt hat, die ersten Bogen des dritten Bandes seien bereits im Druck.«

ten Band, wieder direkt einer für die russische Übersetzung zur Verfügung stehe. Während Engels noch mit der Endredaktion des zweiten Teils des dritten Bandes beschäftigt war, trafen schon die ersten Druckfahnen bei Daniel'son in St. Petersburg ein: Am 20. März 1894 sandte Engels die Bogen 1–6,[47] vor dem 1. Juni folgten die Bogen 7–16. Engels erklärte dazu: »Die Bogen sind recht spät abgegangen, aber daran war der Verleger schuld, der die Sendung lange verzögerte.« Außerdem kündigte er an, dass darin die »Lösung der Frage [gefunden werden kann], wie sich die verschiedenen Mehrwertsraten zu ein und derselben Durchschnittsprofitrate ausgleiche [...].« All dies »macht sehr viel Arbeit«.[48] Abschließend die Ankündigung, dass nun auch der letzte Teil im Druck sei. Engels unterschreibt mit »L.K.«, also Louise Kautsky, als Vorsichtsmaßnahme. Diese Bogenlieferung traf tatsächlich nicht in St. Petersburg ein und Daniel'son vermutete den Zugriff der Zensurbehörde.[49] Die Sendung kam mit dem Vermerk »Défandu!« zurück, wie Engels am 4. Juli 1894 Laura Lafargue berichtete.[50] Am 15. Oktober 1894 vermeldete Daniel'son den vollständigen Erhalt der Bogen 7–28[51] und am 12. November schrieb er anerkennend: »With what pleasure I read and reread the sheets in order to study the most interesting and important investigations I have no words to express.«[52] Die Antwort von Engels folgte erst am 9. Januar 1895:

> »Wir haben gerade erfahren, daß einem Gelehrten Ihrer Stadt mitgeteilt wurde, daß ihm auf ein besonderes Gesuch bei der Zensurbehörde der Bezug des III. Bandes gestattet würde. Ich halte es für gut, Ihnen das mitzuteilen, damit Sie mir eventuell Instruktionen geben können, wie ich Ihnen die restlichen Bogen, die ich zu Ihrer Verfügung halte, übermitteln soll.«[53]

47 Vgl. Engels an Nikolai Franzewitsch Danielson, 20.3.1894, in: MEW, Bd. 39, S. 221.
48 Engels an Nikolai Franzewitsch Danielson, 1.6.1894, in: ebd., S. 252.
49 Vgl. K. Marks, F. Engel's i revoljucionnaja Rossija, S. 696, 699.
50 Vgl. Engels an Laura Lafargue, 4.7.1894, in: MEW, Bd. 39, S. 264.
51 Vgl. K. Marks, F. Engel's i revoljucionnaja Rossija, S. 703.
52 Vgl. ebd., S. 710 (RGASPI, f. 1, op. 5, d. 5794).
53 Engels an Nikolai Franzewitsch Danielson, 9.1.1895, in: MEW, Bd. 39, S. 374.

Im Dezember 1894 weilte Vera Zasulič in London, las den dritten Band des »Kapitals« und nahm unter anderem an einem Weihnachtsessen bei Engels teil. Offenbar war die Diskussion um den Band bereits in vollem Gange, auch weil Daniel'son bestimmte Aussagen über den Fall der Profitrate in Umlauf unter den russischen Freuden gebracht hatte.[54] In gewisser Weise gibt Daniel'son in seinem Brief vom 29. Januar 1895 ein Resümee seines Studiums und der Übersetzung des dritten Bandes des »Kapitals«, daher soll er hier vollständig wiedergegeben werden:

»High honourable Sir,

Permit me to thank you once more for your kindness – I have just finished both parts of the III Volume. It is perfectly true that in this volume many chapters are no less important then those of Volume II. It is difficult to point the more important section. But as in the first part of the III Volume to my mind the more important and new are chapters dealing with the average rate of profit, in the II part are those dealing with the laws of rent. After all, all are highly interesting and instructive.

The reading of the section on rent produces a sad feeling upon Russian readers when we hear from preface that the author had an intention to elaborate the section on the basis of Russian statistics. If the editor has in his possession any remarks left by the author on the subject, what had he previously intended to do? What kind of facts must to be utilised? If he had heard from him something about his plan etc. he would do great services to the investigation of our economics condition having answered to these questions in a short completing the preface (p. IX) in Russian edition.

As the translation and printing of the book cannot be finished earlier than in 10–11 months, it is highly to be wished. It would wind an opportunity to write what he knows about these questions.

54 Vgl. V. I. Zasulič an G. V. Plechanov, 25./26.12.1894, in: Iz archiva gruppy »Osvoboždenie truda«, vyp. 1, Perepiska 1883–1897gg. [Aus dem Archiv der Gruppe »Befreiung der Arbeit«, Teil 1, Briefwechsel 1883–1897], Moskva 2009, S. 300.

The public ought to be very thankful to the editor and he is to be congratulated in bringing to the end the theoretical part of this monumental work.
It is highly probable that this III Volume will complete the revolution in theoretical economy made by the publication of the I Volume.
You will find in the book of Mr. v. Struve many things inconceivable; as this book a widely read, it is a duty to write a critical essay about.
Believe me, honourable Sir,
Yours ever truly obliges
N. Danielson.«[55]

55 K. Marks, F. Engel's i revoljucionnaja Rossija, S. 716 f. (RGASPI, f. 1, op. 5, d. 5853); »Hochverehrter Herr,
Erlauben Sie mir, Ihnen noch einmal für Ihre Freundlichkeit zu danken – ich habe soeben beide Teile des dritten Bandes beendet. Es ist vollkommen richtig, dass in diesem Band viele Kapitel nicht weniger wichtig sind als die im zweiten Band. Es ist schwierig, zu entscheiden, welche Abschnitte von größerer Bedeutung sind. Aber meiner Meinung sind diejenigen Kapitel im ersten Teil des dritten Bands am wichtigsten und neu, die sich mit der Durchschnittsprofitrate befassen, und im zweiten Teil diejenigen, die sich den Gesetzen der Grundrente widmen. Schließlich sind alle sehr interessant und lehrreich.
Die russischen Leser wird bei der Lektüre des Abschnitts über die Grundrente eine gewisse Traurigkeit überkommen, da sich dem Vorwort entnehmen lässt, dass der Autor die Absicht gehabt hatte, für die Ausarbeitung dieses Abschnitts Statistiken aus Russland zu verwenden. Sollte der Herausgeber von irgendwelchen Anmerkungen des Autors zu diesem Thema wissen und darüber verfügen: Was hatte er ursprünglich vor? Auf welche Fakten sollte eigentlich zurückgegriffen werden? Sollte er von ihm etwas über einen solchen Plan etc. erfahren haben, würde es von großem Nutzen sein, zur Aufklärung unserer wirtschaftlichen Lage beizutragen, indem er diese Fragen in einer kurzen Ergänzung des Vorworts (S. IX) in der russischen Ausgabe behandeln würde.
Das wäre sehr wünschenswert, da Übersetzung und Druck des Buches noch mindestens 10 bis 11 Monate in Anspruch nehmen werden. Damit würde sich ihm eine Gelegenheit bieten, mitzuteilen, was er zu diesen Fragen weiß.
Die Öffentlichkeit sollte dem Herausgeber sehr dankbar sein, und er ist zu beglückwünschen, dass er den theoretischen Teil dieses monumentalen Werkes nun zum Abschluss gebracht hat.
Mit großer Wahrscheinlichkeit wird dieser dritte Band die Revolution in der Wirtschaftstheorie vollenden, die durch die Veröffentlichung des ersten Bandes eingeleitet wurde.
Sie werden im Buch von Herrn v. Struve* viele Dinge finden, die nicht nachvollziehbar sind. Da dieses Buch jedoch große Verbreitung gefunden hat, sollte auf jeden Fall eine kritische Besprechung erscheinen.
Sie dürfen meiner Hochachtung für immer versichert sein.
N. Danielson«. * Gemeint ist das Buch von Petr Struve: Kritičeskija zametki k voprosu ob ekonomičeskom razvitij Rossij [Kritische Bemerkungen zur Frage der wirtschaftlichen Entwicklung Russlands], das 1894 in St. Petersburg erschienen war und das Danielson Engels übersandt hatte (vgl. MEGA², Bd. IV/32, S. 628, Nr. 1290).

Diesem Brief ist zu entnehmen, dass der Verfasser außerordentlich betrübt ist, dass Marx und auch Engels bei der Redaktion des Bandes das russische Material, das er über viele Jahre nach London gesandt hatte, nicht in weit größerem Umfang in den Band aufgenommen haben. Daher fragt er Engels, ob Notizen oder Manuskripte zu russischen Fragen von Marx überliefert seien, und wenn ja, ob Engels im Vorwort zur russischen Ausgabe darauf eingehen könnte. Engels antwortete darauf am 5. März 1895:

> »Es tut mir sehr leid, Ihnen als Antwort auf Ihren freundlichen Brief vom 29. Jan. mitteilen zu müssen, daß unser Autor keine für den russischen Übersetzer brauchbaren Manuskripte hinterlassen hat, in denen er seine Ansichten über die Lage des Grundeigentums in Rußland und die sich daraus ergebenden Schlußfolgerungen entwickelt. Alles, was ich finden konnte, waren einfache und sehr umfangreiche Auszüge aus russischen statistischen und allgemeinen ökonomischen Quellen, die aber, mehr oder weniger entgegen seiner Gewohnheit, nicht mit eigenen Bemerkungen durchflochten sind.«[56]

Daniel'son bedauerte dies am 10. März 1895 sehr.[57] Der russische Band erschien erst nach Engels' Tod im Oktober 1896.[58]

56 Engels an Nikolai Franzewitsch Danielson, 5.3.1895, in: MEW, Bd. 39, S. 422. Die Exzerpte aus russischen Quellen, die Marx anfertigte, sollen in MEGA², Bd. IV/22 veröffentlicht werden.

57 Vgl. K. Marks, F. Engel's i revoljucionnaja Rossija, S. 728.

58 Vgl. V. I. Zasulič an G. V. Plechanov, Oktober 1896, in: Iz archiva gruppy »Osvoboždenie truda«, S. 415.

Ein »wackerer Kampfgenosse« – Ferdinand Domela Nieuwenhuis

Das Ferdinand-Domela-Nieuwenhuis-Museum in Heerenveen

Über viele Jahre wusste man das Ferdinand-Domela-Nieuwenhuis-Museum in Amsterdam[1] und meinte, man habe bei jedem Besuch im IISG genügend Zeit, sich die Sammlung anzuschauen. Jedoch seit 1997 hat sich die Heimstatt des Museums verändert: Der Weg führt nun über rund 150 Kilometer am Ijsselmeer vorbei nach Friesland, in das Städtchen Heerenveen, dem früheren Wahlkreis Schoterland von Ferdinand Domela Nieuwenhuis.[2] Dort finden wir die Domela-Nieuwenhuis-Ausstellung im Museum Willem van Haren, in dem neben der stadtgeschichtlichen Dauerausstellung, unter anderem mit einem wunderschönen Stadtmodell, auch zeitweilige Expositionen zu sehen sind. Als sich das Ferdinand-Domela-Nieuwenhuis-Museum hier einrichtete, wurden einige Räume im historischen Stil gestaltet, so das Arbeitszimmer, die Bibliothek und der Vortragssaal. Der Rundgang durch die Ausstellung wird durch einen kleinen Museumsführer[3] unterstützt. Der Lebensweg von Ferdinand Domela Nieuwenhuis wird in der Exposition sehr anschaulich dokumentiert, auch unter Nutzung von elektronischen Mitteln. Der Rundgang widerspiegelt nicht nur den Lebenslauf, sondern auch inhaltliche Schwerpunkte der einzelnen Lebensabschnitte von Domela Nieuwenhuis.

1 Die erste Ausstellung wurde 1925 in der Alberdingk Thijmstraat 7 eröffnet, später war sie unter dem Dach des IISG in der Herengracht untergebracht, bis 1997 der Mietvertrag auslief.

2 Das Museum befindet sich in der Minckelerstraat 11, 8442 CE Heerenveen; www.fdnmuseum.nl.

3 Ferdinand Domela Nieuwenhuis Museum. September 2000, Text von Bert Altena, Ad Geerdink, Maria Hunink. Alle weiteren Angaben sind diesem Heft entnommen. Herzlicher Dank gebührt Ursula Balzer (Amsterdam) für die Übersetzung und vielfältige Hinweise.

Im ersten Ausstellungsteil »Vom Prediger zum Freidenker« wird gezeigt, wie aus dem Pfarrer der Evangelisch-Lutherischen Kirche in Harlingen (1870/71), Beverwijk (1870–75) und Den Haag (1875–79) unter dem Einfluss von Multatuli (Psydonym von Eduard Douwes Dekker, 1820–1887) Domela Nieuwenhuis zum Freidenker wird und die Kirche verlässt. Am Schluss seines Lebens ist er ein überzeugter Antimilitarist, was in einem weiteren Abschnitt deutlich wird; 1915 trifft er mit Errico Malatesta, Luigi Bertoni, Emma Goldman, Alexander Schapiro und anderen zusammen. Dazwischen liegt sein Lebensweg als Sozialist, der 1878 an der Gründung der ersten sozialdemokratischen Vereinigung beteiligt ist und seit 1876 die Zeitung *Recht voor Allen* herausgibt. In diese Periode fällt auch sein Briefwechsel mit Marx und Engels. Für einen Artikel in seiner Zeitung muss Domela Nieuwenhuis eine Gefängnisstrafe verbüßen. Seit 1887 ist er Abgeordneter der Zweiten Kammer des niederländischen Parlaments. Er nimmt an einer Reihe von internationalen Kongressen (Paris, Brüssel, Zürich und London) teil, schließt Bekanntschaft mit dem Belgier César de Paepe, trifft die Franzosen Jules Guesde und Paul Lafargue, ebenso wie die Russen Petr Kropotkin und Pavel Aksel'rod, als auch Eduard Bernstein. 1894 spaltet sich die niederländische Sozialdemokratie. Domela Nieuwenhuis führt den anarchistischen Flügel an. In dieser Strömung ist er mit Louise Michel, Elisée Reclus und Kropotkin verbündet. Der Anarchistenkongress in Chicago (1887) macht großen Eindruck auf ihn.[4]

Einen besonderen Platz nimmt in der Ausstellung die Würdigung des 70. Geburtstages von Domela Nieuwenhuis ein, der am 31. Dezember 1916 im Amsterdamer Concertgebouw begangen wurde. Natürlich wird auch ausführlich seine Fami-

4 Ausführlich beschrieb Max Nettlau 1932 den politischen Lebenslauf von Domela Nieuwenhuis: Geschichte der Anarchie, hrsg. in Zusammenarbeit mit dem IISG Amsterdam, Bd. V: Anarchisten und Syndikalisten, Teil 1, Vaduz 1984, S. 341–357. Vgl. auch: »en al beschouwen alle broeders mij als den verloren broeder.« De familiecorrespondentie van en over Ferdinand Domela Nieuwenhuis. 1846–1932, verzameld und gepresenteerd door Bert Altena met medewerking van Rudolf de Jong, Amsterdam 1997.

lie vorgestellt, seine Essgewohnheiten als Vegetarier werden aufgezeigt.[5]

Am Ende des Rundgangs beeindruckt der Bücherschrank von Domela Nieuwenhuis mit einem kleinen Teil seiner 20 000 Bände umfassenden Bibliothek zu Theologie, Sozialismus, Philosophie, Naturleben, Freidenkerbewegung und Anarchismus sowie Belletristik. Natürlich gilt der Blick dem »Kapital«-Exemplar von 1872[6] und dem Widmungsexemplar von Engels' »Anti-Dühring«, zweite Auflage von 1886.[7] Auf dessen Titelblatt schrieb Engels:

»Seinem wackeren Kampfgenossen
F. Domela Nieuwenhuis
London 20/I/86 F. Engels«

Nach zwei Stunden verlassen wir das Museum beeindruckt und mit neuen Einsichten bereichert.

Zur Entstehungs- und Überlieferungsgeschichte von »Kapitaal en Arbeid«

Ferdinand Domela Nieuwenhuis schrieb am 19. Juni 1880 an Marx, dass er beabsichtige, einen populären Auszug aus dem »Kapital« (siehe auch Cafiero, Deville, Most) zu veröffentlichen.[8] Zugleich bat er ihn, diese Arbeit auf Originaltreue zu überprüfen. Marx stand dem Vorhaben aufgeschlossen gegenüber, lehnte eine persönliche Mitwirkung jedoch ab, war er doch der Meinung, dass Domela Nieuwenhuis »ganz

5 In: Karl Marx/Friedrich Engels: Werke [MEW], Berlin 1956 ff., Bd. 34, S. 674; in anderen Publikationen des Instituts für Marxismus-Leninismus heißt es über Nieuwenhuis: »Vertreter der holländischen Arbeiterbewegung, Mitbegründer der holländischen sozialdemokratischen Arbeiterpartei; seit 1888 Mitglied des Parlaments; Vizepräsident des Internationalen Sozialistischen Arbeiterkongresses 1889; seit den neunziger Jahren Anarchist.« Künftighin sollte Domela Nieuwenhuis unter seinem Doppelnamen Domela Nieuwenhuis alphabetisch eingeordnet werden.

6 Sign. DN 260/322, Stempel: Ferdinand Domela Nieuwenhuis Museum Alberdingk Thijnstraat 7, Amsterdam.

7 Sign. SM 359, Stempel: Ferdinand Domela Nieuwenhuis Museum Alberdingk Thijnstraat 7, Amsterdam. Vgl. auch die Beschreibung eines anderen Exemplars der zweiten Auflage in: Karl Marx/Friedrich Engels: Gesamtausgabe [MEGA^2], Berlin 1975 ff.; Bd. I/27, Apparat, S. 1082 f.

8 Von Domela Nieuwenhuis an Marx sind vier Briefe, an Engels 13 Briefe und umgekehrt an Domela Nieuwenhuis zwei Marx-Briefe und acht Engels-Briefe überliefert.

der geeignete Mann [sei], um den Holländern ein Resümé des ›Kapitals‹ zu geben«.[9] Domela Nieuwenhuis hatte sich seit 1876 verstärkt für die Interessen der Arbeiter interessiert und einige Werke von Marx und Engels studiert. Seit März 1879 gab er die sozialistische Zeitung *Recht voor Allen* heraus und trug in den folgenden Jahren zur Verbreitung marxistischer Literatur in Holland bei. Er sandte Marx das Exemplar am 6. Januar 1881 zu. Am 22. Februar 1881 antwortete Marx:

> »Mein langes Schweigen ward dadurch veranlaßt, daß ich mit meiner A[ntw]ort auf Ihr Schreiben vom 6. Januar zugleich eine Übersicht der Änderungen beilegen wollte, die Ihrerseits etwa im Fall einer 2. Ausgabe von ›Kapitaal en Arbeid‹ auszuführen wären. Infolge häuslicher Störungen, nicht vorhergesehener Arbeiten und andrer Unterbrechungen bin ich noch nicht zu Ende gekommen, schicke also diese Zeilen zunächst ohne die Beilage ab, da fortgesetztes Schweigen Ihrerseits mißdeutet werden könnte. Die mir nötig scheinenden Änderungen betreffen Details; die Hauptsache, der Geist der Sache, ist gegeben. Ich danke Ihnen für die freundliche Widmung, da Sie damit den bürgerlichen Antagonisten persönlich den Fehdehandschuh ins Gesicht geworfen.«[10]

Die von Marx erwähnten Änderungsvorschläge und auch seine korrigierenden Hinweise in dem vorliegenden Exemplar sind vermutlich niemals zu Domela Nieuwenhuis gelangt. Seine Broschüre fand in Holland rasch Verbreitung und wurde mehrfach aufgelegt. Es erschien eine deutsche Übersetzung von Carl Derossi in New York (1887) und Wien (1889).[11]

Auf dem Titelblatt des marxschen Exemplars befindet sich die handschriftliche Widmung: »Hochachtungsvoll von F. Domela Nieuwenhuis«. Zudem eine gedruckte Dedikation auf der dem Titelblatt folgenden Seite:

9 Marx an Ferdinand Domela Nieuwenhuis, 27.6.1880, in: MEW, Bd. 34, S. 447.

10 Marx an Ferdinand Domela Nieuwenhuis, 22.2.1881, in: MEW, Bd. 35, S. 159.

11 Vgl. Domela Nieuwenhuis: Kapital und Arbeit. Eine gedrängte Darstellung der Marx'schen Lehre, übersetzt v. C. Derossi, New York 1887, 97 S. (Exemplar aus der SPD-Bibliothek, Sign. 4302, SAPMO, Sign. 57/4255); ders.: Capital und Arbeit [...], Wien 1889, 76 S. (Separatdruck aus dem Buchdruckergehilfen-Organ »Vorwärts!«).

»*Aan Karl Marx*, den onversaagden denker, den edelen strijder voor de rechten van het proletariaat zij dit werkje als blijk van eerbiedige hulde opgedragen door *den Schrijver*.«[12]

Die Marginalien von Marx in dem populären Auszug entstanden also etwa im Januar/Februar 1881. In ihnen präzisierte Marx, gestützt auf die 1872 erschienene zweite, verbesserte Auflage des ersten Bandes des »Kapitals«,[13] ungenaue Formulierungen und Aussagen zur Wert- und Geldtheorie. Die Randbemerkungen konzentrieren sich auf die Kapitel »De waar«, »Het geld«, »De verandering van geld in kapitaal« und »Het arbeidsloon«. Hervorzuheben sind vor allem die Bestimmungen des Tauschwerts, des Warenwerts und des Gebrauchswerts, die Marx nach seiner »Kapital«-Ausgabe notierte.[14]

Zur Überlieferungsgeschichte: Dieses Buchexemplar wurde 1951 in der nachgelassenen Bücherei des ehemaligen Redakteurs des *Vorwärts* Helmut Döscher wiedergefunden und in den Bestand der Bibliothek des Berliner IML aufgenommen. Es enthält keinerlei Hinweise, dass es einmal zu den Beständen der SPD-Bibliothek gehörte; möglicherweise gelangte das Exemplar schon vor seiner Inventarisierung aus der SPD-Bibliothek in den Besitz von Döscher. Im Zuge der Schenkung von Exemplaren *ex libris* an das Moskauer IML wurde der Eingang des Buches am 7. Mai 1960 dort registriert.[15]

Veröffentlichung der Marginalien: MEGA^2 IV. Abteilung. Marginalien. Probestücke, Berlin 1983, S. 118–130 und 197–200; vgl. Inge Möller: Bemerkungen zu einigen Büchern aus der Handbibliothek von Marx und Engels, in: Beiträge zur Geschichte der Arbeiterbewegung 1, Berlin 1959, S. 158–169.

12 »Karl Marx, dem unerschütterlichen Denker, dem edlen Kämpfer für die Rechte des Proletariats, sei dieses Werk als Zeichen ehrenhafter Huldigung des Schriftstellers gewidmet.« Übersetzung vom Autor.

13 Vgl. MEGA^2, Bd. II/6.

14 Vgl. Rolf Hecker: Zur Entwicklung der Werttheorie von der 1. zur 3. Auflage des ersten Bandes des »Kapitals« von Karl Marx (1867–1883), in: Marx-Engels-Jahrbuch 10, Berlin 1987, S. 147–196, hier S. 177 f.; vgl. auch vorl. Band, S. 93–149.

15 Es konnten noch keine näheren Angaben über den vorangegangenen Verbleib des Exemplars ermittelt werden. Herzlicher Dank gilt Larisa Miskevič (Moskau), die diese Angabe übermittelte. Vgl. auch MEGA^2, Bd. IV/32, S. 71.

Johann Mosts Popularisierung des »Kapitals«

Zunächst sollen kurz die Forschungsprojekte resümiert werden, die im Zusammenhang mit der Edition von Mosts Broschüre »Kapital und Arbeit« im MEGA²-Band II/8, erschienen 1989, standen. Dieser Band enthält die dritte deutsche Auflage des ersten Bandes des »Kapitals«, die nach Marx' Tod noch im gleichen Jahr von Engels herausgegeben wurde.[1] Die Bearbeiter des Bandes (Leitung: Eike Kopf und Rolf Hecker) mussten klären, ob in den Anhang die zweite Auflage von Mosts Schrift aufgenommen werden sollte. So wurden Most selbst und seine ökonomischen Auffassungen in den 1980er-Jahren zum Forschungsgegenstand (in der ML-Historiografie war ihm bis dato geringschätzig der Platz eines Anarchisten, also der einer Unperson, zugewiesen worden).

Historischer Zufall

Im Dezember 1984 gelang es der Marx-Engels-Stiftung Wuppertal, in einem Düsseldorfer Antiquariat Marx' Handexemplar von Mosts zweiter Auflage zu erwerben. Kurz zuvor hatte ich die Fotokopien der Schrift, die in den 1920er-Jahren angefertigt worden waren,[2] im Moskauer

1 Vgl. Rolf Hecker/Jürgen Jungnickel/Eike Kopf: Zu einigen Forschungs- und Editionsproblemen des ersten Bandes des »Kapitals« in der MEGA, in: PROKLA 84, 1991, S. 496–510; vgl. vorl. Band, S. 39–70; Izumi Omura: Zum Abschluß der Veröffentlichung der verschiedenen Ausgaben des »Kapitals« in der MEGA²: von der 3. deutschen Auflage, der »Auflage letzter Hand von Marx« (1984), zur 3. Auflage, »die dem letzten Willen des Autors zu einem bestimmten Grad entspricht« (1991), in: MEGA-Studien 2/1994, S. 56–67.

2 Vgl. Rolf Hecker/Richard Sperl/Carl-Erich Vollgraf (Hrsg.): Erfolgreiche Kooperation: Das Frankfurter Institut für Sozialforschung und das Moskauer Marx-Engels-Institut (1924–1928) (Beiträge zur Marx-Engels-Forschung. Neue Folge, Sonderband 2), Hamburg 2000, S. 40–45. Ernst Czóbel schrieb am 24.11.1927 an die Marx-Engels-Archiv-Verlagsgesellschaft in Frankfurt a. M.: »Vor einigen Jahren und später wieder war öfters davon die Rede – Gen. Rjazanov und Gen. Weil sprachen bzw. schrieben darüber –, dass das Institut für Sozialforschung ein Exemplar der Broschüre von Johann Most, »Kapital und Arbeit« besitzt, worin handschriftliche Vermerke etc. von Marx sich befinden. Es

Parteiarchiv eingesehen. In einer Expertise vom 9. Januar 1985 gelangte ich nach Vergleich der ins IML Berlin übersandten Kopien mit den vorliegenden, nicht vollständigen Kopien aus Moskau zu der Feststellung, dass es sich genau um dieses seit 1933 als verschollen geltende Exemplar handelt. Ich empfahl die dringende Anschaffung, um damit das originale Exemplar für die Bearbeitung des Bandes II/8 zur Verfügung zu haben.

Es ist ein Verdienst der Marx-Engels-Stiftung, dass sie das erworbene Exemplar 1985 dem Berliner IML als Dauerleihgabe zur Verfügung stellte und zugleich eine Reprintausgabe mit einem wissenschaftlichen Kommentar von Winfried Schwarz initiierte. Schwarz betrachtete seine Arbeit als »Beitrag zur internationalen Marx-Engels-Forschung und als Unterstützung« der MEGA. Er verfasste eine ausführliche Entstehungs- und Überlieferungsgeschichte und nahm eine Textanalyse der zweiten mit der ersten Auflage vor.[3] Ich gebe zu, dass damit die Edition in der MEGA in gewisser Weise vorweggenommen wurde bzw. die Bearbeiter des MEGA-Bandes angespornt waren, darüber hinaus Neues mitteilen zu können.[4] Es muss erwähnt werden, dass »Kapital und Arbeit« auch in der DDR, nämlich im Band von Rolf Dlubek/Hannes Skambraks »›Das Kapital‹ von Karl Marx in der deutschen Arbeiterbewegung (1867 bis 1878)«, Berlin 1967, veröffentlicht wurde, bevor die von Hans Magnus Enzensberger besorgte Neuausgabe 1972 in der BRD erschien.

---

war damals davon die Rede, dass die Broschüre dem IME übergeben werden wird, als Rekompensation für Bücher, die IME dem I.f.Sf. hätte geben sollen. Diese gegenseitige Bescherung ist bisher nicht zustande gekommen, schwebt noch, und vorläufig ist es nicht abzusehen, wann sie stattfinden wird. Wir bitten Sie daher, die Broschüre von Most auszuleihen und jene Seiten, wo handschriftliche Eintragungen, Vermerke, Striche etc. zu finden sind, (samt Titelseite) aufnehmen zu lassen.« (Ebd., S. 374 f.)

3 Rainer Eckert: Eine kleine Kostbarkeit [Rezension], in: Marxistische Blätter 6/1985, S. 134–135; Rolf Hecker: Johann Most. Kapital und Arbeit. Frankfurt a. M. 1985 [Rezension], in: Beiträge zur Geschichte der Arbeiterbewegung 4/1986, S. 560–561.

4 Heute befindet sich das Exemplar im Karl-Marx-Haus Trier. Vgl. Die Bibliotheken von Karl Marx und Friedrich Engels. Annotiertes Verzeichnis des ermittelten Bestandes, in: Karl Marx/Friedrich Engels: Gesamtausgabe [MEGA²], Berlin 1975 ff., Bd. IV/32 (Vorauspublikation), S. 472.

In den Jahren 1986–88 bereitete Gisela Hoppe eine Diplomarbeit vor, die sie im Januar 1989 an der Sektion Geschichte der Humboldt-Universität vorlegte (Betreuer seitens des IML war Erich Kundel, seitens der HU Ingo Materna; als Mitarbeiterin in der von mir geleiteten Arbeitsgruppe in der Marx-Engels-Abteilung des IML und Bearbeiter von II/8 war dies eine willkommene Kombination). Most wurde als Redakteur und Agitator der deutschen Sozialdemokratie in den Jahren 1871 bis 1878 vorgestellt.[5] Hoppe hat unter anderem die *Berliner Freie Presse* aus den Jahren 1876–78 durchgesehen und versucht, alle Aufsätze und Vorträge von Most über »Kapital und Arbeit«, also zur Propagierung von Marx' ökonomischer Theorie, zu eruieren. In einer zwölfseitigen Chronik hat sie diese Daten zusammengestellt.

Zu den Zufällen, die die Bearbeitung der mostschen Schrift für MEGA II/8 förderten, gehört meine Bekanntschaft mit Heiner Becker, der mir am 26. Februar 1986 im IISG in Amsterdam das von ihm herausgegebene Büchlein »John Most: Marxereien, Eseleien & der sanfte Heinrich«, Wetzlar 1985, verehrte. Die darin edierten Artikel aus der *Freiheit*, besonders Mosts »Marxereien« vom Januar 1887, gaben die Möglichkeit, dessen Meinungsevolution zu verfolgen und mit »Kapital und Arbeit« abzugleichen.

Für die Vorbereitung der Edition II/8 war es von großem Vorteil, dass praktisch parallel an MEGA^2, Band I/27, Berlin 1988, gearbeitet wurde (Bearbeiter: Renate Merkel, Karlheinz Geyer, Marianne Jentsch und Carl-Erich Vollgraf). Bekanntermaßen hat sich Marx seit 1868, als ihm Kugelmann die »Kapital«-Rezension Dührings geschickt hatte, kontinuierlich mit diesem auseinandergesetzt; ab 1873 wurde eine Dühring-Kritik immer dringlicher. So wurde auch die Kontroverse in der Führung der deutschen Sozialdemokratie um die Veröf-

5 Vgl. Rolf Hecker/Gisela Hoppe: Als »Feuerkopf« von der Polizei gefürchtet. Johann Most – ein leidenschaftlicher Kampfgefährte von Bebel und Liebknecht und ein fesselnder Agitator, in: Berliner Zeitung, 24.3.1988; Rolf Hecker: Zum 150. Geburtstag von Johann Most – Ein »Feuerkopf« in der deutschen Sozialdemokratie. In Fehde mit der Parteispitze, in: Neues Deutschland, 10./12.2.1996. Vgl. auch Johann Most: Dokumente eines sozialdemokratischen Agitators in 4 Bänden, hrsg. von Volker Szmula, Grafenau 1988–1992.

fentlichung eines »Anti-Dühring« dargestellt und der »Anteil« von Most an dessen Ausarbeitung durch Engels behandelt, die er mit einer Lobpreisung von Dühring in einer Besprechung des »Cursus der Philosophie« von 1876 beschleunigte (MEGA² I/27, S. 692–695, 832 f).

Die Edition der beiden MEGA-Bände erforderte die »Hebung« des gesamten Briefwechsels aus dieser Zeit, um alle Most betreffenden Passagen analysieren zu können. Da die MEGA-Bände des Briefwechsels dieser Periode noch in weiter Ferne liegen, war hier eine umfassende archivalische Arbeit notwendig, die sich vor allem in der »Entstehung und Überlieferung« niederschlug (MEGA² II/8, S. 1368–1372).

Warum wurde »Kapital und Arbeit« im Anhang von MEGA II/8 ediert?

Am 16. Juni 1872 zeichnete Most zum letzten Mal als verantwortlicher Redakteur der *Chemnitzer Freien Presse*, da er zwei Tage später eine zweimonatige Haftstrafe in Chemnitz anzutreten hatte. Während dieser Zeit studierte er die erste deutsche Auflage des ersten Bandes von Marx' »Kapital«. Der am 6. Juli 1872 (Nr. 157) in der *Chemnitzer Freien Presse* anonym veröffentlichte Leitartikel »Die politische Oekonomik des Karl Marx« stammt mit großer Wahrscheinlichkeit von Most. Darin macht er darauf aufmerksam, dass den Arbeitern wiederholt das Studium der Schriften von Marx »Zur Kritik der politischen Ökonomie« und »Das Kapital« empfohlen wurde. Er bezeichnet sie als die schärfsten Waffen der Arbeiter und versucht, die Quintessenz der marxschen ökonomischen Theorie darzulegen.

Von Februar bis Oktober 1873 saß Most in der Strafanstalt Zwickau ein, weil er am 2. September 1872 in Chemnitz eine gewaltige Antikriegsdemonstration organisiert hatte. Während der Inhaftierung studierte er erneut das »Kapital« und fertigte die Schrift »Kapital und Arbeit. Ein populärer Auszug aus ›Das Kapital‹ von Karl Marx« an, für die er im Oktober 1873 in Zwickau das Vorwort unterzeichnete. Nach seiner Haftentlassung hielt er am 13. Oktober 1873 vor Arbeitern in

Glauchau einen Vortrag zum Thema seiner Broschüre. Ihr Erscheinen wurde am 18. März 1874 in der *Chemnitzer Freien Presse* gemeldet.

Nach seiner Wahl in den Reichstag im Januar 1874 hielt sich Most ab Februar in Berlin auf. Ein Vortrag vor Berliner Arbeitern im März 1874 über die Pariser Kommune war der Vorwand für seine erneute Verhaftung Ende April; erst 26 Monate später, im Juli 1876, wurde er aus dem Gefängnis Plötzensee bei Berlin entlassen und übernahm als Redakteur die *Berliner Freie Presse*, das Organ der Berliner Sozialdemokratie.[6]

Während dieser Haftstrafe wandten sich Wilhelm Liebknecht und Julius Vahlteich, die als Vertreter der Eisenacher Partei der Kommission der Sozialdemokratischen Arbeiterpartei und des Allgemeinen Deutschen Arbeitervereins für die Erarbeitung eines einheitlichen Programmentwurfs angehörten, im Sommer 1875 an Marx mit der Bitte, die Broschüre von Most »Kapital und Arbeit« zu überarbeiten.

Marx hatte zunächst die Absicht, die Verbesserungen und Ergänzungen in Form von Fußnoten einzuarbeiten. Am 5. Juli 1875 schrieb Vahlteich aus Chemnitz an Marx:[7] »Was die Noten zur Mostschen Broschüre betrifft, so bitte ich dieselben recht schnell zu schreiben, nach Möglichkeit kurz.« Zur Bearbeitung gab es offenbar Kontakte mit Most im Gefängnis, denn Vahlteich fuhr fort, er werde die Fußnoten »dann Most übermitteln und auf diese Weise die neue Auflage so schnell als möglich bewerkstelligen«. Nachdem Marx vermutlich in diesem Sinne mit der Bearbeitung des Abschnitts »Waare und Geld« begonnen und gesehen hatte, dass grundlegende Umarbeitungen, teilweise Neufassungen nötig sind, die nicht in Fußnoten geboten werden können, hatte er dies Vahlteich offenbar mitgeteilt und um ein weiteres Exemplar der Erstauflage von Mosts Auszug gebeten. Am 20. Juli 1875 schrieb Vahlteich an Marx:

> »Beiliegend übersende [ich] Ihnen das gewünschte zweite Exemplar Most ›Kapital und Arbeit‹. Ich bin sehr zufrie-

6 Vgl. MEGA², Bd. I/27, S. 678–680.

7 Die Briefe Vahlteichs befinden sich im IISG Amsterdam, Marx-Engels-Nachlass.

den mit Ihrem veränderten Entschlusse, wir kommen so schneller zum Ziel und ich hoffe überdem ein besseres Resultat.«

Zu diesem Zeitpunkt muss Marx schon darum gebeten haben, dass sein Name nicht in der neuen Auflage erwähnt wird, denn im gleichen Brief äußerte Vahlteich: »Der notwendigen Diskretion bezüglich Ihrer Anteilnahme an der neuen Ausgabe dürfen Sie sich versichert halten.« Die Überarbeitung dauerte nicht länger als vier Wochen, etwa bis Anfang August. Am 5. August 1875 teilte Vahlteich Marx mit, dass er die »Manuskriptsendung nebst Brief erhalten« habe.

Rückblickend auf diesen Vorgang schrieb Marx verärgert noch am 27. September 1877 an Friedrich Adolph Sorge:

»Du hast überhaupt keine Idee, wie die Partei, i. e. die Chemnitzer (as represented by Vahlteich) mit mir umgingen. Erst, auf Liebknechts Andringen und da mir die Sache auch von Chemnitz aus als sehr pressant vorgestellt ward, unternahm ich die Arbeit noch vor Abreise nach Karlsbad, trotz höchst zerrütteten Nervenzustands.«[8]

Marx weilte ab 15. August 1875 zur Kur in Karlsbad. Bezüglich der Nichtmitteilung seiner Autorschaft hatte Marx gegenüber Sorge bereits ein Jahr vorher bemerkt, dass er »sonst noch mehr daran hatte ändern müssen«.[9]

Der Druck der Broschüre dauerte einige Monate. Auch darüber berichtete Marx Sorge in dem bereits zitierten Brief von 1877:

»Monatelang erhielt ich keine Nachricht, frage an, erhalte die ›kühle‹ Antwort Vahlteichs, dass die Sache bloß gesetzt wird in den kleinen Zeitfetzen, welche das Setzen der Chemnitzer Philisterannoncen der Parteidruckerei lässt!«

Marx scheint mehrfach in Chemnitz Auskunft über den Stand der Arbeiten erbeten zu haben. Am 7. April 1876 schrieb Vahlteich an Marx:

---

8 Marx an Friedrich Adolph Sorge, 27.9.1877, in: Karl Marx/Friedrich Engels: Werke [MEW], Berlin 1956 ff., Bd. 34, S. 294.

9 Marx an Friedrich Adolph Sorge, 14.6.1876, in: ebd., S. 183.

»Aus einem Ihrer Briefe ersehe ich, dass Sie über die Verzögerung der Fertigstellung des Mostschen ›Kapital‹ sehr zornig waren. Ich habe das lebhaft bedauert, um so mehr als ich nichts ändern konnte. Übrigens fand sich auswärts noch ein Rest der alten Auflage.«

Gleichzeitig teilte Vahlteich mit, dass er an Marx fünf Exemplare der zweiten Auflage absende, und dankte für die »freundliche Unterstützung«.

Marx war entsetzt, als er das Exemplar in den Händen hielt, denn es war »voll der abscheulichsten Druckfehler«.[10] In einem der Exemplare nahm Marx mit Tinte 35 handschriftliche Korrekturen vor, überwiegend von Druckfehlern. Diese Tatsache bestärkt die Vermutung, dass die Druckfassung ansonsten mit der Druckvorlage übereinstimmte.

Dass Marx mit dem Ergebnis weitgehend zufrieden war, kommt in seiner Zustimmung einer Veröffentlichung in den USA zum Ausdruck, die er Sorge im gleichen Brief erteilte:

»Um Zeitverlust zu vermeiden, vielleicht besser, wenn ihr zunächst in der von Dir vorgeschlagnen Weise druckt und ich für die 2te Auflage das Gedruckte (was viel leichter) corrigire.«[11]

Otto Weydemeyer übersetzte die zweite Auflage ins Englische; diese Übersetzung erschien erstmalig in elf Fortsetzungen in dem amerikanischen Wochenblatt *The Labor Standard* vom 30. Dezember 1877 bis 10. März 1878. Im August 1878 erschien die Arbeit als Broschüre anonym unter dem Titel »Extracts from the ›Capital‹ of Karl Marx«.

Am 4. September 1878 schrieb Marx an Sorge:

»Meinen besten Dank für [...] Weydemeyer's ›Extract‹. Engels wie ich haben die Exemplare richtig erhalten; für England gehts nicht, schon wegen der Unzahl Druckfehler; auch ist einiges in der Uebersetzung für hiesigen Platz mangelhaft. Doch habe ich vor, eine etwas amended edition davon (bei meiner Rückkehr) für London zu besorgen, aber so, dass ich ein paar Worte Vorwort schreibe, die

10 Marx an Friedrich Adolph Sorge, 27.9.1877, in: ebd., S. 294.

11 Ebd., S. 295.

> Sache selbst aber unter Weydemeyers Namen erscheinen lasse. D. h., wenn Euch das recht ist.«[12]

Eine solche Ausgabe kam jedoch nicht zustande.

Am 3. Mai 1882 teilte Adolf Hepner Engels mit, dass er beabsichtige, eine »deutsche ›Arbeiter-Library‹ in Lieferungen« zu beginnen, und er fragte an: »Welche Schriften – sei es originale, sei es übersetzte – würden Sie für diese Library vorschlagen?« Und weiter: »Würde Marx gestatten, dass ich einen Auszug aus seinem ›Kapital‹ bringe?«[13] Daraufhin antwortete Engels nach einem überlieferten Briefentwurf, dass Mosts Auszug in seiner zweiten Auflage immer noch »seine Vorzüge hat und abgedruckt werden könnte«, denn Marx hatte »die gröbsten Missverständnisse entfernt und einige Zusätze gemacht«.[14]

Nach Marx' Tod verwies Engels ebenfalls nach einem überlieferten Briefentwurf an Philip van Patten vom 18. April 1883 darauf, dass er und Marx gemeinsam Mosts populären Auszug aus dem »Kapital« für eine zweite Auflage überarbeitet hätten.[15] In seinem Artikel »Zum Tode von Karl Marx. II.« stellte Engels fest, dass

> »es unmöglich war, mehr als die allerschlimmsten Böcke von Most auszumerzen [...] Marx erlaubte auch blos, dass seine Verbesserungen hineingesetzt wurden auf die ausdrückliche Bedingung hin, dass sein Name nie in irgendeine Verbindung gebracht wurde«.[16]

Allerdings konnte nicht ermittelt werden, worin Engels' konkreter Anteil an dieser Arbeit bestanden haben könnte.

Popularisierung des Kapitals

Im inneren Aufbau folgt die Broschüre im Wesentlichen den Abschnitten des »Kapitals«. Bei der Einteilung der Kapitel hatte sich Most danach gerichtet, wie es ihm »der größeren

12 Marx an Friedrich Adolph Sorge, 4.9.1878, in: ebd., S. 340.

13 Dieser Brief Hepners befindet sich im IISG Amsterdam, Marx-Engels-Nachlass.

14 Engels an Adolf Hepner, 15.7.1882, in: MEW, Bd. 35, S. 345.

15 Vgl. MEW, Bd. 36, S. 12.

16 Friedrich Engels: Zum Tode von Karl Marx. II, in: *Der Sozialdemokrat*, 17. Mai 1883.

Leichtfasslichkeit wegen geboten erschien«.[17] Der Auszug ist vor allem dadurch geprägt, dass wesentliche Passagen aus dem ersten Band des »Kapitals« ausführlich zitiert oder zusammenfassend wiedergegeben werden. Most konnte in der gedrängten und agitatorischen Darstellung der ökonomischen Theorie die »zahlreichen Daten, welche die Lage der arbeitenden Klassen des Näheren charakterisieren«,[18] nicht anführen. Auch Marx' kritische Analyse der bürgerlichen ökonomischen Theorien wurde von Most nicht aufgenommen. Marx hat an diesen Besonderheiten der mostschen Darstellung keinen Anstoß genommen und die Gesamtanlage und äußere Gliederung der Schrift nicht verändert.

Bekanntermaßen sind die ersten Kapitel des »Kapitals« schwer verständlich, Marx selbst hatte darauf aufmerksam gemacht und etwa Kugelmann empfohlen, diese Kapitel zunächst zu überblättern. Deshalb ist es naturgemäß, dass Marx für die zweite Auflage von »Kapital und Arbeit« die Eingangspassagen einer Überarbeitung unterzog.

Die Textänderungen von Marx betreffen vor allem den Nachweis des engen Zusammenhangs zwischen dem Wesen des Warenwerts, der Mehrwertbildung und dem Arbeitslohn. Anknüpfend an die unmittelbaren, vor allem auf die Sicherung der Existenz gerichteten Interessen der Arbeiter deckt Marx das Wesen der Ausbeutung auf. Er legt dabei besonderen Wert auf die exakte Verwendung solcher ökonomischen Kategorien wie Wert und Tauschwert, Arbeit und Arbeitskraft sowie Wert und Preis der Arbeitskraft. Marx hat vor allem die Abschnitte »über Werth, Geld, Arbeitslohn«, wie er Sorge mitteilte,[19] neu verfasst.

Für das Verständnis der ökonomischen Theorie ist die Darstellung im Abschnitt »Waare und Geld« von entscheidender Bedeutung. Die Werttheorie, die Erklärung des Warenwerts und des Wertgesetzes, bildet die Grundlage für die Mehrwerttheorie, für die Analyse des Verhältnisses von Kapital und

17 MEGA², Bd. II/8, S. 738.

18 Ebd.

19 Marx an Friedrich Adolph Sorge, 14.6.1876, in: MEW, Bd. 34, S. 183.

Arbeit. Marx übernimmt deshalb zur Definition der Wertsubstanz und der Wertgröße seine Formulierungen aus dem ersten Band des »Kapitals«. In seiner Darstellung kommt es ihm allerdings darauf an, ohne die Benutzung solcher Kategorien und Begriffe wie abstrakte Arbeit oder Doppelcharakter der Arbeit zu beweisen, dass die gesellschaftliche Durchschnittsarbeit die Substanz des Wertes bildet und ihre Quantität die Wertgröße bestimmt.

Zahlreiche Textpassagen im ersten Teil der zweiten Auflage von Mosts Schrift verdeutlichen, wie Marx auf anschauliche Weise die Wertbestimmung herausarbeitet. So leitet er seine Begründung der Arbeit als Quelle des Wertes mit folgendem Satz ein:

> »In unentwickelten Gesellschaftszuständen verrichtet derselbe Mensch abwechselnd Arbeiten sehr verschiedener Art; bald bestellt er den Acker, bald webt, bald schmiedet, bald zimmert er u. s. w.«[20]

Marx zeigt damit, wie sich durch den gesellschaftlichen Fortschritt die Arbeitsteilung entwickelte, und stellt weiter fest, dass

> »die kapitalistische Gesellschaft nur möglich ist, sobald sich die Production bereits zu einem vielgliedrigen System selbständig neben einander betriebener nützlicher Arbeitsarten entwickelt hat«.[21]

Durch diese Aussagen wird die Bestimmung des Warenwerts durch die Durchschnittsarbeit veranschaulicht.

Die Darstellung der Wertform erhielt in der zweiten Auflage in wenigen Absätzen eine neue Fassung.[22] Marx resümiert hier in prägnanter Weise die vier Entwicklungsstufen der Wertform, und zwar ohne die Terminologie des »Kapitals« zu verwenden. Er betrachtet die historische

20 MEGA², Bd. II/8, S. 739.

21 Ebd., S. 740.

22 In der ersten Auflage von »Das Kapital« 1867 wurde die Wertform sowohl im Haupttext als auch in einem speziellen Anhang behandelt (MEGA², Bd. II/5). Diese Darstellung erforderte eine Neufassung in der zweiten Auflage 1873, dazu ist auch in Manuskript »Ergänzungen und Veränderungen« überliefert (MEGA², Bd. II/6). Daher handelt es sich hier um die vierte Fassung der Wertformanalyse.

Genesis der Wertform als Abfolge von qualitativ verschiedenen Tauschformen. Die Entwicklung des Widerspruchs zwischen Wert und Gebrauchswert wird in der historischen Entwicklung durch die Verwandlung des Produktenaustausches in Warenaustausch vollzogen. Er stellt fest: »Diese Werthform entwickelt sich nach und nach aus und mit dem Productenaustausch.«[23]

Der Produktenaustausch setzte die Herstellung von Gegenständen voraus, die ausschließlich für den eigenen Verbrauch bestimmt sind. Deshalb trug der Austausch zufälligen Charakter, zum Beispiel wurden »Thierfelle gegen Salz ausgetauscht«.[24] Dem Äußeren nach entsprachen diese Austauschverhältnisse der einfachen oder zufälligen Wertform. Marx führt aber diesen Begriff bewusst nicht ein. Die nächste Form des Austausches entwickelte sich in dem Moment, in dem ein Stamm, Marx bezeichnet sie hier als »Jägerstämme Sibiriens«, einem anderen ein Produkt anbot und dafür verschiedene andere Produkte erhielt. Den Übergang zur nächsten Form vollzieht Marx dann durch die Betrachtung des Handels »von Seiten der fremden Waarenbesitzer«[25] aus, das heißt nicht durch die Erläuterung längerer historischer Prozesse. Das allgemeine Äquivalent, welches für alle anderen Produkte galt, wird durch den »gemeinsamen Werthausdruck« bestimmt. Mit anderen Worten: »Das Thierfell wird innerhalb dieses Gebiets des Productenaustauschs zu – Geld.«[26]

Im ersten Band des »Kapitals« bemerkt Marx während der Behandlung des Austauschprozesses der Waren, nicht aber bei der Analyse der Wertform, zur Geschichte des Produktenaustauschs Folgendes:

> »So lange noch nicht zwei verschiedne Gebrauchsgegenstände ausgetauscht, sondern, wie wir das bei Wilden oft finden, eine chaotische Masse von Dingen als Aequivalent

23 MEGA², Bd. II/8, S. 741.

24 Ebd.

25 Ebd.

26 Ebd.

für ein Drittes angeboten wird, steht der unmittelbare Produktenaustausch selbst erst in seiner Vorhalle.«[27]

Weiterhin bestimmt Marx den Moment, wo sich die Verwandlung des Produktenaustauschs in Warenaustausch vollzog, nämlich da, »wo die Gemeinwesen enden, an den Punkten ihres Kontakts mit fremden Gemeinwesen«.[28] So entwickelte sich, historisch betrachtet, die Wertform bis zu ihrer Darstellung im allgemeinen Äquivalent, dem Geld.[29]

In »Kapital und Arbeit« betrachtet Marx die historische Genesis der Wertform also in der Abfolge qualitativ verschiedener Tauschformen. Die qualitativ verschiedenen Tauschformen erscheinen als eine quantitative Vergrößerung ihrer Verbreitungssphären. So können drei Entwicklungsstufen der Tauschformen benannt werden: 1. Der Austauch fand selten und nur von Dingen des Überschusses statt. 2. Der Austausch vollzog sich regulär und blieb auf ein bestimmtes Gebiet beschränkt. 3. Der Austausch war überall verbreitet und trug allgemeinen Charakter. Durch die historische Darstellung der Entwicklung des Produktenaustauschs wird natürlich nicht die gesamte Vielfalt der Bestimmungen erfasst, die Marx im ersten Band des »Kapitals« bei der Analyse der Wertform erörtert. Deshalb werden von Marx auch nicht die Terminologie und die Beispiele aus dem »Kapital« verwendet.[30]

Der Abschnitt »Der Arbeitslohn« war ein weiterer Teil, den Marx, wie bereits erwähnt, fast vollständig neu verfasste. Er

27 Ebd., S. 114.

28 Ebd.

29 Vgl. ebd., S. 742.

30 Vgl. Rolf Hecker: Zur Entwicklung der Werttheorie von der 1. zur 3. Auflage des ersten Bandes des »Kapitals« von Karl Marx (1867–1883), in: Marx-Engels-Jahrbuch 10, 1987, S. 172–174; vgl. vorl. Band, S. 93–139; A. Ju. Čepurenko: Izloženie voprosa o forme stoimosti v brošjure I. Mosta »Kapital i trud« pod redakciej K. Marksa [Die Darstellung der Wertformfrage in der Broschüre von J. Most »Kapital und Arbeit« unter der Redaktion von Marx], in: K 160-letiju so dnja roždenija Karla Marksa [Zum 160. Geburtstag von Karl Marx], Moskva 1978, S. 33–53. Diese Interpretation entstand in den Diskussionen der 1970er-Jahre, als über das Problem der »einfachen Warenproduktion« diskutiert wurde. Vgl. Rolf Hecker: Einfache Warenproduktion oder einfache Warenzirkulation – die Debatte um die Ausgangskategorie des »Kapital« (Berliner Verein zur Förderung der MEGA-Edtion e. V, Wissenschaftliche Mitteilungen 1), Hamburg 2002, S. 81–91; vgl. vorl. Band, S. 150–153.

leitet ihn durch folgende Bestimmungen des Arbeitslohns ein:

> »Das Geld, das der Arbeiter seinerseits in Zahlung empfängt, scheint also auch wie bei allen anderen Waaren, den Werth, resp. Preis der gelieferten Waare zu ersetzen, also den Werth, resp. Preis der Arbeit. Man nennt dies Geld, daher Arbeitslohn.«[31]

Marx weist besonders darauf hin, dass der Arbeitslohn als Erscheinungsform des Wertes der Ware *Arbeitskraft, nicht* der *Arbeit*, zu verstehen sei. Er setzt an die Stelle der mostschen Darlegungen die theoretischen Aussagen, die im ersten Band des »Kapitals« im 17. Kapitel, »Verwandlung von Werth, resp. Preis der Arbeitskraft in Arbeitslohn«, enthalten sind.[32] Darin hat er erläutert, worin der »Unterschied zwischen der Erscheinungsform und ihrem verborgnen Hintergrund« besteht. Während die Erscheinungsform in »gang und gäbe Denkformen« reproduziert wird, muss das Wesen erst durch die Wissenschaft entdeckt werden.[33] Deshalb wird die Erklärung des Wesens des Arbeitslohns in den Mittelpunkt gerückt. Nur dadurch kann Marx verdeutlichen, dass die Form des Arbeitslohns das Verhältnis zwischen Arbeiter und Kapitalist »verkleidet«.[34] Mit dieser Feststellung trägt er zum besseren Verständnis des Wesens des Arbeitslohns bei.

Neben der teilweisen Neufassung der genannten Abschnitte, die auf eine den Erkenntnissen des »Kapitals« entsprechende populäre Darstellung der ökonomischen Theorie gerichtet waren, hat Marx auch in weiteren Passagen einige wesentliche Textänderungen vorgenommen. Sie betreffen vor allem Mosts Auseinandersetzung mit den ökonomischen Auffassungen von Ferdinand Lassalle und damit verbundene Vorstellungen über den Sozialismus, also Probleme, die in der Arbeiterbewegung besonders intensiv diskutiert wurden.

31 MEGA², Bd. II/8, S. 764.
32 Vgl. ebd., Variante 764.4–765.15.
33 Vgl. ebd., S. 512.
34 Ebd., S. 764.

In der Arbeiterbewegung und bei ihren Repräsentanten gab es lange Zeit Unklarheiten über die von Lassalle vertretene These von der gerechten Verteilung des »unverkürzten Arbeitsertrages«. Im Zusammenhang mit der Definition der »notwendigen Arbeitszeit« und der »Mehrarbeitszeit« greift Marx die Frage nach dem Normalarbeitstag auf und stellt sie in enger Verbindung mit der Entwicklung der kapitalistischen Produktion[35] und dem Kampf der Arbeiterklasse »um die Schranken des Arbeitstages«[36] dar. Die von Most aus dem »Kapital« aufgeführten Beispiele beweisen, dass die Arbeiter »vor allen Dingen einen Normalarbeitstag haben müssen«.[37] Diese Perspektive, so Most in der ersten Auflage seiner Schrift, eröffne sich vor allem in einer

> »höheren Gesellschaftsform«. Marx verändert diesen ganzen Passus[38] und hebt hervor, dass auch eine »sozialistische Gesellschaftsform [...] den Arbeitstag nicht auf die zur Erzeugung der nothwendigen Lebensmittel unentbehrliche Zeit beschränken« könne.

Der Unterschied bestehe jedoch darin, dass »die Produzenten hier nur für sich selbst« arbeiten und »die Produktivkraft der gesellschaftlichen Arbeit einen bisher ungeahnten Aufschwung nimmt«.[39]

Diese Aussagen beruhen vermutlich auf den wenige Wochen vorher notierten »Randglossen zum Programm der deutschen Arbeiterpartei«. Darin hat sich Marx ausführlich mit der lassalleschen These auseinandergesetzt und dabei festgestellt, dass der einzelne Produzent »nach Abzug seiner Arbeit für die gemeinschaftlichen Fonds« seinen Anteil am »gesellschaftlichen« Arbeitstag erhält.[40] In einer höheren Phase der kommunistischen Gesellschaft, so betont Marx in seiner Programmkritik, könne auf die Fahne geschrieben

35 Vgl. ebd., Variante 751.38.
36 Ebd., S. 750.
37 Ebd., S. 752.
38 Vgl. ebd., Variante 752.11–19.
39 Ebd., S. 752.
40 Vgl. MEGA², Bd. I/25, S. 13 f.

werden: »Jeder nach seinen Fähigkeiten, jedem nach seinen Bedürfnissen!«[41] Während Marx in den »Randglossen« auf diese Fragen ausführlich eingeht, fasst er sie in der zweiten Auflage von Mosts Broschüre zusammen.

Schlussbemerkung

Am Dienstag, dem 11. April 1876, meldete die *Chemnitzer Freie Presse*:

> »Soeben ist in zweiter Auflage, welche sorgfältig durchgesehen und verbessert worden ist, im Verlage der Genossenschaftsdruckerei Chemnitz, G. Rübner u. Co., erschienen: Most. Kapital und Arbeit. Ein populärer Auszug aus: ›Das Kapital‹ von Marx. Preis 50 Pf. Wir können die Schrift jedem empfehlen, welcher sich über das Wesen des Kapitals und der heutigen Produktionsweise unterrichten will. Dieselbe kann, indem sie sich auf die epochemachende Arbeit von Marx stützt und in populärer Weise die wissenschaftlichen Resultate derselben mitteilt, zu einer mächtigen Waffe in der Hand der Arbeiter gegenüber den heuchlerischen Lehren der bürgerlichen Ökonomie werden.«

Die Auflagenhöhe konnte nicht ermittelt werden.[42]

In Deutschland fand »Kapital und Arbeit« eine gewisse Verbreitung. Most selbst sprach wiederholt zum Thema »Kapital und Arbeit« vor Berliner Arbeitern oder im Reichstag.[43] Nach Erlass des Sozialistengesetzes wurde die Broschüre am 3. Dezember 1878 von der Königlichen Kreishauptmannschaft zu Zwickau verboten.

41 Ebd., S. 15.

42 Vgl. Ernst Hoffmann: Die Anfänge sozialistischer Presse- und Verlagstätigkeit in Chemnitz. Karl Marx als Mitarbeiter einer in Chemnitz erschienenen Schrift zur Popularisierung seines wissenschaftlichen Hauptwerkes »Das Kapital«, in: Regionalgeschichtliche Beiträge aus dem Bezirk Karl-Marx-Stadt 3, 1981, S. 30–36.

43 Vgl. Berliner Freie Presse, 15.4.1877; 23.6.1877; 27.9.1877; 4.5.1878.

Engels' Kritik am Rodbertus-Mythos im Vorwort zum zweiten Band des »Kapitals«

Seinem Vorwort zum zweiten Band des »Kapitals« (1885) hatte Engels besondere Bedeutung beigemessen. Es sollte nicht nur einen Redaktionsbericht enthalten, sondern zugleich eine Kritik an Karl Rodbertus' Auffassungen und den jüngsten Interpretationen seines Werkes, die sich laut Engels zu einem »Rodbertus-Kult« entwickelt hatten, der auch in der Sozialdemokratie Verbreitung fand.[1] So teilte er Friedrich Adolph Sorge einige Wochen nach der Abfassung des Vorworts mit: »Der II. Band des ›Kapitals‹ erscheint nun bald, ich erwarte noch den letzten halben Aushängebogen Vorrede, wo Rodbertus wieder sein Fett erhält.«[2] Es sollte nach der Veröffentlichung der ersten deutschen Ausgabe von Marx' »Das Elend der Philosophie« mit einem Vorwort von Engels, in dem er zuvor Rodbertus' Anwurf, Marx habe ihn »in seinem ›Kapital‹ ganz hübsch benutzt, ohne ihn zu zitieren«, vehement zurückgewiesen hatte,[3] die zweite ausführliche Kritik werden.

Die Veröffentlichung von Rodbertus' Schriften

Auslöser für diese Auseinandersetzung waren drei von Engels angeführte posthume – Rodbertus war 1875 verstorben – Neuerscheinungen seiner Schriften: in der *Zeitschrift für die gesamte Staatswissenschaft* veröffentlichte Adolph Wagner 1878 die Briefe von Rodbertus sowohl an ihn wie auch an den

1 Bereits Mitte/Ende der 1870er-Jahre hatte der »Rodbertus-Kult« in der Sozialdemokratie Spuren hinterlassen. Vgl. Carl-Erich Vollgraf: Engels' und Marx' Zurückweisung der »Besitzrenten«-Konzeption von Eugen Dühring, in: Marx-Engels-Jahrbuch 11, Berlin 1988, S. 229–307, hier S. 293 f., 300–302.

2 Engels an Friedrich Adolph Sorge, 3.6.1885, in: Karl Marx/Friedrich Engels: Werke [MEW], Berlin 1956 ff., Bd. 36, S. 324.

3 MEW, Bd. 21, S. 175; Karl Marx/Friedrich Engels: Gesamtausgabe [MEGA²], Berlin 1975 ff.; Bd. I/30, S. 29.

Architekten Heinrich Peters in Schwerin[4] und 1879 die Briefe an J. Zeller in Mosbach;[5] 1881 folgten die »Briefe und Socialpolitischen Aufsätze« von Rodbertus, herausgegeben von Rudolph Meyer, und 1884 brachte Theophil Kozak »Das Kapital. Vierter socialer Brief« heraus. Das letztgenannte Manuskript soll nach brieflichen Äußerungen auch in der Zeit um 1851 verfasst worden sein; Rodbertus habe es mit »bemerkenswerter Ängstlichkeit 25 Jahre lang in seinem Schreibtisch« verschlossen gehalten.[6]

Neben diesen von Engels direkt angesprochenen Schriften können auch weitere Veröffentlichungen ihn zu seiner Auseinandersetzung angeregt haben. So hatte Kozak, der im April 1878 in Jena bei Bruno Hildebrand über Rodbertus promoviert hatte, auf Anraten von Adolph Wagner, seit 1870 Professor in Berlin, die weitere Herausgabe des rodbertusschen Nachlasses übernommen. 1882 erschien sein Buch »Rodbertus-Jagetzow's socialökonomische Ansichten«, in dem er den Versuch unternahm, »aus seinen zerstreuten und zum Theil wenig bekannten Lehren [...] ein geordnetes Ganze[s] aufzubauen«.[7] Kozak wurde 1890 Professor der Nationalökonomie und Statistik in Basel. Karl Kautsky, der die Auseinandersetzung mit dem »Rodbertus-Kult« in der *Neuen Zeit* führte, nannte darüber hinaus folgende zwei Schriften: Erstens, den Habilitationsvortrag von Georg Adler »Rodbertus, der Begründer des wissenschaftlichen Sozialismus«, Leipzig 1884, in dem Rodbertus die Bedeutung eines »ökonomischen Klassikers«[8] beigemessen wird. Adlers Betreuer war Wilhelm Lexis, Professor in Freiburg, wo er dann auch lehrte, später (ab 1900) in Kiel.

4 Adolph Wagner: Einiges von uns über Rodbertus-Jagetzow, in: Zeitschrift für die gesamte Staatswissenschaft, Bd. 34, 1–2/1878, S. 199–237.

5 P. P.: Einige Briefe von Dr. Rodbertus an J. Z., in: Zeitschrift für die gesamte Staatswissenschaft, Bd. 35, 2/1879, S. 217–233.

6 Günther Rudolph: Ökonomie und utopisch-sozialistische Aspekte im Werk von Karl Rodbertus-Jagetzow (1805–1875), in: Beiträge zur Marx-Engels-Forschung. Dem Wirken Auguste Cornus gewidmet, Berlin 1975, S. 95 (Sitzungsberichte der Akademie der Wissenschaften der DDR 20/ 973).

7 Theophil Kozak: Rodbertus-Jagetzow's socialökonomische Ansichten, Jena 1882, Vorwort, S. [III].

8 Ebd., Vorwort, S. [III].

Zweitens, das Buch des in Wien lebenden Journalisten Moritz Wirth »Bismarck, Wagner, Rodbertus, drei deutsche Meister«, Leipzig 1883. Wirth wirkte unter anderem als Korrespondent des Londoner *Economist*.

Ein weiterer Protagonist von Rodbertus, der Ökonom und Publizist Rudolph Meyer, der mit Marx zwischen Mai 1879 und Februar 1882 und mit Engels seit Juni 1879 in brieflichem und bei gelegentlichen Aufenthalten in London auch persönlich in Kontakt stand,[9] rief sich am 1. Dezember 1883 nach längerer Schreibpause – er war in den USA und Kanada gewesen – mit einem Brief bei Engels in Erinnerung.[10] Nach Aussage von Engels in seinem Vorwort machte Meyer ihn aber erst 1884 mit seiner Ausgabe der »Briefe und Socialpolitischen Aufsätze« – unter diesem Titel hatte er 1881 die gesamte Sammlung der an ihn gerichteten Briefe von Rodbertus veröffentlichtet – bekannt.[11] Eine Ausnahme bildete der Brief Nr. 48, den Meyer während eines Besuchs bei Marx am 3. Juni 1879 dessen Tochter Eleanor geschenkt hatte und den Marx Engels gezeigt hatte.[12] Außerdem hatte Meyer 1874 das

9 Vgl. Izumi Omura/Valerij Fomičev/Rolf Hecker/Shunichi Kubo (Hrsg.): Familie Marx privat. Die Foto- und Fragebogen-Alben von Marx' Töchtern Laura und Jenny, Berlin 2005, S. 112 f.

10 Meyer an Engels, 1.12.1883 (RGASPI f. 1, op. 4, d. 199).

11 Vgl. MEGA², Bd. II/13, S. 10.

12 Rudolph Meyer schrieb über seinen Besuch bei Familie Marx und die Übergabe des Briefes von Rodbertus in einer Anmerkung folgendes: »Dieser Brief ist nämlich der einzige, welcher nicht im Original, sondern abschriftlich in die Druckerei ging, und diese Abschrift ist an sich eine große Merkwürdigkeit: Als ich i[m] J[ahr] 1879 in London war, wurde mein Besuch von den Herren Dr. Karl Marx und F. Engels und Lafargue, dem Gemahl von K. Marx's schöner und geistvoller Tochter, angenommen, obschon ich konservativer sei, aber ein ernster Arbeiter, der in seinen Werken mitgeteilt habe, was er für wahr hielt. Diese Anmerkung von Männern jener Partei, die nicht die meine ist, hat mich mehr erfreut, als es – der Schwarze Adlerorden getan haben würde, den ich für meine Arbeiten im Interesse der konservativen Sache und des monarchischen Systems noch immer nicht erhalten habe. Nun, ich werde ohne ihn zu leben versuchen. Im Kreise dieser Londoner Gelehrten, die seit Erlöschen der Internationale, beiläufig seit dem Haager Kongress, mit der sozialdemokratischen Agitation nichts mehr zu tun haben, verlebte ich Stunden, an welche die Erinnerung mir in diesem Leben nicht schwinden wird. Sie sind Gelehrte und vollkommene Gentlemen. Als ich von London Abschied nahm, schenkte ich der jüngsten Tochter des Herrn Dr. Marx das Original des obenstehenden Briefes, da sie dergleichen sammelt, gegen das Versprechen einer Abschrift. Diese Kopie hat nun Frau Dr. Marx, Schwester des verstorbenen preußischen Ministers von Westfalen und Schwägerin des bekannten katholischen geistvollen Publizisten v. Florencourt – zweier

Buch »Der Emancipationskampf des vierten Standes« publiziert, in dem er auf Rodbertus' Theorie einging und beim Vergleich mit Marx zu der Schlussfolgerung gelangte, dass dieser aus dessen Publikationen »nachweisbar [...] den größten Teil seiner Kritik geschöpft« hat.[13] In der zweiten Auflage dieser Schrift (1882) modifizierte er den Plagiatsvorwurf: »Aus diesen Publikationen hat vielleicht auch Marx einen Teil seiner Kritik geschöpft.«[14] Trotz des von Engels im Vorwort zitierten Vorwurfs Meyers aus der ersten Auflage[15] blieb er mit ihm in Kontakt. So übergab er ihm während eines Zwischenaufenthalts in London – auf dem weiteren Weg über Paris nach Kanada, wo Meyer eine Farm gründete – am 22. Dezember 1885 den zweiten Band des »Kapitals«.[16]

Die Auseinandersetzung mit dem Rodbertus-Kult in der *Neuen Zeit*

Dieser »Mythus von Rodbertus«[17] wurde von den genannten deutschen Nationalökonomen ausgelöst, die – nach Engels' Einschätzung – daraus politisches Kapital schlagen wollten:

> »Die Briefe mögen allerdings zum Rodb[bertus]-Kultus beigetragen haben. Das meiste tat der Wunsch bei Nichtkommunisten, einen ebenfalls nichtkommunistischen Rivalen neben Marx zu stellen, und die unwissenschaftliche Konfusion der Leute. Für alle die Leute, die an der staatssozialistischen Grenze unsrer Partei herumlungern, sympathische Reden vorführen, aber doch die Polizeiwidrigkeit vermeiden wollen, ist die Exzellenz Rodbertus ein gefunden Fressen.«[18]

Herren, die ich gleichfalls kennenzulernen den Vorzug hatte – selbst gemacht, und dabei mag sie wohl ein oder ein paar Worte übersehen haben.« (Rudolph Meyer: Briefe und Socialpolitische Aufsätze von Dr. Rodbertus-Jagetzow, 1. Bd., Berlin 1881, S. 112).

13 Rudolph Meyer: Der Emancipationskampf des vierten Standes, Berlin 1874, S. 43.

14 Ders.: Der Emancipationskampf des vierten Standes, 2.Aufl., Berlin 1882, S. 57.

15 Vgl. MEGA^2, Bd. II/13, S. 9.

16 Wolfgang Schröder: Rudolf Meyer und Friedrich Engels. Marginalien aus ihrem Briefwechsel, in: Jahrbuch für Forschungen zur Geschichte der Arbeiterbewegung III/2003, S. 55–62, hier S. 59.

17 Engels an Karl Kautsky, 16.2.1884, in: MEW, Bd. 36, S. 108.

18 Engels an Eduard Bernstein, 22.8.1884, in: ebd., S. 204.

Da der »›grauße Rodbertus‹ gegen Marx« ausgespielt und gleichzeitig durch Adolph Wagner und andere »Bismärcker« (Moritz Wirth) »zum Propheten des Strebersozialismus«[19] erhoben werden sollte, sah sich Engels herausgefordert, die sich nach Marx' Tod bietenden Gelegenheiten zu nutzen, ihn gegen diese Anfeindungen zu schützen und zugleich Marx' Leistungen bei der Entdeckung der Mehrwerttheorie umfassend zu würdigen. Dabei wollte er warten, bis die deutsche Ausgabe der »Misère« erscheinen konnte, und »dann dicke drauf (d. h. ich meine den Hauptangriff, Plänkeleien, um die Robertianer zum Feuern zu verlocken, sind immer gut)«.[20]

Die erste Gelegenheit der Auseinandersetzung mit »einer der frühesten Formen der bürgerlichen Marxkritik«[21] hatte sich Engels bei der Herausgabe der dritten deutschen Auflage des ersten Bandes des »Kapitals« (1883) geboten, als er eine von Marx gegenüber Rodbertus »wohlwollende« Fußnote (»die [Rodbertus' Schrift hat] trotz ihrer falscher Theorie von der Grundrente das Wesen der kapitalistischen Produktion durchschaut«) in Verbindung mit einem Zitat aus den 1881 von Meyer veröffentlichten »Briefen« mit den Worten einschränkte: »In solchen ideologischen Gemeinplätzen versanden die in der That kühnen Anläufe der R.'schen ›sozialen Briefe‹.«[22] Dass Engels diese Note »durch einen Zusatz [...] bedeutend qualifiziert« habe, meinte er auch Kautsky gegenüber.[23]

Engels hatte seine Strategie für beide abzufassende Vorworte zur »Misère« und zum zweiten Band des »Kapitals« bereits vorher dargelegt:

> »Ich werde nachweisen 1. daß wir 1850 nicht im Falle waren, von Herrn R[odbertus] irgend etwas zu lernen, 2. daß wir ihn gar nicht kannten, 3. daß seine großen Entdeckungen bereits 1848 Gemeinplätze waren, 4. daß seine spezifischen

19 Engels an Karl Kautsky, 23.5.1884, in: ebd., S. 149.

20 Engels an Eduard Bernstein, 11.4.1884, in: ebd., S. 135.

21 Günther Rudolph: Karl Rodbertus und die Grundrententheorie, Berlin 1984, S. 79.

22 Vgl. MEGA², Bd. II/5, S. 430, Fn. 17, ebenso in der zweiten Auflage, MEGA², Bd. II/6, S. 495; Engels in: MEGA², Bd. II/8, S. 503.

23 Engels an Karl Kautsky, 11.4.1884, in: MEW, Bd. 36, S. 134.

Heilmittel zur sozialistischen Kur bereits in der ›Misère‹ kritisiert sind, ehe R[odbertus] sie entdeckt hatte.«

Weiterhin machte er Kautsky darauf aufmerksam, dass in den »Theorien über den Mehrwert« eine »ausführliche, ziemlich ironische Kritik von M[arx]« existiere.[24]

Die fast parallele Vorbereitung beider Werke von Marx zum Druck führte dazu, dass Engels in seinen Briefen an Bernstein und Kautsky mehrfach auf Rodbertus zu sprechen kam. Mithilfe der beiden hatte sich Engels die anderen erschienenen Schriften von Rodbertus besorgt,[25] sodass er sich nicht allein auf den bekannten Brief Nr. 48 beziehen musste, auf den er bereits im Brief an Eduard Bernstein vom 22. Dezember 1883 angespielt hatte. Zugleich bereitete er neben dem »Hauptangriff« in seinen Vorworten »Plänkeleien«, mit denen Kautsky auftreten sollte, vor.

Er instruierte ihn am 23. Mai 1884 ganz im Stil eines Generals, der in die Schlacht zieht, ohne jedoch näher auf die inhaltlichen Gesichtspunkte der rodbertusschen Theorie einzugehen:

> »Meine Kritik des Rodb[ertus] wird sich übrigens in der Hauptsache ja bloß auf den Plagiatsvorwurf beschränken, und alles andre – seine sozialen Rettungsutopien, Grundrente, Bodenkreditgrundadelsschuldenentlastung etc. nur eben erwähnt werden. Du wirst also Stoff genug haben, diesen kleinen pommerschen Häuslerexploiteur, der vielleicht ein Ökonom 2ten Ranges geworden wäre, wenn er kein Pommer gewesen, gehörig zu vermöbeln. [...] Der Mann hat ökonomisch absolut nichts geleistet, er hatte viel Talent, blieb aber stets Dilettant [...].«[26]

Kautsky wollte zunächst mit der Ausarbeitung seiner Rodbertus-Kritik warten, bis Engels Vorrede zur »Misère« erschienen war.[27] Engels' Aufforderung ermunterte ihn jedoch – trotz

24 Engels an Karl Kautsky, 16.2.1884, in: ebd., S. 108.

25 Vgl. Engels an Karl Kautsky, 11.7.1884; 1.8.1884; 15.10.1884, in: ebd., S. 175, 190, 220.

26 Engels an Karl Kautsky, 23.5.1884, in: MEW, Bd. 36, S. 149.

27 Kautsky an Engels, 15.4.1884 in: Friedrich Engels: Briefwechsel mit Karl Kautsky, Wien 1955, S. 109.

seiner »wenig entwickelten Kompetenz«,[28] diese Aufgabe in Angriff zu nehmen. Er setzte seine Auseinandersetzung an dem von Kozak herausgegebenen »vierten socialen Brief« an, die – von Engels durchgesehen und mit ergänzenden Kommentaren zurückgesandt[29] – in der *Neuen Zeit* erschien.[30] Sie eröffnete eine Polemik zwischen Kautsky und Carl August Schramm, der als Redakteur des *Sozialdemokrat* seit 1879 in Zürich tätig war. Schramm verfasste eine Entgegnung, auf die Kautsky mit einer »Replik« reagierte. Letzterer übersandte vor der Veröffentlichung beide Manuskripte wiederum Engels zur Absicherung, bevor sie ebendort veröffentlicht wurden.[31]

Ganz im Sinne der erwähnten Hinweise von Engels bemühte sich Kautsky, das rodbertussche System und dessen sozialreformerische Utopien zu kritisieren. Während August Bebel den Aufsatz »bis auf einige Kleinigkeiten sehr gut« befand,[32] lehnte ihn Schramm als »oberflächlich und gedankenlos« ab,[33] woraus sich eine nicht an Sachfragen orientierte Replik Kautskys, sondern ein Abwehren und Vortragen persönlich motivierter Beschuldigungen ergaben. Engels hatte bei der Begutachtung der Manuskripte sofort erkannt, dass sich Kautsky mit »apodiktische[n] Behauptungen auf Gebieten« bewegte, auf denen er sich »selbst nicht sicher« war. Besonders betreffe dies die Methode der »Abstraktion«, deren Unterschiede bei Marx und Rodbertus er »zu sehr im allgemeinen heruntergerissen« habe. Weiter erläuterte Engels – wie nicht ein zweites Mal in seinen Briefen – den Unterschied von Materialismus und Idealismus.[34] Einen Teil dieser Hinweise von Engels übernahm Kautsky daraufhin in seine Replik.

28 Till Schelz-Brandenburg: Eduard Bernstein und Karl Kautsky. Entstehung und Wandlung des sozialdemokratischen Parteimarxismus im Spiegel ihrer Korrespondenz 1879 bis 1932, Köln 1992, S. 91.

29 Vgl. Engels an Karl Kautsky, 26.6.1884; 20.9.1884, in: MEW, Bd. 36, S. 167, 209 f.

30 Vgl. Neue Zeit 8/1884, S. 337–350; ebd. 9/1884, S. 385–402; vgl. MEGA², Bd. I/30.

31 S[chramm]: K. Kautsky und Rodbertus, in: Neue Zeit 11/1884, S. 481–493; Kautsky: Eine Replik, in: ebd., S. 494–505; vgl. MEGA², Bd. I/30.

32 Bebel an Kautsky, 13.9.1884, in: Karl Kautsky Jr. (Hrsg.): August Bebels Briefwechsel mit Karl Kautsky, Assen 1971, S. 18.

33 Neue Zeit 11/1884, S. 481.

34 Vgl. Engels an Karl Kautsky, 20.9.1884, in: MEW, Bd. 36., S. 209 ff.

Jedoch war damit die Angelegenheit nicht beendet, denn postwendend hatte Schramm eine Erwiderung eingesandt, deren Veröffentlichung durch Wilhelm Liebknecht gestoppt werden sollte.[35] Der war jedoch für die Aufnahme in der *Neuen Zeit*, sodass Kautsky nach einer Unterredung mit Johann Heinrich Dietz und August Bebel in Berlin die »Kraftprobe« mit Liebknecht wagte und die Veröffentlichung der schrammschen Duplik ablehnte.[36] Letztendlich kam es zur Veröffentlichung einer kurz gehaltenen »Antwort an Herrn K. Kautsky« von Schramm und einem »Schlußwort« von Kautsky.[37] Engels' Eingreifen in die sich abzeichnenden Debatten wurde also immer dringender.

Diese interne Auseinandersetzung zwischen Redaktion und Herausgebern der *Neuen Zeit* wurde von Schramm einige Jahre später öffentlich gemacht, indem er 1889 eine erweiterte Fassung seiner Gegenrede unter dem Titel »Rodbertus, Marx, Lassalle. Sozialwissenschaftliche Studie« herausgab und in seiner Vorrede die gesamten Umstände erläuterte, die zu diesem Verfahren geführt hatten, von dem er sich ausdrücklich distanzierte: »Mit einer Redaktion dieser Art will ich nichts mehr zu tun haben.«[38] Er warf Kautsky als Redakteur einer wissenschaftlichen Revue vor, dass er seine Charakteristik Rodbertus' beständig geändert habe: Zunächst sah er in ihm den

> »›philosophischen Idealisten‹; vier Wochen später meinte er, Rodbertus sei gar kein Sozialist, sondern ein ›konservativer Utopist‹ und jetzt hat er die allerneueste Entdeckung gemacht, Rodbertus ist doch Sozialist, aber ein ›Junkersozialist‹«.[39]

Engels seinerseits hatte sich auch schon vorher über unklare Formulierungen in der *Neuen Zeit* erregt, als etwa

35 Kautsky an W. Liebknecht, [vor dem 1.12.1884], in: Götz Langkau (Hrsg.): Wilhelm Liebknecht. Briefwechsel mit deutschen Sozialdemokraten, Bd. II, 1878–1884, Frankfurt a. M. 1988, S. 768 f.

36 Schelz-Brandenburg: Bernstein und Kautsky, S. 96.

37 Neue Zeit 5/1885, S. 218–224; ebd., 6/1885, S. 224–232.

38 Carl August Schramm: Rodbertus, Marx, Lassalle. Sozialwissenschaftliche Studie, München 1889, S. 9.

39 Ebd., S. 10.

in einer Rezension von Max Schippel von einer »Rodbertus-Marxschen-Theorie« die Rede war,[40] ohne dass Kautsky eine redaktionelle Anmerkung dazu ergänzte, in der zum Ausdruck hätte gebracht werden sollen, dass nicht nur Henry Mayers Hyndman sondern auch Rodbertus »mit ihrer Abschreiberei aus Ricardo auch gar nichts Ökonomisches anzufangen gewusst« haben, denn »erst Marx macht den Fortschritt und wirft die ganze alte Ökonomie um«.[41] Kautsky gab kleinlaut zu, er habe sich eine Redaktionsnote erspart, weil er hätte »Dinge behaupten müssen, die nur Du beweisen kannst, über das Verhältnis von Rodbertus und Marx zu ihren Vorgängern«.[42] Nachdem Engels Rodbertus' »Zur Erkenntniß …« von 1842 durchgesehen hatte, äußerte er gegenüber Kautsky darauf bezugnehmend anerkennend:

> »Das Buch von R[odbertus] ist in der Tat bei weitem das beste, was er geschrieben – Jugendarbeit nach guten und schlechten Seiten – Originalausgabe der spätern Verwässerungen – beweist, wie nah er der Sache war, hätte er sie verfolgt, statt auf Utopien auszugehn.«[43]

Alles in allem zeigte diese Art der Auseinandersetzung mit Rodbertus und dem Plagiatsvorwurf, wie sie in der *Neuen Zeit* geführt wurde und die sich ins Kleinliche verlor, kein inhaltliches Ergebnis.

Zur Geschichte der Bekanntschaft von Marx und Engels mit Rodbertus

Engels plante für die beiden Vorworte eine inhaltliche Trennung: »Im ›Kapital‹ muß ich würdevoll tun, in der Vorrede zur ›Misère‹ kann ich freier von der Leber weg sprechen.«[44] Am 23. Oktober 1884 sandte Engels seine Vorrede zum »Elend« an Kautsky mit der Bemerkung ab, dass er im zweiten Band »nochmals auf seine [Rodbertus'] Mehrwerts›entdeckungen‹«

40 Neue Zeit 7/1884, S. 330.
41 Engels an Karl Kautsky, 11.7.1884, in: MEW, Bd. 36, S. 175.
42 Kautsky an Engels, 16.7.1884, in: Engels: Briefwechsel, S. 134.
43 Engels an Karl Kautsky, 1.8.1884, in: MEW, Bd. 36, S. 190.
44 Engels an Karl Kautsky, 22.8.1884, in: ebd., S. 202.

losgehen werde.[45] In dieser Vorrede zum »Elend« wurde nicht nur der Prioritätsanspruch zurückgewiesen, sondern Engels erkannte auch Verdienste von Rodbertus an. So erwähnte er, dass die sozialistische Auswertung der ricardianischen Werttheorie 1842 durch Rodbertus »für einen Deutschen damals sicherlich ein bedeutender Schritt vorwärts« gewesen sei.[46] Ebenso bemerkte er, dass diese

> »sozialistische Nutzanwendung der Ricardoschen Theorie [...] in vielen Fällen zu Einsichten in den Ursprung und die Natur des Mehrwerts geführt [habe], die weit über Ricardo hinausgehen; so unter anderen bei Rodbertus«.[47]

Nachdem diese Vorrede als Separatdruck unter der Überschrift »Marx und Rodbertus« im ersten Heft der *Neuen Zeit* 1885 erschienen war,[48] übersandte Engels persönlich Exemplare an Rudolph Meyer und die Marx-Töchter Laura Lafargue und Eleanor Marx-Aveling.[49]

Im Vorwort zum zweiten Band des »Kapitals« rekapitulierte Engels zunächst die Geschichte seiner und Marx' Bekanntschaft mit Rodbertus. Danach begann sie, nachdem dessen Name seit seiner 14-tägigen Übernahme des Amtes eines preußischen Kultusministers im Juni 1848 bekannt geworden war. Damals kommentierten Marx und Engels dessen Aktivitäten in der *Neuen Rheinischen Zeitung*, unter anderem mit der Bemerkung: »Rodbertus, diese Äolsharfe des linken Zentrums, säuselt seine lindesten Töne.«[50]

Auf Rodbertus' 1851 veröffentlichten »Dritten Brief an v. Kirchmann« habe Marx erst Ferdinand Lassalle aufmerksam gemacht, wie Engels weiter im Vorwort berichtete. Seinerzeit bat Lassalle Marx dringend um die Rückgabe des entliehenen Buches,[51] sodass er sich veranlasst sah, dieser Schrift sich zuzuwenden. Marx hatte zunächst die Rodbertus-Kritik als Einzel-

45 Ebd., S. 226.
46 MEW, Bd. 21, S. 176.
47 Ebd., S. 178.
48 Neue Zeit, 1/1885, S. 1–10.
49 Engels an Karl Kautsky, 13.1.1885, in: MEW, Bd. 36, S. 270.
50 Neue Rheinische Zeitung, 4.7.1848.
51 Vgl. Lassalle an Marx, 9.6.1862, in: MEGA^2, Bd. III/12, S. 129.

heft parallel zu seinem geplanten Buch »Theorien über den Mehrwert« angelegt, entschloss sich aber dann, sie als Heft X in sein Manuskript einzugliedern und es fortlaufend zu paginieren. Bemerkungen über Rodbertus im Brief an Lassalle vom 16. Juni 1862 stehen im engen Zusammenhang mit Passagen in seinem Manuskript.[52] Auch Engels vermeldete Marx am 18. Juni, dass er nun mit der Grundrententheorie endlich im Reinen sei.[53] Gegenüber Lassalle bemerkte er in einer ersten Reaktion am 8. Mai 1861, dass in »Rodbertus' Schrift die Tendenz sehr anzuerkennen« sei.[54] Über ein Jahr später präzisierte er: »Es ist wirklich viel Gutes darin. Nur sein Versuch einer neuen Rententheorie ist beinahe kindisch, komisch.«[55] Im Heft X nimmt Marx' Kritik an Rodbertus fast 80 Handschriftenseiten ein.[56] Sie entwickelte sich von einer Kritik an Rodbertus zu einer grundsätzlichen Auseinandersetzung mit allen vorangegangenen Versuchen, eine Grundrententheorie zu begründen. Bezüglich Rodbertus kam Marx zu der Schlussfolgerung, dass dieser erstens von Smith auf »*Abwege*« gebracht worden sei, da jener den »›*ganzen* Werth des Products in Arbeitslohn, Grundrente und Kapitalgewinn‹ auflöst und damit das constante Capital vergißt, das auch einen Theil des Werths bildet«.[57] Und zweitens habe Rodbertus geirrt, »indem er *Theilung des Werths* und *Theilung des Products* identificirt. Das ›*Einkommengut*‹ hat direkt nichts zu schaffen mit dieser *Theilung des Werths* des Products.«[58] Engels hatte nach Marx' Tod dessen Manuskripte gesichtet, sortiert und sich zunächst mit dem zweiten Band des »Kapitals« beschäftigt. Das Vorwort zum zweiten Band gab Engels die Gelegenheit, um mit Marx' Worten aus diesem Abschnitt des Manuskripts die Mängel der rodbertusschen Auffassungen zur Grundrententheorie nachzuweisen.[59]

52 Vgl. Marx an Ferdinand Lassalle, 16.6.1862, in: MEW, Bd. 30, S. 627.
53 Vgl. Marx an Engels, 18.6.1862, in: ebd., S. 248.
54 Marx an Ferdinand Lassalle, 29.5.1861, in: ebd., S. 604.
55 Marx an Ferdinand Lassalle, 16.6.1862, in: ebd., S. 627.
56 Vgl. MEGA², Bd. II/3.3, S. 673–813.
57 Ebd., S. 802.
58 Ebd.
59 Vgl. MEGA², Bd. II/13, S. 11–17.

Bei der Niederschrift dieses nicht zum Druck bestimmten Manuskripts durch Marx – einer Vorarbeit für ein viertes Buch des »Kapitals« – kam es auch zu einzelnen Verbalattacken gegen Rodbertus, die Engels in seinem Vorwort nicht berücksichtigte. So werden darin abschätzig Rodbertus' Auffassungen als »Gutsbesitzererinnerungen« bzw. als »positiv falsch und pommersch gutsbesitzlich« bezeichnet und er selbst als »pommerscher Gutsbesitzer« bzw. »Bester Pommer!« tituliert.[60] Aus dem Londoner Exil hatte Marx möglicherweise nur unklare Vorstellungen über die uckermärkische Landschaft um Jagetzow. Rodbertus' Gutshaus mit seinen 500 Hektar Land, wo er sich 1836 niedergelassen hatte, nahm sich gegenüber den in der Nachbarschaft bestehenden großen Rittergütern eher bescheiden aus. Er galt als Sonderling und war dem »gelinden Spott seiner junkerlichen Nachbarn« ausgesetzt.

> »Was ist das aber [...] für ein seltsamer Grundbesitzer, der nahezu gleichzeitig den Lebensnerv des großen Grundeigentums, die absolute Grundrente, aus einem ›sich in Raub verlierenden Besitztitel‹, nämlich dem Bodenmonopol, ableitet und als unbezahlte Arbeit enthüllt?«[61]

Und schließlich verhieß er dem privaten Großgrundbesitz in einer bestimmten Weise einen zwar noch relativ fernen, aber doch schon voraussehbaren Untergang. Gleichwohl entsprangen auch die Bedingungen für eine literarische Tätigkeit den »nicht immer geeigneten Lebensverhältnissen des Gutsbesitzers und practischen Landwirths«.[62] Darüber hinaus war Rodbertus mit Minette Rodbertus, geborene von Prittwitz und Gaffron (1803–1879), verheiratet, die den Studien und sozialistischen Utopien ihres Mannes abwehrend gegenüberstand und dafür sorgte, dass sein Nachlass nicht geschlossen überliefert ist.[63] Auch die (angenommene) Tochter, die in das alte

60 MEGA², Bd. II/3.3, S. 804, 807 f.

61 Rudolph: Ökonomie, S. 93, 125.

62 Adolph Wagner: Einleitung und Berichterstattung, in: ders./Theophil Kozak: Zur Beleuchtung der socialen Frage, Berlin 1885, S. XXI.

63 Vgl. Moritz Wirth: Der drohende Untergang des Nachlasses von Rodbertus. Zur Beleuchtung der Herausgebertätigkeit der Herren Prof. Dr. Adolph Wagner und

pommersche Geschlecht der von der Osten eingeheiratet hatte, verhielt sich distanziert gegenüber dem Erbe ihres Vaters.

Engels war vor Marx' Tod aber noch in einem weiteren Zusammenhang Rodbertus »begegnet«, den er in diesem Vorwort nicht erwähnt. Die Kritik an den Einkommensarten und der Besitzrente sollte auch in Engels' »Anti-Dühring« – eine zunächst als Artikelfolge im *Vorwärts* 1877 bis 1878 erschienene Zusammenfassung des wissenschaftlichen Sozialismus, an der Marx mitarbeitete – eine bestimmte Rolle spielen. So fertigte Marx Auszüge aus Rodbertus »Zweitem socialen Brief« von 1850 an, die er Engels zur Verfügung stellte.[64] Der zitierte einen Satz in einer Fußnote, während er in einer weiteren Anmerkung einen Zusammenhang in der Erklärung von Krisen durch Unterkonsumtion herstellte, der von Sismondi über Rodbertus zu Dühring reicht.[65]

Die inhaltlichen Gesichtspunkte der Rodbertus-Kritik im Vorwort

Nachdem Engels in seinem Vorwort zum zweiten Band des »Kapitals« diesen Rückblick auf Marx' »Bekanntschaft« mit Rodbertus vorgenommen hatte, versuchte er, die Zurückweisung des Plagiatsvorwurfs mit der historischen Theorieentwicklung zu verbinden. Er leitete ihn damit ein, dass es ihm unverständlich sei, wie die englische Literatur in Deutschland unbekannt geblieben war, zumal Marx »schon in der ›Misère de la Philosopie‹ direkt darauf hingewiesen«[66] hatte. Er wollte zeigen, dass Rodbertus' »Einwände gegen M[arx] auf einer völligen Ignoranz der klassischen politischen Ökonomie beruhen«.[67] So sei Rodbertus »befangen in den ökonomischen Kategorien« und

Dr. Theophil Kozak. Leipzig 1884; Johann Karl Rodbertus: Gesammelte Werke und Briefe, zusammengestellt auf Grund früherer Ausgaben und mit Einleitung sowie Bibliographie versehen von Thilo Ramm. Bd. 1, Osnabrück 1972, S. XI. Über die genauen Familienverhältnisse wurde im Rahmen dieser Studie nicht geforscht.

64 MEGA², Bd. I/27, S. 215–216.

65 Ebd., S. 404, 449.

66 MEGA², Bd. II/13, S. 16.

67 Engels an Pjotr Lawrowitsch Lawrow, 12.2.1885, in: MEW, Bd. 36, S. 283.

er »tauft den Mehrwert mit dem Namen seiner verwandelten Unterformen«,[68] allerdings war 1851, als Rodbertus' »Dritter Brief« erschien, weder die marxsche Terminologie Allgemeingut, noch verstand Rodbertus unter seiner »Theorie der Rente überhaupt« eine verwandelte Unterform des Mehrwerts, sondern es habe sich eher um »eine Vorform der Mehrwerttheorie« gehandelt.[69]

Aus jenen Rodbertus gewidmeten Seiten des marxschen Manuskripts von 1861–1863 zitierte Engels nur eine einleitende Passage,[70] um dann mithilfe der marxschen Kritik an Adam Smith, einer anonym erschienenen Schrift von 1821 und William Thompson zu zeigen, dass Rodbertus nicht über jene hinausgekommen sei, während Marx' Werttheorie »wie ein Blitz aus heitrem Himmel eingeschlagen« habe:

> »Marx' Mehrwerth dagegen ist die allgemeine Form der ohne Aequivalent von den Eignern der Produktionsmittel angeeigneten Werthsumme, die sich nach ganz eigenthümlichen, erst von Marx entdeckten Gesetzen in die besondren, verwandelten Formen von Profit und Bodenrente spaltet. Diese Gesetze werden entwickelt in Buch III, wo sich erst zeigen wird, wie viele Mittelglieder nöthig sind, um vom Verständniß des Mehrwerths im allgemeinen zum Verständniß seiner Verwandlung in Profit und Grundrente, also zum Verständniß der Gesetze der Vertheilung des Mehrwerths innerhalb der Kapitalistenklasse zu kommen.«[71]

Das war der Punkt, den Marx an Rodbertus kritisierte hatte, nämlich dass jener die »pommerschen« mit den »englischen« Produktionsverhältnissen identifiziert und nicht erkannt habe, dass der kapitalistische Farmer in den Boden investiert, um *»landesüblichen Profit«* zu erwirtschaften und nicht bereit ist, lediglich Zinsen zu zahlen.[72]

68 MEGA², Bd. II/13, S. 15.
69 Rudolph: Rodbertus, S. 84.
70 Vgl. MEGA², Bd. II/13, S. 11; MEGA², Bd. II/3.3, S. 673.
71 MEGA², Bd. II/13, S. 13.
72 MEGA², Bd. II/3.3, S. 808 f.

Zur Rezeption des Vorworts

Als Danielson bei der Übersetzung des Vorworts ins Russische den zweiten Teil des Vorworts verkürzen wollte, um die Zensur nicht herauszufordern, schlug Engels zwar vor, den ganzen Teil wegzulassen, gab jedoch zu bedenken:

> »Als eine Darlegung der Stellung, welcher der Autor [Marx] in der Geschichte der ökonomischen Wissenschaft einnimmt, ist sie viel zu unvollständig, wenn das alles nicht gerechtfertigt wäre durch die besonderen Umstände, unter denen sie geschrieben wurde, nämlich durch die Angriffe der Rodbertus-Clique. Diese Clique ist in Deutschland außerordentlich einflußreich, macht viel Lärm, und man wird ohne Zweifel auch in Rußland bald von ihr hören. Es ist so billig und bequem, die ganze Angelegenheit mit der Behauptung, unser Autor habe R[odbertus] einfach kopiert, abzutun, daß es sicher überall, wo man unseren Autor liest und diskutiert, nachgeplappert wird.«[73]

Und noch Monate später konnte sich Engels darüber erregen, wenn Rodbertus mit Marx gleichgestellt wurde, selbst bei einer solch banalen Angelegenheit, als ihm Max Quark mitgeteilt hatte, dass er »›Das Kapital‹ damit ehre, indem er es in seiner Bibliothek *neben die Werke des großen Rodbertus* stelle!«[74] Fast ein Jahr verging, ehe Engels zu der Einschätzung gelangte, dass das »Rodbertus-Schreckgespenst« »weit ernster [war], und wir haben es schon so restlos zerschlagen, daß es inzwischen völlig vergessen ist«.[75]

Engels' Vorwort wurde von Adolph Wagner in seiner Einleitung mit der Bemerkung rezipiert, dass ihn die »neuere Polemik [...] nicht überzeugt« hat. Er ging jedoch davon aus, dass solche Prioritätsstreitigkeiten müßig seien und es selbstverständlich unstrittig sei, dass Ricardo den Ausgangspunkt für die sozialistische Wertlehre bildete.

> »Marx gegenüber scheint mir nun auch *nur die Priorität gewisser Gedankengänge* für Rodbertus zu vindizieren zu

73 Engels an Nikolai Franzewitsch Danielson, 8.8.1885, in: MEW, Bd. 36, S. 351.

74 Engels an Laura Lafargue, 17.1.1886, in: ebd., S. 421.

75 Engels an Laura Lafargue, 2.11.1886, in: ebd., S. 565.

sein, nicht aber unbedingt die *alleinige Originalität* der Lehren, auf welche Letztere Marx sehr wohl unabhängig gekommen *sein kann.*«[76]

Wagner lehnte sowohl die Auffassungen von Rodbertus wie die von Marx ab.

76 Wagner: Einleitung, S. XXVII, XXIX.

Anhang

Editorische Bemerkungen

Die Texte – mit Ausnahme der Zitate von Karl Marx und Friedrich Engels – wurden der neuen Rechtschreibung angepasst; die Fußnoten wurden zum Teil aktualisiert, vor allem wurden Verweise hinsichtlich der MEGA² angepasst. Außerdem wurden einige neue Fußnoten eingefügt, um auf den aktuellen Forschungsstand hinzuweisen, oder in eckigen Klammern Ergänzungen vorgenommen. Weiterhin wurde der Text in einigen Beiträgen gekürzt, um Wiederholungen zu vermeiden, wobei die neueren Versionen bevorzugt wurden. Russisch wurde in der Regel transliteriert.

Die in diesem Band versammelten Texte wurden zuerst veröffentlicht in:

Die Entstehungs-, Überlieferungs- und Editionsgeschichte der ökonomischen Manuskripte und des »Kapitals«, in: Elmar Altvater/Rolf Hecker/Michael Heinrich/Petra Schaper-Rinkel: Kapital.doc. Das Kapital (Bd. I) von Marx in Schaubildern mit Kommentaren (mit CD-Rom), Münster 1999, S. 221–238.

Zu einigen Forschungs- und Editionsfragen des ersten Bandes des »Kapitals« in der II. Abteilung der MEGA (mit Jürgen Jungnickel und Eike Kopf), in: PROKLA 84/1991, S. 496–510.

Das Marx-Engels-Problem bei der Edition des zweiten Bandes, in: Sitzungsberichte der Leibniz-Sozietät der Wissenschaften zu Berlin, Band 93, Jahrgang 2007, S. 117–127, 130/131.

Rjazanovs Editionsprinzipien der ersten MEGA, in: Rolf Hecker/Richard Sperl/Carl-Erich Vollgraf (Hrsg.): David Borisovič Rjazanov und die erste MEGA (Beiträge zur Marx-Engels-Forschung. Neue Folge, Sonderband 1), Hamburg 1997, S. 7–27.

Das Kabinett für Politische Ökonomie im Moskauer Marx-Engels-Institut (1920er-Jahre) (mit Jakov G. Rokitjanski), in: Rolf Hecker/Richard Sperl/Carl-Erich Vollgraf (Hrsg.): Isaak Il'jič Rubin. Marxforscher – Ökonom – Verbannter (1886–1937) (Beiträge zur Marx-Engels-Forschung. Neue Folge, Sonderband 4), Hamburg 2012, S. 167–181.

Zur Geschichte des Sechsten Kapitels »Resultate des unmittelbaren Produktionsprozesses« (1933), in: Karl Marx: Das Kapital 1.1. Die Zusammenfassung des ersten Bandes des »Kapitals«, verfasst vom Autor, Berlin 2009, S. 7–14.

Die Erstveröffentlichung des marxschen ökonomischen Manuskripts von 1857/58 als »Grundrisse der Kritik der politischen Ökonomie« (1939/41), in: Rolf Hecker/Richard Sperl/Carl-Erich Vollgraf (Hrsg.): Stalinismus und das Ende der ersten Marx-Engels-Gesamtausgabe (1931–1941) (Beiträge zur Marx-Engels-Forschung. Neue Folge, Sonderband 3), Hamburg 2001, S. 252–267.

Die Herausgabe der »Theorien über den Mehrwert« (1956/1962), in: Rolf Hecker/Richard Sperl/Carl-Erich Vollgraf (Hrsg.): Die Marx-Engels-Werkausgaben in der UdSSR und DDR (1945–1968) (Beiträge zur Marx-Engels-Forschung. Neue Folge, Sonderband 5), Hamburg 2006, S. 21–26.

Zur Entwicklung der Werttheorie von der 1. zur 3. Auflage des ersten Bandes des »Kapitals« (1867–1883), in: Marx-Engels-Jahrbuch 10/1987, S. 146–196.

Der Begriff der einfachen Warenproduktion. Ursprüngliche Fassung für das Historisch-kritische Wörterbuch des Marxismus, Bd. 3, Hamburg 1997 – Originalfassung unter: www.marxforschung.de.

Einfache Warenproduktion oder einfache Warenzirkulation – zur Debatte um die Ausgangskategorie des »Kapitals«, in: Berliner Verein zur Förderung der MEGA-Edition e. V. (Hrsg.): In memoriam Wolfgang Jahn: Der ganze Marx – alles Verfasste veröffentlichen, erforschen und den «ungeschriebenen« Marx rekonstruieren (Wissenschaftliche Mitteilungen 1), Hamburg 2002, S. 81–91.

Wie kam der erste Band beim Leser an?, in: Karl Marx 1818–1883: Leben. Werk. Zeit. Große Landesausstellung 2018 in Trier, Darmstadt 2018, S. 285–289.

Die Debatte um den zweiten Band, in: Sitzungsberichte der Leibniz-Sozietät der Wissenschaften zu Berlin, Band 93, Jahrgang 2007, S. 127–130.

Zu Borkheims Marginalien im »Kapital«-Widmungsexemplar von Marx, in: Rolf Hecker/Richard Sperl/Carl-Erich Vollgraf (Hrsg.): Neue Aspekte von Marx' Kapitalismus-Kritik (Beiträge zur Marx-Engels-Forschung. Neue Folge, 2004), Hamburg 2006, S. 175–184.

Carlo Cafieros Interpretation von Marx' »Le Capital« (mit Roberto Fineschi), in: Rolf Hecker/Richard Sperl/Carl-Erich Vollgraf (Hrsg.): Marx-Engels-Edition und biographische Forschung (Beiträge zur Marx-Engels-Forschung. Neue Folge, 2000), Hamburg 2000, S. 114–124.

Nikolaj F. Danielson und die russische »Kapital«-Übersetzung, in: Rolf Hecker/Richard Sperl/Carl-Erich Vollgraf (Hrsg.): Marx und Russland (Beiträge zur Marx-Engels-Forschung. Neue Folge, 2012), Hamburg 2014, S. 135–147.

Ein »wackerer Kampfgenosse« – Ferdinand Domela Nieuwenhuis. Marx' Marginalien in »Kapitaal en Arbeid«, in: Rolf Hecker/Richard Sperl/Carl-Erich Vollgraf (Hrsg.): Neue Texte. Neue Fragen. Zur »Kapital«-Edition in der MEGA (Beiträge zur Marx-Engels-Forschung, Neue Folge 2001), Hamburg 2002, S. 251–262.

Johann Mosts Popularisierung des »Kapitals«, in: Internationale wissenschaftliche Korrespondenz zur Geschichte der Arbeiterbewegung [IWK] 1–2/2005, S. 115–125.

Engels' Kritik am Rodbertus-Mythos im Vorwort zum zweiten Band des »Kapitals«, in: Rolf Hecker/Richard Sperl/Carl-Erich Vollgraf (Hrsg.): Das Spätwerk von Friedrich Engels. Zur Edition in der Marx-Engels-Gesamtausgabe (Beiträge zur Marx-Engels-Forschung. Neue Folge 2008), Hamburg 2008, S. 176–189.

Literatur

Abalkin, L. I.: O metode issledovanija i metode izloženija [Über die Forschungs- und Darstellungsmethode], in: Ekonomičeskie nauki 3/1976, S. 21–32.

Adler, Georg: Rodbertus, der Begründer des wissenschaftlichen Sozialismus, Leipzig 1884.

Adoratskij, V. V.: Rabota Marksa nad ›Kapitalom‹ [Die Arbeit von Marx am ›Kapital‹], in: Proletarskaja revoljucija 9/1938.

Adoratskij, V. V.: Izbrannye proizvedenija [Ausgewählte Werke], Moskau 1961.

Afanasjev, V.: Velikoe otkrytie Karla Marksa. Metodologičeskaja rol' učenija o dvojstvennom charaktere truda [Die große Entdeckung von Karl Marx. Die methodologische Bedeutung der Lehre vom Doppelcharakter der Arbeit], Moskva 1980.

AG Marx-Engels-Forschung: Defizite im Marxschen Werk. Materialien der 5. Sitzung der AG Marx-Engels-Forschung beim IMSF, 1991, in: IMSF (Hrsg.): Marx-Engels-Forschung heute 4: Defizite im Marxschen Werk (IMSF Forschung und Diskussion 9), Frankfurt a. M. 1992.

Aleksandr Feliksovi Kon an Vladimir Viktorovič Adoratskij über Marx' unveröffentlichte ökonomische Manuskripte, November 1938, in: Hecker, Rolf/Sperl, Richard/Vollgraf, Carl-Erich (Hrsg.): Stalinismus und das Ende der ersten Marx-Engels-Gesamtausgabe (1931–1941) (Beiträge zur Marx-Engels-Forschung. Neue Folge, Sonderband 3), Hamburg 2001, S. 307–311.

Altmann, Eva: Zur logischen und historischen Methode in Marx' »Kapital«, in: DZfPh 10/1980, S. 1197–1206.

Altvater, Elmar: Karl Marx aus der Verformung retten und vor der Verbannung bewahren, in: Frankfurter Rundschau, 27.2.1991.

Antonova, I. K.: Razrabotka Marksom struktury I toma »Kapitala« (1857–1867 gg) [Die Ausarbeitung der Struktur des ersten Bandes des »Kapitals« durch Marx], in: Očerki po istorii »Kapitala« K. Marksa [Abrisse zur Geschichte des »Kapitals« von Karl Marx], Moskva 1983, S. 172–205.

Antonowa, Irina: Der Platz des Sechsten Kapitels »Resultate des unmittelbaren Produktionsprozesses« in der Struktur des »Kapitals«, in: Beiträge zur Marx-Engels-Forschung 11, 1982, S. 63–72.

Antonowa, Irina/Schwarz, Winfried/Tschepurenko, Alexander: Der dritte »Kapital«-Entwurf von 1863–1865, in: Internationale Marx-Engels-Forschung: Marxistische Studien. Jahrbuch des IMSF 7, Frankfurt a. M. 1984, S. 394–409.

Aržanov, M. A.: Voprosy proischoždenija i razvitija form sobstvennosti v novoj rukopisi K. Marksa [Fragen der Entstehung und Entwicklung von Eigentumsformen in einem neuen Manuskript von K. Marx], in: Sovetskoe gosudarstvo i pravo 5/1939, S. 89–96.

Aržanova, Elena: Die Kabinette im Marx-Engels-Institut unter Leitung von Rjazanov und Adoratskij und ihr Nutzen für die erste und zweite MEGA, in: Hecker, Rolf/Sperl, Richard/Vollgraf, Carl-Erich (Hrsg.): Marx-Engels-Edition und biographische Forschung (Beiträge zur Marx-Engels-Forschung. Neue Folge, 2000), Hamburg 2000, S. 57–79.

Avtobiografija i dokumenty [Autobiografie und Dokumente], in: Kniga pamjati. O sotrudnikach Instituta Marksa-Engel'sa-Leninina pri CK VKP(b), pogibčich v bojach za rodinu 1941–1945 [Erinnerungsbuch über die Mitarbeiter des Marx-Engels-Lenin-Instituts, gefallen in den Kämpfen für die Heimat 1941–1945], Moskau 1991, S. 32–43.

Bach, I. A./Golman, L. I./Kunina, W. E. (Hrsg.): Die Erste Internationale 1870–1876, Teil 2, Moskau 1981.

Backhaus, Hans-Georg: Materialien zur Rekonstruktion der Marxschen Werttheorie 3, in: Gesellschaft. Beiträge zur Marxschen Theorie II, Frankfurt a. M. 1978, S. 16–117.

Backhaus, Hans-Georg: Elementare Mängel in der traditionellen Rezeption der Marxschen Formanalyse, in: Internationale Marx-Engels-Forschung: Marxistische Studien. Jahrbuch des IMSF 13, Frankfurt a. M. 1987, S. 402–414.

Backhaus, Hans-Georg/Reichelt, Helmut: Der politisch-ideologische Grundcharakter der Marx-Engels-Gesamtausgabe: Eine Kritik der Editionsrichtlinien der IMES, in: MEGA-Studien 2/1994, S. 101–118.

Bagaturia, G. A./Vygodskij, V. S.: Ekonomičeskoe nasledie Karla Marksa. Istorija, soderžanie, metodologija [Das ökonomische Erbe von Karl Marx. Geschichte, Inhalt, Methodologie], Moskva 1976.

Bahne, Siegfried: Zur Geschichte der ersten Marx/Engels-Gesamtausgabe, in: Arbeiterbewegung und Geschichte (Schriften aus dem Karl-Marx-Haus Trier, Heft 29), Trier 1983, S. 146–165.

Bebel, August/Bernstein, Eduard (Hrsg.): Der Briefwechsel zwischen Friedrich Engels und Karl Marx, Bd. I–IV, Stuttgart 1913.

Becker, Werner: Zur Kritik der Marxschen Wertlehre und ihrer Dialektik, in: Kritischer Rationalismus und Sozialdemokratie, Berlin/Bonn/Bad Godesberg 1975, S. 201–221.

Behrens, Dieter: Ein Kommentar zum MEGA²-Band II/4.2, in: Hecker, Rolf/Sperl, Richard/Vollgraf, Carl-Erich (Hrsg.): Engels' Druckfassung versus Marx' Manuskripte zum III. Buch des »Kapital« (Beiträge zur Marx-Engels-Forschung. Neue Folge, 1995), Hamburg 1995, S. 5–26.

Benary, Arne/Graul, Hannelore: Zur Entstehung der ökonomischen Lehre von Karl Marx, in: Wirtschaftswissenschaft 3/1954, S. 320–334.

Boccara, Paul: Studien über »Das Kapital«, Frankfurt a. M. 1982.

Böhm-Bawerk, Eugen v.: Zum Abschluß des Marxschen Systems, in: Staatswissenschaftliche Arbeiten, Berlin 1896.

Boldyrew, Igor: Wie und wann entstand das 1. Kapitel der Erstausgabe des »Kapitals« (1867)?, in: Beiträge zur Marx-Engels-Forschung 27, 1989, S. 157–165.

Boldyrew, Igor: [Rezension zu:] Karl Marx/Friedrich Engels: Gesamtausgabe (MEGA). Zweite Abteilung. »Das Kapital« und Vorarbeiten. Band 4 – Karl Marx: Ökonomische Manuskripte 1863–1867. Teil 1, Berlin 1988, in: Marx-Engels-Jahrbuch 13, 1991, S. 340–344.

Bondi, Gerhard: Zur Herausgabe des IV. Bandes des »Kapitals« [»Theorien über den Mehrwert«] in russischer Sprache, in: Wirtschaftswissenschaft 1/1956, S. 129–141.

Borkenau, Franz: Marx-Engels-Gesamtausgabe (1927), in: Archiv für die Geschichte des Sozialismus und der Arbeiterbewegung 14/1929, hrsg. von Carl Grünberg, S. 458–489.

Börsenblatt für den deutschen Buchhandel und die mit ihm verwandten Geschäftszweige (Leipzig), 15.12.1883, S. 5802.

Bortkiewicz, Ladislaus v.: Wertrechnung und Preisrechnung im Marxschen System. Erster Artikel, in: Archiv für Sozialwissenschaft und Sozialpolitik, Bd. 23, Tübingen 1906.

Bravo, Gian Mario: Einhundert Jahre Marx-Rezeption in Italien. Triviale Deutungen, überwundene Standpunkte, schöpferische Neuansätze, in: Gerhard Kuck (Hrsg.): Karl Marx, Friedrich Engels und Italien, Teil 2: Die Entwicklung des Marxismus in Italien: Wege, Verbreitung, Besonderheiten. Vorträge (Schriften aus dem Karl-Marx-Haus Trier 40/2), Trier 1989, S. 21–44.

Bravo, Gian Mario: Marx ed Engels in Italia, Rom 1992.

Cafiero, Carlo: Il Capitale di Carlo Marx. Brevemente compendiato da Carlo Cafiero. Libro primo. Sviluppo della produzione capitalista. Milano 1879.

Čepurenko, A. Ju.: Izloženie voprosa o forme stoimosti v brošjure I. Mosta »Kapital i trud« pod redakciej K. Marksa [Die Darstellung der Wertformfrage in der Broschüre von J. Most »Kapital und Arbeit« unter der Redaktion von Marx], in: K 160-letiju so dnja roždenija Karla Marksa [Zum 160. Geburtstag von Karl Marx], Moskva 1978, S. 33–53.

Chesin, N. V.: Voprosy teorii tovara i stoimosti v »Kapitale« K. Marksa [Fragen der Waren- und Werttheorie im »Kapital« von Marx], Moskva 1964.

Chesin, N. V.: Nekotorye metodologičeskie voprosy »Kapitala« K. Marksa [Einige methodologische Fragen des »Kapitals« von Marx], in: Ekonomičeskie nauki 8/1976, S. 18–32.

Czóbel, Ernst: Rjazanov als Marx-Forscher, in: Unter dem Banner des Marxismus 3/1930, S. 401–414.

Czóbel, Ernst: Stand und Perspektiven der Herausgabe der MEGA (März/April 1931), in: Hecker, Rolf/Sperl, Richard/Vollgraf, Carl-Erich (Hrsg.): David Borisovič Rjazanov und die erste MEGA (Beiträge zur Marx-Engels-Forschung. Neue Folge, Sonderband 1), Hamburg 1997, S. 132.

Dangelmayr, Siegfried: Ware, Mehrarbeit, Gesamtarbeit im ersten Buch des »Kapital«, in: Zeitschrift für philosophische Forschung 3/1982, S. 391–409.

Der Briefwechsel zwischen Marx und Engels 1844–1853, in: Unter dem Banner des Marxismus 1/1930.

Deville, Gabriel: Le Capital de Karl Marx resume et accompagne d'un aperçu sur le socialisme scientifique, Paris 1883.

Dlubek, Rolf: Traditionen der Marx/Engels-Forschung der DDR. Die Herausgabe und Verbreitung der Werke von Marx und Engels durch die KPD und die sowjetische Marx/Engels-Forschung in der Weimarer Republik, in: Beiträge zur Geschichte der Marx/Engels-Forschung und -Edition in der Sowjetunion und der DDR, Berlin 1978, S. 46–58.

Dlubek, Rolf: Die Entstehung der zweiten Marx-Engels-Gesamtausgabe im Spannungsfeld von legitimatorischem Auftrag und editorischer Sorgfalt, in: MEGA-Studien 1/1994, S. 60–106.

Dlubek, Rolf: Ein Fund aus den journalistischen Anfängen von Sigismund Ludwig Borkheim: Der »Rummeltipuff!« (Genf 1849/1850), in: Helle Panke (Hrsg.): Vom mühseligen Suchen und glückhaften Finden. Rückblicke und Erlebnisse von Marx-Engels-Forschern und Historikern der Arbeiterbewegung (Pankower Vorträge 55), Berlin 2003, S. 35–44.

Dlubek, Rolf/Skambraks, Hannes: »Das Kapital« von Karl Marx in der deutschen Arbeiterbewegung (1867 bis 1878), Berlin 1967.

Domela Nieuwenhuis, Ferdinand: Kapital und Arbeit. Eine gedrängte Darstellung der Marx'schen Lehre, übersetzt v. C. Derossi, New York 1887.

Dühring, Eugen: Marx: Das Kapital. Kritik der politischen Ökonomie, Bd. 1, Hamburg 1867, in: Ergänzungsblätter zur Kenntnis der Gegenwart, Bd. 3, Heft 3, Hildburghausen 1867, S. 182–186.

Eckert, Rainer: Eine kleine Kostbarkeit [Rezension], in: Marxistische Blätter 6/1985, S. 134–135.

Engels, Friedrich: Zum Tode von Karl Marx. II, in: Der Sozialdemokrat, 17.5.1883.

Engels, Friedrich: Briefwechsel mit Karl Kautsky, Wien 1955.

Erklärung Rjazanovs zur Tätigkeit von Rubin im Marx-Engels-Institut, in: Hecker, Rolf/Sperl, Richard/Vollgraf, Carl-Erich (Hrsg.): David Borisovič Rjazanov und die erste MEGA (Beiträge zur Marx-Engels-Forschung. Neue Folge, Sonderband 1), Hamburg 1997, S. 234–244.

Ermakova, A. V.: O logičeskom i istoričeskom pri analize formy stoimosti tovara v »Kapitale« K. Marksa [Über Logisches und Historisches in der Wertformanalyse im »Kapital« von K. Marx], in: Filosovskie nauki 2/1977, S. 30–47.

Fogarasi, A.: O novom izdanii rukopisej Marksa [Über eine neue Ausgabe der Manuskripte von Marx], in: Mirovoe chozjajstvo i mirovaja ekonomika 10/1940, S. 13–20.

Fröhlich, Golda: Über die Liquidation des Marx-Engels-Verlags (1934), in: Hecker, Rolf/Sperl, Richard/Vollgraf, Carl-Erich (Hrsg.): Quellen und Grenzen von Marx' Wissenschaftsverständnis (Beiträge zur Marx-Engels-Forschung. Neue Folge, 1994), Hamburg 1994, S. 190–199.

Galander, Ulrike: Zur Genese des Marxschen Verständnisses der Dialektik von Logischem und Historischem in der Entwicklung seiner politischen Ökonomie. Dissertation B, Martin-Luther-Universität Halle-Wittenberg, Halle 1984.

Galander, Ulrike: Bemerkungen zur Einheit von Logischem und Historischem als methodologisches Prinzip bei der Präzisierung der Darstellung im »Kapital« durch Marx, in: Beiträge zur Marx-Engels-Forschung 16, 1984, S. 161–166.

Galander, Ulrike: Zu Aspekten der Beziehung von Logischem und Historischem in der Entwicklung der Marxschen politischen Ökonomie, in: DZfPh 1/1986, S. 76–81.

Gemkow, Heinrich: Sigismund Ludwig Borkheim. Vom königlich-preußischen Kanonier zum Russland-Experten an der Seite von Marx und Engels (Berliner Verein zur Förderung der MEGA-Edition e. V., Wissenschaftliche Mitteilungen 2), Hamburg 2003.

Gemkow, Heinrich/Hecker, Rolf: Unbekannte Dokumente über Marx' Sohn Frederick Demuth, in: Beiträge zur Geschichte der Arbeiterbewegung 4/1994, S. 43–59.

Gemkow, Heinrich/Malysch, Alexander u. a.: Ihre Namen leben durch die Jahrhunderte fort. Kondolenzen und Nekrologe zum Tode von Karl Marx und Friedrich Engels, Berlin 1983.

Gesammelte Schriften von Karl Marx und Friedrich Engels 1852–1862. Hrsg. von David Rjazanov, Bd. I–II, Stuttgart 1917.

Glybovskij, J. I.: Forma stoimosti v pervom izdanii »Kapitala« K. Marksa [Die Wertform in der Erstausgabe des »Kapitals« von Marx], in: Vestnik Belorusskogo gosudarstvennogo universiteta, Serie III, 2/1977, S. 55–59.

Glybovskij, J. I.: Problema ischodnogo punkta sistemy kategorij političeskoj ekonomii v »Kapitale« K. Marksa [Das Problem des Ausgangspunktes des Systems der Kategorien der politischen Ökonomie im »Kapital« von Marx], Dissertation, Minsk 1979.

Göhler, Gerhard: Die Reduktion der Dialektik durch Marx. Strukturveränderungen der dialektischen Entwicklung der Kritik der politischen Ökonomie, Stuttgart 1980.

Griese, Anneliese/Pawelzig, Gerd: Friedrich Engels' »Dialektik der Natur«: eine vergleichende Studie zur Editionsgeschichte, in: MEGA-Studien 1/1995, S. 33–60.

Grin, C. I.: Perevodčik i izdatel' »Kapitala«. Očerk žizni i dejatel'nosti Nikolaja Franceviča Daniel'sona [Der Übersetzer und Herausgeber des »Kapitals«. Abriss des Lebens und der Tätigkeit von Nikolaja Franceviča Daniel'son], Moskva 1985.

Harstick, Hans-Peter: Zum Schicksal der Marxschen Privatbibliothek, in: International Review of Social History 2/1973, S. 203–222.

Haug, Wolfgang Fritz: Vorlesungen zur Einführung ins Kapital, Köln 1976.

Haug, Wolfgang Fritz: Die Camera obscura der Ideologie, Berlin 1984.

Haug, Wolfgang Fritz: Marx, Karl und Friedrich Engels: Gesamtausgabe (MEGA) [Rezension], in: Das Argument 145, 1984, S. 452–456.

Haug, Wolfgang Fritz: Vorlesungen zur Einführung ins Kapital, 5., überarb. u. erg. Aufl., Berlin/Hamburg 1989.

Hayasaka, Keizo: Oscar Eisengarten – Eine Lebensskizze. Sein Beitrag zur Redaktion von Band II des Kapital, in: Hecker, Rolf/Sperl, Richard/Vollgraf, Carl-Erich (Hrsg.): Neue Texte, neue Fragen. Zur Kapital-Edition in der MEGA (Beiträge zur Marx-Engels-Forschung. Neue Folge, 2001), Hamburg 2002, S. 83–110.

Hecker, Rolf: Einige Probleme der Wertformanalyse in der Erstausgabe des »Kapitals« von Karl Marx, in: Arbeitsblätter zur Marx-Engels-Forschung 8, 1979, S. 76–94.

Hecker, Rolf: Einige Probleme der Entwicklung der Werttheorie, in: Wolfgang Jahn u. a.: Der zweite Entwurf des »Kapitals«. Analysen. Aspekte. Argumente, Berlin 1983, S. 78–97.

Hecker, Rolf: Johann Most. Kapital und Arbeit. Frankfurt a. M. 1985 (Rezension), in: Beiträge zur Geschichte der Arbeiterbewegung 4/1986, S. 560–561.

Hecker, Rolf: Zur Entwicklung der Werttheorie von der 1. zur 3. Auflage des ersten Bandes des »Kapitals« von Karl Marx (1867–1883), in: Marx-Engels-Jahrbuch 10, 1987, S. 147–196.

Hecker, Rolf: Hans Stein – wissenschaftlicher Mitarbeiter und Korrespondent des Moskauer Marx-Engels-Instituts (1925–1929). Teil I, in: ders./Sperl, Richard/Vollgraf, Carl-Erich (Hrsg.): Marx-Engels-Forschung im historischen Spannungsfeld (Beiträge zur Marx-Engels-Forschung. Neue Folge, 1993), Hamburg 1993, S. 17–40.

Hecker, Rolf: Hans Stein – wissenschaftlicher Mitarbeiter und Korrespondent des Moskauer Marx-Engels-Instituts (1925–1929). Teil II, in: ders./Sperl, Richard/Vollgraf, Carl-Erich (Hrsg.): Quellen und Grenzen von Marx' Wissenschaftsverständnis (Beiträge zur Marx-Engels-Forschung. Neue Folge, 1994), Hamburg 1994, S. 150–173.

Hecker, Rolf: Die Verhandlungen über den Marx-Engels-Nachlaß 1935/36. Bisher unbekannte Dokumente aus Moskauer Archiven, in: MEGA-Studien 2/1995, S. 3–25.

Hecker, Rolf: Zum 150. Geburtstag von Johann Most – Ein »Feuerkopf« in der deutschen Sozialdemokratie. In Fehde mit der Parteispitze, in: Neues Deutschland, 10./12.2.1996.

Hecker, Rolf: Marx/Engels-Dokumente dem »IMEL zugeführt«. Zur Requirierungsaktion des Moskauer Marx-Engels-Lenin-Instituts 1945/46, in: Beiträge zur Geschichte der Arbeiterbewegung 3/1997, S. 68–81.

Hecker, Rolf: Internationale Marx/Engels-Forschung und Edition. Ein Literaturbericht, in: Z. Zeitschrift Marxistische Erneuerung 33, 1998, S. 8–25.

Hecker, Rolf: Erfolgreiche Kooperation: Das Frankfurter Institut für Sozialforschung und das Moskauer Marx-Engels-Institut, in: ders./Richard Sperl/Carl-Erich Vollgraf (Hrsg.): Erfolgreiche Kooperation: Das Frankfurter Institut für Sozialforschung und das Moskauer Marx-Engels-Institut (1924–1928) (Beiträge zur Marx-Engels-Forschung. Neue Folge, Sonderband 2), Hamburg 2000, S. 8–118.

Hecker, Rolf: Fortsetzung und Ende der ersten MEGA zwischen Nationalsozialismus und Stalinismus (1931–1941), in: ders./Sperl, Richard/Vollgraf, Carl-Erich (Hrsg.): Stalinismus und das Ende der ersten Marx-Engels-Gesamtausgabe (1931–1941) (Beiträge zur Marx-Engels-Forschung. Neue Folge, Sonderband 3), Hamburg 2001, S. 181–269.

Hecker, Rolf: Einfache Warenproduktion oder einfache Warenzirkulation – die Debatte um die Ausgangskategorie des »Kapital« (Berliner Verein zur Förderung der MEGA-Edtion e. V, Wissenschaftliche Mitteilungen 1), Hamburg 2002, S. 81–91.

Hecker, Rolf: Zu Borkheims Marginalien im »Kapital«-Widmungsexemplar von Marx, in: ders./Sperl, Richard/Vollgraf, Carl-Erich (Hrsg.): Neue Aspekte von Marx' Kapitalismus-Kritik (Beiträge zur Marx-Engels-Forschung. Neue Folge, 2004), Hamburg 2006, S. 175–184.

Hecker, Rolf/Arnold, Franziska: Paul Weller (Pavel Veller) und seine Jugendfreunde in Berlin (1913–1924). Zur Biografie des »Grundrisse«-Editors, in: Hecker, Rolf/Sperl, Richard/Vollgraf, Carl-Ernst (Hrsg.): Zum Wirken von Marx und Engels und zur Editionsgeschichte ihrer Werke (Beiträge zur Marx-Engels-Forschung. Neue Folge, 2011), Hamburg 2011, S. 9–34.

Hecker, Rolf/Hoppe, Gisela: Als »Feuerkopf« von der Polizei gefürchtet. Johann Most – ein leidenschaftlicher Kampfgefährte von Bebel und Liebknecht und ein fesselnder Agitator, in: Berliner Zeitung, 24.3.1988.

Hecker, Rolf/Jungnickel, Jürgen/Kopf, Eike: Zu einigen Forschungs- und Editionsproblemen des ersten Bandes des »Kapitals« in der MEGA, in: PROKLA 84, 1991, S. 496–510.

Hecker, Rolf/Klapperstück, Edgar/Kopf, Eike: Zur Herausgabe der dritten deutschen Auflage des ersten Bandes des »Kapitals« im MEGA-Band II/8, in: Beiträge zur Marx-Engels-Forschung 17, 1984, S. 76–88.

Hecker, Rolf/Limmroth, Angelika: Jenny Marx. Die Briefe, Berlin 2014.

Hecker, Rolf/Miskevič, Larisa/Schöncke, Manfred: »Das Kapital« mit Widmungen von Marx und Engels. Ergänzungen und Korrekturen, in: Hecker, Rolf/Sperl, Richard/Vollgraf, Carl-Erich (Hrsg.): Klassen –Revolution – Demokratie. Zum 150. Jahrestag der Erstveröffentlichung von Marx' »Der 18. Brumaire des Louis Bonaparte« (Beiträge zur Marx-Engels-Forschung. Neue Folge, 2002), Hamburg 2003, S. 263–277.

Hecker, Rolf/Sperl, Richard/Vollgraf, Carl-Erich (Hrsg.): Quellen und Grenzen von Marx' Wissenschaftsverständnis (Beiträge zur Marx-Engels-Forschung. Neue Folge, 1994), Hamburg 1994.

Hecker, Rolf/Sperl, Richard/Vollgraf, Carl-Erich (Hrsg.): Erfolgreiche Kooperation: Das Frankfurter Institut für Sozialforschung und das Moskauer Marx-Engels-Institut (1924–1928) (Beiträge zur Marx-Engels-Forschung. Neue Folge, Sonderband 2), Hamburg 2000.

Hecker, Rolf/Tschepurenko, Alexander: Die Marxsche Werttheorie – Hauptgegenstand der Angriffe der bürgerlichen »Marxologie« auf ökonomischem Gebiet, in: Marx-Engels-Jahrbuch 8, 1985, S. 103–129.

Hegel, Georg Wilhelm Friedrich: Wissenschaft der Logik. Teil 2, Berlin 1976.

Heinrich, Michael: Die Wissenschaft vom Wert. Die Marxsche Kritik der politischen Ökonomie zwischen wissenschaftlicher Revolution und klassischer Tradition, Hamburg 1991.

Heinrich, Michael: Edition und Interpretation. Zu dem Artikel von Hans-Georg Backhaus und Helmut Reichelt, MEGA-Studien 2/1995, S. 111–121.

Heinrich, Michael: Engels' Edition of the Third Volume of «Capital« and Marx's Original Manuscript, in: Science & Society 4/1996, S. 452–466.

Heinrich, Michael: Kritik der politischen Ökonomie. Eine Einführung, 6. Aufl., Stuttgart 2008.

Heinrich, Michael: Wie das Marxsche »Kapital« lesen? Leseanleitung und Kommentar zum Anfang des »Kapitals«, Stuttgart 2008.

Helle Panke (Hrsg.): Marx und Engels neu gelesen. Zugänge, Analysen und Kritiken zu Werk und Wirkung, Berlin 1993.

Hoffmann, Ernst: Die Anfänge sozialistischer Presse- und Verlagstätigkeit in Chemnitz. Karl Marx als Mitarbeiter einer in Chemnitz erschienenen Schrift zur Popularisierung seines wissenschaftlichen Hauptwerkes »Das Kapital«, in: Regionalgeschichtliche Beiträge aus dem Bezirk Karl-Marx-Stadt 3, 1981, S. 30–36.

Holz, Hans Heinz: Vom vermeintlichen Untergang und der wundersamen Rettung der Philosophie durch Wolfgang Fritz Haug, in: Marxismus – Ideologie – Politik: Krise des Marxismus oder Krise des »Arguments«?, Frankfurt a.M. 1984, S. 28–53.

Huarte, J.: Una lectura critica de »El Capital«, Madrid 1981.

Hues, Helga: Die Veränderungen der Mehrwert- und Akkumulationstheorie von der zweiten zur dritten deutschen Auflage des ersten Bandes des »Kapitals«. Dissertation A, Pädagogische Hochschule Erfurt/Mühlhausen, Erfurt 1986.

Hundt, Martin: Gedanken zur bisherigen Geschichte der MEGA, in: Hecker, Rolf/Sperl, Richard/Vollgraf, Carl-Erich (Hrsg.): Zur Kritik und Geschichte der MEGA (Beiträge zur Marx-Engels-Forschung. Neue Folge, 1992), Hamburg 1992, S. 56–66.

Hunink, Maria: De Papieren van de Revolutie, Amsterdam 1986.

Iljenkow, E. W.: Die Dialektik des Abstrakten und Konkreten im »Kapital« von Karl Marx, Berlin 1979.

IMSF (Hrsg.): Editionsrichtlinien der MEGA², Berlin 1993.

Internationaal Instituut voor Sociale Geschiedenis Amsterdam (IISG): Marx-Engels-Studien, Akte 559/9 (Entwurf).

Itoh, M.: Value and crises, New York/London 1980.

Iz archiva gruppy »Osvoboždenie truda«, vyp. 1, Perepiska 1883–1897gg. [Aus dem Archiv der Gruppe »Befreiung der Arbeit«, Teil 1, Briefwechsel 1883–1897], Moskva 2009.

Iz neopublikovannych rukopisej K. Marksa [Aus unveröffentlichten Manuskripten von K. Marx], in: Proletarskaja revoljucija 3/1939, S. 149–186.

Iz perepiski russkich učennych i obščectvennych dejatelej po povodu izdanija »Kapitala« v Rossii (1879–1896) [Aus dem Briefwechsel russischer Wissenschaftler und öffentlicher Persönlichkeiten über die Herausgabe des »Kapitals« in Russland], in: Očerki po istorii »Kapitala« K. Marksa [Abrisse zur Geschichte des »Kapitals« von Karl Marx], Moskva 1983, S. 361–365.

Jahn, Wolfgang: Werden die »Theorien über den Mehrwert« zu Recht als der 4. Band des »Kapital« von Marx betrachtet?, in: Arbeitsblätter zur Marx-Engels-Forschung 1/1976, S. 55–63.

Jahn, Wolfgang: Die Entwicklung der Ausgangskategorie der politischen Ökonomie des Kapitalismus in den Vorarbeiten zu Marx' »Kapital«, in: ... unsrer Partei einen Sieg erringen. Studien zur Entstehungs- und Wirkungsgeschichte des »Kapitals« von Karl Marx, Berlin 1978, S. 66–79.

Jahn, Wolfgang: Einführung in Marx' Werk »Das Kapital«. Erster Band, Berlin 1983.

Jahn, Wolfgang/Noske, Dieter: Zu einigen Aspekten der Entwicklung der Marxschen Forschungsmethode der politischen Ökonomie in den Londoner Heften (1850–1853), in: Marx-Engels-Jahrbuch 6, 1983, S. 121–147.

Jahn, Wolfgang u. a. (Hrsg.): Der zweite Entwurf des »Kapitals«. Analysen. Aspekte. Argumente, Berlin 1983.

Jauch, Liane/Hedtke, Ulrich: Zur »kapitallogischen« Deutung des »Kapitals«, in: Wissenschaftliche Zeitschrift der Humboldt-Universität zu Berlin, Ges.-Sprachw. R. XXVIII, 6, 1979, S. 741–743.

Judkin, A. I.: Metod issledovanija sistemy prouzvodstvennych otnošenij v »Kapitala« K. Marksa [Die Untersuchungsmethode des Systems der Produktionsverhältnisse im »Kapital« von Marx], Moskva 1985.

Jungnickel, Jürgen: Zur Veränderung der Gliederung von der 1. zur 2. deutschen Auflage des ersten Bandes des »Kapitals«, in: Beiträge zur Marx-Engels-Forschung 16, 1984, S. 140–147.

Jungnickel, Jürgen: Einige Bemerkungen zur Bewertung der Theorieentwicklung in den Druckfassungen des ersten Bandes des »Kapitals«, in: Beiträge zur Marx-Engels-Forschung 27, 1989, S. 141–148.

Jungnickel, Jürgen/Sander, Christel: Zur Veröffentlichung des Manuskripts 1861–1863 (der zweite Entwurf des »Kapitals«) in der MEGA, in: Wirtschaftswissenschaft 1/1983, S. 1–14.

K. Marks, F. Engel's i revoljucionnaja Rossija [K. Marx, F. Engels und das revolutionäre Russland], Moskva 1967.

Kak gotovilos' naučnoe izdanie »Teorij pribavočnoj stoimosti« K. Marksa [Wie die wissenschaftliche Ausgabe der »Theorien über den Mehrwert« ediert wurde], in: Voprosy istorii KPSS 7/1963.

Kappe, Jürgen/Präßler, Jürgen: Wert und Funktion des Geldes im Sozialismus, in: Wirtschaftswissenschaft 11/1983, S. 1714–1717.

Karl Marks i carskaja cenzura [Karl Marks und die zarische Zensur], in: Krasnyj archiv I (56), Moskva 1933, S. 10.

Kautsky, Benedikt: Die Werke von Marx und Engels, in: Die Gesellschaft 2/1928, S. 174–180.

Kautsky, Benedikt: Die Marx-Engels-Gesamtausgabe, in: Die Gesellschaft 9/1930, S. 260–270.

Kautsky, Benedikt: Die Marx-Engels-Gesamtausgabe, in: Die Gesellschaft 5/1931, S. 456–463.

Kautsky, Karl Jr. (Hrsg.): August Bebels Briefwechsel mit Karl Kautsky, Assen 1971.

Kautsky, Karl: »Das ›Kapital‹ von Rodbertus«, in: Neue Zeit 8/1884, S. 337–350.

Kautsky, Karl: »Eine Replik«, in: Neue Zeit 11/1884, S. 494–505.

Kautsky, Karl: »Das Elend der Philosophie« und »Das Kapital«, in: Neue Zeit 1/1886, S. 7–19; ebd. 2/1886, S. 49–58; ebd. 3/1886, S. 117–129; ebd. 4/1886, S. 157–165.

Kautsky, Karl: Karl Marx's Oekonomische Lehren, Stuttgart 1887.

Kautsky, Karl: Vorwort zur Volksausgabe, in: Karl Marx: Das Kapital. Kritik der politischen Oekonomie, Volksausgabe, Bd. 2, Buch 2, Berlin 1926.

Kautsky, Karl: Zur Geschichte des Marxschen Programmbriefes von 1875, in: Die Gesellschaft 5/1932, S. 429–444.

Kiehnbaum, Erhard: Fifty-fifty oder »brüderlich«? Wie weiter mit der MEGA?, in: Marxistische Blätter 6/1995, S. 70–74.

Kittsteiner, Hans-Dieter: »Logisch« und «historisch«. Über Differenzen des Marxschen und Engelsschen Systems der Wissenschaft«, in: Internationale wissenschaftliche Korrespondenz zur Geschichte der deutschen Arbeiterbewegung 13/1977, S. 1–47.

Kogan, A. M.: V tvorčeskoj laboratorii Karla Marksa [Im schöpferischen Laboratorium von Marx], Moskva 1983.

Kopf, Eike: Bemerkungen zur Frage: Existierte eine 3. Rohentwurfvariante des ersten Bandes des »Kapitals« von Karl Marx?, in: Beiträge zur Marx-Engels-Forschung 11/1982, S. 73–80.

Kopf, Eike: Die Vorbereitungsarbeiten zur Veröffentlichung des »Kapitals« in der ersten MEGA, in: Beiträge zur Marx-Engels-Forschung 14, 1983, S. 79–97.

Kopf, Eike: Frühe Polemiken gegen »Das Kapital«. Zur Kritik am Hauptwerk von Karl Marx im 19. Jahrhundert sowie Anmerkungen zur materialistischen Geschichtsauffassung, Köln 2013.

Kotova, Svetlana Michajlovna/Vladimirov, Lev Nikolaevič: Die Gründung des Marx-Engels-Museums in Moskau durch Rjazanov, in: Hecker, Rolf/Sperl, Richard/Vollgraf, Carl-Erich (Hrsg.): David Borisovic Rjazanov und die erste MEGA (Beiträge zur Marx-Engels-Forschung. Neue Folge, Sonderband 1), Hamburg 1997, S. 28–32.

Kozak, Theophil: Rodbertus-Jagetzow's socialökonomische Ansichten, Jena 1882.

Krömke, Claus: Marx' »Kapital« – theoretische Grundlage für umfassende Intensivierung, in: Einheit 6/1985, S. 501–507.

Kuck, Gerhard (Hrsg.): Karl Marx, Friedrich Engels und Italien, Teil 1: Paolo Favilli: Herausgabe und Verbreitung der Werke von Karl Marx und Friedrich Engels in Italien. Katalog und Auswahlbibliographie (Schriften aus dem Karl-Marx-Haus Trier, Heft 40/1), Trier 1988.

Külow, Volker/Jaroslawski, André (Hrsg.): David Rjasanow – Marx-Engels-Forscher, Humanist, Dissident, Berlin 1993.

Kurs političeskoj ekonomii [Lehrbuch Politische Ökonomie], Moskva 1911.

Lange, Ernst Michael: Das Prinzip der Arbeit. Drei metakritische Kapitel über Grundbegriffe, Struktur und Darstellung der »Kritik der Politischen Ökonomie« von Karl Marx, Frankfurt a.M./Berlin/Wien 1980.

Lange, Friedrich Albert: Die Arbeiterfrage. Ihre Bedeutung für Gegenwart und Zukunft, Winterthur 1870.

Langkau, Götz: Marx-Gesamtausgabe – dringendes Parteiinteresse oder dekorativer Zweck? Ein Wiener Editionsplan zum 30. Todestag, Briefe und Briefauszüge, in: International Review of Social History 1/1983, S. 104–142.

Langkau, Götz (Hrsg.): Wilhelm Liebknecht. Briefwechsel mit deutschen Sozialdemokraten, Bd. II, 1878–1884, Frankfurt a. M. 1988.

Lehr, Julius: K. Marx, Das Kapital, Kritik der politischen Ökonomie, in: Vierteljahrschrift für Volkswirtschaft, Politik und Kulturgeschichte, Bd. XC. des XXIII. Jahrgangs, II. Bd., Berlin 1886, S. 1–38, 97–123, Bd. XCI. des XXIII. Jahrgangs, III. Bd., Berlin 1886, S. 34–60.

Lemmnitz, Alfred: Die Entstehung der ökonomischen Lehre von Karl Marx, in: Wirtschaftswissenschaft 2/1953, S. 114–136.

Lemmnitz, Alfred: Zu einigen theoretischen und praktischen Fragen der Warenproduktion und des Geldes im Sozialismus, in: Wirtschaftswissenschaft 12/1981, S. 1423–1436.

Lenin, W. I.: Werke, Berlin 1955 ff.

Lenin, W. I.: Briefe, Bd. VII, Berlin 1967.

Leont'ev, A.: K novym materialam Marksa po teorii krizisov [Zu den neuen Materialien von Marx zur Krisentheorie], in: K. Marks: Iz podgotovitel'nych rabot k »K kritike političeskoj ekonomii, Moskau 1933, S. 112–166.

Leont'ev, A.: Iz neopublikovannych rukopisej K. Marksa [Aus unveröffentlichten Manuskripten von K. Marx], in: Bol'ševik 11–12/1939, S. 61–68.

Lexis, Wilhelm: Die Marx'sche Kapitaltheorie, in: Jahrbücher für Nationalökonomie und Statistik. Neue Folge, 11. Bd., Jena 1885, S. 452–465.

Lietz, Barbara: Zur Bedeutung der Vorarbeiten zur 2. deutschen Auflage vom ersten Band des »Kapitals« für die Marx-Engels-Forschung, in: Beiträge zur Marx-Engels-Forschung 16, 1984, S. 155–160.

Lietz, Barbara: Die »Ergänzungen und Veränderungen zum ersten Band des ›Kapitals‹ (Dezember 1871 – Januar 1872)« von Karl Marx, in: Internationale Marx-Engels-Forschung: Marxistische Studien. Jahrbuch des IMSF 12, Frankfurt a. M. 1987, S. 214–219.

Lippi, M.: Ancora su valore e costo reale in Marx, in: Rivista internazianale di scienze economiche e commerciali 7/8, 1985, S. 635–659.

Literaturnoje nasledstvo K. Marksa i F. Engel'sa. Istorija publikacii i izučenija v SSSR [Literarischer Nachlass von K. Marx und F. Engels. Geschichte der Publikation und der Forschung in der UdSSR], Moskva 1969.

Löw, Konrad: Der Mythos Marx und seine Macher. Wie aus Geschichten Geschichte wird, München 1996.

Malyš, A. I.: Formirovanie marksistskoj političeskoj ekonomii [Die Herausbildung der marxistischen politischen Ökonomie], Moskva 1966.

Malysch, Alexander: Die Herausbildung der marxistischen politischen Ökonomie in den vierziger Jahren des 19. Jahrhunderts, in: Marx-Engels-Jahrbuch 6, 1983, S. 67–120.

Mandel, Ernst: Kontroversen um »Das Kapital«, Berlin 1991.

Marks, K.: Iz podgotovitel'nych rabot k »K kritike političeskoj ekonomii [Aus den vorbereitenden Arbeiten von ›Zur Kritik‹], in: K pjatidesjatiletiju smerti K. Marksa 1883–1933 [Zum 50. Todestag von K. Marx 1883–1933], Moskva 1933.

Marx, Karl: Theorien über den Mehrwert. Aus dem nachgelassenen Manuskript »Zur Kritik der politischen Ökonomie«, hrsg. von Karl Kautsky, Bd. I–III, Stuttgart 1905–1910.

Marx, Karl: Das Kapital. Erster Band. Volksausgabe, hrsg. von Karl Kautsky, Stuttgart 1914.

Marx, Karl: Das Kapital, Zweiter Band, Volksausgabe, hrsg. von Karl Kautsky, Stuttgart 1926.

Marx, Karl: Das Kapital, Dritter Band, Volksausgabe, hrsg. von Karl und Benedikt Kautsky, Stuttgart 1929.

Marx, Karl: Das Kapital, Erster Band, Moskau 1932.

Marx, Karl: Das Kapital, Dritter Band, Moskau 1933.

Marx, Karl: Erstes Buch. Der Produktionsprozess des Kapitals. Sechstes Kapitel, in: Archiv Marksa i Engel'sa [Marx-Engels-Archiv], Bd. II (VII), bearbeitet von P. Veller, H. Fröhlich und M. Grinbaum mit einem Vorwort von A. Leont'ev, Moskva 1933, S. 3–229.

Marx, Karl: Grundrisse der Kritik der politischen Ökonomie (Rohentwurf) 1857–1858, Moskau 1939,

Marx, Karl: Grundrisse der Kritik der politischen Ökonomie, Anhang, Moskau 1941.

Marx, Karl: Kapital 1.1. Die Zusammenfassung des ersten Bandes des »Kapitals«, verfasst vom Autor, mit einem Vorwort von Rolf Hecker, Berlin 2009.

Marx, Karl/Engels, Friedrich: Gesammelte Schriften von Karl Marx und Friedrich Engels 1852–1862, hrsg. von David Rjazanov, Bd. I–II, Stuttgart 1917.

Karl Marx/Friedrich Engels: Gesamtausgabe [MEGA], Frankfurt a. M./Berlin/ Moskau 1927 ff.

Marx, Karl/Engels, Friedrich: Werke [MEW], Berlin 1956 ff.

Marx, Karl/Engels, Friedrich: La Corrispondenza con italiani, 1848–1895, hrsg. von Guiseppe del Bo, Milano 1964.

Marx, Karl/Engels, Friedrich: Gesamtausgabe [MEGA²], Berlin 1975 ff.

Marx, Karl/Engels, Friedrich: Marginalien. Probestücke, Berlin 1983.

Marx-Engels-Institut: Wissenschaftliche Auskunfts-Abteilung, Bulletin 1/1928.

Marx-Engels-Institut: Wissenschaftliche Auskunfts-Abteilung, Bulletin 8/1929, Beilage VI: Marx-Engels-Biochronik.

Marx-Engels-Lenin-Institut Moskau (Hrsg.): Karl Marx. Chronik seines Lebens in Einzeldaten, Moskau 1934.

Mayer, Gustav: Historisch-kritische Gesamtausgabe. Bd. I.1. Karl Marx Werke und Schriften bis Anfang 1844 nebst Briefen und Dokumenten [Rezension], in: Historische Zeitschrift 2/1929, S. 331–336.

Mayer, Paul: Die Geschichte des sozialdemokratischen Parteiarchivs und das Schicksal des Marx-Engels-Nachlasses, in: Archiv für Sozialgeschichte 6–7/1967, S. 5–198.

Mehring, Franz (Hrsg.): Aus dem literarischen Nachlass von Karl Marx, Friedrich Engels und Ferdinand Lassalle, Bd. I–IV, Stuttgart 1902.

Merkel, Renate: Neues zur Entstehungsgeschichte des »Anti-Dühring«. Ergebnisse der MEGA-Forschung, in: Beiträge zur Geschichte der Arbeiterbewegung 6/1985, S. 779–788.

Meyer, Rudolph: Der Emancipationskampf des vierten Standes, Berlin 1874.

Meyer, Rudolph: Briefe und Socialpolitische Aufsätze von Dr. Rodbertus-Jagetzow, 1. Bd., Berlin 1881.

Meyer, Rudolph: Der Emancipationskampf des vierten Standes, 2.Aufl., Berlin 1882.

Miskevič, A./Čepurenko A.: »Kapital« Marksa na russkom jazyke [»Das Kapital« von Marx in russischer Sprache], in: Kommunist 15/1982, S. 26–37.

Miskevič, Larisa: Zur Überlieferungsgeschichte ökonomischer Manuskripte von Marx in Moskau, in: Marx-Engels-Jahrbuch 2012/2013, Berlin 2013, S. 7–21.

Miskewitsch, M./Ternowski, L./Tschepurenko, A./Wygodski. W.: Zur Periodisierung der Arbeit von Karl Marx am »Kapital« in den Jahren 1863 bis 1867, in: Marx-Engels-Jahrbuch 5/1982, S. 294–322.

Mittag, Günter: Die ökonomische Lehre von Karl Marx und die ökonomische Strategie unserer Partei, in: Einheit 3–4/1983, S. 242–251.

Mittag, Günter: Mit höchsten Leistungen den XI. Parteitag vorbereiten, in: Einheit 6/1985, S. 494–496.

Möller, Inge: Bemerkungen zu einigen Büchern aus der Handbibliothek von Marx und Engels, in: Beiträge zur Geschichte der Arbeiterbewegung 1, Berlin 1959, S. 158–169.

Most, Johann: Dokumente eines sozialdemokratischen Agitators in 4 Bänden, hrsg. von Volker Szmula, Grafenau 1988–1992.

Most, John: Marxereien, Eseleien & der sanfte Heinrich«, hrsg. von Heiner Becker, Wetzlar 1985.

Müller, Manfred: Auf dem Wege zum »Kapital«. Zur Entwicklung des Kapitalbegriffs von Marx in den Jahren 1857–1863, Berlin 1978.

Müller, Manfred: Über die Stellung des Manuskripts »Zur Kritik der politischen Ökonomie« (1861–1863) im ökonomischen Nachlaß von Karl Marx, in: Marx-Engels-Jahrbuch 6, 1983, S. 173–210.

Neelsen, Karl/Mueller-Bülow, Klaus: Ware und Geld, Berlin 1973.

Nettlau, Max: Geschichte der Anarchie, hrsg. in Zusammenarbeit mit dem IISG Amsterdam, Bd. V: Anarchisten und Syndikalisten, Teil 1, Vaduz 1984.

Niji, Yoshihiro: Hegels Theorie vom Urteil und Marx' Theorie von der Wertform, in: Hannan Ronshu 2/1983, S. 1–25.

Niji, Yoshihiro: Formgehalt, Forminhalt, in: Historisch-kritisches Wörterbuch des Marxismus, Bd. 4, Hamburg 1999, Sp. 687–691.

Nunez Tenorio, J. R.: Problamas del metodo de lo economia politica, Caracas 1985.

Nureev, R.: K voprosu o meste tovarnogo fetišisma v teorii stoimosti K. Marksa [Zur Frage über den Platz des Warenfetischismus in der Werttheorie von K. Marx], in: Ekonomičeskie nauki 2/1985, S. 18–23.

Nutzinger, Hans-Georg/Wolfstetter, Elmar: Gesamteinleitung, in: Die Marxsche Theorie und ihre Kritik I. Eine Textsammlung zur Kritik der Politischen Ökonomie, Frankfurt a. M. 1974, S. 3–27.

O podgotovke naučnogo izdanija »Teorij pribavočnoj stoimosti« K. Marksa [Über die Vorbereitung einer wissenschaftlichen Ausgabe der »Theorien über den Mehrwert«], in: Voprosy ekonomiki 9/1950.

Oguro, Masao: Zur theoretischen Bedeutung der »Wertform« im »Kapital« von Karl Marx, in: Arbeitsblätter zur Marx-Engels-Forschung 18, 1986, S. 23–47.

Ollman, Bertell: »Some Questions for Critics of Engels' Edition of *Capital*«, in: Hecker, Rolf/Sperl, Richard/Vollgraf, Carl-Erich (Hrsg.): Engels' Druckfassung versus Marx' Manuskripte zum III. Buch des »Kapital« (Beiträge zur Marx-Engels-Forschung. Neue Folge, 1995), Hamburg 1995, S. 58–59.

Omura, Izumi: Zum Abschluß der Veröffentlichung der verschiedenen Ausgaben des »Kapitals« in der MEGA²: von der 3. deutschen Auflage, der »Auflage letzter Hand von Marx« (1984), zur 3. Auflage, »die dem letzten Willen des Autors zu einem bestimmten Grad entspricht« (1991), in: MEGA-Studien 2/1994, S. 56–67.

Omura, Izumi/Fomičev, Valerij/Hecker, Rolf/Kubo, Shunichi (Hrsg.): Familie Marx privat. Die Foto- und Fragebogen-Alben von Marx' Töchtern Laura und Jenny, Berlin 2005.

Orzech, Ze'ev/Groll, Shalom: Stages in the development of a Marxian concept: the composition of capital, in: History of Political Economy 1/1989, S. 57–76.

Otto, Axel/Bischoff, Joachim u. a.: Grundsätze der politischen Ökonomie. Der zweite Entwurf des »Kapitals« (MEGA), Hamburg 1984.

P. P.: Einige Briefe von Dr. Rodbertus an J. Z., in: Zeitschrift für die gesamte Staatswissenschaft, Bd. 35, 2/1879, S. 217–233.

Paragenings, Heinz: Das ökonomische Grundgesetz des Kapitalismus, in: Wirtschaftswissenschaft 2/1956, S. 262–271.

Paul, Hans-Holger: Marx, Engels und die Imperialismustheorie der II. Internationale, Hamburg 1978.

Pilič-Rakič, Vera: Einfluß und Bedeutung des Erscheinens des ersten Bandes von Marx' »Kapital« auf dem Boden des heutigen Jugoslawiens, in: Beiträge zur Marx-Engels-Forschung 28, 1989, S. 81–88.

Političeskaja ekonomija. Encyklopedija 1 [Politische Ökonomie, Enzyklopädie, Bd. 1], Moskva 1972.

Političeskaja ekonomija. Lekcii [Politische Ökonomie. Vorlesungen], Moskva 1892.

Politische Ökonomie des Kapitalismus und Sozialismus, Berlin 1974.

Politische Ökonomie des Kapitalismus. Lehrbuch, Berlin 1980.

Protokoll der Sitzung zur Überprüfung der Mitarbeiter des MEI vom 4. März 1931, in: Hecker, Rolf/Sperl, Richard/Vollgraf, Carl-Erich (Hrsg.): Stalinismus und das Ende der ersten Marx-Engels-Gesamtausgabe (1931–1941) (Beiträge zur Marx-Engels-Forschung. Neue Folge, Sonderband 3), Hamburg 2001, S. 27–78.

Quaas, Georg: Zum Verhältnis von Wert und Preis aus mathematischer Sicht, in: Wirtschaftswissenschaft 11/1984, S. 1649–1658.

Rabehl, Bernd: Über den Marxisten und Marxismusforscher Rjazanov, in: David Rjazanov: Marx und Engels nicht nur für Anfänger, Berlin 1973, S. 181–190.

Reichelt, Helmut: Zur logischen Struktur des Kapitalbegriffs bei Karl Marx, Frankfurt a. M. 1970.

Reichelt, Helmut: Warum hat Marx seine dialektische Methode versteckt?, in: Hecker, Rolf/Sperl, Richard/Vollgraf, Carl-Erich (Hrsg.): Geschichte und materialistische Geschichtstheorie bei Marx (Beiträge zur Marx-Engels-Forschung. Neue Folge, 1996), Hamburg 1996, S. 73–110.

Reinhold, Otto: Der lebendige Marx, Berlin 1983.

Resolution über Veröffentlichungen des Marx-Engels-Instituts, in: Thesen und Resolutionen des V. Weltkongresses der Kommunistischen Internationale, Hamburg 1924.

Reuel', A. L.: Russkaja ekonomičeskaja mysl'60–70-ch godov XIX veka [Russisches ökonomisches Denken der 1860–70er Jahre], Moskva 1956.

Richter, Gudrun: Gesetzmäßigkeit und Geschichtsprozess. Logisches und Historisches, Berlin 1985.

Rjasanoff, David: Neueste Mitteilungen über den literarischen Nachlaß von Karl Marx und Friedrich Engels, in: Archiv für die Geschichte des Sozialismus und der Arbeiterbewegung, hrsg. von Carl Grünberg 11/1925, S. 385–400.

Rjazanov, D.: Dejatel'nost' Instituta K. Marksa i F. Engel'sa i ego bližajšije zadači [Die Tätigkeit des Marx-Engels-Instituts und seine nächsten Aufgaben], in: Letopisi Marksizma, Bd. V, Moskva/Leningrad 1928.

Rodbertus, Johann Karl: Gesammelte Werke und Briefe, zusammengestellt auf Grund früherer Ausgaben und mit Einleitung sowie Bibliographie versehen von Thilo Ramm. Bd. 1, Osnabrück 1972.

Rojahn, Jürgen: Und sie bewegt sich doch! Die Fortsetzung der Arbeit an der MEGA unter dem Schirm der IMES, in: MEGA-Studien 1/1994, S. 5–31.

Rojahn, Jürgen: Aus der Frühzeit der Marx-Engels-Forschung: Rjazanovs Studien in den Jahren 1907–1917 im Licht seiner Briefwechsel im IISG, in: MEGA-Studien 1/1996, S. 3–65.

Rojahn, Jürgen: Der Schattenmann: Wer war Marek Kriger?, in: Marx-Engels-Jahrbuch 2012/2013, 2013, S. 22–45.

Rokitjanskij, J. G.: Poslednie dni professora I. I. Rubina [Die letzten Tage des Prof. I. I. Rubin], in: Vestnik Rossijskoj Akademii Nauk 9, 1994, S. 828–834.

Rokitjanskij, Jakov: Das tragische Schicksal von David Borisovič Rjazanov, in: Hecker, Rolf/Sperl, Richard/Vollgraf, Carl-Erich (Hrsg.): Marx-Engels-

Forschung im historischen Spannungsfeld (Beiträge zur Marx-Engels-Forschung. Neue Folge, 1993), Hamburg 1993, S. 3–16.

Rokitjanskij, Jakov: Die »Säuberung« – Übernahme des Rjazanov-Instituts durch Adoratskij, in: Hecker, Rolf/Sperl, Richard/Vollgraf, Carl-Erich (Hrsg.): Stalinismus und das Ende der ersten Marx-Engels-Gesamtausgabe (1931–1941) (Beiträge zur Marx-Engels-Forschung. Neue Folge, Sonderband 3), Hamburg 2001, S. 15–17.

Römer, Peter: Entstehung, Rechtsform und Funktion des kapitalistischen Privateigentums, Köln 1978.

Rosdolsky, Roman: Zur Entstehungsgeschichte des Marxschen »Kapital«. Der Rohentwurf des »Kapital« 1857–58, Band I, Frankfurt a.M./Wien 1968.

Rozental, M. M.: Dialektika »Kapitala« K. Marksa [Die Dialektik des »Kapitals« von K. Marx], Moskva 1967.

Rr. [Wilhelm Roscher]: [Rezension zum »Kapital«. Erster Band], in: Jahrbücher für Nationalökonomie und Statistik, Bd. XVI, Jena 1870.

Rubel, Maximilien: Marx Jubiläums Edition (MJE) 1883–1983, in: Etudes de marxologie 1986, S. 15–26.

Rubel, Maximilien: Nach hundert Jahren: Plädoyer für Friedrich Engels, in: Internationale wissenschaftliche Korrespondenz zur Geschichte der deutschen Arbeiterbewegung (IWK) 4/1995, S. 520–531.

Ruben, Peter: Die Wertform als methodologisches Problem, in: Wissenschaftliche Zeitschrift der Humboldt-Universität zu Berlin, Ges.-Sprachw. R. XXVIII, 6, 1979, S. 729–731.

Ruben, Peter/Wagner, Hans: Sozialistische Wertform und dialektischer Widerspruch, in: DZPh 10/1980, S. 1218–1230.

Rubin, Isaak Il'ič: Očerki po teorii stoimosti [Abriss zur Werttheorie], Moskva 1923.

Rubin, Isaak Il'ič: Abstraktnyj trud i stoimost' v sisteme Marksa [Abstrakte Arbeit und Wert im System von Marx], in: Pod znamenem marksizma 7, 1927.

Rubin, Isaak Il'ič: Dialektičeskoe razvitie kategorii v ekonomičeskoj sisteme Marksa [Die dialektische Entwicklung der Kategorien im ökonomischen System von Marx], in: Pod znamenem marksizma 4–5/1929.

Rubin, Isaak Il'ič: K istorii teksta pervoj glavy »Kapitala« K. Marksa [Zur Textgeschichte des ersten Kapitels des »Kapitals« von Marx], in: Archiv K. Marksa i F. Engel'sa, Bd. IV, 1929, S. 478–490.

Rudolph, Günther: Ökonomie und utopisch-sozialistische Aspekte im Werk von Karl Rodbertus-Jagetzow (1805–1875), in: Beiträge zur Marx-Engels-Forschung. Dem Wirken Auguste Cornus gewidmet, Berlin 1975, S. 92–130.

Rudolph, Günther: Karl Rodbertus und die Grundrententheorie, Berlin 1984.

Ruhland, Gustav: Karl Marx, Das Kapital. Kritik der politischen Oekonomie. 2. Bd., Buch II: Der Zirkulationsprozess des Kapitals, in: Zeitschrift für die gesamte Staatswissenschaft, Bd. 43, 1–2/1887, S. 580–583.

S[chramm]: K. Kautsky und Rodbertus, in: Neue Zeit 11/1884, S. 481–493.

Sajkin, O. A.: Pervyj russkij perevodčik »Kapitala« [Der erste russische Übersetzer des «Kapitals«], Moskva 1983.

Sander, Christel: Zur Editionsgeschichte der ersten Ausgabe der »Theorien über den Mehrwert«, hrsg. von Karl Kautsky, in: Wirtschaftswissenschaft 7/1975, S. 1086–1091.

Schelz-Brandenburg, Till: Eduard Bernstein und Karl Kautsky. Entstehung und Wandlung des sozialdemokratischen Parteimarxismus im Spiegel ihrer Korrespondenz 1879 bis 1932, Köln 1992.

Schiller, Franz: Das Marx-Engels-Institut in Moskau, in: Archiv für die Geschichte des Sozialismus und der Arbeiterbewegung, hrsg. von Carl Grünberg 15/1930, S. 416–435.

Schmidt, Werner: Liegt unter den Trümmern des »realen Sozialismus« auch Karl Marx begraben?, in: Beiträge zur Geschichte der Arbeiterbewegung 2/1992, S. 147–158.

Schrader, Fred E.: Editorisches Vorwort zum Nachdruck der Erstausgabe des »Kapitals« von Karl Marx (1867), in: Karl Marx: Das Kapital, Hildesheim 1980.

Schramm, Carl August: Der Tauschwerth, in: Der Volksstaat, 12.10.1872.

Schramm, Carl August: Zur Werttheorie, in: Jahrbuch für Sozialwissenschaft und Sozialpolitik 1.2, 1880, S. 81–83.

Schramm, Carl August: Rodbertus, Marx, Lassalle. Sozialwissenschaftliche Studie, München 1889.

Schröder, Wolfgang: Rudolf Meyer und Friedrich Engels. Marginalien aus ihrem Briefwechsel, in: Jahrbuch für Forschungen zur Geschichte der Arbeiterbewegung III/2003, S. 55–62.

Schwab, Herbert: Zu einigen Fragen der Entwicklung des Marxismus und seiner begrifflichen Widerspieglung in der MEGA-Arbeit, in: Beiträge zur Marx-Engels-Forschung 17, 1984, S. 192–200.

Schwarz, Winfried: Vom »Rohentwurf« zum »Kapital«. Die Struktur des Marxschen Hauptwerkes, Berlin 1978.

Šechovcov, A. V.: Marksova teorija tovarnogo fetišisma [Marx' Theorie des Warenfetischismus], Moskva 1962.

Sieber, Rolf/Fiedler, Gert/Hoell, Günter u. a.: Wie bürgerliche Ökonomen erzogen werden. Eine Auseinandersetzung mit der »Volkswirtschaftslehre« von Paul A. Samuelson, Berlin 1985.

Skambraks, Hannes: Einführung in Marx' Schrift »Zur Kritik der Politischen Ökonomie«, Berlin 1982.

Skambraks, Hannes: Entstehungsgeschichte und Wirkungsgeschichte des »Kapitals« als wesentliche Bestandteile der Marx-Engels-Forschung, in: Beiträge zur Marx-Engels-Forschung 17, 1984, S. 36–75.

Škredov, V. P.: Metod issledovanija sobstvennosti v »Kapitale« K. Marksa [Die Untersuchungsmethode des Eigentums im »Kapital« von K. Marx], Moskva 1973.

Škredov, V. P.: Tovar i tovarnoe obraščenie kak predposylki analiza processa proizvodstva kapitala [Ware und Warenumlauf als Voraussetzungen für die Analyse des Produktionsprozesses des Kapitals], in: Ekonomičeskie nauki 6/1975, S. 18–32.

Škredov, V. P.: Issledovanie formy stoimosti v pervom izdanii »Kapitala« K. Marksa [Die Wertformanalyse in der Erstauflage des »Kapitals« von Marx], in: Vestnik MGU, Serie Filosofija 6/1976, S. 15–26.

Škredov, V. P.: Analiz formy stoimosti v I tome »Kapitala« [Die Wertformanalyse im ersten Band des »Kapitals«], in: Očerki po istorii »Kapitala« K. Marksa [Abrisse zur Geschichte des »Kapitals« von Karl Marx], Moskva 1983, S. 249–310.

Škredov, V. P.: O sisteme dokozatelstva v »Kapitale« [Über das Beweissystem im »Kapital«], in: Ekonomika i matematičeskie metody 21/1985, S. 20–38.

Škredov, V. P. [Wladimir Schkredow]: Die Untersuchungsmethode der Entstehungs- und Entwicklungsgeschichte der kapitalistischen Produktionsweise im »Kapital«, in: Internationale Marx-Engels-Forschung: Marxistische Studien. Jahrbuch des IMSF 12, Frankfurt a. M. 1987, S. 232–237.

Škredov, V. P. [Wladimir Schkredow]: Die Untersuchung der Dialektik der Warenform des Arbeitsprodukts in der 1. und 2. Auflage des ersten Bandes des »Kapitals« von Karl Marx, in: Beiträge zur Marx-Engels-Forschung 27, 1989, S. 187–191.

Škredov, Vladimir Petrovič: Über Engels' Historismus in seinem »Kapital«-Verständnis, in: Hecker, Rolf/Sperl, Richard/Vollgraf, Carl-Erich (Hrsg.): Marx und Engels. Konvergenzen – Divergenzen (Beiträge zur Marx-Engels-Forschung. Neue Folge, 1997), Hamburg 1997, S. 128–130.

Sombart, Werner: Zur Kritik des ökonomischen Systems von Karl Marx, in: Archiv für Soziale Gesetzgebung und Statistik 4/1894, S. 555–594.

Sonnemann, Rolf: Zur Herausgabe des IV. Bandes des »Kapitals« (Theorien über den Mehrwert) in deutscher Sprache, in: Wiss. Zeitschrift der MLU, Ges.-Sprachw., IV/3, 1957, S. 387–396.

Sperl, Richard: Der Variantenapparat der Marx-Engels-Gesamtausgabe (MEGA). Zu einigen theoretischen und methodischen Problemen der Wiedergabe der autorisierten Textentwicklung in den Werken von Marx und Engels, IML b. ZK d. SED, Berlin 1979 (unveröffentlichte Dissertation).

Sperl, Richard: Das Vollständigkeitsprinzip der MEGA – editorischer Gigantismus?, in: Hecker, Rolf/Sperl, Richard/Vollgraf, Carl-Erich (Hrsg.): Zur Kritik und Geschichte der MEGA (Beiträge zur Marx-Engels-Forschung. Neue Folge, 1992), Hamburg 1992, S. 21–33.

Sperl, Richard: Die Marginalien in den Büchern aus den persönlichen Bibliotheken von Marx und Engels: ihr Stellenwert für biographische und wissenschaftsgeschichtliche Forschungen – Möglichkeiten und Grenzen ihrer Edition, in: editio. Internationales Jahrbuch für Editionswissenschaft 9, 1995, S. 141–168.

Sperl, Richard: Die Marx-Engels-Gesamtausgabe: Editorische Konsequenzen literarischer Zusammenarbeit zweier Autoren, in: ders.: Edition auf hohem Niveau. Zu den Grundsätzen der Marx-Engels-Gesamtausgabe (MEGA) (Berliner Verein zur Förderung der MEGA-Edition e. V., Wissenschaftliche Mitteilungen 5, Hamburg 2004, S. 13–33.

Sperl, Richard: Textkritik – Kritik an Marx? Über historische, theoretische und praktische Aspekte der Textkritik in der Marx-Engels-Edition, in: ders.: Edition auf hohem Niveau. Zu den Grundsätzen der Marx-Engels-Gesamtausgabe (MEGA) (Berliner Verein zur Förderung der MEGA-Edition e. V., Wissenschaftliche Mitteilungen, 5, Hamburg 2004, S. 88–103.

Stammberger, Gabriele: »So viel Mißtrauen gegenüber den eigenen Leuten«, Interview, in: Neues Deutschland, 30./31.12.1995.

Stammberger, Gabriele: Meine Erinnerungen an die MEGA, in: Hecker, Rolf/Sperl, Richard/Vollgraf, Carl-Erich: David Borisovič Rjazanov und die erste MEGA (Beiträge zur Marx-Engels-Forschung. Neue Folge, Sonderband 1), Hamburg 1997, S. 144–151.

Stammberger, Gabriele: Gut angekommen – Moskau: das Exil der Gabriele Stammberger 1932–1954. Erinnerungen und Dokumente, Berlin 1999.

Stand und Perspektiven der Herausgabe der MEGA (Ernst Czóbel, März/April 1931) in: Hecker, Rolf/Sperl, Richard/Vollgraf, Carl-Erich (Hrsg.): David Borisovič Rjazanov und die erste MEGA (Beiträge zur Marx-Engels-Forschung. Neue Folge, Sonderband 1), Hamburg 1997, S. 132–143.

Steedman, I. u. a.: The value controversy, London 1981.

Struve, Petr: Kritičeskija zametki k voprosu ob ekonomičeskom razvitij Rossij [Kritische Bemerkungen zur Frage der wirtschaftlichen Entwicklung Russlands], St. Petersburg 1894.

Syrow, Alexander: Über die zwei Ebenen der Ausarbeitung der Arbeitswerttheorie von Marx in den »Grundrissen der Kritik der politischen Ökonomie«, in: Beiträge zur Marx-Engels-Forschung 11, 1982, S. 97–104.

Tairako, Tomonaga: Versachlichung und Verdinglichung in ihrer Beziehung zur Hegelschen Dialektik. Zur Erschließung der Logik der Verkehrung, in: Hokudai Economic Papers 12, 1982, S. 65–86.

Thesen, Referate und Diskussionsbeiträge der wissenschaftlichen Konferenz »100 Jahre ›Das Kapital‹. Zweiter Band – Erbe und Verpflichtung« am 14. Mai 1985 an der Karl-Marx-Universität, in: Marx-Engels-Forschungsberichte 3/4, 1986.

Tjapkin, N.: Rabota K. Marksa nad soveršenstvovaniem teksta pervogo toma »Kapitala« [Zur Arbeit von Marx an der Vervollkommnung des Textes des ersten Bandes des »Kapitals«], in: Ekonomičeskie nauki 7/1985, S. 19–25.

Tronev, K. P.: Predmet issledovanija pervogo otdela pervogo toma »Kapitala« K. Marksa [Der Untersuchungsgegenstand im ersten Abschnitt des ersten Bandes des »Kapitals« von Marx], in: Vestnik MGU, Serie Ekonomika 4/1978, S. 70–80.

Tronev, K. P.: Učenie K. Marksa o stoimosti, eje substancii i forme [Die Wertlehre von Marx, Substanz und Form], in: Vestnik MGU, Serie Ekonomika 5/1978, S. 60–71.

Tuchscheerer, Walter: Bevor »Das Kapital« entstand. Die Herausbildung und Entwicklung der ökonomischen Theorie von Karl Marx in der Zeit von 1843 bis 1858, Berlin 1968.

Tušunov, A. V.: »Teorii pribavočnoj stoimosti« i ich mesto v ekonomičeskom učenii K. Marksa [Die »Theorien über den Mehrwert« und ihr Platz in der ökonomischen Lehre von Marx], Moskva 1969.

Uroeva, A. V.: Kniga, živuščaja v vekach [Ein Buch für die Ewigkeit], Moskva 1972.

V. I. Zasulič an G. V. Plechanov, 25./26.12.1894, in: Iz archiva gruppy »Osvoboždenie truda«, vyp. 1, Perepiska 1883–1897gg. [Aus dem Archiv der Gruppe »Befreiung der Arbeit«, Teil 1, Briefwechsel 1883–1897], Moskva 2009, S. 300.

Vasina, Ljudmila: Die Ausarbeitung der Geldtheorie durch Karl Marx in den Londoner Heften (1850–1853), in: Marx-Engels-Jahrbuch 6, 1983, S. 148–172.

Vasina, Ljudmila: I. I. Rubin – Marxforscher und Politökonom, in: Hecker, Rolf/Sperl, Richard/Vollgraf, Carl-Erich (Hrsg.): Quellen und Grenzen von Marx' Wissenschaftsverständnis (Beiträge zur Marx-Engels-Forschung. Neue Folge, 1994), Hamburg 1994, S. 144–150.

Vazjulin, V. A.: Stanovlenie metoda naučnogo issledovanija K. Marksa [Die Herausbildung der wissenschaftlichen Untersuchung von Marx], Moskva 1975.

Vazjulin, Viktor Alekseevič: Die Logik des »Kapitals« von Karl Marx, Norderstedt 2006.

Vazjulin, Viktor Alekseevič: Die Logik der Geschichte, Norderstedt 2011.

Veller, Pavel: Ekonomičeskaja rukopis' Marksa 1857–1859gg, in: Proletarskaja revol'jucija 1/1940, S. 197–200;

Veller, Pavel: Iz opyta raboty nad literaturnym nasledstvom Karla Marksa, in: Sovetskaja nauka 2/1941, S. 148–153.

Veller, Pavel [Paul Weller]: Zur Edition der Exzerpte in der MEGA (1935), in: Hecker, Rolf/Sperl, Richard/Vollgraf, Carl-Erich (Hrsg.): Quellen und Grenzen von Marx' Wissenschaftsverständnis (Beiträge zur Marx-Engels-Forschung. Neue Folge, 1994), Hamburg 1994, S. 200–207.

Veller, Pavel: Marx' ökonomische Manuskripte von 1857–1858 (Zu ihrer Herausgabe), 3. August 1934, in: Hecker, Rolf/Sperl, Richard/Vollgraf, Carl-Erich (Hrsg.): Stalinismus und das Ende der ersten Marx-Engels-Gesamtausgabe (1931–1941) (Bei träge zur Marx-Engels-Forschung. Neue Folge, Sonderband 3), Hamburg 2001, S. 277–291.

Veller, Pavel: Entwurf einer Arbeitsordnung für die zweite Sočinenija von Marx und Engels (Dezember 1940), in: Hecker, Rolf/Sperl, Richard/Vollgraf, Carl-Erich (Hrsg.): Die Marx-Engels-Werkausgaben in der UdSSR und DDR (1945–1968) (Beiträge zur Marx-Engels-Forschung. Neue Folge, Sonderband 5), Hamburg 2006, S. 159–169.

Vogt, Annette: Emil Julius Gumbel (1891–1966): der erste Herausgeber der mathematischen Manuskripte von Karl Marx, in: MEGA-Studien 2/1995, S. 26–41.

Vollgraf, Carl-Erich: Marx' »Randnoten zu Dührings ›Kritische Geschichte der Nationalökonomie‹«, in: Marx-Engels-Jahrbuch 8, 1985, S. 233–275.

Vollgraf, Carl-Erich: Engels' und Marx' Zurückweisung der »Besitzrenten«-Konzeption von Eugen Dühring, in: Marx-Engels-Jahrbuch 11, 1988, S. 229–307.

Vollgraf, Carl-Erich: Die Kommentierung – Achillesferse der zweiten MEGA? Zur Kritik und Geschichte der MEGA², in: Hecker, Rolf/Sperl, Richard/Vollgraf, Carl-Erich (Hrsg.): Zur Kritik und Geschichte der MEGA (Beiträge zur Marx-Engels-Forschung. Neue Folge, 1992), Hamburg 1992, S. 5–20.

Vollgraf, Carl-Erich: Ein »Handgemenge« im Vorfeld des »Anti-Dühring«, in: Hecker, Rolf/Sperl, Richard/Vollgraf, Carl-Erich (Hrsg.): Zur Kritik und Geschichte der MEGA (Beiträge zur Marx-Engels-Forschung. Neue Folge, 1992), Hamburg 1992, S. 109–123.

Vollgraf, Carl-Erich: Eine Frage, wie sie nur die MEGA² stellen und beantworten kann: Wäre eine neuerliche Edition von Engels' Disposition »Die Börse« in bisheriger Weise haltbar?, in: Hecker, Rolf/Sperl, Richard/Vollgraf, Carl-Erich (Hrsg.): Marx-Engels-Forschung im historischen Spannungsfeld (Beiträge zur Marx-Engels-Forschung. Neue Folge, 1993), S. 149–165.

Vollgraf, Carl-Erich: Editionen im Wind ihrer Zeit: Die Volksausgaben von Band III des Kapital durch die Kautskys 1929 und das IMEL 1933/34, in: Hecker, Rolf/Sperl, Richard/Vollgraf, Carl-Erich (Hrsg.): Geschichtserkenntnis und kritische Ökonomie (Beiträge zur Marx-Engels-Forschung. Neue Folge 1998), Hamburg 1998, S. 61–96.

Vollgraf, Carl-Erich/Jungnickel, Jürgen: »Marx in Marx' Worten«? Zu Engels' Edition des Hauptmanuskripts zum dritten Buch des Kapital, in: MEGA-Studien 2/1994, S. 3–55.

Vygodskij, V S.: Mesto »Teorij pribavočnoj stoimosti« v ekonomičeskom nasledii Karla Marksa [Der Platz der »Theorien über den Mehrwert« im ökonomischen Erbe von Marx], Moskva 1963.

Vygodskij, V. S. [Wygodski, W. S.]: Aus der Entstehungsgeschichte des »Kapital« – Gradmesser der Reife der ökonomischen Theorie von K. Marx in ihren verschiedenen Entwicklungsetappen, in: Arbeitsblätter zur Marx-Engels-Forschung 2, 1976, S. 26–46.

Vygodskij, V. S. [Wygodski, W. S.]: Das Werden der ökonomischen Theorie von Marx und der wissenschaftliche Kommunismus, Berlin 1978.

Vygodskij, V. S.: Rabota Marksa nad »Kapitalom« v 1863–1865 gg. [Die Arbeit von Marx am »Kapital« in den Jahren 1863–1865], in: Očerki po istorii »Kapitala« K. Marksa [Abrisse zur Geschichte des »Kapitals« von Karl Marx], Moskva 1983.

Vygodskij, V. [Wygodski, Witali]: Die dialektische Einheit von Forschungs- und Darstellungsmethode im politökonomischen Schaffen von Karl Marx und ihre schöpferische Anwendung durch W. I. Lenin, in: Beiträge zur Marx-Engels-Forschung 3, 1978, S. 57–71.

Vygodskij, V. [Wygodski, Witali]: Die Verflechtung von Forschungs- und Darstellungsmethode in den »Grundrissen der Kritik der politischen Ökonomie«, in: Arbeitsblätter zur Marx-Engels-Forschung 9, 1979, S. 4–18.

Vygodskij, V.: K voprosu o genezice marksovoj teorii stoimosti (Analiz dvojstvennogo charaktera stoimosti v ekonomičeskoj rukopisi 1861–1863 gg.) [Zur Frage über die Genesis von Marx' Werttheorie (Die Analyse des Doppelcharakters des Werts im ökonomischen Manuskript von 1861–1863)], in: Ekonomičeskie nauki 9/1985, S. 24–32.

Wagner, Adolph: Einiges von uns über Rodbertus-Jagetzow, in: Zeitschrift für die gesamte Staatswissenschaft, Bd. 34, 1–2/1878, S. 199–237.

Wagner, Adolph/Kozak, Theophil: Zur Beleuchtung der socialen Frage, Berlin 1885.

Wagner, Christine: Gehört Gabriel Devilles Schrift »Le Capital de Karl Marx resume et accompagne d'un aperçu sur le socialisme scientifique« in den Anhang eines MEGA-Bandes?, in: Beiträge zur Marx-Engels-Forschung 17, 1984, S. 89–106.

Wagner, Hans: Die Darstellung der Wertformanalyse und Wertformentwicklung durch Marx und ihre methodologische Bedeutung in der Gegenwart, in: DZPh 2/1980, S. 197–211.

Warnke, Camilla: Gesellschaftsdialektik und Systemtheorie im Lichte der Kategorien der Erscheinung und des Wesens, in: Bernhard Heidtmann u. a.: Marxistische Gesellschaftsdialektik oder »Systemtheorie der Gesellschaft«?, Berlin 1977, S. 25–68.

Wirth, Moritz: Bismarck, Wagner, Rodbertus, drei deutsche Meister. Betrachtungen über ihr Wirken und die Zukunft ihrer Werke, Leipzig 1883.

Wirth, Moritz: Der drohende Untergang des Nachlasses von Rodbertus. Zur Beleuchtung der Herausgebertätigkeit der Herren Prof. Dr. Adolph Wagner und Dr. Theophil Kozak. Leipzig 1884.

Wissenschaftliches Kolloquium »Der Beitrag der Marx-Engels-Gesamtausgabe (MEGA) zur Entwicklung der Marx-Engels-Forschung« am 16./17.11.1983 in Leipzig. Arbeitskreis III. Die Entstehungsgeschichte des »Kapitals«. Bericht, in: Beiträge zur Marx-Engels-Forschung 16, 1984.

Yoshida, Fumihazu: J.H.M. Poppe's »History of Technology« and Karl Marx, in: Hokudai Economic Papers 13, 1983, S. 23–38.

Ziber, N. I.: Teorija cennosti i kapitala Davida Rikardo, v svjazi c pozdnejšimi dopolnenijami i razjasnenijami [Die Wert- und Kapitaltheorie von David Ricardo im Zusammenhang mit späteren Ergänzungen und Erklärungen], Kiev 1871.

Zweynert, Joachim: Eine Geschichte des ökonomischen Denkens in Rußland. 1805–1905, Marburg 2002.

Abkürzungen

AdW	Akademie der Wissenschaften
BBAW	Berlin-Brandenburgische Akademie der Wissenschaften
DZfPh	Deutsche Zeitschrift für Philosophie
EKKI	Exekutivkomitee der Kommunistischen Internationale
f., op., d.	fond, opis, delo – Archivsignaturen des RGASPI
IAA	Internationale Arbeiterassoziation
IISG	Internationales Institut für Sozialgeschichte in Amsterdam
IMEL	Institut Marksa, Engelsa i Lenina (Marx-Engels-Lenin-Institut beim ZK der KPdSU, 1931–1954)
IMELS	Institut Marksa, Engelsa, Lenina i Stalina (Marx-Engels-Lenin-Stalin-Institut beim ZK der KPdSU, 1954–1956)
IMES	Internationale Marx-Engels-Stiftung
IML	Institut für Marxismus-Leninismus
IMSF	Institut für Marxistische Studien und Forschungen
KI	Kommunistische Internationale
KMU	Karl-Marx-Universität Leipzig
KPdSU	Kommunistische Partei der Sowjetunion
MEA	Marx-Engels-Abteilung
MEGA	erste Marx-Engels-Gesamtausgabe, Frankfurt a.M./Berlin/Moskau (1927–1935)
MEGA²	zweite Marx-Engels-Gesamtausgabe, Berlin 1975 ff.
MEI	Marx-Engels-Institut in Moskau (1922–1931)
MEW	Marx-Engels-Werke
MGU	Moskovskij Gosudarstvennyj Universitet imeni Lomonosova (Moskauer Staatliche Lomonossow-Universität)
MLU	Martin-Luther Universität Halle/S.
NKWD	Norodnyj Komitet Vnutrnnnych Del (Volkskommissariat für Innere Angelegenheiten)
NÖP	Neue Ökonomische Politik
OGPU	Objedinjonnoje gossudarstwennoje polititscheskoje uprawlenije (Vereinigte staatliche politische Verwaltung, sowjetische Geheimpolizei)
RGASPI	Rossijsskij Gosudarstvennij Archiv Social'no-političeskoj Istorii (Russländisches Staatliches Archiv für Sozial- und Politikgeschichte)
SAPMO	Stiftung der Parteien und Massenorganisationen der ehemaligen DDR
SED	Sozialistische Einheitspartei Deutschlands
Socinenija¹	erste russische Marx-Engels-Werksausgabe (1928–1947)

Socinenija[2]	zweite russische Marx-Engels-Werksausgabe (1954–1978)
SPD	Sozialdemokratische Partei Deutschlands
WKP (B)	Wsesojusnaja Kommunistitscheskaja Partija (Bolschwiki) (Kommunistische Allunions-Partei (Bolschewiki))
ZK	Zentralkomitee
ZPA	Zentrales Parteiarchiv

Dank

Die Vorbereitung des vorliegenden Bandes entsprang einer Initiative des Karl Dietz Verlags Berlin, an der Sabine Nuss, Martin Beck und Ingo Stützle beteiligt waren – ihnen gebührt Dank für Anregungen, redaktionelle Mitarbeit und Korrekturen. Die Rosa-Luxemburg-Stiftung übernahm die Herausgeberschaft des Buches; ihr bin ich besonders dankbar, da sie mich seit 2006 beauftragt hat, MEW-Bände zu überarbeiten bzw. neu herauszugeben, Dank an Jörn Schütrumpf und Christine Krauss. So ist es gelungen, die MEW-Studienausgabe wieder vorrätig zu halten, aber vor allem wieder ins Gespräch zu bringen; und was noch viel wichtiger ist, wieder zugänglich zu machen und als zitierfähige Ausgabe in Deutschland zu etablieren.

Danken möchte ich meinem Freund Michael Heinrich. Wir lernten uns im Juni 1989 in Frankfurt am Main auf der dritten Sitzung der AG Marx-Engels-Forschung der Marx-Engels-Stiftung e. V. (siehe »Marx-Engels-Forschung heute 2«, Wuppertal 1990) kennen. Noch in weniger als einem halben Jahr kamen wir Ost- und Westberliner unkompliziert zusammen – die Welt hatte sich verändert. Wir schlossen Freundschaft, berieten uns, arbeiteten an gemeinsamen Projekten – aber vor allem beschäftigte uns gemeinsam die Geschichte des »Kapitals«.

Ein gewichtiger Teil der in diesem Band versammelten Beiträge verdankt die Erstveröffentlichung den »Beiträgen zur Marx-Engels-Forschung. Neue Folge«, die ich gemeinsam mit meinen Freunden Richard Sperl und Carl-Erich Vollgraf herausgebe. Es war 1990 fast unglaublich, dass wir diese Reihe in eine neue Zeit hinüberretten konnten – aber es ist gelungen, und sie hat sich gehalten.

An einigen der hier publizierten Beiträge waren weitere Freunde beteiligt: Jürgen Jungnickel, wir »schufteten« gemeinsam mit Barbara Lietz und Wolfgang Focke an

MEGA², Band II/6; Eike Kopf, mit dem ich den MEGA²-Band II/8 vorbereitete; Roberto Fineschi, ein Schüler Alessandro Mazzones (langjähriges Mitglied des Beirats der »Neuen Folge«) aus Siena, mit dem mich eine Freundschaft bis zu seinem Tod 2012 verband wie jetzt mit Roberto; der leider verstorbene Jakov Rokitjanskij, mit dem ich gemeinsam die Schätze über die Geschichte des Marx-Engels-Nachlasses im Moskauer Staatlichen Archiv für Sozial- und Politikgeschichte ausgrub.

Die Beiträge dieses Bandes hätten nicht entstehen können ohne das internationale Netzwerk der Marx-Engels-Forschung und -Edition. Es begeistert mich immer wieder, dass es gelungen ist, seit 1990 einen großen internationalen Freundeskreis aufzubauen. Seit über 20 Jahren bin ich nicht mehr fest institutionell eingebunden, aber die digitale Verflechtung hat dazu beigetragen, dass wir fast täglich kommunizieren. Zu meinen engeren Freundinnen und Freunden gehören unter anderen aus Deutschland: Diethard Behrens, Hans-Joachim Blank, Stefan Bollinger, Michael Buckmiller, Fritz Fiehler, Wladislaw Hedeler, Jürgen Hofmann, Hans Hübner, Erhard Kiehnbaum, Michael Knieriem, Gert Lange, Manfred Lauermann, Ulrich Leicht, Renate Mohl, Manfred Müller, Antonella Muzzupappa, Heinz Paragenings, Heiner Peter, Nadja Rakowitz, Helmut Reichelt, Walter Schmidt, Manfred Schöncke, Danga Vileisis, Marga Voigt, Dieter Wolf, Frieder Otto Wolf; aus Russland: Elena Aržanova, Alexander Čepurenko, Georgij Bagaturija, Valerij Fomičev, Svetlana Gavrilčenko, Galina Golovina, Galina Ivanova, Ljudmila Vasina; aus Japan: Keizo Hayasaka, Shunichi Kubo, Akira Miyakawa, Kenji Mori, Izumi Omura, Teinusoke Otani, Shinya Shibata, Tomonago Tairako; aus Europa: Gerd Callesen, Martine Dalmas, Paolo Dalvit, Juha Koivisto, Michael Krätke, Jannis Milios, Paula Rauhala, Georgios Stamatis; aus Brasilien: Jorge Grespan, Hugo da Gama Cerqueira, Eduardo da Motta e Albuquerque; aus der Volksrepublik China: Chai Fangguo, Han Lixin, Shen Hongwen, Wei Jianhua, Wei Xioaping, Xu Yang, Yan Yuemei, Zhao Yulan, Zhu Yi; aus den USA: Kevin Anderson, Amy Wendling; aus der Republik Korea: Seongjin Jeong.

Danken möchte ich allen Mitgliedern des Berliner Vereins zur Förderung der MEGA-Edition e. V., die seit 1991 eine treue Gemeinschaft bilden, vor allem meinen lieben ehemaligen und jetzigen Vorstandskolleginnen und -kollegen, vor allem Ehrenfried Galander, Martin Hundt, Marianne Jentsch, Barbara Lietz, François Melis und Thomas Pohle.

Meine Mitarbeit an den drei Bänden der MEGA² nach 1998 vertieften meine Kontakte zu den Mitarbeiterinnen und Mitarbeitern des IISG, der IMES bzw. der BBAW, vor allem zu Jürgen Rojahn, Manfred Neuhaus und Gerald Hubmann, den Sekretären der IMES sowie zu Ursula Balzer, Beatrix Bouvier, Timm Graßmann, Jürgen Herres, Mike Ijzermans, Götz Langkau, Marcel van der Linden, Claudia Reichel, Regina Roth und Hanno Strauß, denen ich für die Zusammenarbeit danken möchte.

Zuletzt sei all jenen gedacht, die in den letzten zwei Jahrzehnten von uns gingen, mit denen ich über viele Jahre kollegial und freundschaftlich verbunden war (außer bereits genannten), unter anderen: Moon-Gil Chung, Rolf Dlubek, Heinrich Gemkow, Jacques Grandjonc, Anneliese Griese, Fumio Hattori, Renate Merkel-Melis, Larisa Miskevič, Waltraut Opitz, Inge Taubert und Vitalij Vygodskij.

Meine liebe Frau Bärbel hat mich auf dem Weg der Marx-Engels-Forschung in den letzten 40 Jahren begleitet, unterstützt und ermuntert – ohne sie hätte dieses Buch nicht entstehen können.

Über den Autor

Rolf Hecker (*1953 in Leipzig) studierte an der ökonomischen Fakultät der Moskauer Staatlichen Lomonossow-Universität (1972–77, Dipl.-Ök.) und absolvierte dort eine Aspirantur am Lehrstuhl für Geschichte der ökonomischen Lehrmeinungen (1977–80), die er mit einer Promotion über Marx' Werttheorie abschloss (1981, Dr. oec.). Er war Mitarbeiter am Institut für Marxismus-Leninismus beim ZK der SED (1980–89) und beteiligt an der Edition der MEGA²-Bände II/6, II/8 und II/10. Hecker erwarb 1988 die Promotion B (Dr. sc. phil.). Das Mitglied des Wissenschaftlichen Rats für Marx-Engels-Forschung der DDR (1983–90) wurde 1989 zum Professor für Geschichte der Arbeiterbewegung berufen (1989) und war 1989/90 kurzzeitig Mitglied der MEGA-Gesamtredaktion.

Nach kurzer Arbeitslosigkeit war Hecker Mitarbeiter an der BBAW und mit dem MEGA²-Band IV/32 beschäftigt (1992–95). Als freiberuflicher Akademiker war er viele Jahre zu Forschungsaufenthalten in Japan (seit 1994) und bearbeitete gemeinsam mit der Sendaier Arbeitsgruppe an der Tohoku-Universität die MEGA²-Bände II/12, II/13 und IV/14.

Seit 1991 ist Hecker Mitherausgeber und Redakteur des Jahrbuchs »Beiträge zur Marx-Engels-Forschung. Neue Folge« und von bisher fünf Sonderbänden dieser Reihe; er veröffentlichte über 100 Zeitschriften- und Sammelbandbeiträge; er war Mitglied der Redaktion des »Historisch-kritischen Wörterbuchs des Marxismus« (1991–97).

Hecker übernahm im Auftrag der Rosa-Luxemburg-Stiftung (seit 2006) die Neubearbeitung von MEW-Bänden (1, 8, 12, 13, 40, 41, 44), die Herausgabe der Reihe »Kapital 1.1–1.5« und des Briefwechsels von Jenny Marx (2014). Daneben war er an folgenden Buchpublikationen beteiligt: »Kapital.doc« (1999), »Familie Marx privat. Die Foto- und Fragebogen-Alben von

Marx' Töchtern Laura und Jenny« (2005), »Grüß Gott! Da bin ich wieder. Karl Marx in der Karikatur« (2008, 2. Aufl. 2018), »Karl Marx is my father. The Documentation of Frederick Demuth's Parentage« (2011).

Hecker ist ausländischer Berater am Zentralen Übersetzungs- und Sammlungsbüro (CCTB) beim ZK der KP China in Beijing (seit 2010), Mitglied des Editorial Board von »International Critical Thought« der Chinesischen Akademie der Sozialwissenschaften (CASS) und Gastprofessor an der Renmin Universität Peking (seit 2017); Mitglied des Advisory Editorial Board der Zeitschrift *Marxism 21*, Gyeongsang National University, Jinju/South Korea (seit 2015).

Hecker ist ehrenamtlicher Vorsitzender des Berliner Vereins zur Förderung der MEGA-Edition e. V. (seit 1997), Mitglied der Leibniz-Sozietät der Wissenschaften zu Berlin e. V. (seit 2007) und Vorsitzender des Kuratoriums des Helle Panke e. V. – Rosa-Luxemburg-Stiftung Berlin (seit 2009) sowie Mitglied des Wissenschaftlichen Beirats der »Karl Marx 2018 – Ausstellungsgesellschaft mbH«, Trier (seit 2016).